国有企业组织学习实践

主编：曾向英　黄凤文

中国财经出版传媒集团
中国财政经济出版社

图书在版编目（CIP）数据

国有企业组织学习实践 / 曾向英，黄风文著．--北京：中国财政经济出版社，2022.10
ISBN 978-7-5223-1708-3

Ⅰ．①国… Ⅱ．①曾… ②黄… Ⅲ．①国有企业－职工大学－研究－中国 Ⅳ．①G726.84

中国版本图书馆 CIP 数据核字（2022）第 187189 号

责任编辑：彭 波　　　　责任印制：史大鹏
封面设计：卜建辰　　　　责任校对：徐艳丽

中国财政经济出版社 出版

URL：http：//www.cfeph.cn
E-mail：cfeph@cfeph.cn

社址：北京市海淀区阜成路甲 28 号　邮政编码：100142
营销中心电话：010-88191522
天猫网店：中国财政经济出版社旗舰店
网址：https：//zgczjjcbs.tmall.com
北京财经印刷厂印刷　各地新华书店经销
成品尺寸：185mm×260mm　16 开　27.5 印张　570 000 字
2022 年 10 月第 1 版　2022 年 10 月北京第 1 次印刷
定价：108.00 元
ISBN 978-7-5223-1708-3
（图书出现印装问题，本社负责调换，电话：010-88190548）
本社质量投诉电话：010-88190744
打击盗版举报热线：010-88191661　QQ：2242791300

编 委 会

Preface

Dear Reader,

Please allow me to pen a few words of my thinking and appreciation of this book and the authors.

During the many years I spent in China, spreading the practice of Learning Organization, Organization Learning and especially the development of Corporate Universities, I have had the good fortune to know, teach, work with and learn from the authors, .

I have always been inspired by their deep interest and intense desire to quickly customize and deploy the philosophy, principles, processes and practices of Corporate University. In this book, they share their many practical applications, best practices and lessons learnt. They have also explored how they had utilized the science of Organization Learning Technology, to ensure performance and benefits to their respective Organizations.

The current "Post - Covid Era" has brought fresh and intense challenges to the Organizations and it's capability to learn faster, better to deliver the expected performance. This book provides the blueprint, guidelines and practical examples of how a Corporate University could be effectively organized, managed and measured. It's a guidebook on how the Corporate University can become the Organization's Engine for continuous learning and growth.

I would like to request the reader to quickly apply the "Learnings" from this book, onto their job and Organization, to benefit from the knowledge, experiences and wisdom of these authors.

Prim Kumar @ Lau Mar

Founder Dibtagroup

11 July 2022

序1

听闻好友正在编写《国有企业组织学习实践》一书，很是期待——终于有中国本土化的国有企业组织学习技术的书籍要问世了！我和此书的编著者们相识多年，在2016~2017年为期一年多的时间里，清华大学继续教育学院邀请原摩托罗拉大学资深学习技术专家库玛（KUMA）先生举办了“组织学习技术高级研修班”，我在班里近距离地接触到这批热爱学习、热爱培训事业的同仁们，他们勇于实践、勤于思考，是国内最早一批经过组织学习技术认证的企业大学及培训管理者。短短几年的时间，我见证了他们从实践到理论，再从理论到实践的探索过程，看到他们在各自的专业领域迅速成长，引领各自企业大学蓬勃发展并取得了丰硕研究成果。

通读此书，我感到惊喜。这批致力于国有企业学习型组织建设研究与实践的志同道合者们，很好地将来自西方的组织学习技术理论本土化。通过大量的实践、探索与研究，他们总结出一套适合中国、特别是适合国有企业的组织学习方法论。书中大量实战案例的分析与实用方法策略的总结皆来源于实践、应用于实践并经过实践验证，从实战角度，系统地介绍了国有企业学习型组织建设的顶层设计、组织建构、学习运营、组织保障等关键环节。本书内容通俗易懂、方法工具可操作性强。

当前，我国经济由高速增长阶段转向高质量发展阶段，促进人力资本提升和比较优势转换具有决定性意义。习近平总书记多次强调，国有企业是中国特色社会主义的重要物质基础和政治基础，是党执政兴国的重要支柱和依靠力量，必须做强做优做大。此书从实践的角度分析研究国有企业如何构建学习型组织，对于促进国有企业人才队伍建设、提升人力资本、推动企业发展具有重要的借鉴指导意义。

希望同仁们笃行不辍，扎根国有企业深入研究与实践，持续不断发出中国声音！

刁庆军

清华大学继续教育学院　党委书记

中国教育发展战略学会产教融合专业委员会　理事长

2022年8月23日

序2

很高兴收到著者团队发过来的书稿，从内容的结构安排上看，我为它的丰富性叫好。著者团队长期耕耘在企业教育一线，有大量的研究心得与实践沉淀。今天团队能将多年的研究心得付梓分享出来，他们的行为非常值得称赞，他们的努力付出非常值得尊重。

党的十六大到十九大的连续四次代表大会报告中反复要求："建设全民学习、终身学习的学习型社会"，可见，终身学习、学习型社会已经成为我国的基本国策。学习型组织是学习型社会的基本构成单元，本书以学习型组织建设研究作为主标题，凸显它是一本紧扣时代旋律的著作。今天，我国的企业教育培训工作尤其重要。按照舒尔兹的人力资本理论，企业教育与学校教育一样，都是人力资本形成的最重要组成。虽然我国的人力资源数量全世界第一，但是人力资源质量平均水平排位堪忧。当前，我国处于民族复兴的关键时期，我国企业肩负着一带一路建设的伟大使命，面临着与美国等国际势力的激烈竞争，人才是决定最终成败的关键性因素。邓小平同志说过，人才是第一生产力。本书正是以企业的人才培养为主要内容，因此这是一本有价值的书籍。

企业教育是一个复杂的专业领域，涉及许多专业性研究与知识，譬如成人学习原理与机制、绩效技术工程、教学设计、教育技术学、知识管理、学习迁移理论、在线学习等等。本书多有涉及这些理论知识，但是并不是深化研究这些理论知识本身，而是将这些晦涩的理论知识与国有企业实证相结合，努力探索着去建立一套"如何做"的知识话语体系。这种探索是有意义的，它与高校中的"为什么、是什么"知识话语体系相互补充。

党的十九届四中全会指出："要建立服务全民终身学习的现代教育体系。"那么，什么是服务全民终身学习的现代企业教育呢？高质量的人才培养，高质量的学习型组织的建设，离不开现代企业教育，本书在这个方面做出了探索。首先，现代企业教育具有普惠性。现代企业教育是为企业员工全体服务的，教育服务需要贯穿每一位员工的职业发展生涯。企业教育需要努力保证每一位劳动者的教育普惠与教育机会相对公平。其次，现代企业教育具有系统性。企业教育的评价不同于学校教育的纸面考试，而是工作场所的行为评价、绩效评价。因此，企业教育需要系统地回答"为什么学、谁来学、学什么、如何教、如何用、如何管"等问题，要进行系统化教育规划与设计。再次，现代企业教育具有科学性。现代企业教育是以脑与认知科学、学习科学、工程学为基础的。特别是大数据的快速发展，学习分析工具的使用，使得现代企业教育更加精准化与智能化，使得学习者的学习起到事半功倍的效果。最后，现代企业教育具有技术性。企业 E－learning 的广泛使用，实现了教育培训的全覆盖、缓解了教育培训的工学矛盾、降低了教育培训的成本、实现了个性化按需学习，是企业教育的大变革。今天我们可以看到，一些 AR/VR 技术在企业教育培训中得到使用，信息技术给现代企业教育带来新的机会与助力。

长期以来，我们认同学校教育工作者的重要性，认为他们是学校教育质量的保障。但是我们忽视了终身教育中企业教育工作者的重要性，其实同样，他们是企业教育质量的保障，他们的专业水平与职业发展会高度影响企业的人才发展质量。他们对于我国终身教育事业、我国的人力资源质量水平具有关键性作用。从这层意义上，对于本书著作者们孜孜不倦地奉献、共勉于同行致以敬意。与此同时，呼吁国家相关部门高度重视企业中终身教育工作者。我国终身教育立法正在进行之中，我们期待终身教育立法高度关注企业教育工作者，掀开新时代企业教育的新篇章。

本书饱含了团队的智慧结晶与分享的热情，反映了我国企业教育理论与实践的最新结合，以序为荐。

吴　峰

北京大学教育学院教授、博士生导师

北京大学企业与教育研究中心主任

2022 年 8 月 10 日

前　　言

在成人高校工作将近20年之后，由于集团公司重组整合的需要，我被任命为企业大学培训部的负责人。从培训的小白到成熟的培训管理者，我经历了非常艰难的成长历程。

企业培训是以问题导向，绩效导向的，所以每一个培训从业者都会面临多重考验与挑战，尤其是，国企的培训工作日居多，老板和业务部门就会质疑：培训真的有用吗？培训带来的价值是否大于员工在同样工作时间的产出？曾经有一个国企的大领导给我说过这么一句扎心的话："培训浪费钱还其次，请别浪费我们员工的工作时间！"

那如何能够规划出让企业领导和学员都满意的培训？如何让培训创造价值？实现"上接战略、下接绩效"的目标呢？

在从事国有企业组织学习运营七年多的工作实践中，我翻阅了大量的培训书籍，也听了数千场行业内讲座，很多书籍和讲座都回答了国有企业的组织学习机构应该是什么，应该具有什么功能，为什么需要人才培养？但少有书籍能诠释清楚国有企业的培训和其他企业培训的区别？国有企业的培训应该怎么做？如何实现国有企业期望的培训目标？因此，市场亟须一本国有企业组织学习及培训实战手册，让读者迅速洞悉国企的人才培养规则，掌握高质量组织学习技术与策略，提升培训实效。

本书的目标对象为那些即将或者正在从事国有企业培训工作的从业者（包括培训师、培训工作者），以及那些以开拓国企人才培养市场为目标的培训机构的管理者，还有其他企业培训管理者及各行各业对培训感兴趣的读者。对从事国企培训工作的从业者来说，本书是一本丰富生动的培训实战手册，能让您在最短的时间学习掌握国企的人才培养运作规律，提升人才培养实效，助力企业的人才发展；对以开拓国企培训市场为目标的培训机构，本书能让您迅速走入国企，洞悉国企那些不为人知的人才培养潜规则，打开开拓国企培训市场大门的金钥匙，提升您公司在国企人才培养市场的占有率。另外，对于从事其他企业培训的从业者和对培训感兴趣的读者来说，国企系统成熟的人才培养体系及丰富的培训实战策略也能帮助您系统了解国企的组织学习技术，提升自身的培训专业度和个人影响力。

本书理论结合实际，每章都有丰富的实战案例分析，能再现真实培训场景的痛点和难点，引人入胜，浅显易懂。本书的主编是北京祥龙资产经营有限责任公司党校（原北京祥龙企业大学）曾向英和黄凤文，编委来自中铁四局人才发展院（党校）（原中铁四局企业大学）曹永学、栗勇、王向如；中广核新能源职业培训公司杨涛杰、初忠宝；石家庄邮电职业技术学院（中国邮政集团有限公司培训中心）刘俊英、刘涛；中国石化燕山石化公司教育培训中心杨志强组成。编著者全部来自国企大学或者国企培训中心。本书集聚培训实战操作者的智慧，既有丰富的经验，也有失败的教训，写作者都是具有多年国企组织学习经验的培训管理者及企业大学培训负责人，他们通过总结亲身经历的国企培训实战经历萃取出一系列实用落地的方法论和技巧，可以加速您所在企业人才培养的进程。

本书只是个初步成果，旨在抛砖引玉，国有企业组织学习机构建设与发展的若干深层次问题，亟须进一步深入研究，期盼国有企业培训从业者有更多的宝贵经验和系统理论问世。

衷心祝愿每一位培训从业者能够规划设计出让组织满意的培训，通过培训创造价值，提升组织的绩效，实现个人与组织的共赢！成就学员、成就组织、成就更美好的自己！

曾向英

2022 年 7 月 1 日

目　录

▶第一篇　国有企业学习型组织建设的战略设计◀

第二篇 国企组织学习运营篇

第三篇　国有企业组织学习信息知识管理平台建设

第四篇　实战篇

第一篇

国有企业学习型组织建设的战略设计

国有企业是指资产、所有权及其他权益归属于国家所有的企业，简称国企；央企是指资产的管理、监督权归属于中央政府的企业，也即中央所属国有企业。央企其实也属于国有企业，只不过是由中央政府行使管理和监督权（具体为国务院国资委监管）；还有地方国企，地方国企的管理和监督权则由地方政府行使（具体为省、市国资委监管）。

国有企业是中国特色社会主义的重要物质基础和政治基础，是党执政兴国的重要支柱和依靠力量。长期以来，我国国有企业为我国经济社会发展、科技进步、国防建设、民生改善做出了历史性贡献。习近平多次强调要坚定不移地把国有企业做强、做优、做大。党的十九大报告明确提出，新时代党的国企领导干部的标准与要求，突出政治建设在国有企业改革中的重要地位。这对国企人才梯队建设和人才培养提出了具体的方向。

国有企业大学（以下简称“国企大学”）是国有企业人才培养的重要渠道，也是支撑国有企业战略落地、文化传承、人才发展、品牌传播的重要力量。在当前国有企业转型升级、改革攻坚、创新发展的关键时期，探讨国有企业大学的建设具有非常重要的意义，相比于原有的培训中心，国企大学可以从企业战略视角对人才的培养进行规划和设计，为国有企业人才供应链的打造发挥重要作用，一方面可以为国有企业打造足够数量的人才，另一方面也可以为企业打造符合岗位要求的高质量人才。

第一章　组织战略、组织能力与组织学习

今天，外部环境复杂多变，涉及产品、资金、技术、员工队伍、市场、客户资源等众多变量，在这些多变量复杂系统当中，什么才是赢得成功的核心变量呢?

无数企业家用他们的实践去探索企业成功的奥秘，成功和失败的例子比比皆是。如果要分别选出一名最为推崇的跨国企业、国有企业和民营企业家，笔者认为，当之无愧的应该是：杰克·韦尔奇、宁高宁和任正非。

创始于大名鼎鼎发明家爱迪生手中的通用电气（GE），曾是美国制造业的骄傲。杰克·韦尔奇在掌舵通用的21年间，迅速打造了一个“无边界”商业帝国，通用电气的市值由他上任时的130亿美元上升到了4800亿美元，排名从世界第10位提升到第1位。GE旗下的12个事业部，一度有9个事业部能入选《财富》世界500强。更值得称道的是GE还是培养首席执行官的“黄埔”军校，很多GE高管后来都成为世界500强企业的掌舵人。仅在2001年，就有16位韦尔奇曾经的手下在上市公司任职CEO。他的经营哲学、人才发展理念以及对GE的学习培训机构——克劳顿维尔的高度重视影响了一批批企业家。

宁高宁先后执掌华润、中粮、中化集团，带领它们进入《财富》世界500强。他先后在不同的时间点把行动学习导入三家企业，逐步演变为一种人才发展和组织发展的方法，称其为“团队学习法”，成为三家企业的管理之道。宁高宁说：“团队学习的方法要成为中化的一种工作方式，每一位领导者也应是团队学习的引导人和催化师。”

任正非所领导的华为用30多年的时间，使一家做贸易的小公司发展成为让世界头号大国美国动用国家力量打压的企业。他说：“我们胜利的两个基础：一是方向要大致正确；二是组织要充满活力。”

无数专家学者深入观察和研究企业，试图从中寻找企业成败的核心变量，从而破解企业成功的密码。因此诞生了一批批响亮的名字：彼得·德鲁克、彼得·圣吉、约翰·科特、迈克尔·波特、加里·哈默尔、亨利·明茨伯格……

在这些学者当中，大家最推崇的学者之一是创立战略地图与平衡计分卡的罗伯特·卡普兰，他把企业管理的密码概括为财务、市场与客户、内部流程和学习成长，并将它们之间的关系梳理得如此清楚。

杨国安教授把企业竞争和发展中的变量精简到极致，得到两个变量。他认为：组织成功 = 正确的战略 × 强大的组织能力，这与任正非 2017 年在上海与部分主管座谈时总结的结论高度一致。

也就是说，企业成败两件事：第一件是制订战略，定方向，管大局，保证企业在正确的赛道上；第二件事是执行战略，动员组织的资源抓落实，这就是组织能力建设。

第一节　组织战略与组织能力

我们先看第一个核心变量：组织战略。

什么是战略？战略是指组织为实现总体目标，在总结历史经验、调查现状、预测未来的基础上，对组织未来发展方向做出的长期性、整体性和基本性的计谋或方案。

毫无疑问，正确的组织战略是极其重要的。但是即使制定了正确的战略规划，如果没有强有力的执行，如果没有执行过程中的持续复盘，如果战略没有因环境变化和竞争对手的变化而调整的动态机制，往往会变成一纸空文，变成“有战略，无执行”。

显然，战略是靠人执行的，要靠组织的全体员工共同去执行，才有可能实现组织的战略目标，这种动员和组织全体员工执行战略的本领，就是组织能力。

因此，第二个核心变量是组织能力。

如果我们把政党视为一种组织，那么组织能力就是这个政党动员全社会的力量达成目标的能力。

例如，中国共产党在抗日战争时期所提出的统一战线，就是动员一切可以团结的力量打败日本侵略者。正如毛泽东同志指出的，所谓政治，就是把拥护我们的人搞得多多的，把反对我们的人搞得少少的。

在解放战争时期，陈毅元帅所总结的“淮海战役的胜利，是人民群众用小推车推出来的”是共产党领导下的人民军队超高的社会动员能力的集中反映，正是在人民群众的大力支持下，解放军才能在军队人数、装备不如对手的情况下，最终打垮了国民党军队，赢得了淮海战役的胜利。这说明了民心的向背是战争胜负的风向标。

在抗击新冠肺炎疫情中，中国政府之所以能够成为抗疫的“优等生”，靠的是中国共产党很好地回答了“为了谁、依靠谁”的问题，靠的是以人民为中心的执政理念、生命至上的人性观和强大的社会动员能力。而经济、科技、医学实力远超中国的美国在疫情防控、政策措施、溯源调查等多方面反科学、反常识的表现，是美国成为“差等生”的直接原因，党争之下的联邦体制相互掣肘、政府组织能力低下所构成了“散装美国”的抗疫格局是其抗疫失败的深层原因。

在企业层面，现代管理学大师戴维·尤里奇认为，组织能力即组织的集体技能、才能和专业技术知识，它们代表着组织为了完成工作而用什么样的方式来组织人员和其他资源。杨国安教授曾师从戴维·尤里奇，他认为，组织能力是一个团队或组织所发挥的整体战斗力，是一个团队或组织竞争力的DNA，是一个团队在某些方面能明显超越竞争对手、为客户创造价值的能力。

以下我们从战略与组织能力这两个变量来比较一下，同样是中国军队，同样在与多国部队组成的联军进行的两场战争。

【案例1-1】清朝政府抗击八国联军

金一南将军在他的著作《为什么是中国》中写道：

1900年八国联军进攻北京，其中，日军最多8000人，俄军4800人，英军3000人，美军2100人，法军800人，奥地利军队58人，意大利军队53人，满打满算18811人，就这么点兵力。还有7000人德军在海上来不及赶到。他们都等不及了，向北京出发，10天之内就攻陷了北京。

京畿一带是我们的重镇，天时、地利、人和，我们全都占尽。此处清军十五六万，义和团团民五六十万，从兵力对比来看，平均40个人在家门口堵侵略军1个人。我们堵住了没有？没！10天之内，八国联军攻陷北京。后来八国联军增兵到七八万，打通州、打保定、打张家口，触角伸得很远，但那都是占领北京之后重新调集来的军队，当初攻下北京的就这1.8万余人。

10天之内攻陷北京，为什么能做到呢？

正如20世纪初孙中山所述：四万万中国人，一盘散沙而已。

【案例1-2】新中国成立之初的抗美援朝战争

1950年6月25日，朝鲜内战爆发。美国政府从其全球战略和“冷战”思维出发，做出武装干涉朝鲜内战的决定，并派遣第七舰队侵入台湾海峡。1950年10月初，美军不顾中国政府一再警告，悍然越过三八线，把战火烧到中朝边境。侵朝美军飞机多次轰炸中国东北边境地区，给人民生命财产造成严重损失，我国安全面临严重威胁。

值此危急关头，应朝鲜党和政府请求，中国党和政府做出抗美援朝、保家卫国的历史性决策。1950年10月19日，中国人民志愿军在彭德怀司令员兼政治委员率领下进入朝鲜战场。10月25日，志愿军在云山、温井等地与敌遭遇，打响了抗美援朝战争第一枪。

抗美援朝战争，是在交战双方力量极其悬殊条件下进行的一场现代化战争。当时，中美两国国力相差巨大。在这样极不对称、极为艰难的情况下，中国人民志愿军同朝鲜军民密切配合，首战两水洞、激战云山城、会战清川江、鏖战长津湖等，连续进行5次战役，此后又构筑起铜墙铁壁般的纵深防御阵地，实施多次进攻战役，粉碎“绞杀战”、抵御“细菌战”、血战上甘岭，创造了威武雄壮的战争伟业。全国各族人民由衷称赞志愿军将士为“最可爱的人”！经过艰苦卓绝的战斗，中朝军队打败了武装到牙齿的对手，打破了美军不可战胜的神话，迫使不可一世的侵略者于1953年7月27日在停战协定上签字。

1953年7月27日，美国在停战协议上签字，抗美援朝战争胜利结束。在这场战争中，中朝军队共歼敌109万余人（包括志愿军入朝前朝鲜人民军单独歼敌13万余人）。为了夺取战争的胜利，我志愿军先后投入兵力130余万人，伤亡36万余人。

“联合国军”总司令克拉克在回忆录《从多瑙河到鸭绿江》中写道：“我获得了一个不值得羡慕的名声——我是美国历史上第一个在没有取得胜利的停战协定上签字的司令官。”

中国人民志愿军司令兼政委彭德怀在《关于中国人民志愿军抗美援朝工作的报告》中说：“抗美援朝雄辩证明，西方侵略者几百年来只要在东方的一个海岸上架起几尊大炮就可以霸占一个国家的时代是一去不复返了。”

从抗击八国联军到抗美援朝战争，时隔50年，同为中华民族，同样面对多国部队组成的联军，为什么获得了完全不同的战争结局？

第一，执政理念不一样。

晚清政府的执政理念从严复译著孟德斯鸠《法意·卷五按语》中可以看得非常清楚。他写道：“中国自秦以来，无所谓天下也，无所谓国家也，皆家而已。一姓之兴，则亿兆为之臣妾。其兴也，此一家之兴也；其亡也，此一家之亡也。天子之一身兼宪法、国家、王者三大物，其家亡则一切与之俱亡……顾其所利害者，亦利害于一家而已，未尝为天下计也。”2000多年封建制度统治，是以血缘和姓氏为核心的封建王朝，其兴，是一家的兴；其亡，是一家的亡。王朝的更迭就是统治者姓氏的更迭，统治者只对家族、姓氏负责，不对国家、民族负责。

中国共产党领导下的政府，始终坚持为人民服务的执政理念，以为全中国人民谋幸福、为中华民族谋复兴为使命，参战将士认识到抗美援朝是为了“保家卫国”，是为了自己的家庭、为自己的国家打仗，才会涌现出杨根思、黄继光、邱少云等30多万名英雄功臣和近6000个功臣集体，志愿军将士才会被全国人民称赞为“最可爱的人”。

第二，政府组织能力不同。

1840年，按照欧美GDP计算，清政府占世界29%，是美国3倍，英国4倍，日本18倍。中日甲午战争过后，清政府与地方、与人民矛盾空前激烈，皇权遭到蔑视，各省督抚逐渐坐大。八国联军侵华前，慈禧太后曾一纸诏令，命各省诸侯与政府合作，共同对联军开战，但各省拒绝这一要求，与列强签下了《东南互保》条约，带头签约的是李鸿章。龙庭有难，勤王竟都没有，可见各地对庙堂多么痛恨。清朝经济与军事都不弱，弱的是体制腐朽，怨声载道的民心，正如康有为所言：国不知有民，民又何知有国？这样千疮百孔之船不沉，天理不容。历史洪流浩浩荡荡，任谁也救不了。

抗美援朝战场上，中国人民志愿军用世界上绝无仅有的战斗精神和意志，打败了“钢多气少”的对手。当时国内轰轰烈烈的支援抗美援朝运动，也是取得这场战争胜利的重要因素。1950 年 12 月 1 日，为适应抗美援朝战争和加强国防现代化建设的需要，中央军委和政务院联合发布了《关于招收青年学生青年工人参加各种军事干部学校的决定》。决定发出不久，仅知识青年两次报名的人数就达 58 万。由于敌机封锁我军后勤运输线，口粮和副食品难以保障，而且即使有了保障，志愿军白天也不能生火做饭。后方人民便发明了一种用小麦、大豆、高粱米、食盐等混合加工而成的炒面。这种炒面在前方很受欢迎，急需大批量供应。于是，从东北、华北到中南，不知多少人家都在忙着做炒面。第四次战役结束后，中共中央发出了《关于开展订立爱国条约和捐献武器运动的指示》。这项指示得到全国人民积极响应。文艺界的艺术家们积极发挥自身优势，把演出的票房收入全部捐献。著名表演艺术家常香玉带领“香玉”剧社巡回义演 170 余场，捐献飞机 1 架，在全国造成很大影响。在湖南湘潭，76 岁的老工人谭楚云每月只有 8 元钱的收入。自捐献号召发起之日起，他就做了一个竹筒，刻上“抗美援朝生产捐献集金筒谭楚云”几个字。他每天工余挑几担水，把卖水的钱装进竹筒。捐献那天，谭楚云说：“我知道这几个钱顶不了多大事，但也许呢，就差这几个钱打不败美国鬼子。”全国人民的有力支援，使前方的将士们感到，为保家卫国赴汤蹈火，是无上光荣的，是死而无憾的。

中国共产党和政府的社会组织能力，用一句话来概括就是“军民团结如一人，试看天下谁能敌!”

正如毛泽东所说：“现在中国人民已经组织起来了，是惹不得的。如果惹翻了，是不好办的!”

前面是从政党、政府的角度进行的比较，印证了战略和组织能力的极端重要性。以下我们再尝试从企业层面研究这两个变量是如何发挥作用的。

【案例 1 -3】华为第三个 10 年成功之道

2017 年 6 月 1 日，任正非在上海与部分代表及主管座谈时总结说：“我们胜利的两个基础：一是方向要大致正确；二是组织要充满活力。”

在华为内部，任正非对此还有更加形象而细致的描述：做事业就像舞龙，龙头要抬起来，这就是方向、要大致正确；这里的方向是指产业方向和技术方向，不可能完全看得准，做到大致准确就很了不起；更重要的是，龙身子要舞动起来、要有力，整个龙才能舞起来、活起来。在方向大致正确的基础上，组织充满活力非常重要，是确保战略执行、走向成功的关键。

第一，华为持续完善流程体系，华为实施了支撑客户经理的线索到现金 LTC（Lead to Cash）、支撑解决方案专家的集成产品开发 IPD（Integrated Product Development）、支撑交付经理的集成供应链 ISC（Integrated Supply Chain），以保证方向大致正确，做正确的事情、正确地做事情。第二，华为建立起灵活的组织结构，从中央集权机制逐步转型为充分授权、分权制衡机制，全力打造“一线呼唤炮火”的流程化组织。第三，建立起来以品德、核心价值观、绩效表现、能力与经验为基础，以“四力、十项标准”为能力框架，以使用权与管理权相分离为原则的干部评价、选拔制度，以干部循环流动与干部循环赋能为办法的干部培养机制。第四，建立和完善了以获取分享制、末位淘汰制、非物质激励为主要内容的人才激励机制。以上四个方面，正是华为第三个 10 年的成功之道。

完善的流程体系、灵活的组织结构，以及不断加强的干部队伍建设、基于人性的人才激励机制，支撑起了华为第三个 10 年的成功。因此，华为上述观点揭示和印证了组织持续成功的法宝：正确的战略和卓越的组织能力。

【案例 1－4】中铁四局集团的组织能力建设

诞生于抗美援朝时期、前身是中国人民志愿军铁道工程总队的中铁四局是世界 500 强企业——中国中铁股份有限公司的“标杆”成员企业。持有“四特五甲”资质（即铁路、公路、房屋建筑、市政公用工程 4 项施工总承包特级资质和铁道、公路、建筑、市政、测绘 5 项行业甲级资质）。

近年来，中铁四局聚焦国内、投资、境外三大领域，努力打造以“国内工程承包业务、投资开发业务、运营管理业务、境外工程相关业务、工程服务业务”为主的五大业务板块。业务遍及全国近 30 个省区市，以及安哥拉、委内瑞拉、埃塞俄比亚、蒙古国、印度尼西亚、巴拿马、斯里兰卡、马达加斯加、孟加拉国、哥斯达黎加等近 20 个国家。2016～2020 年，企业累计完成营销额 7475 亿元，营业额 4048 亿元。2021 年营销额达 2366 亿元，营业额达 1356 亿元，同比增长 13% 和 20%，连续四年实现“双超千亿”，连续五年营销额突破千亿元大关。中铁四局资产质量、盈利能力、现金流等主要财务经济指标，始终在中国中铁系统保持先进水平，经济效益保持了稳步增长。

基于行业内的影响力，近年来，中铁四局先后接待了多家、多批次同行兄弟单位的对标交流活动。在回答“是什么造就了今天的中铁四局”时，答案有很多版本：如“有一张蓝图绘到底的企业战略”“近几届领导班子坚强有力勇担当、作风务实不折腾”“有一支优秀的员工队伍”“较好地探索和实践了勇于争先、永不满足的企业文化”……

在“十四五”的开局之年，中铁四局对此进行了系统的总结，认为企业不是强在某一项或某几项能力，而是强在各种能力的集成化，中铁四局具有以下明显的竞争、发展优势：

1. 具有清晰的发展战略规划。在中铁四局的“十三五”规划中，确立了“客户推崇、伙伴信赖、员工幸福、广受社会尊重新时代一流现代化建筑业集团”的发展愿景和“建设‘中国最优秀的交通基础设施 + 生态环保领域全产业链综合服务商’”的战略目标，“十四五”开局之年，中铁四局根据国家战略部署和产业发展大势，确立了“成为‘交通基础设施 + 城市建设 + 生态环保’领域行业领先、国内一流、国际知名的全价值链综合服务商”的战略目标。

2. 具有强烈的客户服务意识。中铁四局把聚焦市场、服务客户、创造价值作为发展遵循，培育了全员、全覆盖、全方位的客户服务体系，构建了覆盖全国GDP千亿级以上城市的经营服务网络；坚持“一切工作到项目、服务到终端”的管理理念，推动优质管理力量和生产资源下沉一线，提升现场管理水平，助力品质工程建造，先后获得国家科技进步奖12项、省部级与行业科技进步奖415项，荣获中国土木工程詹天佑大奖42项、鲁班奖37项、李春奖12项，国家优质工程奖66项；坚持延伸价值链、拓展服务链，除建筑施工主业发展水平饮誉行业外，还围绕主业培育了智慧工地、教育培训、策划咨询、党建工作、文化传媒等服务品牌。2021年全局铁路新签合同额在国内工程承包业务板块中占21%左右的份额，公路工程占11%左右的份额，市政工程占20%左右的份额，房建工程占22%左右的份额，城市轨道交通工程占11%左右的份额。

3. 具有强大的综合施工能力。中铁四局综合施工水平在国内建筑企业中位居领先地位，不仅专业范围涵盖全、市场布局广，而且在客运专线施工及设备成套技术、城市轨道施工专业全覆盖能力、汽车试验场、水务环保等诸多领域占据着市场的制高点，在地方紧急应急工程、高难度复杂技术工程、艰险自然条件工程和重大战略工程中屡次出色完成任务，成为业内有能力、敢担当的责任企业。在铁路工程领域，中铁四局共新建、改扩建铁路干、支线和专用线总里程近2万公里，建成大型铁路枢纽近20余个。在公路工程领域，中铁四局在29个省区市建成高速公路总里程超过3000公里。在市政工程领域，中铁四局先后完成城市立交、高架桥梁工程近百座和城市道路和市政设施近百项。在城轨交通领域，中铁四局先后在北京、上海、广州等44个城市承建了地铁车站140余个、区间150余个、总里程500余公里，取得进入城市最多、中标数量最多、中标总额最多“三个全国第一”。在水务环保领域。中铁四局先后承建了亚洲最大城市污水处理厂——上海白龙港污水处理厂，亚洲单体规模最大的污水处理厂——武汉三金潭污水处理厂，亚洲最大的全封闭半地埋式一体化污水处理厂——温州市中心片污水处理厂等100余项、总建设规模1000余万立方米的净水厂和污水处理厂工程，承建了以河南洛阳洛河流域水治理、江西九江和安徽芜湖长江大保护项目为代表的一大批水环境治理保护工程。在房建工程领域，中铁四局承建的多项工程荣获中国建设工程鲁班奖（国家优质工程）、全国建筑安全奖和全国用户满意建筑工程奖。在大跨度工业厂房、高难度公用建筑及高层建筑施工领域积累了丰富的经验、雄厚的技术力量和装备能力。在汽车试验场领域，中铁四局陆续承建了交通部北京汽车综合试验场、上汽大众汽车试验场、上海 F1 国际赛车场等共 60 多个汽车试验场和赛车场工程，约占国内已建成试车场总数的 85%，成为全球第三家、国内唯一掌握汽车试验场高速环道沥青混凝土路面曲面摊铺设备和技术的中国企业。在钢结构工程领域，中铁四局先后承建铁路、公路钢桥梁、大型体育场馆、会展中心以及市政工程、机场候机楼、城市轨道交通等项目百余项，设计、制作和安装钢结构建筑达 500 余万平方米，拥有占地近 14 万平方米，承建了北京、杭州、南京等一大批国内火车站站台无柱雨棚，市场占有率达 70% 左右。在电气化工程领域，中铁四局参加了京九铁路、青藏铁路、武广铁路客运专线等 40 余条铁路干线的“四电”工程施工，以及城市轨道交通、高速公路通信、信号、风水电、监控、收费系统工程的施工与调试；承建了中国移动、联通、网通、铁通等电信运营商及 12 个省区市广电系统的网络传输工程，铺设光、电缆 8000 余公里。在设备安装领域，中铁四局先后完成了京九、青藏等铁路干线和阜阳、襄北等铁路枢纽工程，30 个城市轨道交通设备安装工程，以及部分大型厂房的设备安装任务。

4. 具备一体化的经营管理能力。中铁四局不仅在工程施工领域具备强大的综合实力，同时也具备基础设施建设、运营管理的能力，拥有投资、规划设计、施工、物资采购、运营管理等各环节的机构、经验和人才。近年来，采用 EPC、PPP、ABO、TOD 等模式在深圳、南京、无锡、盐城、景德镇、九江、六安等地进行了片区和项目开发，承接运营了景德镇综合管廊、池州海绵城市、徐州市迎宾大道、无锡地铁具区路车辆段上盖物业、长江大保护、六安市体育中心等一大批优质项目，丰富了一体化的经营管理实践经验。截至 2021 年底，中铁四局在土地一级开发、房地产开发、基础设施建设等领域的投资项目共计 121 个，总投资规模约 2100 亿元。

5. 具备较强的资金实力。近年来，中铁四局紧紧抓住国内基建保持大规模发展的黄金机遇期，并充分利用自身投资、海外等相关多元业务的稳健发展，不仅实现了规模的快速扩张，更重要的是形成了丰厚的效益积累。目前，中铁四局拥有 AAA 级主体信用最高评级，具有雄厚的资金实力和强大的融资能力，货币资金较为充裕，2021 年末，企业货币资金存量 198 亿元，在 26 家金融机构共获得综合授信额度 886 亿元。

6. 拥有良好的品牌信誉。中铁四局坚持“以强化现场管理为根本、以技术创新为先导”的发展理念，全面强化项目管理，牢牢占据铁路市场信誉制高点，30

次位居国家铁路集团（原铁道部）全国铁路施工信用评价A类企业，成为全国获此殊荣最多的单位；城市轨道建设领域居于国内建筑企业最前列，在国家发改委批复地铁建设规划的44个城市中，实现首批44个规划建设地铁城市的全覆盖；汽车试验场施工领域被誉为“国家队”，陆续承建国内85%以上的汽车试验场工程。其主要发展指标在国内建筑央企二级单位中位居前列，在安徽百强企业中（以2019年营收为依据）排名第四，列总部在合肥的央企二级企业第一名，连续四年位列中国中铁系统内综合贡献度考核榜首，积蓄了企业品牌实力。

7. 拥有一支敬业实干、执行力强的干部员工队伍。经过多年优秀企业文化的熏陶传承，中铁四局拥有一支踏实肯干、执着敬业、执行力强的干部员工队伍，成为企业实现发展壮大和可持续发展的根本依靠力量。中铁四局始终坚持把抓好干部员工队伍建设作为推动企业发展的关键，旗帜鲜明地倡导、践行“实干为本、业绩为先”的用人导向，集聚了企业发展的正能量和源源动力。多年来，中铁四局始终拥有一个坚强有力、务实奋斗的领导班子，近几届领导班子务实团结，善于继承发扬企业和前任班子的好经验、好做法，时刻保持自我加压，永不停歇赶超先进，齐心协力地带领干部员工谋发展、抓改革、求创新，努力把企业发展推向更高的层次。依托重点项目和复杂工程建设，培育了一大批专家人才队伍和高素质技能人才队伍，在地下空间开发、特殊复杂桥梁等方面拥有强大的技术研发和实践应用优势。

8. 拥有明显的政治优势。多年来，中铁四局党委始终把坚持党的领导、加强党的建设作为企业发展的“根”和“魂”，深入贯彻落实“两个一以贯之”的要求，切实履行把方向、管大局、促落实的工作职责，充分发挥着领导核心作用；创新推动党建工作与生产经营深度融合，主动联合建设、设计、监理单位以及相关政府部门建立党建联盟，做到资源共享、党建共进，一体推进生产营销和党建工作，形成多单位党建同频共振；通过项目群党建、片区党建夯实项目一线党建基础，相关做法在2021年中央企业党的建设工作座谈会上进行经验交流；外协队伍党建和管理工作，得到了中组部、中宣部、中华全国总工会、国务院农民工办的充分肯定并在全国宣传推广；海外党建“六安”工作法受到外交部、商务部的高度认可。

在上述八项优势中，第一项“清晰的发展战略规划”可归结为“正确的战略规划”，第二项“强烈的客户服务意识”、第三项“强大的综合施工能力”、第四项“一体化的经营管理能力”、第七项“敬业实干、执行力强的干部员工队伍”、第八项“明显的政治优势”均是优秀的组织能力的表现，而第五项“较强的资金实力”和第六项“良好的品牌信誉”则是正确的企业战略和强大的组织能力的结果。

因此，中铁四局成功的秘诀仍可归结为“正确的企业战略和强大的组织能力”。

第二节 组织能力与组织学习

既然组织能力对组织如此重要，那它是如何获得的呢？

众所周知，组织是由团队组成的，组织能力是以组织内部各团队的能力为基础的；团队是由员工组成的，团队能力是以团队各成员的个人能力为基础的。因此，要想厘清组织能力建设的机理，就要从个人能力、团队能力培养说起。

一、个人能力与个人学习

个人能力是由知识、技能和态度三个方面组成的。

（一）知识

从来源看，知识可分为间接知识和直接知识。

1. 间接知识是指他人经验的集合。其是从书本、课堂、媒体、他人的分享中获得的、结构化或非结构化的知识。结构化的知识是指经整理的，按照一定的逻辑结构排列的、易于传播的知识。这些知识的表现形式可以是概念、理论、原理、定理、公式、方法等。非结构化的知识是指未经整理的，按照知识的原貌储存起来的知识，非结构化的知识因未经整理，往往不易传播。间接知识主要通过学习获得，但许多间接知识未经学习者应用验证，因此在学习者头脑里保留的时间持久性往往较差，容易遗忘，只有应用乃至反复应用才能转化到应用者的头脑中。

“已有的事、后必再有；已行的事、后必再行。日光之下并无新事。”如果用在学习上，可以理解为：我们在工作或生活上遇到的任何难题，在世界必定有其他人同样遇到过，必定存在一个经他人实践验证过的最佳解决方案。一个善于学习的人，只要找到并应用这个方案就能很好地解决难题。但人类的悲剧在于：不善于汲取前人的经验和教训，不善于学习，使前人的经验和教训大量闲置浪费，增加了解决问题的成本，一再重复前人的错误。例如，在建筑施工中，工人常常会接到密闭空间施工任务，密闭空间因通风不畅，常常会积累大量有害气体，施工前应首先探测该空间如地窖、船舱、储罐、管道、地下室、污水池（井）、沼气池、化粪池、下水道、发酵池等中是否存在有毒气体。在检测仪器发明之前，有经验的工人会买来一只活鸡，用绳子绑住鸡脚后扔进密闭空间，待半小时再把鸡拉上来，通过观察鸡的状态来判断该空间中是否存在有毒气体。随着科技进步，现在广泛使用密闭有限空间气体检测仪对密闭空间气体浓度进行检测。但是，因知识的分享程度不高，导致密闭空间施工因有毒气体致人死亡事故一再发生。

2. 直接知识。其是指个人亲历经验的集合。它可以是在间接经验的指导下，由学习者进行实践后总结出来的知识，也可以是学习者自我探索、自我实践总结出来的知识。

1937 年，毛泽东在他的著作《实践论》中指出：“实践、认识、再实践、再认识，这种形式，循环往复以至无穷，而实践和认识之每一循环的内容，都比较地进到了高一级的程度。这就是辩证唯物论的全部认识论，这就是辩证唯物论的知行统一观。”毛泽东这一观点，深刻揭示了认识论的发展规律，也揭示了直接知识与间接知识的相互关系。

我们的间接知识是前人创造和总结出来的；而我们的直接知识，也会变为别人的间接知识。

总之，第一，知识是个人能力的第一要素，但不是能力的全部，它能够帮助人们正确地思考和分析问题。没有知识就无法正确地认识事物、认识世界，无法把握事物的规律性。第二，个人的知识主要通过向他人学习以获得间接知识、向自己学习以获得直接知识积累而成。学习是个人获取知识的唯一途径，是个人的核心竞争力之一。

（二）技能

技能是指应用知识解决问题的本领。具备解决某一问题的知识并不能保证能正确地解决这个问题。例如，没有驾驶经验的人可能知道左转弯时应该等到信号灯变成绿灯时才能起步转弯，也知道方向盘应该左转，也就是说，他具备左转弯的知识，但是因为没有足够完成方向盘左转的经验，他就可能无法正确地完成这一动作，也就是说，他没有关于左转弯的技能。这说明：知道不等于做到。帮助人们从“知道”变成“做到”的本领就是技能。

培根说：“知识就是力量”。其实这句话只说对了一半。学习知识的目的有两个：一是帮助人们认识世界，二是利用知识改造世界。“知识”能够帮助人们认识世界，而“技能”才能帮助人们改造世界。因此，“知识的本身”不是力量的全部，“知识的正确应用”才是真正的力量。如果仅仅停留在学习知识、积累知识阶段，人顶多是“知识的储存器”，是学富五车的“骡子”，只有将知识用于生活和工作，用于企业经营，才能让自己的生活和工作、让企业的发展产生真正的改变，才能让知识焕发出真正的力量。这与任正非的“人才不是华为的核心竞争力，对人才进行有效管理的能力，才是企业核心的竞争力”是一样的道理。

总之，技能是个人能力的第二要素，但不是能力的全部。它能够帮助人们改造事物，改造世界，实现从“知道”到“做到”。仅有技能而没有知识，就会使人们变成“无知无畏者”，盲目行动，从而带来灾难性后果。技能主要通过练习、反复练习和生活、工作实践也即学习获得。

（三）态度

态度是指获得成功的主观意愿的强烈程度。拥有足够的知识和技能能够保证人们正确地完成工作任务，做一个“合格”的员工；如果人们要想变得“优秀”乃至“卓越”，还取决于他们的态度，只有具备强烈的成功意愿、具有自我驱动力的人才能变得“优秀”和“卓越”。具备同样知识和技能但态度不一样的员工工作的结果往往大相径庭。在外部条件完全相同的情况下，完成同样难度的工作任务，积极进取者总会穷尽各种办法，找到问题的解决方案并最终完成任务；而消极怠工者总会为无法完成任务找到漂亮的理由。

态度与动机具有正相关关系，因此，唤醒或激发人的动机就变得很重要。研究者围绕人类的动机作了深入研究，诞生了一些有影响的关于人类动机的理论。如马斯洛的需要层次理论，奥尔德佛的生存、关系与成长理论，赫茨伯格的保健与激励的双因素理论，亚当斯的公平理论等，这些理论对于提高企业管理人员预测、引导和控制员工和客户的行为的能力，达到提高组织效率具有重要作用。

与知识和技能相比，态度是一种更加稳定的心理特征，不易改变。他人的奖励和惩罚会激发人们态度的转变，但这种方法具有外部强制性，改变的持久性常常较差。例如，一个不愿意长跑的人在后有老虎追逐时，会激发他一路狂奔，但当危机解除后，他大概率会恢复原来的状态。要想固化这种改变，只有不断地强化反馈，形成类似条件反射般的“肌肉记忆”，使之形成习惯，同时改变认知，态度才能实现真正的改变。

态度与人的发展环境具有密切的关系。在组织内部，经常会出现人才“扎堆”现象，即优秀的员工往往出自同一个团队，除了相互提携的因素外，团队文化的影响功不可没。在军队，“英雄连”常常会在相当长的历史时期内英雄辈出，这是团队文化不断继承和发展的结果。《晏子使楚》一文中，“橘生淮南则为橘，橘生淮北则为枳”形象地说明了组织文化对人的影响。

总之，态度是个人能力的第三要素，但不是能力的全部，态度同时影响知识和技能的获得。它决定了人们以什么样的精神状态投入认识世界、改造世界的活动中去，不仅会影响人们处理生活和工作中具体问题的结果，也相当程度地决定了人们一生的成就。态度具有较强的稳定性，不易改变，只有从外因和内因两个方面同时发力，并不断强化，才能实现真正的改变。

综上所述，个人是否能够成功，主要取决于个人在其竞争、发展领域的能力，即个人在该领域内拥有的知识、技能和秉持的态度。而获得这些知识、技能和态度，主要是通过学习、实践等方式获得，还要通过激发动机、唤醒意愿、营造良好的成长环境获得。

二、团队能力与团队学习

组织是由众多个团队组成的，团队能力是组织能力的基础，没有优秀的团队能力，就谈不上良好的组织能力。

讨论团队的能力与学习显然比个人要复杂得多。组织学习专家库玛在彼得·圣吉关于团队学习观点的基础上，提出了学习型团队的五要素模型。他认为，一个学习型团队必须在目标或愿景、领导、员工、流程或方法论、团队文化等五个要素中具有不同于普通团队的特征，具体特征如下。

（一）目标或愿景

包括目标或愿景的共享程度，以及实现目标或愿景所表现出来的进取性。

1. 目标或愿景的共享程度。共享程度指的是：一是学习型团队在制订目标或愿景时，团队成员应深度参与，贡献智慧，并在此基础上达成共识。如此，目标便有了广泛的群众基础，这才是团队的真正目标，而不仅仅是领导心中的目标。二是目标确定后，一定要让团队成员充分知晓、理解目标及其内涵，并在此基础进行必要的目标分解，以增强执行的自觉性。三是团队的目标或愿景必须忠实地体现组织的目标和愿景，是组织目标和愿景的承接和分解。

当前，国有企业的团队在目标管理方面需要改进的问题是：一是制订目标过程中，通常是由少数人决定的，员工参与的广度和深度不够，主人翁作用未充分发挥，共识不够，使团队目标的群众基础不牢，给执行带来较大阻力；二是有些团队目标形成后，向团队员工宣传不够，没有讲清目标背后的理由，没有讲清对上级目标的承接性，团队成员不理解，执行中对抗情绪较大；三是对目标未做分解或分解不够，使目标的压力集中在少数人身上，没有体现“千斤重担人人挑，个个身上有指标”。

宁高宁执掌华润、中粮、中化集团时，每当企业发展的关键时期，他都要组织公司高管层、相关职能部门和二三级企业的主要负责人，利用行动学习方法论，召开战略研讨会。在学习宏观经济政策，进行行业、产业、市场和客户、竞争对手分析的基础上，按照“发现并澄清问题、研讨业务板块的战略问题、研讨集团战略问题”几个步骤，围绕“公司的战略，往哪儿走，机制怎么改”等重大问题进行研讨，以明确每个业务单元在这个战略框架中的位置、每个人在这个机制里的方向，达成转型变革的战略共识。各业务单元和公司各职能部门在此基础上，再制订各自的业务战略和职能战略以及行动计划。这种做法，比许多国有企业的目标和愿景的共享程度要高得多，值得借鉴学习。

2. 实现目标或愿景所表现出来的进取性。一个学习型团队，必须具有强烈的进取意识，激发团队全体成员追求更高远的目标，做到“苟日新，日日新，又日新”，所制订的团队目标必须不断突破团队极限，积小胜为大胜；必须具备足够的韧性，在面临困难时百折不挠，只为成功想办法，不为失败找理由。

当前，国有企业的团队在目标管理方面需要改进的问题是：一是部分团队所制订的目标缺乏挑战性，难度不高，在接受目标时与上级讨价还价，虽然维护了团队的短期利益，但从长期来看，无法激发团队的斗志，不利于团队及其成员的成长；二是实现目标过程中进取精神不强，努力不够，碰到困难就怨天尤人。

中铁四局历年的年度新签合同额、营业收入、利润总额、净利润、资产负债率、“两金”规模、营业收入利润率、项目平均利润率、全员劳动生产率等主要指标均有三套目标：一是中国中铁给中铁四局下达的目标，是中国中铁考核中铁四局绩效的依据，体现了组织意志；二是中铁四局根据市场情况，结合自身实际制订的“确保性”目标，并分解到各区域指挥部、各子分公司，是中铁四局考核各区域指挥部、各子分公司绩效的依据，一般高于中国中铁下达的目标；三是中铁四局根据资源上限制订的“争取性”目标，高于“确保性”目标。为保证目标实现，中铁四局及其子分公司均就目标完成进度建立了保证措施：一是每周通报各主要指标完成情况，形成持续的压力传导机制，形成比学赶超的氛围；二是对目标完成进度异常的单位进行重点督办，对困难单位进行帮扶；三是全面与薪酬挂钩，分别与子分公司领导班子和区域指挥部班子年薪、工程项目部领导班子期薪、员工岗薪、四好班子评比等实施强关联；四是实行关键岗位人员“业绩说话，自动升降”机制；五是以中铁四局“十四五”规划为依据，制订了战略业务考核办法，实行加分制。正是中铁四局历年年度目标所体现出来的强烈进取心，以及确保目标实现的多种措施，才使他们能从中铁系统各二级单位中能够脱颖而出，连续10多年保持系统标杆的地位。

（二）领导

领导是指居于某一领导职位、拥有一定领导职权、承担一定领导责任、实施一定领导职能的人。领导力是通过激励团队，达成目标的能力，主要包括善于激励人心和长于系统思考。

1. 善于激励人心。激励是指如何调动人的积极性的理论和方法。即将员工对组织及工作的承诺最大化的过程。激励的方法包括机制激励、目标激励、发展激励、奖励激励、培训激励、绩效激励、竞争激励、参与激励、授权激励、赞美激励、煽情激励、危机激励、“负激励”等。

当前，国有企业的团队在目标管理方面需要改进的问题是：一是缺乏激励员工的有效方法，无法调动团队成员的积极性；二是不善于与上级沟通以获得必要的授权，无法为员工创造获得奖励和晋升的机会，缺乏担当精神，对团队中出现的问题不进行及时处理，难以赢得员工的信任和支持；三是不善于唤醒团队成员的使命感，缺乏一双“发现美的眼睛”，看不到团队中的闪光点，无法和团队及其成员共创愿景，以激励团队及其成员长期奋斗；四是缺乏公平正义精神，任人唯亲，造成团队离心离德，人心涣散。

华为认为，在很大程度上，欲望是企业、组织、社会进步的一种动力。对员工欲望的激发和控制，构成了一部华为的发展史。他们实行“获取分享制”的薪酬制度，员工贡献大就拿得多，贡献小就拿得少，从而激活员工的奋斗精神；他们实行“末位淘汰制”，用来挤压队伍、激活组织，鼓励先进、鞭策后进，充分激发员工的工作积极性；他们实行以机会激励和荣誉激励为主要内容的“非物质激励”，让优秀的员工获得更多机会，将获奖信息记入员工荣誉档案，鼓舞正气上升、让英雄辈出，从而持续激发组织的活力。

2. 长于系统思考。系统思考是优秀团队领导必备的思维特征，它强调透过事物的表面现象，探求问题的系统的解决方法，而不是像盲人摸象般片面地看问题或采取“头疼医头，脚疼医脚”的解决方式。这需要团队领导者加强理论学习，以整体的、系统的、动态的思维方式代替原来机械的、零散的、静态的思维方式，善于在错综复杂的市场形势下抓住主要矛盾和矛盾的主要方面，探寻对问题系统、长远、深刻的解决之道。唯物辩证法的对立统一规律、量变质变规律、否定之否定规律是人们建立系统思考能力的底层逻辑。

【小贴士】训练系统思考的常见模型简介

虽然系统思考的修炼是一个长期的过程，需要通过学习和实践交替训练才能获得，但是正如学习其他知识一样，系统思考能力的培养同样也有捷径可走：那就是学习借鉴前人的积累的知识，培养模型思维。

模型是指在他人大量的经验的基础上，抽象出来的、帮助人们认识、理解和处理某一领域的特定问题的思维框架。人们平时听到的谚语、公式、定理等，本质上都是一种模型。

所谓模型思维，就是在分析某一具体事物时，借助特定的模型框架，对该事物进行系统的分析的思维方式。

受传统文化的影响，中国人具有系统思考的天然优势。2014 年 5 月 4 号，习近平总书记在北京大学和师生座谈的时，引用了《礼记》五句话，即“博学之，审问之，慎思之，明辨之，笃行之”。这五句话系统地总结了人们学习的五个阶段：所谓博学，就是广泛地学习；所谓审问，就是仔细地询问；所谓慎思，就是努力地思考、谨慎地思考；所谓明辨，就是清楚地分辨；所谓笃行，就是忠诚地践行。这五个短句子是学习的五个阶段，也是五个层次，彼此之间是相互递进的关系。“笃行”它是问学的最高阶段，也是一切学问真正的出路。只有从实践上下功夫，从知行合一上下功夫，从笃行上下功夫，我们的人生、我们的学问才能够发挥出最大的价值。这五句话其实就是古人关于治学的模型，既可用来管理自己的学习，也可用来指导国有企业学习培训项目的设计工作。

博学之：培训项目的设计人员可收集与培训目标高度相关的学习资料、课程或视频，通过学习平台提前推送给培训对象自学，并提出验收的措施，以达到“博学之”的目的。

审问之：利用在线平台或线下集中培训之机，收集学员没有搞明白的学习“卡点”，邀请专业人员进行答疑解惑，也可以设计激励措施，鼓励学员之间的交流活动，直到所有学员的所有“卡点”学懂弄通。

慎思之：组织学员围绕如何将学到的内容应用到工作场景展开研讨，进行思维碰撞。

明辨之：将事先编写好的、学员工作中真实的案例交给学员，在学员独立完成案例分析的基础上，进行集中讲解，共创基于案例中描述的工作场景中问题最佳解决方案，促使学员掌握理论应用的条件，在理论层面达到融会贯通。

笃行之：设计行动学习任务和奖惩机制，规定完成标准和时限；匹配导师，指导学员完成行动学习计划；要求学员及时复盘，提交复盘报告；对学员进行认证，实施奖惩；关闭培训项目。

除了老祖宗提炼出来的用于指导人们学习、工作和生活的大量模型外，在企业经营管理层面，西方学者开发了大量的、经反复应用验证的、更加结构化的分析和解决问题的模型，能帮助我们培养系统思考能力。以下简要介绍企业管理中的部分常见模型。

a. 丰田公司前任工程师、丰田生产系统的首席工程师大野耐一发明的5Why法和鱼骨图分析法能够帮助人们快速找到问题的根本原因。

b. 麦肯锡7S模型指出了企业在发展过程中必须全面考虑七个方面的情况。

c. 成果树能够帮助我们系统而全面地总结工作。

d. 宁高宁的战略思考十步法能够帮助我们系统地进行战略制定、战略实施和战略评价。

e. PESTEL能够帮助国有企业响应“一带一路”倡议，对拟进入的国别市场进行政治、经济、社会文化、技术、环境、法律的系统分析，避免落入新环境的不同合规要求的“陷阱”中。

f. 波特五力分析模型从行业内的竞争对手、客户、供应商、潜在进入者和替代者几个角度综合分析行业形势，是一个竞争形势全景图。

g. 力场分析能够帮助人们系统识别出促进和阻碍企业变革的各种力量，以提前制订应对之策。

h. 战略地图的核心内容是企业通过运用人力资本、信息资本和组织资本（学习与成长维度），才能建立和创新战略优势与效率（内部流程维度），进而使企业把特定价值带给市场（市场和客户维度），从而实现股东价值（财务维度）。也即通过士气高昂、训练有素的员工（学习与成长），高效运行企业内部流程（内部流程），吸引和留住客户（市场和客户），最终使股东获得丰厚的投资回报（财务）。

i. 平衡计分卡主要通过图、表、卡来实现战略的规划，从财务、客户、内部运营、学习与成长四个维度，将组织战略落实为可操作的衡量指标和目标值的一种绩效管理系统，从而保证企业战略得到有效执行。

j. 思维导图又名心智导图，是表达发散性思维的有效图形思维工具，它运用图文并重的技巧，把各级主题的关系用相互隶属与相关的层级图表现出来，把主题关键词与图像、颜色等建立记忆链接。思维导图充分运用左右脑的机能，利用记忆、阅读、思维的规律，协助人们在科学与艺术、逻辑与想象之间平衡发展，从而开启人类大脑的无限潜能。

k. SWOT 分析是对企业所处的情景进行全面、系统、准确的分析，并根据分析结果制订相应的发展战略、计划以及对策的一种分析方法。它将与研究对象密切相关的各种主要内部优势、劣势和外部的机会和威胁等，通过调查列举出来，并依照矩阵形式排列，然后用系统分析的思想，把各种因素相互匹配起来加以分析，从中得出一系列相应的结论。

l. 波士顿矩阵认为一般决定产品结构的基本因素有两个：即市场引力与企业实力。市场引力包括整个市场的销售量（额）增长率、竞争对手强弱及利润高低等。其中最主要的是反映市场引力的综合指标——销售增长率，这是决定企业产品结构是否合理的外在因素。企业实力包括市场占有率，技术、设备、资金利用能力等，其中市场占有率是决定企业产品结构的内在要素，它直接显示出企业竞争实力。销售增长率与市场占有率既相互影响，又互为条件：市场引力大，市场占有高，可以显示产品发展的良好前景，企业也具备相应的适应能力，实力较强；如果仅有市场引力大，而没有相应的高市场占有率，则说明企业尚无足够实力，则该种产品也无法顺利发展。相反，企业实力强，而市场引力小的产品也预示了该产品的市场前景不佳。

（三）员工

员工是团队最重要的资源，普通团队的要求是每名员工的知识、技能和态度必须达到岗位能力标准，而学习型团队除此之外，还要关注员工的承诺度和创新精神。

1. 员工的承诺度。如是否遵守履约合同中关于产品或服务质量和交付期的承诺，并在本岗位中践行；是否在思想和行为上遵守团队的目标，并在规定的时间内高质量地完成分解到本岗位的工作任务；是否遵守法律法规、团队的规章制度、技术规范、工作流程和约定俗成的规则；是否遵守并践行团队文化。

改革开放初期，我们经常在商场看到售货员与顾客争吵的画面，其中许多争执是因售货员服务态度恶劣而引起的。在这些商场的墙上常常还高高地悬挂着“顾客就是上帝”的口号，但完全不能在这些售货员的身上体现出对顾客应有的尊重。在疫情暴发时，许多医务人员向死而行，纷纷投入生命保卫战中，体现了“救死扶伤”的人道主义精神。华为员工在日本福岛地震选择留下来抢修通信设备，生动诠释了华为“以客户为中心，以奋斗者为本”的企业文化。

企业文化不应只是“挂在墙上的风景”，也不仅体现在“岁月静好”时期员工的日常行为中，更应体现在企业面临重大挑战时普通员工尤其是高层的行为上。

2. 员工的创新精神。任何团队的目标或愿景、市场和客户、产品和服务、规章制度和工作流程、团队文化建设等，都会经历持续的 PDCA 循环，都需要持续改进、迭代升级，没有最好，只有更好。在这个过程中，团队的领导和员工都是改进的主体。而员工分布在团队中的各个岗位，对上述各体系的优点和不足有着更深的认识，由他们进行持续改进、进行持续“微创新”会更符合实际，从而积小胜为大胜、以渐进式变革推进团队的进步。国有企业较好地解决了“依靠谁，为了谁”的问题，有着“依靠群众办企业，办好企业为群众”的光荣传统，有着完善的厂务公开、职代会、民主管理制度，在激发员工的创新精神上有很好的基础。

（四）流程和方法论

流程就是为特定的服务对象或特定的市场提供特定的产品或服务所精心设计的一系列价值活动。国际标准化组织给出的定义是：“流程是一组将输入转化为输出的相互关联或相互作用的活动”。流程要实现高效与稳健的平衡，流程如果过于冗长，必然牺牲效率，影响产品和服务的交付周期，最终导致客户的满意度降低甚至客户流失；流程如果过于追求效率，必然增大经营管理风险甚至失控，造成产品和服务质量下降乃至灾难性后果。流程和方法论由共识程度和持续改进组成。

1. 共识程度。流程是为企业内部运营服务的，是通过员工操作流程来实现价值创造的，因此，员工是否系统掌握本人所使用流程显得十分重要。流程的共识程度包括两层含义：在建立和改进流程的过程中员工的参与程度，员工对流程的知晓程度。

流程是团队过去内部运营经验的总结。在建立和改进流程时，如果团队成员能充分参与讨论并达成共识，流程的执行一定会十分流畅。流程一旦确定，就应当开展宣贯，以使流程中的所有成员熟练掌握和使用流程。国有企业的学习培训机构应当把制度和流程的学习宣贯当成一项重要任务。

2. 持续改进。流程的持续改进指的是监控流程的执行情况，适时发起有关经营效率、劳动生产率和业务增长的总结回顾，推动组织范围内的业务流程改进举措的实施。

【案例1-5】华为的流程变革

2003年5月25日，任正非在华为《管理优化报》发表的文章《在理性与平实中存活》，确定了华为发展的商业模式，明确了华为管理变革的方向，持续推动了华为建设流程化组织的管理变革。

“公司的宏观商业模式是：产品发展的路标是客户需求导向，企业管理的目标是流程化组织建设。（组织）就像一条龙一样，不管如何舞动，其身躯内部所有关节的相互关系都不会改变，龙头就如 Marketing，它不断地追寻客户需求，身体随龙头不断摆动，因为身体内部所有的相互关系都不变化，使管理简单、成本低。”

2009年1月16日，任正非在销服体系奋斗颁奖大会上的讲话《谁来呼唤炮火，如何及时提供炮火支援》中，肯定了面向客户“铁三角”作战单元的作用，并提出了具体要求：

“北非地区部努力做厚客户界面，以客户经理、解决方案专家、交付专家组成的工作小组，形成面向客户的‘铁三角’作战单元，有效地提升了客户的信任，较深地理解了客户需求，关注良好有效的交付和及时的回款。

客户经理要加强营销四要素（客户关系、解决方案、融资和回款条件以及交付）的综合能力，要提高做生意的能力；解决方案专家要一专多能，对自己不熟悉的专业领域要打通求助的渠道；交付专家要具备能与客户沟通清楚工程与服务的解决方案的能力，同时对后台的可承诺能力和交付流程的各个环节了如指掌。”

“铁三角”作战单元是华为流程化组织的龙头，主要支撑客户经理的线索到现金 LTC（Lead to Cash）、支撑解决方案专家的集成产品开发 IPD（Integrated Product Development）、支撑交付经理的集成供应链 ISC（Integrated Supply Chain）。这是支持“铁三角”作战单元3个最为重要的业务流程，是做正确的事情、正确地做事情的有力保证。

LTC是华为贯穿“投标、合同签订、交付、开票、回款”等业务运作的主流程，承载着主要的物流和资金流，是改善库存和资金周转、降低全流程成本的主战场。2009年，华为启动“一线呼唤炮火”的 LTC 流程再造与组织变革项目，到2017年8月关闭 LTC 变革，期间推行了建立标准合同条款、对客户进行全流程信息管理、优化交付和开票规则、完善应收款管理政策等4个新政策，打通了整个交易流程，支撑了华为可持续、可盈利的增长。

IPD是华为研发投资与管理流程，在研发过程中确保产品质量和进度、构筑成本优势，从而满足客户需求、为客户创造价值，使华为产品开发成功从偶然走向必然。1998~2008年，华为与 IBM 合作进行 IPD 变革，建立并完善了研发核心流程，提高了产品研发效率，保证了产品研发的进度、质量和成本；2008~2016

年，华为进一步将研发流程与供应、销售和服务等领域流程进行对接和集成，提升了全流程竞争力、确保从机会到商业的变现。

1999 年，华为启动的集成供应链 ISC 变革，到 2003 年建立起了全球供应网络，使华为的供应质量、成本、柔性和客户响应速度，都得到了根本性的改善，有效地支撑了业务的全球大发展。

（五）团队文化

团队文化是指团队领导所倡导并身体力行的、在实践中逐渐形成的、被团队全体成员所认可和遵守的价值观念，是个人在特定团队环境中的行为方式。例如，什么样行为和员工会获得奖励或惩罚？什么样的人得到晋升？“英雄”和“混蛋”的标准是什么？这些标准是否被员工知晓？等等。团队文化由绩效导向和学习导向组成。

1. 绩效导向。绩效导向是指通过实施让干得多、干得好的员工获得更多的物质、精神回报和更快的晋升，让干得少、干得差的员工受到处罚等措施，在团队内形成一种“先进更先进，后进赶先进”的氛围。

绩效导向是激发团队活力的有力武器，也是在组织和团队中实现公平正义的主要措施。在中铁四局集团，同样是项目负责人，年度收入差距可能达到百万之巨；优秀的项目经理的收入高于公司领导的例子也不在少数。好的企业之所以优秀，其背后一定有“能者上、庸者下、劣者汰”的绩效文化的贡献；不好的企业之所以困难，背后必定有“干与不干一个样，干多干少一个样，干好干坏一个样”的原因。

2. 学习导向。学习导向是指通过让学得好、教得好、学习管理好的员工获得团队认可，在团队内营造浓厚的学习、研究氛围，推动员工和团队能力快速提升，从而应对团队面临的各种挑战，获得高于竞争对手业绩的文化。

【案例 1－6】中铁四局以“三个尊重”为核心的学习文化

近五年来，中铁四局持续打造以“尊重知识生产者、尊重知识应用者、尊重知识管理者”为核心的学习文化。中铁四局认为，企业的学习发展工作由三类关键人群组成：一是知识的传授者，包括在正式培训活动中承担教学任务的培训师、在“导师带徒”制度中承担日常工作指导职能的导师；二是知识的应用者，包括正式培训活动中接受培训的学员和“导师带徒”制度中的徒弟；三是学习管理者，包括在业务条线、人力资源部门、人才发展院中承担学习培训开发、组织和服务职能的专兼职人员。

a. 尊重知识生产者。中铁四局认为，企业的知识主要集中在实战经验丰富的企业领导干部和管理骨干、技术专家身上。为了培养这个群体的知识萃取能力和知识传播能力，他们先后举办了 42 期内训师和培训经理培训班，学习教材编写、课程开发、案例开发方法论，训练授课技能，共培训和认证了1500多名内部培训师，开发了20多册教材、1000多门课程和500多个案例，沉淀和积累了大量鲜活的“企业知识库”。通过每年10000多人次的线下集中培训和20万学时的在线学习，企业党建、企业文化、管理经验、技术诀窍等得到持续的传承和创新，形成了“学习培训—实践应用—总结萃取—推广传播—学习培训”的知识管理闭环，推动了企业持续发展。

为了充分调动企业骨干人员萃取知识和传播知识的积极性，他们明确了业务系统在本系统员工学习发展方面的主体责任，规定在举办培训项目时，必须成立以总部职能部门为培训经理、人力资源管理部门和人力发展院为成员的培训项目组，统筹培训项目的需求诊断、方案设计、课程开发、师资培训、项目运营、效果评价和持续改进等工作；他们实施“党组织书记讲党课、领导干部上讲台、管理和技术专家当讲师”以及“导师带徒”等制度，规定了上述人员每年的授课时数、课酬标准等，每年底对各党组织书记、领导干部、管理和技术专家的授课时数进行一次统计通报；他们规定局管控组到基层项目部检查工作时，必须针对检查中发现的问题进行专项培训，持续帮助项目部解决存在的问题；每年教师节期间，他们都会举办一次大型活动，隆重表彰一批优秀内训师。

上述措施的实施，营造出浓厚的“乐于分享，尊师重教”的氛围。

b. 尊重知识应用者。中铁四局认为，学习发展是为企业的战略落地和中心工作服务的，必须打通人力资源管理的选、育、用、留各个环节，才能充分激活员工学习的动力，不能变成游离于人力资源体系的“孤岛”。为此，一是他们与清华大学继续教育学院合作，在充分的需求调查的基础上，量身定制了以优秀副处级以上领导人员为对象、每季度集中面授一周、学制一年半的领导力高级研修项目。该项目集“面授学习+学习分享+行动学习+读书学习+标杆学习+课题研究+课题答辩”为一体，获得了较好的效果，目前已持续举办了5期“领导力高级研修班”。近几年，中铁四局获得提拔的处级以上领导人员，绝大部分来源于该项目的学员，该项目已经成为企业中高层人才的摇篮。二是他们举全局之力，开发出工程项目部“十大关键岗位学习认证项目”，累计培训和认证规模已超过8000多人。中铁四局规定：员工未通过该项目的学习和认证，不得正式聘用到上述岗位，不能获得相应岗位的全部薪酬待遇；不得晋升到高一级的岗位。近几年提拔的项目经理、项目书记、项目总工、“五部两室”负责人绝大部分都受益于该项目。三是持续组织举办执业资格考前培训项目，各子分公司分别给予5000~30000元的一次性奖励和证书使用津贴，使全局持有执业资格证书人才达到2457人，其中一级建造师1889人，持证人数在中国中铁二级企业中遥遥领先，为局生产经营工作提供了有力支撑。

c. 尊重知识管理者。知识管理者指的是创设和维护知识萃取和知识传播氛围，管理知识萃取和知识传播的专兼职人员。中铁四局认为，企业知识是企业在长期的经营实践中积累起来的宝贵财富，是通过无数经验教训甚至血和泪的代价换来的，是重要的无形资产，它与资金、厂房等有形资产需要同等重要。为此，他们通过“个人知识组织化、隐性知识显性化、组织知识共享化”的机制持续推动了知识的萃取和传播。

在知识管理的三种角色中，分布在局、子分公司和工程项目部的专兼职知识管理者默默奉献，企业的学习培训工作从此前的“剃头担子一头热”，变为今天的“众人拾柴火焰高”，他们成为业务单元的合作伙伴和学习文化的坚定维护者，获得外部机构、各级领导和员工的奖励和认可，并成为企业品牌的重要组成部分。

三、组织能力与组织学习

戴维·尤里奇建立了由十四个方面组成的组织能力模型，包括为人才、速度、共同的思维模式、问责制、协同、学习、领导力、客户连接、创新、战略一致性、精简化、社会责任、风险、效率等。

杨国安教授化繁为简，创立了组织能力的三支柱模型，这三根支柱分别是员工思维模式、员工能力、员工治理方式，缺一不可，且三根支柱的打造必须符合平衡原则和匹配原则。

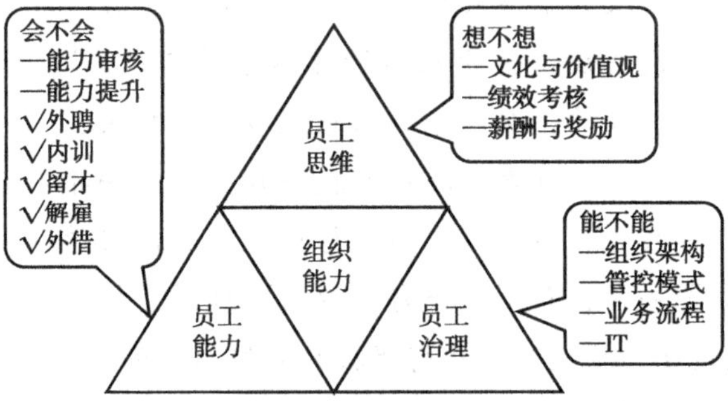

组织能力的杨三角框架

（一）员工能力

支撑组织能力的第一根支柱是员工能力，即企业全体员工必须具备执行战略规划和年度工作计划的知识、技能和素质。这个能力，是以员工个人能力和团队能力为基础的全组织的能力，主要解决“会不会”的问题。

显然，员工能力的提升主要通过学习和实践获得，这是国有企业成立学习培训机构的主要目的之一。在员工能力提升方面，企业学习培训机构有广泛施展的空间，如知识萃取和传播、技能训练、业务支持、问题解决等。

（二）员工思维

支撑组织能力的第二根支柱是员工思维。即企业大部分员工尤其是骨干员工必须认可和践行组织倡导的价值观和行为规范。需要通过企业文化宣贯、制度设计、价值观考核、薪酬体系、绩效考核等方式，持续激励先进，鞭策后进，培育组织倡导的文化。员工思维主要解决员工“愿不愿”的问题。

员工思维的打造主要通过以下两种渠道实现：一是把好入门关。正如“选择比努力更重要”一样，“招对人”比“培养人”更重要。招聘到与企业倡导的价值观一致的员工，能大大降低磨合、融入、培养成本，员工的忠诚度高，有利于与组织形成共生共赢关系。中铁四局主营业务是基础设施工程施工，工作条件比较艰苦，工作地点长期流动，加班加点是日常工作的常态。他们在校招时，除考虑应聘者院校层次、专业、身体健康等硬件外，特别喜欢招聘到家庭贫寒、有吃苦耐劳精神、希望逆天改命、有强烈成就意愿的毕业生。二是把好评价关。把企业倡导的价值观导入能力考核、业绩考核、先进评选等评价体系，让员工强烈地感受到企业倡导什么、反对什么、英雄是什么样的、混蛋是什么样的。三是把好分配关。让干得多、干得好的员工得到更多的物质和精神回报，得到更多的晋升机会。四是把好宣贯关。企业文化与价值观不能只挂在墙上，也不能只是高度提炼的几句话。要让它还原到企业文化故事最初的场景，带着鲜活情节和温度进课堂、进工地、进班组，真正做到入脑入心入行入制。

在员工思维的打造方面，企业的学习培训机构可以在企业文化的传播、英模精神弘扬、绩效制度宣贯、招聘方法研讨等方面有所作为。

（三）员工治理

员工具备了企业所需的能力和思维之后，企业必须提供有效的管理支持和资源配置，才能容许员工充分施展才能，执行企业战略规划。其包括设计和持续调整与战略匹配的组织架构、平衡的集权与授权、高效且稳健的流程、流畅的信息和沟通管理。员工治理主要解决“能不能”的问题。

在员工治理方面，企业学习培训机构可以在领导力建设、执行力、流程再造或优化、制度与流程宣贯、沟通管理、制度和流程执行中普遍存在问题等方面有所作为。

总之，从许多国有企业学习培训机构的实践来看，围绕组织能力建设，国有企业学习培训机构大有可为。这取决于企业高层赋予我们的发展愿景和职能定位，也取决于学习培训机构进取精神和自身能力。换言之，国有企业的学习培训机构应当成为企业组织能力建设平台。

第二章　组织学习的演进历程

第一章我们论述了组织战略、组织能力与组织学习，可以得出这么几个结论：组织战略和组织能力是决定企业成败的核心变量；组织能力以个人能力、团队能力为基础；组织能力由员工能力、员工思维、员工治理组成；组织能力可以通过组织学习获得。

这一章，我们首先来回顾一下组织学习理论及实践的演进历程。

第一节　理论演进——组织学习理论概述

如其他领域的理论研究一样，组织学习培训领域的理论体系也是伴随着社会的发展，尤其是企业的演进而逐步建立和发展起来的。从学科来说，它是心理学、社会学、教育学、组织行为学等学科在组织学习培训领域的应用。

“自有人生，便有教育”，有了教育，便有了教育家和教育理论。

一、中国古代、近代的教育家及教育思想

在五千年中华民族历史中，涌现出许多教育家，他们的教育思想深刻地影响了我国教育的发展。如春秋战国时期的孔子、孟子、荀子、墨子、老子、韩非子等，秦汉时期的董仲舒、王充等，魏晋南北朝时期的颜之推等，隋唐时期的韩愈等，宋辽金元时期的王安石、朱熹等，明朝时期的王守仁等，清朝前期的黄宗羲、王夫之等，他们的教育思想集中体现在以《四书》《五经》为代表的儒学经典中，对中国封建社会的教育产生了重大影响。

历经“康雍乾盛世”后的清王朝，已无可奈何地步入“日之将至，悲风骤至”（龚自珍）的境地。太平天国运动的冲击、教会学校的兴办与发展，使传统封建教育再难重现昔日的辉煌。新式教育开始兴起，1862 年 6 月 11 日，以培养语言人才为目的“京师同文馆”正式开学；1866 年 6 月，以培养中国自己的制造和驾驶轮船的人才的“福建船政学堂”开学；1872 年 8 月 11 日，第一批留学幼童赴美，洋务运动时期留学

教育培养了一大批新式人才，翻译西方的政治、经济、哲学及其他社会科学著作，进一步促进了中国近代思想解放运动。这个时期，涌现出张之洞、康有为、梁启超、严复等教育家，他们为中国的近代教育思想发展做了积极的探索。

在民国时期，著名的教育家有蔡元培、杨贤江、晏阳初、梁漱溟、黄炎培、陈鹤琴、陶行知等。其中对后世最有影响的当属蔡元培，他提出了军国民教育、实利教育、公民道德教育、世界观教育和美感教育“五育并举”的教育构想。

新文化运动猛烈地抨击封建教育的危害与没落，反思民族教育传统的固有不足，大力提倡资产阶级的新教育，促进了教育观念变革。掀起了平民教育、工读主义教育、职业教育、科学教育、国家主义教育的思潮。

其中，职业教育思潮是由清末民初的实利主义、实用主义教育思潮演化而来的。从 1915 年起，全国教育联合会多次提出推行职业教育的议案，早期倡导实用主义教育的人士大多转而提倡职业教育，职业教育思潮逐渐形成。1915 年，陈独秀在《今日之教育方针》一文中，将“职业主义”列为四大新教育方针之一。1917 年 5 月，黄炎培联合教育界、实业界人士 40 多人，发起成立“中华职业教育社”，并发表了《中华职业教育社宣言书》。在此全国性机构的推动下，职业教育思潮迅速蔓延东南、华北、华东和华中地区，其影响波及全国各地。在 1922 年颁布的“新学制”中，职业教育占有了重要地位。该学制建立了自成体系的、从初级到高级的职业教育系统，用职业替代了清末民初的实业教育。新学制在小学阶段就规定“得于较高年级，酌量地方情形，增设职业准备性教育”。初中在实行普通教育基础上，兼设各种职业科。旧制甲种实业学校，改为职业学校或高中农、工、商等科；旧制乙种实业学校，改为职业学校，收高小毕业生。新学制实施职业教育的机构有两种：一是独立的职业学校和专门学校；二是附设于高小、初中、高中的职业科以及大学的专修科。这种改革既注意了普通教育与职业教育的沟通，又加重了职业在整个教育体制中的比重。这既是中国职业教育的源头，也可视为今天企业学习培训之发端。

在中国职业教育的发展中，黄炎培先生是中国职业教育开创者和奠基人，他的教育思想对我国的职教事业影响最大。从发起中华职教社到中华职业学校（现南京工业职业技术大学），黄炎培一直致力于倡导、研究、试验和推广职业教育，在长期的职业教育理论探索和职业教育实践中，形成了较为完整的中国近现代职业教育思想理论体系。“使无业者有业、使有业者乐业”的职教理想，“手脑并用、双手万能”的办学理念，“敬业乐群、责先利后”的育训方针，“理实一体、做学合一”的教学方法，“金的人格、铁的纪律”的德育标准，“尊重个性、因材施教”的教学原则，“理必求真、事必求是”的职业道德标准，“与时俱进、奋勇创新”的价值取向，“只从职业学校做工夫，不能发达职业教育，只从教育界做工夫，不能发达职业教育，只从农、工、商职业界做工夫，不能发达职业教育”的大职业教育观等，这些共同构成了黄炎培职业教育思想的精髓。

二、西方的学习理论及代表人物

在西方，关于学习的理论主要有四大流派，按照时间发展顺序分别是行为主义、认知主义、建构学习和人本主义学习理论。其代表人物和主要观点如下。

（一）行为主义

行为主义是早期著名的心理学流派之一，由华生在20世纪初期提出。随后，桑代克、巴甫洛夫、斯金纳等人将其理论的发展推至巅峰。行为主义者将行为作为其研究对象，“刺激—反应”作为行为的基本单位，注重环境对行为的影响。

代表人物及主要观点：

1. 巴甫洛夫的经典条件作用理论。

巴甫洛夫建立的“刺激—反应”作为行为主义心理学研究的基本范式，把行为简单解释为刺激与反应的一个过程，条件刺激的反复呈现可以建立起与之对应的预期反应。巴甫洛夫认为，强化物也具备刺激的性质，强化物与刺激同时出现或是在刺激呈现之后出现，都能增加反应的出现频率。

2. 桑代克的联结—试错学习理论。

桑代克把人的学习定义为刺激与反应之间的联结，认为学习—刺激与反应的联结是通过逐渐尝试与错误，按一定的规律形成的。该理论特别强调“做中学”，在学习过程中，教师应该允许学生犯错误，并鼓励学生从错误中进行学习，这样获得的知识也许能保持更长久。在实际的教育过程中，教师应努力使学生得到自我满足的积极结果，防止一无所获或得到消极后果。同时，应注意在学习过程中加强合理的练习。

3. 斯金纳的操作—强化学习理论

斯金纳强调强化在行为变化中的重要作用。根据行为强化的性质分为正强化和负强化，正强化是通过奖励符合目标的行为使这些行为重复出现，负强化是通过撤销主体厌恶的刺激条件增加目标行为出现的概率。同时研究发现，立即强化的效果优于延宕强化、部分强化和连续强化，也就是说强化的及时性至关重要。

行为主义学习理论主要用于解释行为主体在受到外界环境影响下的行为变化规律。行为主义学习理论被广泛应用于教育教学领域，在早期的教育技术发展中对学习者的行为矫正方面取得了重要成就。

（二）认知主义

认知主义代表人物主要有皮亚杰、布鲁纳、维果斯基、奥苏伯尔等。皮亚杰、布鲁纳认为，认知结构即学习者头脑里的知识结构，通过学习，新经验能与旧有的经验融为一体，形成认知结构。奥苏伯尔与布鲁纳同属认知结构论者，认为有意义的过程是新的意义被同化的过程。维果斯基提出“最近发展区”以阐释认知发展的过程。以上四位为认知主义学习提供了重要理论依据，推动了教育心理学的发展。

代表人物及主要观点：

1. 皮亚杰的认知发展理论。

皮亚杰指出，现实是一个不断变化发展的动态系统，理解现实的变化发展离不开两个基本步骤：同化和适应，是指将新信息融入人们已有的认知模式中，进而形成自身的固有认知的过程。

2. 布鲁纳的学科结构、认知发展说理论。

布鲁纳接受并发展了皮亚杰的认知论观点，提出以“学科结构”和“认知发展说”为代表的学习理论。他认为学科内容可以结构化，强调概念学习。学习者领会学科的基本原理和观念，才能通向“迁移”。布鲁纳认为学习者应当主动参与学习中，学习兴趣应源自学习者对学习材料的兴趣，也就是内在动机，而不是外部目标的刺激。

3. 维果斯基的最近发展区。

维果斯基区分了个体发展的两种水平：现实的发展水平和潜在的发展水平，教学就是不断地将潜在的发展水平变成现实的发展水平，创造着新的最近发展区。维果斯基的思想对当今的建构主义有很大影响。

4. 奥苏伯尔的有意义的接受学习论。

奥苏伯尔认为意义学习的产生受到学习材料（客观条件）和学习者自身因素（主观条件）两方面的影响。同时，学习者要有从事意义学习的欲望，具有能够同化新知识的旧知识，必须积极主动地实现新旧知识之间的联系。

（三）人本主义

人本主义学习理论是依托于以美国心理学先驱马斯洛和罗杰斯为代表的人本主义心理学逐步发展起来的，主张在教育过程中应把更多的注意力置于个体的人格、信念、尊严和热情等高级心理活动。

代表人物及主要观点：

1. 库姆斯的全人教育思想。

库姆斯提出了全人教育思想，主张教育的目的绝不只限于教学生知识或谋生技能，更重要的是针对学生的情意需求，使他们能在知识、情感、意志或动机三个方面均衡发展，从而培养其健全的人格。

2. 罗杰斯的以学生为中心的教学观。

罗杰斯提出了以学生为中心的教学观，创建符合人性的教育模式。反对机械化，脱离实用价值的教学过程，提出课程应以学生已有知识经验为基础，注重启发学生的创造潜能。教师在教学过程中应起到积极的促进作用，创建和谐的师生关系。

（四）建构主义

建构主义在20世纪80年代兴起，以布鲁纳为首的美国心理学家将苏联教育心理学家维果斯基的“文化—历史”发展理论、“最近发展区”的理论介绍到美国以后，对建构主义思想的发展起了极大的推动作用。虽然流派众多，但在学习和教学问题上的观点却都有共同之处。

在学习上，建构主义者更加关注学生如何以原有的经验、心理结构和信念为基础来建构知识，提倡合作学习、交互教学和情境性学习。学习是在学生已有经验的基础上建构，教师应把现有的知识经验作为新知识的生长点，引导学生从原有知识经验中“生长”出新的知识经验。教学不是知识的传递，教师应该使学生学会尊重不同于自己的看法。合作学习和交互教学可以使学生超越自己的认识，看到那些与自己不同的理解，从而形成更加丰富和全面的理解，促进知识的处理和转化。另外，知识在各种情况下的应用不是简单套用，而是要把握它在具体情境中的复杂变化，使学习走向“思维中的具体”。教师的任务是建立一个学生团体，为其提供解决问题的原型，并指导学生探索，从而使学生看到新旧知识的联系。

综上所述，学习理论的基本信息概括如表2-1所示。

表2-1　学习理论的基本信息概况

学派	主要人物	基本观点
行为主义	桑代克	学习是情境和反应的联结，遵循准备律、练习律、效果律等
	巴甫洛夫	提出经典性条件反射论，认为学习具有获得与消退、泛化与分化等规律
	斯金纳	提出操作性条件反射论，提出强化、惩罚、循序渐进法等
	班杜拉	提出观察学习等
认知派	布鲁纳	认为学习的实质是主动形成认知结构，提出结构教学观和发现学习
	奥苏伯尔	提出意义学习和接受教学
	加涅	提出学习的信息加工模型和理论
人本主义	库姆斯	提出全人教育思想
	罗杰斯	提出自由学习观，即以学生为中心的教学观
建构主义	维果斯基	提出社会文化理论和最近发展区等
		新知识观、新学生观、新学习观、新教学观

第二节　实践演进

——新中国成立70年来我国职工教育概览

一、政策法律法规的演进

新中国成立70年来，我国企业职工教育经历了以普及文化知识为重心的探索初创期（1949～1965年），以思想政治改造为主线的艰难曲折期（1966～1976年），以全员补偿教育为抓手的恢复发展期（1977～1992年），以职工培训为关键的全面转型期（1993～2001年），以终身职业培训为方向的内涵丰富期（2002年至今）五个时期。

（一）以普及文化知识为重心的初创期（1949～1965年）

1. 面向工农大众的总方针。《中国人民政治协商会议共同纲领》在“文化教育政策”层面规定：“注重技术教育，加强劳动者的业余教育和在职干部教育，给青年知识分子和旧知识分子以革命的政治教育，以应革命工作和国家建设工作的广泛需要”。随后，教育部在北京召开了第一次全国教育工作会议，明确了必须为国家建设服务、必须为工农大众开门的新中国职工教育总方针。

2. 以“扫盲教育”为着力点。新中国刚成立时，工人阶级文化程度不高，阻碍了技术创新和新的生产技术的推广，与党所需要的建设社会主义的要求不相适应。1950年，中央政府颁布了《关于开展职工业余教育的指示》为职工教育指明了方向，随后颁布的《关于扫盲标准、扫盲班毕业考试等的暂行办法的通知》明确了扫盲教育的标准，1951年政务院发布的《关于改革学制的决定》正式将扫盲教育纳入正规学制。

于是，萌发于新中国成立之初的，在“一五”计划期间蓬勃发展的，在“大跃进”时期达到高潮的，兼具文化启蒙与政治启蒙的双重属性的扫盲教育如火如荼地展开。截至1958年底，全国参加扫盲学习的职工有456万人，占参加学习职工总数的38%，比上年增长了163.6万人，成功扫除文盲人数200万人，同比上年增长了121.6万人，全国有半数以上的市、县基本上扫除了工农中的青壮年文盲。

3. 职工教育体系初步形成。到1960年底，全国已经自上而下建立起职工教育管理机构，企业、工厂、全日制学校和有关团体积极开展职工教育活动，各级各类职工业余学校、训练班大力推进职工的扫盲、初等、中等、高等教育，实施覆盖政治、文化、技术的职工教育，推动职工教育体系初步形成。初步形成了工人、干部为教育对象，以政治学习和技术学习为教育内容，以职工初等、中等、高等教育、广播电视教育、函授学校、职工业余大学等教育层次的职工教育体系，职工教育事业顺利起航。

（二）以思想政治改造为主线的艰难曲折期（1966～1976年）

“文化大革命”给党和国家带来严重灾难，在这十年中，我国刚建立起的职工教育事业受到摧残。原有的文化技术教育基本处于停滞状态，给我国企业生产与社会主义建设带来无法估量的损失。

1. 职工教育方针的扭曲。

一是将“职工教育为无产阶级政治服务”扭曲成“职工教育为阶级斗争服务”，将教育事业演化为阶级斗争的主阵地与主战场，以广大工人为教育对象的职工教育沦为这场斗争的政治工具。二是将培养“有社会主义觉悟的有文化的劳动者”歪曲为“单纯的体力劳动者”，取消了对职工特别是新进厂的工人的文化技术业务教育，导致职工队伍的文化、技术、管理水平日趋下降，劳动效率大幅降低，给企业生产带来极大损失。

2. 职工教育体系的破坏。

一方面，思想政治教育占据首位，忽视了职工文化与技术水平的提升；另一方面，办学形式以“七·二一大学”为主，全面否定半工半读学校、扫盲学校、职工业余学校等其他教育形式。

（三）以全员补偿教育为任务的恢复发展期（1977～1992年）

1978年12月，十一届三中全会开启了我国改革开放事业，职工教育重新纳入了国家计划。职工教育也在“双补”教育中逐渐回到发展轨道之中，有计划地实行全员培训的职工教育制度日趋完善，职工教育事业再逢新春。

1. 面向青壮年职工的双补教育。

1981年2月，中共中央、国务院颁布了《关于加强职工教育工作的决定》，提出要用四五年时间对“文化大革命”期间被耽误了学习的青壮年职工进行初中文化与初级技术补课，“双补”教育成为这一阶段重建职工教育的首要任务，如何给生产线上的青壮年职工补习文化课、技术课，使他们成为合格的接班人，成为四化建设的骨干，是这一阶段职工教育的关键。《关于切实搞好青壮年职工文化、技术补课工作的联合通知》提出，凡是1968年至1980年初，高中毕业而实际文化水平达不到初中毕业程度的职工和未经专业技术培训的三级工以下的职工，均应补课；补课内容按照教育部1981年11月下发的《关于职工初中文化补课若干问题的通知》执行，语文数学为必修课程，物理化学根据需要选修，再到专业技术补课，通过学习技术理论和开展岗位练兵，达到工人技术等级标准要求。补课结业由业务部门进行考试，合格者获得证书，考核成绩作为职工晋升依据之一，列入职工档案；同时将加强思想政治教育放在首位，贯穿于文化、技术课工作的始终。撤销原有的“七·二一大学”，将其改造成职工大学、职工业余大学或职工学校，大力发展高等函授教育。为提升职工高等教育的质量，教育部于1981年发出了《关于职工大学和职工业余大学建校审批工作及毕业生学历等若干问题的意见》，对其招生对象、入学考试、教学工作等做出了统一要求。到1982年底，“双补”教育已在全国铺开。

2. 面向领导干部的培训教育。

作为全员教育另一重点的领导干部培训有如下特点：一是干部教育内容的全面性，中宣部发出了《关于干部马列主义理论教育正规化的规定》，根据各条战线干部工作的性质与文化程度的不同，提出了不同的理论学习要求，学习内容为马列主义理论和党的方针政策、文化科学知识与业务知识。二是干部教育对象的广泛性，不仅包括在职党政机关领导干部，而且包括其他各级各类干部和后备干部。三是干部教育方式的多样性，《高等学校举办干部专修班，中等专业学校举办干部、职工中专班的试行办法》的颁布标志着普通学校、中专学校承担起了干部教育的任务。此外，函授、刊授、自学考试、广播电视等都是进行干部教育的有效形式。至此，多层次、多规格、多形式的干部教育网络在全国基本形成。

（四）以职工培训为关键的全面转型期（1993～2001年）

随着新中国尤其是改革开放后对职业技术教育规律的探索和实践，职业技术教育的立法工作提上日程。1991年，国务院颁布《大力发展职业技术教育的决定》，1996年5月，新中国首部《职业教育法》正式出台，标志着我国职业教育的法制化进入一个新阶段。

1993年11月，十四届三中全会通过《关于建立社会主义市场经济体制若干问题的决定》，明确提出建立社会主义市场经济体制的改革目标，改革国有企业，建立与社会化大生产相适应的现代企业制度，与之相配套的就业体制——全员合同制也逐渐确立。市场化用工制度的建立，标志着劳动力供需双方在市场机制下自主选择、自由竞争、自由流动，实现了劳动力资源的合理配置，企业越来越重视人力资本的开发以获得更大的竞争优势，为职工教育走向市场化提供了良好的机遇。

1. 职工职业技能培训制度的确立。

1992年劳动部下发《关于加强工人培训工作的决定》指出，“大力发展职业培训事业，切实加强工人培训工作，提高工人队伍素质，是实现21世纪战略目标和下世纪经济振兴的紧迫任务”，指出建立职工职业技能培训制度是满足经济与社会发展的需要，标志着我国职工技能培训开始走上制度化的道路。1994年与1996年相继颁布的《中华人民共和国劳动法》《中华人民共和国职业教育法》对职工职业技能培训做出了顶层设计，建立和完善了与之对应的岗位培训证书制度、资格考试和考核制度。1996年劳动部与国家经贸委研究制定了《企业职工培训规定》，针对职工培训做出了全面规划。一是明确企业与职工的责任，企业应建立健全职工培训的规章制度，职工自觉遵守，积极参与培训；二是完善了培训保障，配备职工培训专职教师与管理人员，提供职工培训经费；三是明晰培训责任，凡是违反规定的企业与职工都会受到相应程度的责罚。《企业职工培训规定》的颁布意味着职工职业技能培训制度的正式确立。

2. 强化企业主导地位的职工培训。

现代企业制度的建立为企业自主培训奠定了基础，企业成为主体力量，职工教育事业成功变革，完美转型，重新出发。以本企业职工为培训对象，以更新管理知识、提高劳动技能为目的，根据自身发展要求与市场竞争态势而自发组织的企业自主培训全面展开。职工教育从政府行为转变为企业行为，以学历补偿为主转向以培训提升为主。

《关于加强工人培训工作的决定》，明确了企业在培训中应承担起对职工进行新技术、新工艺、新设备、新材料应用等“四新”能力的培养；要建立和完善技术工人的初、中、高三级技术等级考核晋级制度和技师、高级技技师职务聘任以及培训、考核使用、待遇相结合的制度等任务。

《企业职工培训规定》阐明了企业在培训中的主导作用。一是职业培训对象的选择的自主性，企业根据本单位实际对职工进行在岗、转岗、晋升、专业培训，对学徒及新录用员工进行岗前培训；二是职业培训内容的选择的自主性，贯彻按需施教、学用结合、定向培训的原则，企业对职工进行思想政治、职业道德、管理知识、技术业务、操作技能等方面的教育与训练活动，以培养有理想、有道德、有文化、有纪律、掌握职业技能的职工队伍为目标，促进职工队伍整体素质的提高；三是职业培训方式的选择的自主性，企业既可以单独设立职工培训机构，也可以委托社会公共培训机构进行培训，同时按照国家要求配备职工培训专职教师与管理人员，抽取职工工资总额的1.5%作为职工培训经费。

（五）以终身职业培训为方向的内涵丰富期（2002年至今）

这一时期，从国际层面看，经济全球化使我国经济快速、深度融入全球市场，国有企业的竞争舞台更加广阔，同时中美贸易争端持续加剧，以美国为代表的发达国家在高技术领域对中国打压持续加深；从技术层面看，以互联网、大数据、人工智能为代表的新技术革命使企业的产品和服务更新迭代速度加快；从政策层面看，新常态、供给侧结构性改革、中国制造2025，尤其是习近平总书记提出“推动中国制造向中国创造转变、中国速度向中国质量转变、中国产品向中国品牌转变”重要论述等宏观经济政策对国有企业经营提出了新要求；从员工素质层面看，企业经营管理者队伍国际化经营能力、战略管理能力、驾驭复杂局面的能力不足，企业创新能力不足，高级技术人才供给严重不足，这一系列变化要求要求国有企业职工教育顺应时代发展需求、关注职工学习能力与创新能力的提升、提高整体职工队伍的培训质量。

1. 以提升职工素质为核心。

社会经济发展方式的转型升级与产业结构的调整变化使企业的市场竞争空前激烈，

传统意义上针对企业员工进行的岗前培训与在岗培训已无法满足知识型社会对企业人才的需求。面向未来，企业持久的竞争优势是比对手更快的职工整体学习与创新能力。建设学习型企业，使企业牢牢抓住发展中的“人”这一关键因素，有效提高员工的学习能力与创新活力，是企业实现创新发展的重要保障。

进入21世纪，学习型社会、学习型组织、终身教育等观念流行起来，党和国家高度重视学习型组织建设在推动企业发展中的关键作用，陆续出台政策提升职工素质，经历了从“创争”活动到职工素质工程再到弘扬工匠精神的三个阶段。第一阶段是2004年中华全国总工会等九部委联合下发了《关于开展全国“创建学习型组织，争做知识型职工”活动的实施意见》，启动了以增强职工学习能力、实践能力、创新能力为目标的“创争”活动，坚持以人为本、切实维护职工的学习权和发展权，推进工人阶级知识化进程，努力造就一支有理想、有道德、有文化、有纪律的职工队伍，为全面建设小康社会提供坚强的人才保证与智力支持，以学习型组织为核心的企业培训活动在全国范围内广泛开展起来。第二阶段是将“创争”与提高全民素质结合起来，先后印发《全国职工素质建设工程五年规划（2010～2014年）》《全国职工素质建设工程五年规划（2015～2019年）》，从思想道德素质、科学文化素质、技术技能素质、民主法治素质、健康安全素质、社会主义文明素质六大方面出发，培养与造就一支宏大的高素质的职工队伍。同时完善职业教育培训机制，繁荣职工文化与企业文化；深入开展“中国梦·劳动美”教育实践活动，建立经费保障机制，加强职工教育培训阵地建设，完善考核激励机制。第三阶段是以“大国工匠”为抓手，大力弘扬工人阶级的伟大品格与工匠精神，用工匠的先进事迹与优秀品质感召职工群众，激励广大职工不断提高自身素质。2016年“大国工匠”一词更是写进了政府工作报告，昭示着职工素质对于国家强大民族复兴的重要作用。

2. 以公平与惠普为原则。

在经济体制改革过程中下岗工人再就业困难、高技能人才短缺、“用工荒”等新问题的出现，暴露出市场“失灵”的问题，急需政府出面解决重点领域和弱势群体的职业培训问题。为此，职业培训政策开始具有分配性与再分配性的特点，以公平与普惠为原则，为劳动者提供免费或部分免费的培训项目和培训服务，使社会弱势群体获得培训机会，享受培训资源，提高劳动者的就业能力。

2010年下发的《国务院关于加强职业培训促进就业的意见》，根据“条件公开、自愿申请、择优认定、社会公示”的程序，制定了承担政府补贴培训任务的培训机构的基本条件、认定程序和管理办法，完善政府购买培训成果机制。政府购买服务的基本思路是：通过政府购买培训成果的方式，进一步加大职业培训工作力度，扩大培训规模，增加培训时间，提高培训投入，以提升能力促进就业。政府购买服务的主要对象：一是对下岗失业人员开展的再就业培训。2002年国务院下发《加强职业培训提高就业能力计划》，要求广泛动员社会力量，以市场需求为导向，大力开展职业培训工作，提高下岗失业人员就业能力、工作能力和职业转换能力。二是对在职人员、劳动力市场急需的中高级技能人员开展培训，以职业培训与岗位开发的结合为基础，强化高级技能人才培养。2006 年，中共中央办公厅、国务院办公厅印发《关于进一步加强高技能人才工作的意见》，着力形成有利于高技能人才成长和发挥作用的环境，带动技能劳动者队伍整体素质提高。2011 年，国务院发布《高技能人才队伍建设中长期规划（2010～2020 年）》，提出促进职业培训与岗位开发相结合，建立健全高技能人才培养培训体系，强化高级技能人才与复合型技能人才的培养。

3. 以终身职业培训体系为目标。

进入 21 世纪，我国职工教育与培训的改革与发展朝向构建终身教育体系迈进，呈现开放性与终身化的特征。2010 年发布的《国务院关于加强职业培训促进就业的意见》，首次明确了职业培训工作要面向全体劳动者，面向终身培训。同年，《国家中长期人才发展规划纲要（2010～2020 年）》提出要建设网络化、开放式、自主性的终身教育体系，大力发展现代远程教育，支持发展各类专业化培训机构。2013 年下发的《中共中央关于全面深化改革若干重大问题的决定》指出劳动者终身学习的关键在于构建劳动者终身职业培训体系。国务院 2018 年发布的《关于推行终身职业技能培训制度的意见》重点突出了“终身”理念，即“人人皆学、时时能学、处处可学”。

4. 以产教融合校企合作为方向。

2002～2019 年，国务院先后颁布了多个关于发展职业教育的决定：包括 2002 年《关于大力推进职业教育改革与发展的决定》，2005 年《关于大力发展职业教育的决定》，2014 年《加快发展现代职业教育的决定》，2019 年《国家职业教育改革实施方案》。

2017 年 10 月，习近平总书记在党的十九大报告中提出“完善职业教育和培训体系，深化产教融合、校企合作”，为新时代职业教育人才培养模式改革指明了方向性。随后，密集出台了一批法律法规，如 2017 年出台的《国务院办公厅关于深化产教融合的若干意见》、2019 年颁布《国家职业教育改革实施方案》、2021 年中办国办颁布《推进现代职业教育高质量发展的意见》。特别是经过 26 年司法实践和 14 年修法历程，2022 年 5 月 1 日，新的《职业教育法》正式施行，职业教育正式走入包括产业和教育的融合、学校和企业的融合发展阶段，标志着“产教融合、校企合作”逐步走向法制化、规范化、科学化。

二、国有企业的实践演进

总体看，从新中国成立初期到“文化大革命”结束，国有企业培训工作的重心是以政治教育、文化学习、补偿性学习为主。学习培训工作呈现出较为明显的计划经济政府主导的特征。

从 1993 年我国确立社会主义市场经济体制开始，国有企业逐步成为市场竞争的主体，员工学习培训工作呈现出较为明显的以政府为主导，以企业为主体的特征。政府主导作用主要体现在以政策、法律、法规等方式进行引导。企业的主体作用主要体现在除对国家规定的特定群体进行特定内容的培训外，企业有权根据自身发展需要自主确定学习培训内容、培训对象、培训师资、培训教材、培训课程、培训时间等方面。

从企业微观层面看，国有企业学习培训工作的发展还有如下特点：

一是国有企业学习培训机构的职能不断扩展。从政治教育、文化学习、员工福利、人才培养，逐步扩展为人才培养、业务支持、知识管理、文化建设、战略支撑和组织建设等。

二是机构名称不断变化。如教育处（科、部）、培训处（科、部）、培训中心、职工大学、党校、领导力中心、企业大学、人才发展院等，每一次名称的变化的背后，都伴随着人们对企业学习培训规律的认识在深化，从而推动它的职能不断扩展。

三是培训师资从外部为主向以内部为主改变。师资来源从最初以外部为主、内部为辅，逐步向以内部师资为主、外部师资为辅转变。其中内部师资是指工作在业务端的兼职人员，外部师资是指高校、行业组织、政府机关、其他企业、培训咨询机构以及企业自身培训机构的非业务端的专职教师。

四是学习内容由“外引”为主向“自建”为主转变。由于国有企业来源于计划经济时代，缺乏市场经济的经验，因此，改革开放初期，国有企业培训的教学内容主要来源于高校、跨国公司、行业标杆企业等，学习内容的针对性较差，“水土不服”的现象较为普遍。随着经验的积累，逐步转变为以萃取和传播自身经验为主。

五是学习方式发生了广泛而深刻的变化。从重知识传授向能力提升转变，从课堂培训向学习场和工作场相结合转变，从线下为主向线上线下相结合转变，从知识输入向知识输入和解决方案输出有机结合转变，从培训向学习转变，从服务本企业向生态赋能转变，从组织学习技术的应用向学习文化营造转变等。

这些改变，既有中华民族传统教育思想的贡献，也与中国共产党培训干部的经验密切相关，还有改革开放后大量引进西方企业培训理论和实践的贡献。其中兴起于20世纪90年代末的学习型组织理论让人们对企业学习培训规律的认识发生了巨大的变化，以摩托罗拉、GE为代表的企业大学打开了国有企业学习培训机构的视野，它们的成熟做法赋予国企学习机构很多的借鉴和参考。

第三节　企业组织学习机构的演变过程

纵观组织培训的演变历程，大致经历了五个阶段：原始培训阶段、师徒制培训阶段、职业技能培训阶段、管理培训阶段、全价值链培训阶段。随着互联网及信息技术的深化应用，组织培训正在发生新的变化，线上线下融合的培训方式给组织培训赋予了新的内涵，让学习突破了时空的限制，变得更为简单、便捷，随时随处发生。伴随着组织培训的演变，组织的培训机构也随之发生变化。早期的原始培训、师徒制培训阶段培训行为主要是发生在师生个体之间，还未出现培训机构。而随着职业技能培训、管理培训成为组织人才培养的常态化职能，组织就不得不设置相应的团队来开展相应的培训活动，培训机构应运而生。最初的培训团队可能是以培训部的形态存在，也可能是以人力资源部下设机构的形态存在，之后逐渐发展演变为培训中心或学习中心，最终发展为企业大学，企业大学是组织培训的高级形态。

如图 2－1 所示，组织学习机构的发展按照从简单到复杂，从低到高依次划分为培训部门、学习中心、企业学习中心、企业学习学院、企业大学五个等级。不同等级的学习机构，名称不同，品牌价值不同，品牌价值是企业高层及利益相关者对学习机构的期望。虽然学习机构的品牌价值非常重要，它关系到学习机构有多大影响力能吸引到员工和外部客户来学习。但并不是所有的企业从一开始都必须建立一个企业大学，建立什么等级的学习机构，关键取决于组织高层及利益相关者期望企业学习机构树立什么样的品牌价值？以及企业业务单元的需求？如果企业规模很小，培训需求有限，业务部门没有要求学习机构必须做企业大学，那设立适合业务要求的培训部或者培训中心也行。有些企业大学名为“企业大学”，实际在做培训中心的工作，名不符实，存在风险，因为组织高层对企业大学的期望值很高，如果达不到，那就会辜负高层的期望，失去高层的信任和支持。

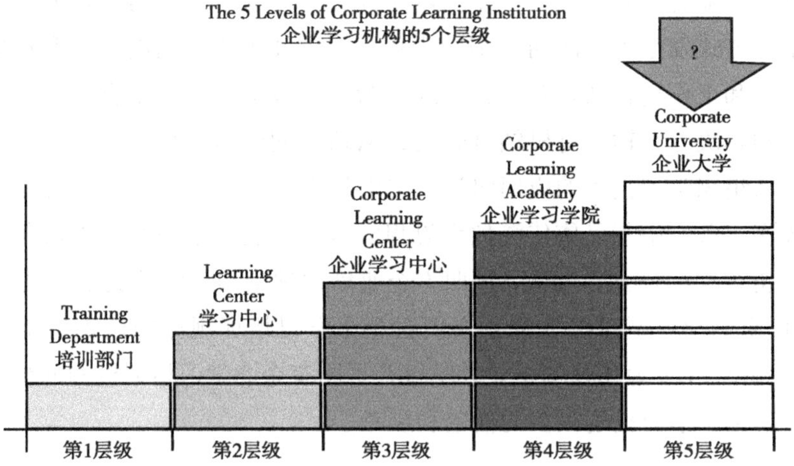

图 2－1　组织学习机构的层级

除了高层的期望和业务部门的需求外，评估学习机构本身的发展阶段也很重要。基于业务的需求，用专业的工具及科学的测评手段对学习机构发展阶段进行评估，可以准确定位品牌形象，查找差距，不断提升。

亚洲企业大学联合会总结提炼出评价组织学习机构等级的十个关键维度（测评标准），如图 2－2 所示。处于不同发展阶段的组织学习机构，在第一栏所列示的评价维度（标准）：由谁领导、需求的确定方式、利益相关方、治理负责人、需求优先级、政策与流程、知识管理、管理层承诺、资源分配、基础设施等有诸多不同。企业可以通过以下十个维度来初步测评一下自己所在的学习机构发展到了什么阶段，来匹配相应的学习资源，选择建立适合企业的学习机构等级。

序号	衡量标准	1级：培训部	2级：学习中心	3级：企业学习中心	4级：企业学习学院	5级：企业大学
1	由谁领导	培训经理	学习与发展经理	学习与发展总监	学习与发展总监及学习业务伙伴	CLO 学习业务伙伴组织学习技术专家
2	需求的确定	按要求	培训需求分析	学习需求分析	学习需求诊断	学习需求诊断
3	利益相关方	要求方	HR 及业务部门	HR 及业务部门	业务价值链	业务生态系统
4	治理汇报人	人力资源经理	人力资源经理	HR 与业务部门	高管层	学习与发展委员会
5	需求优先级	被动应对	识别出的需求	预见	战略层	战略性
6	政策与流程	临时安排	凭直觉感受	有清晰的定义	良好的管理	制度化
7	知识管理	零散的	文档存储	完整的	数字化的	自动化的
8	管理层承诺	看不到	偶尔的	根据需要	可见的	很明显
9	资源分配	按要求	请求的预算	规划的预算	投资	战略性投资
10	基础设施	教室	学习设施	完善的设施	学习基础设施	学习空间

图 2－2　不同等级组织学习机构的特点

第一个维度：学习机构由谁领导？1 级是培训经理；2 级一般是学习发展经理；3 级是学习发展总监，因为这个位置更重要，汇报的上级也是更高层级；4 级包括学院院长、学习发展总监和学习业务伙伴；5 级包括首席学习官、学习业务伙伴及组织学习技术专家。

第二个维度：培训需求怎么确定的。1 级是业务部门要什么，就提供什么，培训部被动按业务部门要求确定需求；2 级开始有意识做培训需求分析，主动分析业务部门要什么；3 级做学习需求分析，更多关注战略目标，如何支持组织战略目标；4 级做培训需求诊断，开发组织学习蓝图；5 级基于企业大学战略引擎作用，做系统前瞻性观察的培训需求诊断。

第三个维度：利益相关者，就是对培训关注的各个利益相关方。1 级关注培训部门的只有提出培训要求方；2 级、3 级关注培训的是 HR 及业务部门；4 级包括业务价值链相关方，含企业供应商及客户等；5 级是企业整个学习生态系统中的利益相关方，他们都会关注企业大学并提供支持。

第四个维度：治理系统，就是在组织中，学习机构向谁汇报。1 级、2 级只向人力资源部这个层面汇报；3 级向人力资源部和业务部门汇报；4 级高管关注，要向企业的高管层汇报；5 级治理系统是向学习发展委员会汇报，学习发展委员会由组织高管、业务伙伴、业务专家及组织学习技术专家组成，他们会向企业大学提供咨询。

第五个维度：需求应对的优先级，即如何优先开始学习需求。1级是被动应对需求，业务有要求就去做，是反应型行为；2级会做需求分析，能主动识别需求；3级用前瞻性、预见性、战略性眼光做学习需求分析；4级、5级就需要从战略层面去确定企业未来发展方向和培训需求。

第六个维度：政策与流程。1级是临时安排，不能系统应对；2级凭直觉经验，依赖主管感受；3级有清晰定义的流程，按流程SOP执行要求；4级不仅有标准流程，有SOP，而且能够认真贯彻执行；5级将流程制度化，并按制度执行，形成日常制度性行为。

第七个维度：知识管理。1级知识管理是零散，碎片化的；2级知识文档化存储；3级知识是有整合、完整的文档；4级知识管理系统达到数字化程度；5级知识管理系统做自动化、智慧化档案管理。

第八个维度：管理层承诺，即管理层的关注和支持程度。1级在培训现场基本看不到管理层；2级管理层偶尔会出现，做开营讲话；3级管理层可以根据申请和需要出现；4级在学习活动中经常看到管理层的身影，显性出现；5级管理层的参与成为常态化现象，管理层经常参与学习活动。

第九个维度：资源分配。1级没有预算，有培训需要去申请预算，一个活动一审批；2级学习中心有一定预算；3级可以自己规划预算、申请预算。但1级、2级，企业高层都是把培训的支出视为成本；4级、5级，企业高层开始把培训支出视为投资，尤其5级，企业大学，企业会从战略的层面，未来发展的方向及需求确定培训资源分配，做一个长期的投入。

第十个维度：基础设施。1级学习基础设施很简单，有教室（会议室）；2级不仅有教室，还有图书馆等学习场所和设施，但资源分散在业务单元，不集中；3级已经有完善的学习设施，学习资源很集中，被整合；4级有完善的学习基础设施，如学习管理系统及培训大楼；5级不仅有学习场所、设施等有形的硬件，还包括学习管理系统、学习空间，在任何时间、任何场所都可以学习。

企业大学是组织学习机构的最高级形态，尽管其脱胎于培训部门，但它并非简单的升级版，而是一种战略层次上的全新组织，它不是以提高员工技能为唯一目标。企业大学作为组织的战略引擎之一，通过赋能“业务生态系统”内的人员，培育组织所需的学习文化，整合组织内所有可用的学习资源、流程与人员，达成业内最佳的组织绩效。

国有企业大学是以学习型组织建设为理论依据，以“上接战略、下接绩效”为目标，以“问题导向、目标导向”为出发点，以企业人才发展及人才培养为己任，通过整合企业内外部培训资源，萃取行业和企业最佳实践经验，采用正式和非正式、线上加线下相结合的学习方式，定制开发内化培训课程，进行系统的人才培养与知识管理，进而传承企业文化，携带和传承企业成功基因与商业思想、提升企业组织学习力与打造企业的核心竞争力。

在对自身的学习机构发展阶段进行科学评估之后，企业到底选择建立什么等级的组织学习机构，要注意以下几点：第一，不做面子工程，适合就好。企业大学的最终目标是“上接战略，下接绩效”，成立企业大学不应该只是为企业撑门面，或是向外界炫耀本企业对人才培养的重视，企业大学应该服务于企业的发展战略，为企业战略落地，文化传承、人才发展、品牌传播服务。第二，要充分考虑投入产出。企业大学不是培训部的简单升级，需要企业在硬件和软件上的大量投资。企业作为盈利组织，一定要依据自身资源实力理性选择，不可贸然行事。作为一般的中小规模企业，培训部完全可以应付企业的需要，绝不是非办企业大学不可。第三，要与企业的发展阶段相适应。企业的发展一般都经历创业阶段、成长阶段、高速发展阶段、成熟阶段和衰退阶段。调查显示，成熟期的企业更适合实施企业大学模式。企业应认清目前所处的阶段，等时机成熟时再用企业大学代替培训部。第四，可以借助外力。企业并不一定非要用自身的力量筹办企业大学，当前产教融合背景下，国家给予校企合作，产教融合很多政策优惠与支持，企业完全可以抓住产教融合的政策红利，借助高校、职业院校的力量来合作创办企业大学；也可以借助研究机构，咨询机构的力量来合作创办企业大学，资源优势互补，这样不仅可以节省资金，也可以充分利用外界优质教育资源，让企业大学在课程设置、师资队伍的选择等方面既符合企业实际又科学有效。第五，汲取国外企业大学的经验，探索自己的风格。每个企业都与众不同，每个企业大学也应独具特色，要充分借鉴国外企业大学的成功经验及最佳实践，并努力在此基础上形成我国企业大学的新模式、新特点。

第三章　企业组织学习机构的战略定位

纵观组织学习理论及实践发展演进的历程可以看出，组织学习是提升组织能力的重要手段，对组织核心竞争力的打造至关重要。而组织学习的职能必须由一个机构来承担，这个机构就是企业组织学习机构。设立企业组织学习机构，首先必须厘清一些基本问题，也就是企业组织学习机构的顶层设计必须回答的主要问题。例如，为什么成立——它的使命是什么？干什么——它的职能定位是什么？未来要成为什么样——它的愿景是什么？应具备什么样的精神——它的核心价值观是什么？组织架构是什么样的——决策机构、执行机构各自的职能及其相互关系等。

第一节　顶层设计

——企业组织学习机构基本问题探讨

学习之于个人，是个人获取知识，习得技能，塑造人生观、价值观和世界观的重要手段。在职前阶段，学习能力的高下，决定了我们得分的高低，进而决定了能上什么层次的大学，与什么样的老师、同学为伍，影响我们的眼界和信心，在很大程度上决定了我们能进入什么样的职场。而承担这一职能的机构是从幼儿教育、普通教育，到高等教育、职业教育体系当中的各级各类学校，它们的职能是教书育人，学习方式大多是正规的全日制学习。

学习之于团队，是发展团队及其成员能力，解决团队面临的各种问题和挑战，提高团队绩效，实现团队目标，塑造团队文化，增强团队活力的利器。团队中大多并不设置专门的学习机构，学习职能主要依赖团队领导推动并由指定的专兼职人员担任。学习的方式主要是基于解决各种问题而开展的研讨、碰撞、交流、复盘总结、会议、导师带徒等非正式学习，以及必需的正式集中学习。

学习之于组织，决定了本企业是否能快速地承接国家战略，正确地执行本企业战略规划，是否能比竞争对手更快地掌握应对环境变化本领，能以更快速度、更高质量地向客户提供产品和服务，为客户和社会创造更多价值。而承担这一职能的是企业内设的学习培训机构，如培训中心、培训部、领导力中心、学习发展中心、人力发展院、企业大学、职工夜校、党校等。学习方式主要为线下集中培训、在线学习、主题研修、专题研讨会、工作坊、能力认证等。

“没有成功的企业，只有时代的企业。”在世界迎来“百年未有之大变局”、社会主义进入新时代历史大背景下，在市场风云变幻、企业外部经营环境极其复杂的今天，作为肩负“六支力量”使命的国有企业，靠什么获得和持续保持竞争优势？

——靠的是能否及时、全面、准确地学习和理解习近平新时代中国特色社会主义思想，以及总书记关于本行业、本企业及其目标市场的指示批示精神。

——靠的是能否及时、全面、准确地学习和理解国家“十四五”规划，以及行业主管部门、目标市场地方政府制订的行业、区域发展规划。

——靠的是能否在上述两条的基础上，制定出来既符合党的经济政策、国家发展战略和行业、区域发展规划，又符合本企业实际情况的“十四五”发展规划，并进行战略宣贯，使之深入人心，从而达成广泛共识；能否进行战略解码，将战略规划分解到年度、业务单元、部门乃至岗位，达到“千斤重担人人挑，个个身上有指标”；能否至少每年都进行战略复盘，建立战略动态调整机制。

——靠的是能否在准确分析员工能力差距的基础上，横向分业务系统，纵向分层级，通过学习培训等措施，提升员工能力，使之具备执行战略的知识、技能和素质，以解决员工“会不会”问题；能否通过企业文化和行为规范宣贯、价值观考核、绩效考核、薪酬制度、干部考核、违规违纪违法干部处理等措施，使干部队伍和全体员工的行为与企业文化与价值观保持一致，并持续得到强化，以解决员工“愿不愿”问题；能否通过构建与企业战略相适应的组织架构、平衡分配的权利与责任、有效管理的信息和沟通、建立高效且稳健的流程，使得内部运营流畅高效，以吸引和留住客户，以解决员工“能不能”问题。

显然，要解决上述问题，需要通过企业从上到下、多种措施的共同作用，才能交出满意的答卷。但通过组织学习，提升组织能力，是其中不可或缺的重要措施。而承担这一使命的机构，就是企业组织学习机构。

因此，我们必须探讨清楚企业尤其是国有企业组织学习机构几个基本问题，回答好国有企业组织学习机构为了谁、是什么和干什么的问题。

一、为了谁——国有企业组织学习机构工作的根本原则

国有企业是中央政府和地方政府出资兴办，其资产、所有权及其他权益归属于国家所有的企业。国有企业是中国特色社会主义的重要物质基础和政治基础，是党执政兴国的重要支柱和依靠力量。

国有企业组织学习机构是由国有企业出资兴办的，这就决定了它是为国有企业党的建设服务，为企业生产经营服务的基本属性。其根本原则就是忠心为党，矢志为企。

忠心为党，就是坚持姓党原则，为企业党的建设服务。在教学上，坚持以学习习近平新时代中国特色社会主义思想为中心内容和首要任务，突出党的理论教育和党性教育主业主课地位；在培训目标上，把提高学员政治素质作为第一目标，培养一支对党忠诚、敢于创新、治企有方、兴企有为、清正廉洁的干部队伍。

矢志为企，就是围绕企业的发展战略与生产经营中心任务，以课堂和工作场所为阵地，不断解决企业管理中的各项难题和挑战，服务企业战略，提高员工素质，传播企业文化。

二、是什么——国有企业组织学习机构再定义

正如“一千个观众眼中有一千个哈姆雷特”，关于企业组织学习机构的描述同样是仁者见仁，智者见智。如果我们给企业组织学习机构下一个定义，即用一句话说清楚什么是企业组织学习机构是比较困难的。

中铁四局在成立企业大学时，为了向全局员工说清楚什么是企业大学，他们制作了一部短视频，查阅了很多资料，采用的定义是：“企业大学，是以企业为管理者主体，以企业高级管理人员、一流的专家教授及专业培训师为师资，通过互动教学、网络平台、实战模拟、案例研讨等教育手段，以培养企业内部中、高级管理人才、基层员工以及商业伙伴为目的，开发以问题和发展为导向的学习解决方案，以此满足企业员工和伙伴终身学习需要的一种新型学习教育体系，是现代企业有效提升核心竞争力的重要手段与战略之一。”

经过多年的实践和思考，笔者试图对企业组织学习机构进行一次再定义，即：企业组织学习机构，是以学习型组织建设为理论依据，以企业战略为中心，以企业当前和未来的问题为导向，通过营造浓厚的学习文化，采取正式的集中学习和无处不在的非正式学习，萃取和传播本行业、本企业和其他企业的知识，来解决当前和未来问题，并在这一过程中，发展员工和组织能力的平台型、创新型组织。这个定义有如下要点需要说明：

1. 理论依据：学习型组织。学习型组织之父彼得·圣吉认为，学习型组织是指通过培养弥漫于整个组织的学习气氛、充分发挥员工的创造性思维能力而建立起来的一种有机的、高度柔性的、扁平的、符合人性的、能持续发展的组织。这种组织具有持续学习的能力，具有高于个人绩效总和的综合绩效的效应。

2. 作用价值：为企业战略服务，以解决企业当前问题和未来问题为关注焦点。也就是说，它的终极目的是解决组织中的问题，提升组织绩效，这是评价学习培训机构是否成功的标准。而发展员工和组织能力等职能不过是解决问题过程中的“副产品”，是通过作用于人来解决问题。这与柯氏四级评估模型的创立者唐纳德·L. 柯克帕特里

克的观点是一致的。

3. 学习形式：学习形式是丰富多彩的，学习场所是无处不在的。其包括正式学习，如课堂学习及课堂学习之后的知识应用、课题研究、工作坊、以会代训、行动学习等；也包括非正式学习，如在线学习、研讨会、阅读、员工之间的交流、教练指导、导师带徒等。

4. 学习资源：学习的知识主要来源于本行业、本企业和其他企业，也包括一些必要的通识类的知识。基层员工学习的知识以本岗位、本企业为主，中高层员工可以本行业标杆企业的知识为主，跨行业知识为辅。

5. 知识萃取：知识萃取要解决学什么的问题。要把隐性的知识萃取为显性知识，把个人的知识上升为组织的知识，企业组织学习机构要发挥“知识加工厂”的作用，将本企业、本行业经营管理中鲜活的知识提炼出来，形成教材、课程、案例等学习资源。要管理知识萃取的质量，多向学员提供易于学习应用和迁移的“水性知识”，少提供看起来高大上，但应用难度大，无法与企业和员工相融合，水土不服的“油性知识”。

6. 知识传播：知识传播是一门技术活，同样一门课程由不同的人讲授，效果差距可能很大。师资队伍是企业组织学习机构能否成功的关键。要选拔和培养一批涵盖企业主要业务、数量适宜，以内训师为主、外训师为辅，较高知识传播技能的师资队伍。

7. 平台型与创新型：如何理解“平台型组织”，这里做一个比方：建材市场投资者从政府取得土地，修建一个建材交易场所，通过招商将各类建材经营者引入市场，通过提供各种服务，营造良好的购物环境，保障经营者和消费者顺利完成交易，使消费者的购物需求得到满足，经营者获得利润，它自己获得场地租赁费、管理费和物业收入，从而实现消费者、经营者、建材投资方三方共赢。那么，建材市场投资者就是一个典型的平台型组织。

企业组织学习机构是一个较为典型的平台型组织，它本身并不完全拥有企业和学员需要的知识，也不完全拥有自己的师资，但它拥有学习培训工作必备的要素——组织学习技术，包括从学习需求诊断、学习方案开发、学习过程运营、学习效果评价、学习服务保障等全价值链运营的能力；对业务端来说，它虽然具备企业和学员需要的知识与师资，但它缺乏组织学习技术和学习价值链的管理能力，不能保证所开发的知识易于学员学习和应用，因此需要与学习培训机构形成伙伴关系，共同完成知识萃取和传播任务；对学员来说，正是由于前两者的合作，使他们能够通过参加学习培训，获得易学易用的知识，从而解决组织中的各种问题，并让组织满意。从这个角度上说，学习培训机构是实现它本身、业务端、学员和企业多方共赢的知识交易平台。

建议企业组织学习机构不配备或者仅配备少量的公共课程的专职培训师。这是因为：师资如果长期脱离业务，他所传播的知识必然与业务相脱离，必然会陈旧过时，即使建立专职培训师定期到业务中去的机制，也不能保证他所传播的知识的“水性”程度。

如何理解学习培训机构的“创新型”？创新型组织是知识经济的典型特征，学习培训机构的创新型至少有以下内涵：一是通过研讨产出创新性解决方案。围绕企业战略性、结构性、复杂性问题，在企业现有知识的基础上，组织相关人员，通过理论学习、现场调研、标杆学习，开展深入研讨，形成创新性、试验性的解决方案，并推动试点方案的执行、复盘、调整、再执行和方案固化，然后在全组织进行推广。二是通过知识萃取和传播推动企业发展。正所谓达者为师，在学习培训机构中所萃取和传播的知识，很多是优秀员工、先进团队、标杆企业创新性的经验，传播能够使这些经验能够得到复制和推广，形成“生产经营实践→经验总结萃取→经验传播推广→经验再实践→经验的再萃取再传播”的循环，从而推动企业的可持续发展。三是学习培训方法论和工具的创新。富有创新精神的学习培训机构，一定善于发现、总结、更新他们的学习培训方法论和工具，并向整个学习系统乃至全组织推广，形成一系列适合本企业特色的、既适用于学习培训又适用于生产经营的、好用管用的方法和工具。

8. 学习文化：文化是组织更深沉、更持久的力量。在复杂多变的外部环境中，善于学习、乐于分享的学习文化是优秀企业必备的基因。如果企业有足够强大的学习文化，是典型的学习型组织，即使不设置学习培训机构，学习也会持续高效地发生。从这个角度上说，企业组织学习机构是企业学习文化和学习型组织培育平台，设立学习培训机构是为了消灭学习培训机构——只要这家企业已经形成了浓厚的学习文化。

三、干什么——国有企业组织学习机构职能定位

关于企业组织学习机构职能定位，国内有以下几种典型的观点：上海交大海外教育学院认为，企业组织学习机构职能应为人才培养、战略推动、文化传承、组织变革、品牌营销、价值链整合、知识管理、学习管理；清华大学继续教育学院认为，企业组织学习机构职能应为绩效提升、员工学习、组织发展、资源整合、品牌建设、知识管理、文化传承；《培训》杂志认为，企业组织学习机构职能是变革驱动、业务支持、人才培养、文化传承、生态赋能、品牌影响。

2019 年 9 月，中央政治局会议审议通过的《中国共产党党校（行政学院）工作条例》规定：党校（行政学院）是党领导的培养党的领导干部的学校，是党委的重要部门，是培训党的各级领导干部的主渠道，是党的思想理论建设的重要阵地，是党和国家的哲学社会科学研究机构和重要智库，发挥干部培训、思想引领、理论建设、决策咨询作用。条例还规定，中央党校（国家行政学院）和地方党校（行政学院）设立的分校、副省级城市党委党校（行政学院），按照本条例执行。党政部门、国有企业、

高等学校、科研院所设立的党校，参照本条例执行。其他培训机构具有党校（行政学院）性质的，也可以参照本条例执行。

根据上述三种模型，参照《中国共产党党校（行政学院）工作条例》，国有企业组织学习机构的职能定位基本可以确定为以下几条。

1. 理论教育和党性教育：对企业党员领导干部进行以掌握理论创新最新成果为重点，夯实学员的理论基础，以坚定理想信念、增强宗旨观念和改进作风为重点，加强学员的党性修养，以把握时代特征和国际经济政治形势为重点，拓展学员的世界眼光，以强化全局观念和应对复杂局面为重点培养学员的战略思维，履行企业党校职能。

注 1. 国有企业的学习培训机构要履行党的理论教育和党性教育职能，这是由国有企业的政治属性决定的。

注 2. 企业党校是企业组织学习机构的一种。目前，国有企业的学习培训机构基本分为三种模式：一是党校、培训中心合署办公，一套机构，两块牌子，负责党员干部和其他员工的学习培训工作；二是分别设置了独立的党校和培训中心，党校负责党员干部的学习培训工作，培训中心负责其他员工的学习培训工作，这种模式下，培训中心也要面向其他员工开展党的理论教育和党性教育；三是只设置了党校或者只设置了培训中心，但都要同时负责党员干部和其他员工的学习培训工作。

2. 组织赋能：企业组织学习机构通过整合企业内外部优质教育资源，对员工进行系统的人才规划与培养，赋能企业组织，提升组织的学习力、创新力与变革力，帮助组织适应不断变化的环境，持续发展。

3. 人才发展：企业组织学习机构通过整合企业内外部培训资源，对组织人才的系统规划及培养，系统建设企业干部员工的人才梯队，打造组织的人才供应链，为组织发展提供足够数量的人才，以及符合组织岗位要求的高水平人才，满足组织可持续发展的需要。

4. 战略落地：企业组织学习机构可以营造良好的学习氛围，通过战略研讨与解码，帮助组织将宏观战略分解为具体的计划与行动方案，并且与员工达成战略共识，寻找战略差距，提升员工战略实施所需要的胜任力，保障战略落地。

5. 文化传承：企业组织学习机构是干部员工思想交流的有效平台，企业可以通过企业大学传播企业文化和价值观，增强员工的文化认同。通过经验萃取及组织案例撰写，把个人隐形经验转化为组织显性经验，传承组织优秀传统与文化。

6. 业务支持：企业组织学习机构与业务单元结成合伙伙伴，围绕业务发展战略和企业实际业务中存在的复杂性、结构性问题，由内部讲师萃取企业或行业的成功案例定制开发核心课程并讲授，共同推动方案的执行、复盘、调整，帮助业务单元战略落地和问题解决，赋能业务增长，使培训成为管理者的管理工具以及和员工互动沟通的手段之一。

7. 品牌传播：企业组织学习机构不仅可以创设组织内部管理者和员工研讨交流平台，而且可以通过定制系列培训课程为组织外部客户和合作伙伴提供学习培训服务，传播推广企业文化和行业标准，输出企业价值理念，让企业的员工、消费者及合作伙伴及利益相关者了解企业，认可企业的品牌文化。让供应商和客户了解企业，认同企业文化，执行企业标准，增强企业的品牌知名度和品牌影响力。

8. 生态圈赋能：向企业生态圈中产业链的合作伙伴渗透企业的文化、价值理念及经验，降低交易成本，增进彼此的信任，统一运营规范，更好创建和维护供应链上下游合作伙伴关系，有效提高企业基于产业链及生态圈形成的竞争优势及合作伙伴关系。

9. 人才测评：企业组织学习机构通过建立和应用胜任力模型，对企业员工进行胜任力测评；通过所开发岗位学习路线图，对员工岗位的知识、技能和态度进行测评和认证；通过导入职业人格测评、行为倾向测评等工具，为校招和社招提供前置服务。上述测评报告可作为人力资源部门选人用人的重要参考。

需要说明的是，在上述九项职能中，有的是国有企业组织学习机构的必选职能，如理论教育和党性教育、人才发展、文化传承是任何一家学习培训机构必须具备的职能。其他可以当成国有企业组织学习机构的可选职能，取决于兴办企业高层的态度和学习培训机构自身的能力。

第二节 国企组织学习机构的战略定位与特点

建设企业大学的前提是企业要有明确的愿景、使命和价值观，而且要从五个层面进行澄清：企业大学的战略、业务运作、组织架构、组织能力和相应的资源。做到这些不是一蹴而就的，需要多方努力和尝试。例如，华为大学建设时就是从企业使命、愿景、价值观、外部压力、战略目标和关键成功因素以及针对关键成功要素所具有的使能器/障碍，所要采取的行动六个方面进行了探讨并确立了企业大学。国有企业的特殊性决定每一个国有企业大学的建设也要围绕企业使命、愿景、价值观、战略目标及关键成功因素来设计，因此在企业大学创建之初有必要去理清以下方面。

一、国企组织学习机构的愿景与使命

国有企业大学要把积极履行政治责任和社会责任，培养德才兼备的国企人才干部队伍作为神圣使命。培训的党性和政治性是国企大学必须首先考虑的重要因素。国企大学要始终坚持把习近平新时代中国特色社会主义思想铸魂育人作为办学方针。

如图 3－1 所示，一方面，国企大学要服务于企业文化和员工的精神塑造。国企大

学要认真贯彻落实党中央的要求，把思想价值引领贯穿教学培训全过程和各环节。用党的科学理论、方针政策和先进文化教育、影响、感召员工，培养塑造员工正确的价值观和爱岗敬业精神。另一方面，国企大学要服务于企业发展及员工的能力成长。国企大学要认真解读党中央的方针政策和决策部署，注重研究企业的定位和发展战略，洞悉国企在特殊历史时期发展的需求、发展目标、发展瓶颈、重组整合中的痛点难点，与国企需求同步规划，同步设计员工学习解决方案。在助力干部员工个人成长的同时完成组织的人才发展。

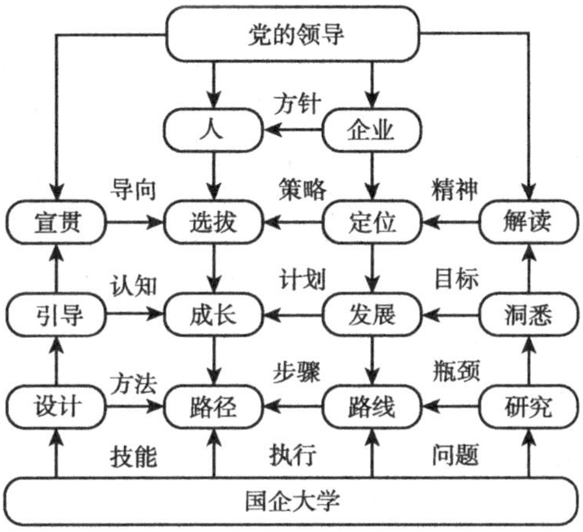

图3－1　国企大学的使命

二、国企组织学习机构的战略定位

企业大学的战略定位是指企业大学基于组织的使命愿景、价值观，对自身在企业中服务对象和服务职能的界定。企业大学作为企业内部设立的组织机构，从成立之初就存在“以什么身份在组织内存在，对组织带来什么价值”的问题，就像企业成立之初必须明确企业的目标市场及目标顾客，企业大学的角色定位就是要明确：“企业大学的服务对象是谁?”（客户定位）和“企业大学可以提供什么产品？创造什么价值?”（职能定位）。

【案例3－1】

优秀的企业大学都有非常清晰的使命和愿景，如通用电气克劳顿维尔学院在建立时就明确了自己的使命：那就是创造、确定、传播公司学识，以促进通用电气的发展，提高通用电气在全球的竞争能力。具体就是为通用电气员工的成长与发展提供培训，向通用电气各业务部门传播最佳实践、公司的举措以及学习的经验，传播公司的文化与价值观。

企业大学建设之初首先必须明确定位。定位清晰、方向准确，才能为之后的健康发展打下良好基础。很多企业大学在成立之初就根据所在企业的使命、愿景、价值观设定自身的角色定位，常见的有人才培养、价值链整合、建设组织能力、支撑业务、发展员工，做企业变革的孵化和推动者、业务伙伴及员工的发展顾问、培训理念的先导者等，国企大学的定位要从战略角度思考和定位，而非单纯从人力资源的角度，并且要充分考虑企业的实际情况，与企业的需求及发展阶段相契合。企业大学来源于企业，就一定要助力企业发展。对于成长中的企业大学而言，选择与企业需求相匹配的定位是其发展的关键所在。

企业大学的定位与发展与企业的需求相匹配，取决于企业大学对企业战略的理解和支持程度。企业大学作为企业的一部分，自然与企业中的其他部门、组织一样，承担着提升企业业绩的责任。企业大学的发展速度要快于企业的发展速度，做到理念先行、创新引领，才能承担起提升组织能力，提升企业绩效的能力。

企业不同的发展阶段对员工的素质和能力提出不同的要求，对人才培养的方式和方法也有很大的差异。如果企业处于初创期和发展期，企业大学要侧重于员工知识和技能的培养和训练；如果企业处于成熟期和变革期，企业大学要更侧重于企业知识管理、文化建设和战略转型的推动。

具体来说，国企大学的定位一般如下。

（一）国企大学的价值定位

企业大学的价值定位包括确立企业大学的使命、愿景、价值观。使命是企业大学存在的终极目的和理由，是企业大学存在的宗旨，它强调企业大学对组织和社会的价值体现，回答了企业大学“我是谁”“我为何追寻”的问题。愿景是企业大学期望达到的一种未来的状态和景象，刻画企业大学在可以预见的未来中要达到的图景画面，是企业大学要达到的终极目标，它回答企业大学“到哪里去”，或“追寻什么”的问题。使命和愿景明确了企业大学存在的价值和理由，即明确了企业大学的目标和定位。明确了企业大学的使命愿景，就确定了企业大学成立和运行必须承担的责任或义务。核心价值观是企业大学在实现使命与达成愿景过程中的行动准则。它回答企业大学“该怎么做”或“如何追寻”的问题，换句话说，就是企业大学运营的基本指导思想、原则、行为方向和经营哲学。例如，企业大学的指导思想是什么？我们如何看待客户？如何评价业务部门和合作伙伴关系？当企业的利益和客户的利益出现冲突时，以什么价值观去评判？企业大学的使命宗旨是企业大学运营的形象定位，也就是运营观念，它反映了企业大学试图在组织内外部为自己树立的形象，在明确的形象定位的指引下，企业大学就会围绕这个核心去开展一系列活动和行为，来树立和打造自己的统一品牌形象。

总之，使命、愿景和核心价值观三者之间是一种相互依存的关系，共同构成企业大学经营的基本理念。使命，述说企业的目的；愿景，使目的更具体、更明确。目的是抽象的，愿景是长期的、形象化的。因此，企业需要核心价值观来引导日常决策的方向，以确保使命的完成和愿景的实现。

【举例】

忠良大学的定位是：成为世界一流的企业领导力学院；愿景是：传播中粮文化、培训中粮精英队伍的殿堂、培训中粮经理人的摇篮；目标是：中粮管理思想的发源地，集团经理人学习、研讨和决策的中心，中粮人洗礼的地方，中粮组织知识管理中心。

中兴通讯学院的使命是：向中兴通讯及其合作伙伴提供专业的知识服务；在全球范围内传播中兴通讯的企业文化和核心价值观。定位是：对个体和组织中的知识技能进行汇聚、提炼、转换和传播，强力推动人力资本的成长和增值，打造员工与企业共同学习和成长的学习生态圈，以此推动公司核心价值观和经营战略落地。

惠普商学院的定位是：分享最佳实践，成就卓越企业。分享惠普公司多年的成功管理经验，帮助惠普公司在华的重要客户及合作伙伴建立企业的管理优势，提高人才竞争力。

海尔大学的定位是：创新思想基地、文化传播基地、管理思想的研究、论证、推广基地，员工思想锻造的熔炉和能力培训基地，要成为中国企业界的“哈佛大学”。

（二）国企大学的功能定位

关于国企大学的功能定位，我们在本章第二部分，国企大学的顶层设计要回答的第二个问题：“干什么——国有企业组织学习机构职能定位”中列示了国企组织学习机构的九项职能：理论教育、党性教育、组织赋能、人才发展、战略落地、文化传承、业务支持、品牌传播、人才测评，在此不再赘述。其中，理论教育、党性教育、组织赋能、人才发展是必选职能，其他的职能，国企大学可以根据组织的战略定位、高层的态度、企业的实际情况和特点，选择合适的功能。

（三）国企大学的组织定位

企业大学的组织定位就是指企业大学在整个组织中的定位，包括管理层级、上下级关系等。组织定位的关键问题是企业大学的汇报关系，即确定企业大学向谁汇报的问题？这是由企业大学在组织结构中的位置决定的。一般有三种定位。

第一种是企业大学向公司汇报，即直接向董事会或企业负责人汇报。

如果企业大学在组织中是独立于人力资源之外的战略部门，那企业大学就直接受总公司领导，向公司总部汇报。例如，华为大学、海尔大学都是由董事会成员任校长，直接向公司老板汇报。这种汇报关系使企业大学对企业的战略和业务支持会更直接，效果会更明显。一般这类企业大学除了人才培养外，往往还肩负着更多的职能，如品牌营销、文化传播、价值链整合等。

第二种是企业大学向人力资源汇报。

如果企业大学是挂靠在人力资源部，与人力资源部是从属关系，受人力资源领导，企业大学日常工作就向人力资源汇报。企业大学向人力资源汇报是目前企业大学中比较常见的汇报关系，主要原因是很多企业大学源于培训部门，而培训部门又基本上隶属于人力资源部，培训部门升级为企业大学之后，虽然名称换了，但在组织内部的组织结构没有发生变化。这种汇报关系的优势是便于企业大学与人力资源部协调，不足之处是企业大学可能更多的是从事人才培养，对公司战略的支持、品牌和文化的传播力度不够。

第三种是企业大学向业务部门汇报。

如果企业大学是隶属于业务部门，就向业务部门汇报。如战略型的集团管控模式下，集团多元化、专业化比较明显，培训由各个业务单元作为独立主体实施，企业大学分设在业务单元之下，就向业务部门汇报。企业大学向业务部门汇报的好处是业务负责人会对企业大学的工作给予更多专业性指导，便于企业大学密联业务，更好支持业务单元的发展。

（四）国企大学的服务定位

按照企业大学的服务对象及开放程度可以分为内向型企业大学和外向型企业大学。

内向型企业大学服务对象是企业内部员工工作。这类企业大学一般是企业培训部或培训中心的拓展，专注于内部员工的培训，定位于为各层员工传播企业文化，创造学习氛围，培养企业专有人才，最终服务于企业发展战略决策。内向型企业大学是为构筑企业全员培训体系而设立，学员主要是企业全体员工构成，并不对外开放，比如通用电气的克劳顿维尔学院。

企业大学定位为内向型主要是基于以下几个方面的因素：企业大学提供的产品简单易用，客户通过说明书就可以使用产品，不需要经过专门培训；企业大学的实力有限，只能支撑组织内部员工的培训；企业大学的主要功能聚焦在内部人才的培养和知识管理，对资源整合、文化传播、品牌宣导不作为其主要功能。

【案例3－2】携程大学

携程大学属于典型的内向型企业大学，其主要宗旨在为公司培养和储备适应公司发展所需要的中高层管理者。携程大学是培养公司骨干力量的摇篮，是培训员工各项工作技能的专业场所，是企业文化传播、深化的基地。携程大学的这一服务定位和它所提供的旅游产品有关，旅游产品客户无须培训便可享受到产品和服务。

外向型的企业大学不仅培训内部员工，同时对外部客户或未来消费者进行培训。外向型企业大学因其服务对象不同而分为两类：一种是主要面向其供应链体系开放，将供应商、分销商或客户纳入学员体系当中，主要是支持企业业务的发展，如惠普商学院、爱立信中国学院、中兴通讯学院；另一种是面向整个社会，注重提升企业形象或实现经济效益，如惠普商学院。

企业定位为外向型企业大学主要是基于以下因素：客户需要经过培训才能对企业提供的产品进行使用；企业大学实力雄厚，能支持内部员工和外部客户和培训；企业大学的主要功能从人才培养逐步成为企业文化传播、价值链整合、品牌营销中心。

【案例3－3】惠普商学院

惠普商学院的整个培训体系分为两大部分，一部分是人力资源部下属教育培训部，主要解决内部员工培训；另一部分是培训事业部，主要负责对外培训，包括惠普商学院、惠普IT学院、惠普软件工程学院、惠普IT技术学院，这些学院的服务定位不对内部员工，主要通过为外部客户推进多元学习手段和内部组织诊断与关键人才培养来实现盈利。惠普（中国）商学院通过将惠普公司多年实践中积累的经验和成功管理方法进行总结和加工，设计成适用于中国企业的管理培训课程，介绍给国内的中高层管理者，已相继为中国电信、中国移动、中国建设银行、万科股份、国税局等企业与机构提供了近千场定制培训服务。

此外，还有兼顾对内、对外服务的企业大学，有些外向型企业大学根据企业的实际情况需要逐步开展了对内部员工的培训（如海尔大学、联想管理学院、爱立信商学院），也有些企业将内部培训转化为对外培训（如惠普商学院、华为大学）。不仅对内部员工和客户开放，还能接受公众参访，标杆学习，为社会其他企业提供定制化的培训产品和服务。

现在企业的竞争不单纯是单个个体企业与企业之间的竞争，也不是行业与行业的竞争，而是企业所依附的供应链与供应链之间的竞争。企业的经营及竞争优势不再取决于企业自身拥有多少资源，而在于企业进行资源整合及资源利用的能力。走在市场前沿的企业大学通常能够孕育出对合作伙伴甚至整个社会有价值的理论成果，通过理论传播分享和合作伙伴智慧共赢。在整个生态圈中，企业大学可以扮演整合生态圈合作伙伴资源的角色。企业大学通过为供应链上合作伙伴提供培训，向其渗透企业的理念、价值观和企业文化，增强企业在供应链中的影响力和话语权。在培训过程中，也可增进双方的理解和信任，促进双方对彼此文化的理解，有利于建立战略同盟关系，促进业务的紧密配合，提升双方的合作的效率和效果。

（五）国企大学的财务定位

财务定位就是确定国企组织学习机构是作为企业的成本中心还是利润中心，也有企业大学会将内部培训业务作为成本中心，外部培训业务作为利润中心，兼而有之。

成本中心：直接面向客户承担端到端责任的组成部分。投入与产出直接有着密切匹配关系，对可控成本负责的责任中心。

利润中心：直接面向客户，内部客户的利润中心或外部客户的责任中心，对利润负责的责任中心。

三、国企大学人才培养与传统培训中心培训的区别

国有企业的员工干部队伍相对稳定，一般都非常注重人才队伍的培养。很多国有企业在长期的发展过程中都形成了比较成熟的培训部或者培训中心，有非常好的培训基础。此外，国有企业相对稳定的培训经费能够有效保障人才培养进程，因此，很多国有企业大学都是由培训中心或者培训部经过升级调整而形成。

大多数国有企业都配备有培训中心，如果单纯从提高专业人才技术技能水平来说，培训中心就能达成。但是否能从战略的层面对企业人才培养和人才发展进行设计，是企业大学区别于培训中心的最重要的特征。对于条件具备的国有企业培训中心，要提前着手于企业大学建设的准备。传统培训中心培训和企业大学人才培养的区别如表 3－1 所示。

表 3－1　　传统培训中心培训与企业大学人才培养的区别

传统培训中心培训	企业大学人才培养
培训局限于企业内部	培训扩展到整个价值链
培训资源分散在组织各部分	培训资源集中管理
实现企业战术目标的工具	实现企业战略目标的工具
组织结构的依从物	组织变革的推动力量
企业文化的宣贯渠道	企业文化的熔炉
企业知识的拾遗补缺者	企业知识管理的平台
基于救火式的需要确定课程	基于战略能力构建课程体系
培训与人才战略无直接关系	培训与开发基于人才战略与规划
培训与职业发展通道无直接关系	培训与职业发展通道直接相关
培训项目随意性较大	培训项目基于能力模型
培训与企业绩效无直接关系	培训与企业绩效直接相关
培训与 HR 其他模块相互分离	培训与 HR 其他模块无缝链接

企业大学建设准备，就是要完成从现有培训中心到企业大学的跨越（转型）。培训中心和企业大学最大的区别在于，企业大学要从人力资源的框架里跳出来，而聚焦到战略当中去，成为一个战略伙伴，要把培训的人力资源转化为人力资本和战略服务。既然为战略服务，就一定要让业务发展方向基本定型，有明确的使命、愿景、价值观和战略规划。

四、国企组织学习机构的特点

国企大学服务于国有企业，国有企业除了经济利润指标之外，还要承担很多社会责任，所以国有企业政治导向很强。况且很多国有企业大学都是与国企党校并行工作，有些国企大学和国企党校甚至是同一套领导班子，所以国企大学都具有鲜明的政治特征。具体来说，国企大学有如下特征。

（一）党建引领，思想政治建设位于培训首位，贯穿培训始终

习近平在全国国有企业党的建设工作会议上强调，坚持党对国有企业的领导不动摇，开创国有企业党的建设新局面。国企用人标准是：德能兼备，以德为先。培训是企业人才培养的主渠道，必须坚定不移地贯彻思想领先的原则，把思想政治教育放在培训工作的首位，贯穿于培训过程的始终。唯有如此，才能牢牢把握人才培养方向，为企业发展培养有用之才。很多国有企业大学都是党校办企业大学，或者党校和企业大学是统一管理，所以国企大学将党建及思想政治教育作为必备内容，而且在制订年度培训规划、实施课堂教学和培训管理中会融入爱国情怀、法治意识、社会责任、人文精神、仁爱之心等要素，传播正能量，弘扬主旋律，与中央保持高度一致；在专业能力提升培训中，也会巧妙设计，在培训中融入思想政治资源，将显性教育与隐性教育相结合，如同春风化雨润物无声，把思想价值引领贯穿教学培训全过程和各环节。

民营企业大学一般更关注经济效益，关注培训是否能够提升绩效，为企业创造价值，所以培训内容一般会紧密围绕企业实际业务，更聚焦专业技术技能的培训。随着国家对党的建设的重视和普及，虽然有的民营企业大学也增加了党建内容，但只占很小的比例，并不像国企大学的党建培训任务那样是刚性、必修的（国家对国企领导干部规定了每年思想政治理论必修课课时）。当然现在也有很多民营企业建立了党支部，通过党员示范引领来提升团队战斗力，但与国企对党建的重视程度和要求还有很大差别。

（二）资源投入有保障、人才队伍相对稳定，人员综合素质相对更高

国有企业大学的资源投入稳定，有固定的人员培训经费，而且大多数国有企业在成立企业大学之前，都有培训中心及相对完善的培训设备设施，如培训教室、会议室

等。国企大学的人才队伍稳定，综合素质强，人员的忠诚度和归属感更高，但人员结构相对稳定也容易导致国企大学的创新空间有限，职业晋升缓慢。

民营企业大学，培训经费来自企业利润，伴随业务变化而变化，与市场经营密切相关，没有稳定保障。企业大学人才相对多元化，人员素质参差不齐，不同教育程度、各种工作经历的都有，人才流动性大，但创新意愿强，市场化程度高，灵活性更好。

（三）传播企业文化，推动国企组织变革与创新、转型升级发展

当前国企改革进入攻坚期，很多大型国企集团还在重组整合中。因此，如何让国有企业，尤其是被整合的国有企业员工理解改革的意义，理解国家政策的变化，统一思想、达成共识，支持国家宏观举措，是国企大学的一个重要职责。

民营企业大学也有企业文化传承的功能，但更多的是理解公司文化、老板文化，很少涉及宏观层面。

（四）社会效益优于经济效益，公益性优于盈利性

国有企业目标多元化，不仅要完成国有资产保值增值的经济目标，还肩负国家稳定和社会发展的重任。所以国企大学不仅要关注经济效益，还得关注社会效益。例如，配合国企的政治任务，国企大学要完成下岗职工情绪安抚、转岗职工能力素质提升的培训以及在非常时期，突发事件中急需的员工临时技能的培训与培养。

民营企业生存是第一位的，所以民营企业大学一般会把经济效益放在首位，更多的培训内容是紧密关联企业业务，解决企业当前问题，提升员工能力，为提升绩效服务。

（五）普惠性、系统性人才培养

国有企业员工队伍相对稳定，有法定的职工教育经费，所以国企一般会系统规划设计人才培养方案，对人才分层分类长期培养。而且国有企业的培训一般是普遍性的，会惠及大多数员工，员工受培训的机会更均等，除了内部赋能，还更加注重窗口作业，为客户服务，增强客户黏性，也会有针对客户的一些公益性普及性的培训。

民营企业更重视成本效益，绩效提升，所以对一线及关键岗位的应急性短期培训更多些。培训的覆盖面也有限，主要是对关键岗位的管理者和骨干员工的培训，或者对高管的一对一辅导咨询。另外，民营企业人员流动性强，经费紧张，所以培训一般更关注内容的针对性和实效性，能够短期见效，大多不做系统性人才培养。

五、国企组织学习机构的创建模式

从企业学习培训中的两大核心要素——师资和知识考虑，企业组织学习机构有自主创建、校企合作、产教融合三种主要模式。

（一）企业自主创建模式

自建模式一般有两种类型：第一种是依托自有的职业院校的教学资源，开展在岗员工的培训的学习培训机构；第二种是独立成立学习培训机构，专门负责员工学习发展职能。

1. 依托职业院校的学习培训机构。这种类型的母企业一般规模较大，经济实力雄厚，业态丰富，员工数量庞大，历史悠久。这种类型的国有企业学习培训机构非常多，如原北京祥龙大学、石家庄邮电职业技术学院、哈尔滨铁路职业技术学院、原建行大学等。

这种类型的学习培训机构的主要优势是：院校对本企业的历史和文化比较了解，对企业的需求把握得比较准确，有专门的师资队伍，有完备的学习培训内容体系，有丰富的运营经验，有成熟的行政和后勤保障，培训的针对性和实效性一般比较有保障。

这种类型的学习培训机构可能出现的问题：一是职业院校主要精力放在职前的学历教育上，对员工的学习培训上关注不够，投入的精力少，对本企业的学习需要研究不够，不能很好地处理“为了谁”的问题，可能导致职业院校为社会服务多，为本企业服务少，“种了别人的地，荒了自己的田”，长此以往，母体企业就会减少对院校的投入；二是专门负责员工学习培训的内设机构对企业的战略和中心工作缺乏必要的研究，专职教师与企业的互动不够，长期脱离企业经营实践，导致所提供的学习项目、学习课程的针对性和效果不好，供需之间呈现“两张皮”的现象；三是管理服务团队习惯于按在校学生的理念对待员工学习培训，导致培训运营“普教化”“高教化”，学员体验感差。

2. 独立运营的学习培训机构。这种类型的学习培训机构相当于将人力资源部中的员工学习发展职能独立出来，与人力资源部是平行的紧密合作伙伴关系，或者是人力资源部的二级机构。这种类型的国有企业学习培训机构也非常多，如原中广核大学、原中铁四局企业大学（党校）、山东高速集团人才发展院等。

这种类型的国有企业学习培训机构一般只设置必要的内设部门，人员比较精干，工作高效，并按“平台型”组织模式运营。学习培训机构与业务是“学习技术支持+学习内容开发与传播”合作伙伴关系，共同服务于人才发展和组织能力建设。学习培训机构自身只负责开发和讲授必要的公共课程，主要精力是提供方法论，为业务培训、认证和考核内部培训师队伍；提供教材、课程、案例开发方法论，帮助业务开发学习内容，参与评审；管理或指导业务运用学习价值链运营学习培训项目；整合和管理知识。其工作模式一般为项目制：即为满足一组学习需求而成立一个包括业务端、人力资源端、学习培训机构端等相关方的、跨部门的学习培训项目组，负责学习需求调查、开发项目方案、实施项目方案、评价学习培训效果等与学习价值链相关的全部工作，直到学习需求得到满足为止。

这种类型的优势是：一是需求源于企业战略、源于企业年度中心工作、源于业务、源于企业中的问题，针对性强；二是知识源于企业，源于组织中成功的经验和失败的教训，知识的“水性”程度高，应用场景近，友好性强，便于学员学习和应用；三是师资源于业务，他们大多是管理和技术精英，有时甚至是企业的高层领导，亲自参加教学工作，对学员有天然的影响力，学员学习时专注度高，效果较好。此外，企业领导、管理和技术精英担任教学工作，率先垂范，领导者发展领导者，有利于在组织内形成良好的学习文化，推动学习型组织建设；学习培训项目制打破了部门墙，有利于形成高效的沟通机制，能够及时发现、研究和解决问题，敏捷度高，便于快速迭代。

这种类型的学习培训机构可能出现的问题：企业高层参与少，会影响管理和技术骨干参与学习培训的积极性，导致师资队伍整体水平下降，使学习培训工作和学习型组织建设进入“负循环”，甚至难以为继，影响学习培训机构的可持续发展；内训师队伍是非专职教学人员，教学技能参差不齐，需要持续开展内部培训师的培训、认证和教学实践工作，同时，必须建立内训师激励机制，以吸引优秀人才担任兼职内训师；学习培训机构的专职人员缺乏发展员工、发展组织的情怀，把工作仅仅视为谋生手段，服务意识淡薄，专业化和职业化水平不高，甚至沦为单纯的培训组织者和服务者，导致学习培训机构在组织内没有话语权和影响力，成为可有可无的角色。

在企业内外部环境极其复杂多变且变化的速度越来越快速的当下，企业不学习就必定消亡。国有企业学习培训机构应当把帮助企业成为学习型组织当作自己的使命，或者说它最为核心的目的是培养员工、团队、组织的学习能力以应对变化，让学习成为组织的基因，以使学习能够因需要而自动地发生。具体地说，它应当：

——推动培训向学习转变。培训是一个具有特定时间、地点、内容、师资、学员的，具有外部强制性的组织行为，而学习是一个只要有需要，就会发生的，既在培训场所，更在工作场所的主动行为。培训只是学习小小的一部分，如果我们把培训当成国有企业学习培训机构的全部工作，那就必然会带来一个结果，培训结束了，学习也就停止了。

——推动个人学习向团队学习、组织学习转变。企业是一个需要个人、团队协作，向客户提供产品和服务的组织。几乎所有的工作都是通过与他人合作才能完成。因此，当员工接受一项有挑战性的任务时，他就与合作者形成了一个工作团队，他们就会围绕如何以最少的投入、最快的速度、最高的质量完成这项任务，这时，团队学习就发生了；如果通过团队讨论不能找到令他们满意的解决方案，他们就会在组织内寻求支持，看看能否从其他团队找到解决方案，这时团队之间的学习就发生了；如果仍然不能找到令人满意的解决方案，他们便向其他企业学习，直到找到解决方案为止，这时，团队与外部组织间的学习就发生了；当他们将解决方案付诸实践之后，经过总结、复盘，将这个解决方案固化下来，并向组织内的其他团队进行推广，这时，组织学习就发生了。如果上述过程经常在团队内发生，这个团队就是学习型团队；如果组织内的各个团队经常发生上述过程，这个组织就是学习型组织。

从这个角度说，企业学习的基本单位是团队而非个人，工作就是学习，学习也是工作。

当这个组织成为学习型组织，并且学习成为组织文化时，企业的学习培训机构就完成了它的使命，就可以退出历史舞台了。因为团队学习、组织学习已经深入人心，会随时随地地发生。因此，企业学习培训机构是学习型组织建设平台。

——推动学习向解决方案转变。学习培训是用理论、方法武装员工，向员工输入知识的过程，以提高员工解决问题的能力。因此，员工获得的不是企业所需要的终极成果——问题的解决，他们获得的是“问题的解决”的中间成果——解决问题的能力，只有将这种能力作用于问题，才有可能得到企业需要的终极结果。因此，学习的高级阶段应当围绕问题的解决展开，变知识输入为解决方案的输出，即获得问题解决方案，并在这一过程中，发展员工、团队和组织的能力。

因此，从学习型组织建设的角度说，企业自建学习培训机构是一种比校企合作、产教融合模式更好的模式。

（二）校企合作模式

党的十九大报告提出的“完善职业教育和培训体系，深化产教融合、校企合作”，以及《国务院办公厅关于深化产教融合的若干意见》《国家职业教育改革实施方案》、新的《职业教育法》等政策法律法规为这种模式提供了良好的发展政策环境。

校企合作模式分为两类，一类是以大学为主导，另一类是以企业为主导。

1. 以大学为主导的校企合作。一般是由大学根据企业的需要，为企业开发培训计划，并组织大学的教授、专家为帮助企业完成培训任务。相当于企业组织员工到大学去进修，或者由大学上门到企业提供培训服务。有的是采用集中一段时间完成全部学习课程的方式，也有采用阶段性学习，即工学轮换方式。

这种合作类型培训内容的理论性较高，知识的“油性”程度较重，可能会导致脱离本企业的行业的特征、企业文化和经营实践，转化应用较为困难。一般只适用学习转化能力强的企业中高层人员的学习培训。

防范上述问题可以采取以下措施：由大学与企业组成项目团队，深入开展学习需求分析，保证学习培训方案的“靶向性”，使它尽可能成为“私人定制”的方案，而不是包治百病“广谱抗菌药”；二是由双方组成课评小组，开展课程评审，从课程层面保证它符合企业的需求，当然这一般比较困难，多数教授和专家不太能接受；三是借助大学的影响力，多邀请行业内的优秀企业家分享他们的实践，并与学员互动；四是组织学员到同业或跨界企业进行标杆学习；五是利用行动学习的方法和工具，围绕本企业战略性、结构性、复杂性问题，组织学员开展结构化研讨，并进行试点、复盘、汇报等。

中铁四局在成立企业大学初期，先后与清华大学继续教育学院开展了“领导力高级研修”“投融资高级研修”“境外商务高级研修”“组织学习技术高级研修”等四个项目。其中该局近几年新提拔的领导干部大多数来源于“领导力高级研修”项目，使这个项目成为四局的“黄埔军校”。“投融资高级研修”项目始于2015年，这时恰逢我国的“PPP元年”，在许多国内企业尚未弄清PPP模式时，他们精心选拔的50多名骨干参加学习，许多学员带着正在洽谈的项目到课堂学习，利用课堂学到的知识返回业务，边学习边实践，快速提升能力。目前他们已经投资了60多个项目，总量超过2000亿元，推动了企业转型发展，培养了投融资人才。“组织学习技术高级研修”项目为企业大学创建和培养了20多名“火种”，他们回到企业中又进行了再传播，推动了该企业的学习型组织建设，使学习培训成为该企业的品牌之一。

2. 以企业为主导的校企合作。这种合作模式越来越成为一种趋势。如有的企业与大学围绕在校大学生开展“订单式”培养计划，双方在教育部门规定课程体系的基础上，共同开发符合企业需要的课程体系、教材和课程，企业与高校互派师资，企业为高校提供实习基地，高校教师定期到企业参加调研和生产实践，企业提前将企业文化、基本制度纳入教学内容，开展科研项目合作，设立奖学金等，订单班学生毕业后，经考核合格直接到企业就业。这种模式实现了真正的合作共赢，是校企合作的一个重要方向。

（三）产教融合模式

这种合作模式最早可以追溯原部委办学模式，即大学为某一特定行业、产业培养人才，这种方式为我国各行种业培养了大量人才。

在经济快速发展的新时代，企业的实践常常领先于理论。目前，部分国有企业处于行业、产业领先地位，其经验具有行业产业价值，迫切需要将他们的经验总结出来，形成大学相应专业的核心教材，这些企业的骨干人员具备了大学教师的基本条件——丰富的实践经验。掌握了核心知识和师资队伍的企业就具备了产业大学的基本条件，他们与大学的合作将会极大地推动行业产业的进步与发展。

北控水务是国内专注于资源循环利用和水环境保护的领军企业，早在2013年就开始在产学研用的深度融合上不断进行探索与实践，在行业人才培养、行业难题破解、科技成果转化、创新成果与产业资源桥梁搭建、行业标准编制等方面取得多项成果。在人才培养方面，他们与哈尔滨工业大学、大连理工大学、青岛理工大学、河北环境工程学院等50余所高校达成校企战略合作，并在山东、湖南、广东等地建立了6家北控水务（现代）产业学院，通过专业共建、人才联合培养、“双师型”师资培养、1+X证书试点建设、教材课程开发、供需对接就业、奖学金设立等多方面实践，积极探索行业高素质人才培养的“北水模式”，为区域经济转型和环境产业升级夯实人才根基。

（四）合咨合作发展模式，即企业与特定领域的咨询公司合作

咨询公司具有一批较高理论水平与丰富的实践经验的专家及讲师，可以补缺企业在特定领域的人才短板，企业可以为咨询公司提供实践应用平台，不断丰富和提升专家和讲师的实践应用能力，双方合作共赢，这是咨询公司与企业合作发展企业大学的重要因素。不管是谁主办企业大学，都不能网罗所有的资源或优势，因此也存在各种性质的主体合作形式的“多方合作发展”模式的企业大学。

教育为经济建设服务，教育为产业发展服务，教育为企业发展服务本来就是教育事业的应有之义，尤其是应用型的职业技术院校应乘着新《职业教育法》颁布实施之机，精准分析现状，明确自己为哪些产业、哪些企业服务的定位，调动有限资源，保持战略定力，聚焦学科建设，持续发力，从而赢得广阔的发展空间。没有成立专门学习培训机构的国有企业，应发挥企业在员工学习发展方面的“重要主体作用”，选择合适的职业院校，推进校企合作，为企业发展提供源源不竭的人才保证。

六、组织学习机构的资金运营模式

组织学习机构的资金运营模式称为资金活动模式，是指组织学习机构筹资、投资和资金营运等活动的总称。

对于内向型的企业大学，如 GE 中国培训发展中心，培训经费主要来自企业培训预算，主要服务于内部培训市场。

对于承担内部培训的外向型企业大学，有三种资金运营模式：第一种是企业大学通过外部培训市场的创业型资金支持内部培训市场的培训经费，如摩托罗拉大学，摩托罗拉公司不拨付培训预算；第二种是企业内部培训市场和业务单元独立核算，主要通过对外培训实现盈利，如海尔大学；第三种是企业学习机构财务独立核算，对内、对外培训统一价格收费，自收自支，如西门子管理学院。

对于不承担内部培训的外向型企业大学，如惠普商学院，对外培训就是为企业创造经济效益，培训收入成为企业利润来源之一。

企业大学的定位并不是一成不变的，而是随着企业的不断发展而变化的（见表 3-2）。从良性发展的角度，未来企业大学的发展应该是逐步从专业性到综合性、从内向型到外向型、从向其他部门汇报到向企业的一把手和企业负责人汇报，从人才培养为主到兼顾品牌传播、文化传承、战略落地等多项职能，这些定位的转变实质上反映了企业大学对公司战略支持的不断加强，企业大学的价值不断呈现，这也是创立企业大学最核心的目的和初衷。

表 3－2　企业大学的定位

企业大学定位	资金运营模式示例		
	企业大学	资金运营模式	具体操作方式
内向型企业大学	GE 中国培训发展中心	企业内部培训市场	公司每年有 10 亿美元用于人才培训，由各业务部门经理掌握培训经费。根据实际培训额度支付给培训发展中心。培训中心个人收入与培训费用不挂钩，由总部统一核发
承担内部培训的外向型企业大学	摩托罗拉大学	创业型资金	把顾问和定制培训课程卖给外部客户、收入津贴以支持内部培训活动
	海尔大学	内部培训市场 SBU 相结合	内部培训部门解决人力资源部所提出的内部培训需求，采取内部市场结算方式，对外交流培训部则成为盈利的重要部门
	西门子管理学院	财务独立核算	学院的一切费用都来自培训对象，包括内部各业务部门和外部客户，服务价格一致，学院所有开支都由自己支付，非盈利机构，但也不会亏损
不承担内部培训的外向型企业大学	惠普商学院	企业利润中心	为企业创造经济效益

第三节　国企组织学习机构筹建中要关注的要点

一、企业主要领导的理念

企业大学要做到战略落地和执行，企业一把手对企业大学的定位关系到企业大学的未来。企业主要领导人的理念决定了企业大学的办学理念、办学方向和组织运营模式。在理想条件下，最好由企业高管（一把手）兼任企业大学校长，而不是由培训部或者人力资源部负责人来担任。其实，无论企业一把手承认不承认，他都是企业的品牌代言人。很多国有企业大学高管（一把手）非常低调，不愿意出头露面，假如企业高管暂时不能接受当企业大学校长，我们也可以动员他做企业大学荣誉校长，只有让他接受这个职位，承担起相应的职责，才便于企业大学今后工作的顺利开展。

如果企业一把手暂时不愿意担任企业大学校长或荣誉校长，那可以先成立一个战略委员会，将企业一把手纳入重要成员，企业大学每年都可以组织一至两次战略研讨会或者战略解码工作坊，由企业大学校长做引导师或催化师，与企业领导探讨战略目标如何实现，通过战略解码，将战略分解到每个部门，由此制订企业大学一至三年的工作目标。工作目标制订下来之后，企业大学在课程规划、组织运营、师资甄选上都有了方向。也可以游说企业一把手让他身边最了解他的思想和战略的人做企业大学校长的参谋或顾问。但企业大学校长必须有清晰的认知，将把企业一把手加入企业大学作为长期目标，通过长期不断的努力来实现。例如，可以利用战略委员会或者任何与企业一把手接触的机会，向他宣传企业大学，介绍企业大学的理念和重要性，用培训成功案例鉴证企业大学创造的价值，千方百计游说企业一把手加入企业大学队伍中来。只有企业一把手亲自参与企业大学，企业大学才会成为真正的企业大学。

企业大学要想实现自身的价值，就得让企业高层领导了解企业大学及最新理念，另外，企业大学的人员也必须了解公司战略，用战略思维运作企业大学。在美国，很多企业大学都是企业董事长或者 CEO 担任，叫 CLO（首席学习官），CLO 和 CEO 是平级的，但国内企业大学校长一把手担任的比较少，尤其是国有企业大学，最多也就让企业副总担任，但大多数都是由人力资源部部长或者培训负责人担任，企业大学也就是企业中的一个职能部门，或者是隶属于企业人力资源部，这样的组织架构导致企业大学难以真正了解战略，发挥战略落地的作用。

作为企业大学的负责人，必须关注企业高层管理者的理念，多与一把手及管理层沟通，了解企业高层通过企业大学想达成什么样的战略目标？他们对教育和培训的理解，这样才能站在企业的格局上建设企业大学。另外，企业大学的高层管理者必须具备战略思维，有聚焦公司战略、前瞻思考，能助推战略转型的能力。如果企业大学高管仅仅具备专业能力或者执行力是远远不够的，必须得有与老板一样的战略高度，才能看到战略的精髓，才能将战略分解、落地。

【案例 3－4】

高层的重视和支持是企业大学成功的关键因素之一，研究表明，拥有企业大学的公司，高层管理者会更多参与学习过程，特别是 CEO 会投入大量的时间来推动学习及公司学习文化的塑造。高管的参与不仅能够给企业大学带来直接的资源与支持，也有利于塑造适合企业大学发展的组织文化氛围。

通用电气前 CEO 杰克·韦尔奇就曾经这样评价通用电气领导力发展中心。“如果没有克劳顿维尔，我们就没有一个新思想的传播者，就没有一个能将我进行改革的道理宣传给尽可能多的人的地方。”在杰克·韦尔奇任职期间，他曾 250 多次出现在教室，亲自为 18000 多名经理和行政管理人员授课。在通用电气，任何一个经理都要有讲课的能力，把讲课作为考核经理人业绩的一个重要指标，所有的经理必须经过授课的训练，然后才有资格授课，全公司上下各部门经理都带领团队学习，形成了良好的学习氛围。

惠普（中国）商学院一直得到中国区 CEO 的支持，前中国区 CEO 孙振耀自己就是一位卓越的培训师，他在惠普商学院一年至少讲四次课，孙总的身体力行也给很多高层管理者做了良好的榜样和示范。惠普（中国）商学院的授课教师绝大多数都是公司的高层管理者及一线经理人，已相继为中国电信、中国移动、中国建设银行、万科股份、国税局等企业与机构提供了近千场的定制培训服务。

高层的重视使企业大学开展工作变得更加容易，基于"管理者承诺"，高层参与开营仪式、闭营展示、参与授课、做开班动员，结业评审，不仅能激励学员更好地学习转化，而且也能帮助提升企业大学的品牌影响力。

【案例3－5】

2005年，宁高宁任中粮集团董事长期间，他把培训作为推动企业转型的最好切入点，在愿景、战略、流程、领导力、品牌管理等诸多关键转型方面都强调团队学习，从最高层到工厂，团队学习被全面彻底地应用。

宁高宁为团队学习赋予的意义是："从企业发展中的实际问题出发，通过培训会议的方式，引导团队成员在统一的逻辑结构和思维框架下，通过激发团队成员的智慧，达到达成共识，解决团队发展的重大问题，塑造团队文化的目标"。简而言之，就是用统一的逻辑，激发大家的思想，去解决问题。

在中粮统一的逻辑是什么？就是解决问题的六步法。它把解决问题的过程分为层层递进的步骤，即回顾工作，查找界定问题、寻找问题根源，制订可能的解决方案，并选择（如何解决）、计划解决方案（制订行动计划）、执行解决方案（实施计划）。所有人都以这六步作为思考和解决问题的基本方式。

值得学习的是，中粮真正把团队学习（行动学习）基本理念与方法根植于组织的血液中。中粮并没有为此建立一支专门的催化师队伍，中粮集团认为经理人就是所在团队的培训师、催化师、团队学习就是经理人推动工作，带团队的方法，使行动学习不再外在于工作，而是每个中粮人的日常工作和职责。

在忠良书院的培训大楼一层走廊，还可以看到一张宁高宁半蹲着写板书授课，带领经理人做行动学习工作坊的照片。他曾经说："今后，书院将成为我们的精神家园，新思想的摇篮；她会是我们研讨问题、提升团队，并让我们不断受到洗礼的地方；她代表着我们的承诺，代表着我们的思想，预示着我们的未来。"宁总的理念深刻地影响到中粮，以及中粮的企业大学——忠良书院，虽然宁总现在不在中粮了，但参观他当年精心打造的忠良书院，到处可以看到团队学习的理念，他的影响力还无处不在。

二、与业务部门的关系

企业大学通过培训创造价值，服务于业务部门的人才培养与人才发展。企业大学的发展必须得到业务部门的支持。而业务部门对培训不支持的主要原因，恰恰是培训和业务的结合不够紧密，致使业务部门短期内看不到效果。因此，企业大学人员首先要调整好自己的心态，理解业务，以业务部门的视角去看问题，积极深入洞察业务需求，本着帮助业务部门解决难题、实现业务目标的心态，投入足够的时间和精力调研企业的需求，查找企业的问题，量身定制培训方案，助力业务的发展。

企业大学只有成为业务部门的问题解决的支持者和对应业务领域的问题解决专家，自身的工作才能真正得到业务部门的认可和支持。企业大学与业务部门的关系在很大程度上与组织管控现状、企业大学的业务范畴、企业人才培养职能在总部和各业务单元的分布状况等因素相关。企业大学与业务部门的关系大致可以分为离散型、混合型和主导型三种。

离散型。企业大学作为管理机构，对公司级人才培养活动进行规则制定和实施监控管理。业务单元对应部门（或学院）作为独立主体按照规则进行培训实施。

混合型。企业大学统一行使部门重要的职能，如高管领导力项目，各个业务单元对应部门（企业大学分院或虚拟机构）进行本单元其他人才的培养和培训。

主导型：企业大学按照自己的职能定位统一开展分层分类的培训活动。各业务单位根据需要报名参加相应活动。

无论是哪一种关系类型，企业大学在运作过程中，都要深入业务部门内部，了解业务部门流程及需求，与业务条线紧密合作，获得支持，才可能将培训工作做好。所以企业大学要经常与业务部门交流工作情况，深入参与业务优秀经验萃取，帮助业务部门提炼总结成功经验；定期参加业务部门战略会议，洞察业务部门工作中的痛点和难点，从业务部门的战略目标出发，根据实际情况提供学习和服务解决方案，定制培训计划。

企业大学平时要与业务伙伴建立良好的关系，有经验的培训人员都是通过专业特长或者共同的兴趣与公司业务伙伴建立良好关系，在日常的交往中透过良好的交情发现需求和挖掘需求，潜移默化地搜集学员工作场景案例和教学素材。我们不能苛求培训人员比业务人员更精通业务，除非培训人员来自相关业务领域（即便如此，也会因长期脱离业务而生疏）。所以最好的做法是借助外部资源，就是把业务的核心人员（如主管领导）游说到人才培养团队中来（即由培训和业务共同承担人才发展职责），培训部门提供人才培养方面的技术支持，与业务部门共同设计培训内容。实际上，在培训效果跟踪环节，只有争取到业务负责人的支持，培训效果跟踪才可能落到实处，切实有效。

【案例3-6】

祥龙公司企业的培训实践中积累了很多业务资源，基本上每个行业板块，每个公司都有一个深谙业务的经理或者负责人可以参与培训项目的设计及实施指导，这样能够确保培训项目的内容是企业所需，培训项目的设计是学员所适合，培训后续追踪反馈有业务人员来保障。例如，一般是让员工和直线上级参与培训需求调研，针对员工的问题设计有针对性的学习解决方案，并且请学员直线上级直接过问员工的学习并提出学习期望，理想状态是学员直线上级和员工能共同学习。在培训结束之后，员工的直线上级可以对员工的学习事项进行跟踪，督促员工应用新的知识技能或方法工具努力改善，并且创造良好的容错环境允许员工改善，这样员工改善的动力才会更强，学习的效果才会更好。高级别的培养项目，就必须让更高级别的领导参与进来，在需求调研、方案设计、培训交付、效果呈现等角度都要与其建立有效链接，因为“管理者承诺”的影响力与作用很大，会直接影响培训项目的成败。

最后需要着重说明的是，国有企业大学在与业务部门合作的过程中，要具备较高的境界，学会“推功揽过”，培训做得好，要把功劳归于业务部门；培训不尽如人意，要把原因归于培训部门。在做培训宣传时，一定要把业务部门放在前面，如“某某业务部门主办，某某企业大学承办……”。平时在公开场合要多感谢业务部门或者人力资源部、党委工作部对培训的支持。企业大学如果在外面获得奖项也要归功于业务或其他合作部门，并最好找机会在公开场合隆重感谢。企业大学只有用“利他”思维，以“无我”的状态为合作方利益考虑才可能收获对方的支持和帮助，成为互利共赢的战略联盟。

三、与人力资源部门关系

不同企业中，企业大学与人力资源部有不同的组织架构关系，常见的有两种：一种是企业大学与人力资源部平级，组织架构互相独立；另一种是企业大学隶属于人力资源部。这两种关系没有好坏之分。影响到企业大学与人力资源部门关系的因素很多，如企业大学诞生的方式（是由谁主导或者推动建立的）、企业大学诞生前的组织体系状况（培训中心是否隶属于人力资源部或者已经和人力资源部分离）、企业大学的角色定位、企业大学的资源状况、企业的规模、企业的发展阶段、人员结构等。另外，企业大学的功能定位也决定着企业大学与人力资源部的关系，对于以人才发展为核心的企业大学，只要能够实现和人力资源部的协同，是否独立于人力资源部并不重要；但对于以知识管理、战略推进、品牌传播多种职能的企业大学，因为它的工作中心已经超越了人力资源部的工作范围，所以独立于人力资源部更有利于企业大学职能的发挥，是一种更合理的选择。但具体做何种选择，还是要综合考虑企业多种因素，不能一概而论。

一般而言，在企业大学成立初期，从职能稳定的角度考虑，大部分企业大学与人力资源部的关系会延续之前的合作关系，以从属型及合作型的居多。但在现实中也有一些企业通过成立企业大学对现有的组织结构及组织职能进行了转型升级，在人才发展、知识管理、课程开发、管理咨询与创新研究等方面进行职能的重新梳理，赋予企业大学更多的职能。因此，企业大学与人力资源部的关系体现了企业大学在组织环境中的地位以及企业在不同发展阶段对人才培养的重视程度。从未来发展来看，企业大学最终会实现自主经营，发展为企业的战略性部门，这样才可能更好理解战略，帮助组织实现战略落地、文化传承。

鉴于企业大学与人力资源部的工作存在天然的密不可分的关系，企业大学最重要的职能是人才发展，而人才发展来自人力资源部的计划，所以企业大学与人力资源部之间的业务联系必不可少。为了便于它们之间业务上的开展，很多国企会把两个部门的汇报对象设置为企业的同一位上级领导，这样便于工作上的衔接和业务上的配合。

四、企业大学的功能定位

企业大学的定位，决定了企业大学的发展目标和工作内容。企业大学之所以存在诸多争议，根本原因就在于其战略定位的复杂性、多变性。对企业大学战略定位产生影响的因素很多，内部影响因素主要包括行业特点、企业规模及其发展阶段、资金链情况、企业战略文化特质、教学资源储备；外部影响因素主要包括市场形势、产业链情况、社会需求度。在诸多因素的影响下，企业大学的战略定位有可能会发生改变，甚至出现较大的变革。企业大学本质上是服务于企业的发展，企业属于不同行业处于不同的发展阶段，以及面临不同的外部环境影响时，其企业大学就应扮演相应匹配的支撑角色，而战略定位是企业大学一切行动的行为准则，其确定或变更都是关乎企业大学发展方向的最为核心的决策。企业大学的功能随着企业的发展需要和管理实践的拓展在不同时期不断得到充实和完善，由单纯的企业培训载体逐步向企业战略实施平台、品牌文化推广平台、供应链整合平台、知识管理平台角色扩充转变。把企业大学定位为课程资源平台、人才培养中心、知识管理中心，还是战略支持部门，决定了企业大学的发展目标和工作内容。定位不同，在企业大学硬件选择、规划设计、培训团队组建、培训内容设计上都会存在诸多不同。

抛开诸多影响因素，企业大学的基本职能实际是为了确定其开放程度、服务对象、服务功能，进而确定培训内容、培训方式、资金运营模式等一系列问题。因此，企业大学在确定了开放程度和服务对象之后，服务功能是影响企业大学定位的另一重要因素。对于早期的企业大学，培训工作就是其唯一的服务功能，而随着市场环境的变化、技术的发展，传承企业文化、整合产业链、营销企业品牌、深入挖掘企业利润、推动企业变革等功能逐渐加载到了企业大学身上。例如，通用电气公司（GE，General Electric Company）中国培训发展中心对内部各级别的员工进行能力培训，尤其以领导力发展培训见长，GE 因此更被誉为企业界“CEO 的摇篮”。而随着外部环境的变化，它还逐渐为战略性合作伙伴提供培训服务，其变革管理、六西格玛等经典管理理论使其在回报社会的同时也赢得了巨大的口碑收益，不仅引领了本企业战略变革，更打开了全球市场。

环境对企业大学功能定位的影响也不可小觑，2020 年新冠肺炎疫情暴发之后多点散发的疫情状态导致很多企业收入大幅下滑，很多公司开始削减对企业大学的投入，并要求企业大学依赖其独特优势开展对外培训补充预算，以维持企业大学的运转。于是，随着这种由企业配置资金转向自筹资金方式的改变，企业大学的培训对象也进一步对外拓展。很多企业大学向社会开放了线上线下培训项目，并且通过开放公众参访，组织标杆学习树立品牌形象并获利，企业大学的培训收入也成为新的利润增长点。

企业大学战略定位关系到其基本职能和工作目标，不可轻易改变，也不可恒久不变。面对当前愈发复杂多变的内外部环境，企业大学战略定位必须形成动态机制。即使在相对稳定的市场环境中，也需要定期对其进行完整评估，在出现重大事件及环境变化时，更需要及时对其进行关注和调整。

五、专业团队的招募和培育

企业大学是为组织培养人才的，所以企业大学的从业者必须具备较高的专业水平与育人能力。在我们为企业培训的过程中，培训团队也会受到来自企业领导和学员们的各种考验。举例来说，我主要讲授领导力的课程，在我从事多年企业大学培训部主任的经历中，最大的压力不是来自培训专业本身，而是我带领团队的能力，我自身的领导力是最大的挑战，如果我的团队执行力不强，一盘散沙，是很难让学员信服我所讲授的管理方法论的。企业领导和学员们会审视我的领导力，审视我们团队自身是否达到了老师讲述的要求。培训团队自身的素质、言行、价值观很重要，因为客户并不只是看到我们说什么，更多的是会看到我们怎么做，实际上这是一种很大的压力。在国企做企业大学，对人才的要求更高，人才是企业大学发展的软实力，只有招聘到专业的人才，才有可能让企业大学的资源得到充分的运用，才有可能具备充足的信心与底气为企业培养高水平的人才。

国有企业大学的人才招聘受到体制机制以及激励机制的限制，机制上可能不如民营企业那么灵活，在薪酬待遇上似乎也没有民营企业那么有吸引力。但当前受疫情影响，外部环境的不确定性增大，很多民营培训机构举步维艰，国企稳定的薪酬待遇可以让员工在外部经济条件不好的情况下没有后顾之忧，具有相对比较优势。大多数国有企业大学的管理者一般来自组织内部招聘及系统培养。国企稳定的人员队伍可以给培训管理者充分的育人空间，可视化人才成长进程也会带给企业大学从业者更多的成就感。目前企业大学学习资源非常丰富，只要是具备基本的综合素质，热爱人才培养，学习能力强，在当前的环境条件下，能够用心，吃苦耐劳，有一两年的时间就可以培养出专业的培训管理者。

六、开放的环境和氛围

企业大学是企业内外部交流的平台，也是团队共创的学习平台。从企业内部来说，新员工了解企业，业务部门之间交流、企业上下级之间沟通，组织对企业文化宣贯都要通过企业大学来完成。从外部视角来看，企业大学开展的行业交流、标杆学习、客户培训，都可以非常好地向企业外部客户和社会展现企业的价值观、组织理念和企业文化。企业大学可以整合外部优秀教育培训资源，引入最佳商业实践和先进做法，激发内部不断学习、反思和变革。所以企业大学需要一个开放和包容的环境氛围，吸引多元化人才和有识之士，允许不同的思想在这里研讨、交流、碰撞、思考，激发组织不断迭代、创新。

企业大学也可以通过外部交流宣传企业文化和企业的产品，推广企业品牌。标杆企业大学可以通过对生态圈赋能，尤其是对客户赋能的方式传播企业文化，为企业做隐形的宣传，增加与客户合作与交流机会，提高客户黏性，传播企业文化，扩大品牌影响力，在为客户创造价值的同时实现社会效益、经济效益双丰收。例如，惠普商学院在 20 世纪 80 年代刚进入中国时积极参与了国家经贸委主办的 1000 家大型国有企业高管班的教学工作，把惠普的先进管理经验与国内企业家和经理人分享。后来这项工作演变成了惠普商学院成立之后的常规学习项目，为国内各行各业的企业和个人提供培训和咨询服务。在这个过程中，参与者不仅学习掌握了国际化公司的管理方法和工具，也理解认同了惠普的品牌和文化，促进了惠普在中国市场占有率的稳步提升。目前国内很多知名公司，如海尔、华为、阿里巴巴、联想、腾讯等公司都通过标杆企业学习的方式向外部客户及社会公众开放，通过标杆学习，跨界参访，体验式参观，输出企业文化，宣传企业，增进社会公众对企业的了解与认同。

第四章　国企大学软硬件建设

第一节　国企大学的硬件建设

企业大学是企业学习交流平台，理论上说需要有一定的硬件和软件的配置。硬件建设包括：企业大学的场地以及配套的培训设施设备、人员配置等；软件建设包括：企业大学的组织结构、运营流程、管理制度、培训资源等。

但企业大学就一定需要实体吗？

一、国企大学的场地建设要求

现实中，我们看到有些企业大学（如华为大学、中广核企业大学、华润大学、忠良书院等）拥有美丽的校园、完善的实体基础设施；也有些企业大学是虚拟校园，建立在企业员工社区基础上（如美国强生、腾讯学院等）。互联网及科技的发展带来学习方式的极大创新，尤其是2020年的新冠肺炎疫情催生了线上学习市场，线上学习、移动学习成为新的学习潮流。因此，很多企业大学建设者难免会思考，企业大学的实体还是建设企业大学的必要条件吗？

通过调查研究及实地考察表明，企业大学并不等同于传统的社会性大学，企业大学既可以实体化存在也可以虚拟化存在。依托于发达的互联网技术，越来越多有实力的企业开办了网络大学或者网络学院，整合优秀培训资源，包括课程资源和讲师资源，通过网络平台，让员工通过信息终端或者手机App选择相应的课程模块来自主学习，这不仅满足了员工利用碎片化时间随时随地终身学习的需要，也大大降低了企业大学的创建成本，同时也使企业大学的运营模式趋向虚拟化、网络化。

对于以线上教学为主的企业大学，可能没有实体也照样可以正常运营，并不一定要有齐全的硬件才能建立企业大学，即使以线下培训为主的企业大学，也不一定非要有固定的场地和教学设施，可以通过租用酒店或者共享其他培训机构或者学校的硬件资源，也一样可以顺利实施企业大学的相关培训业务。

如果在成立初期，的确可以采用租用酒店或者共享其他单位硬件设施的方式，但肯定是没有使用自有场地那么方便和自由，而且各类培训及活动也要受制于出租方教室的面积、大小、租期及设备设施的限制，也无法随意布置教室墙面及教室环境，创建稳定的学习文化与氛围。加之疫情之后各单位防控政策收紧，防控措施变化无穷，会给教室租用带来很大的不确定性和风险，因此从长期来看，势必会影响企业大学人才培养的进程与效果。

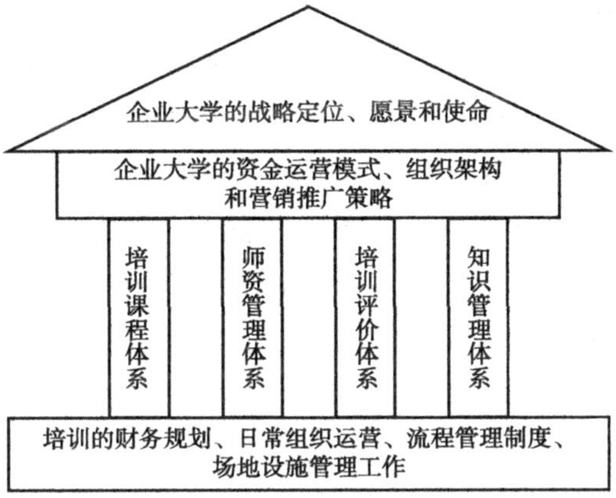

图 4－1　企业大学的战略定位、愿景和使命

清华大学首任校长梅贻琦先生曾经说过："大学之大，非大楼之大，乃大师之大。"一个大学的软实力的确比它的硬件水平重要。但梅校长并没有说不要大楼，基本的教学设施仍是一所大学的必要因素。

随着我们对成人学习的深入理解，以学员为中心的培养理念越来越普及，学习活动的复杂程度也越来越高。因此，良好的硬件环境能更有效地发挥学习内容的价值。同时，企业大学拥有实体也更有利于学习氛围的营造。

从长期来看，企业大学不一定要有校园，但最好能有一个实体教学设施，至少要拥有基本的办公培训条件，教室、会议室等基本配套设施。拥有完备的配套设施可以保障企业大学业务的顺利开展，因为良好的硬件环境能有效发挥学习内容的价值。通过对教学区域的设计和布置，可以更好地传播学习文化，塑造学习氛围。这样更有利于教学培训的开展，因此更多传统的企业大学建设时还是采用了实体的形式，即使刚开始采用虚拟形式的企业大学，也在后期条件具备时开始配套实体设施。

【案例 4－1】

中粮集团着眼于企业的长远发展，于 2008 年成立了自己的企业大学——"忠良书院"。书院有美丽的校园，拥有多功能厅、报告厅、会议室、研讨室、多媒体教室、图书阅览室、贵宾接待室等相关设施，可以充分满足各类培训、会议的需求。书院还有中粮博物馆及独具特色的红色博物馆，可以接受社会参访及标杆学习，传播输出中粮的文化，包括中粮的理念、品牌、战略和价值观。书院的建筑物、建筑物的命名、装修风格、配饰内容等，都散发着中粮的文化信息，彰显着中粮人的品格和趣味。另外，书院还拥有227套客房、高级会所、中西豪华餐厅、咖啡厅、啤酒屋、中式茶艺、地下酒窖等配套设施，并建有温泉水疗中心、KTV、游泳馆、市内运动馆等运动休闲娱乐设施，可以对外接待，使宾客学员在培训、会议之余可以得到最好的放松与享受书院的特色与文化。

同样，宝钢人才开发院也以闻名全球的通用电气公司“克劳顿维尔村”为标杆，以“规范、专业、协同、价值”为基本要求，建设了宝钢（常熟）领导力发展中心（简称尚湖村），这也是企业大学实体形式存在的标杆。中广核企业大学也在深圳设立了长湾领导力中心。还有很多已经拥有实体学院的企业大学，如中兴通讯学院、联邦快递大学，也在运营良好的基础上，开始构建网络大学，通过快速便捷地沉淀知识，低成本高效率地传播知识，形成知识管理平台，有效拓展学习的时间和空间的限制，实现线上线下的融合，让知识更新更便捷，知识获取无所不在，员工随时随地可以通过网络、手机App接入学习。

二、国企大学配套的培训设施建设要求

1. 会议中心或阶梯教室

一般容纳人数至少需要在150人以上，用于会议及大型讲座需要。有财力的企业大学也可以设置适应多种用途的会议中心或者活动中心（容纳人数至少在500人以上），也可以做大型讲座，如有的国有企业大学的多功能会议中心可以容纳500～1000人，这样就可以用于举办论坛、会议、世界咖啡等大型讲座需要。

2. 容纳60～100人的活动教室N个

国有企业大学的人才培养一般都是基于岗位层级分层分类培养，学员人数在40～60人规模的培训比较多见，也容易达到较好效果，所以需要根据企业培训规模和频次设置N个活动教室，容纳人数在60人左右N个，容纳人数在80人左右N个，桌椅最好购置可移动的，方便灵活摆放，满足学员分组学习、工作坊等不同培训功能需要。

3. 30人以下的小会议室或者活动教室若干

满足学员分组研讨、研修学习、小型工作坊等需要。

所有的教室和会议室都需要配备课堂讲授必备的投影设备、白板（手写板）、音响等设备设施，并且能够进行网络教学，满足老师教学、授课、查找资料及学员分享需要。

第二节 国企大学的软件建设

企业大学在筹建期要建立筹建团队，而且要有专人专职负责大学的定位、战略和业务规划，以保证政策的连续性以及后续能有效落地。筹备团队领导小组的层级一定要最高，要能对公司的战略和愿景、发展方向有非常深刻的了解。只有这样，才能保证企业大学的业务规划和公司战略规划是一致的。

执行组的成员最好一定是未来企业大学核心团队的成员，一定是企业大学未来的领导者和骨干，只有这样，这些人员才可能从长远出发来做企业大学的设计，企业大学的业务才能在1~2年或2~3年之内是连续的、可落地的。运作时要定期与设计公司沟通战略与流程，保证公司战略的一致性。

在实时交付过程中一定要紧贴业务，与业务人员充分沟通交流，以了解他们的想法，并且要征询培训师的意见，了解他们需求，保证实时和实战，为公司战略的实现进行服务。

企业大学是培养人发展人的地方，所以必须具备先进生产力和先进文化。用培训与发展的硬技能形成企业内部专业影响力，这样才能赢得良好的口碑和业务部门的信任。

一、国企大学的组织架构

（一）组织架构设计

1. 职能式。

按照企业大学的基本功能来进行组织架构设计，再根据每个部门的具体职能设置二级岗位，如培训规划部、培训运营部、课程研发部、后勤保障部、市场开发部、综合办公室等（见图4-2）。

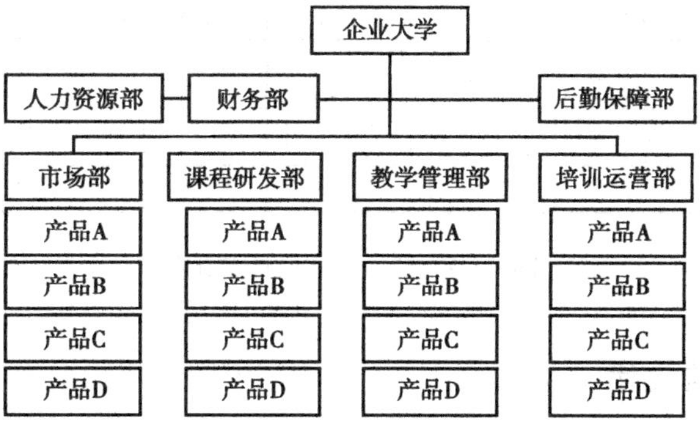

图4-2 企业大学职能式架构

2. 项目式。

按照培训内容划分为若干培训项目，如新员工培训项目、后备干部培训项目、中层管理人员培训项目、高层管理者培训项目、专业技术人员培训项目。每个项目里有独立的团队来组织运营相应的培训项目。另外，除了项目组之外，还设有公共行政部门负责企业大学的日常管理工作，如综合服务保障部、人力资源部、财务管理部、综合办公室等（见图4－3）。

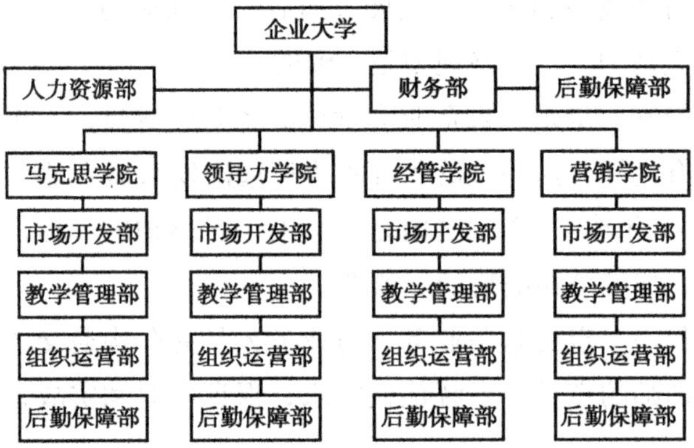

图4－3 企业大学项目式架构

3. 矩阵式。

矩阵式架构有两种类型：一种是按照职能线和业务线进行不同部门、单位的设置，由对应职能部门和业务部门成立项目组协同开展业务；另一种是根据企业大学的产品、项目或者专门任务成立跨部门的专门机构，如某课程开发项目小组、某产品营销推广项目小组、临时任务完成后小组解散（见图4－4）。

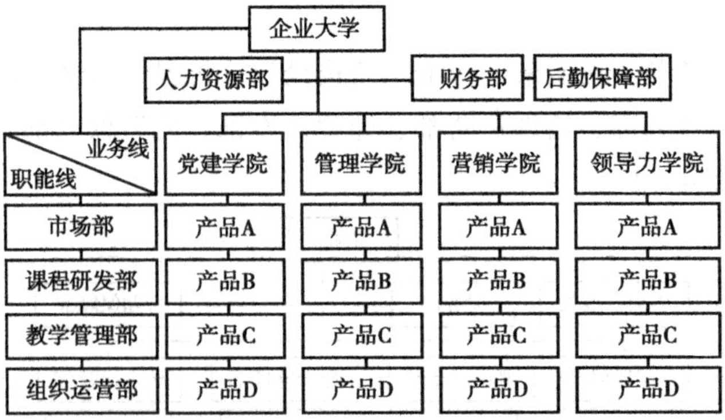

图4－4 企业大学矩阵式架构

（二）人员架构设计

企业大学运营团队主要包括管理人员、师资队伍、外部合作伙伴等。根据国有企业的现状和不同企业大学的职责定位，企业大学从业人员不宜过多，为节省成本、提高效率，专职培训人员一般在5～12人为宜。大多数初创阶段的国企大学的师资主要采用外聘或兼职的形式，成熟阶段的国企大学也会培养自己的内训师，但一般也是采用兼职的形式。除企业大学执行校长之外，大多数国企大学高管层都是由企业董事长或者企业高层领导兼职。企业大学运营团队在组建中要明确各类人员的主要职责，具体如表4－1所示。

表4－1　　企业大学各类人员主要职责

人员		主要职责说明
管理人员	高层管理人员	一般包括企业大学校长、党委书记、副校长等 • 需符合企业大学高管规定的任职资格，熟悉企业大学建设与发展的要点和实务； • 制订企业大学发展战略，编制企业大学人才培养计划； • 制订企业大学关于培训组织运营、课程开发、师资管理和日常管理制度和办法； • 整合内外部优质培训资源，打造优质的师资团队等
	中层管理人员	一般指企业大学执行层管理者，如培训经理、培训中心主任等 • 贯彻落实企业大学的发展战略，负责企业大学品牌传播及项目落地； • 管理培训运营团队，协调企业大学各项培训工作的运营和实施； • 针对企业大学日常运作层面的问题，提出解决方案，做好统筹协调工作。 • 对接企业业务部门，协调调研企业培训需求，制定培训规划
	基层管理人员	一般指培训项目负责人或培训班主任 • 负责项目策划设计，组织实施； • 培训项目团队分工及职责确定； • 协调班级管理、教室管理、学员管理及纪律管理工作
基层员工		一般指培训专员或者培训副班主任以及其他培训辅助人员 • 负责协助培训项目负责人做好培训项目的准备、培训组织运营，学员管理工作； • 负责培训期间拍照、制作培训视频； • 培训档案管理
师资队伍	外部师资	包括高等学校专家及学者、外部咨询机构、培训机构教师以及自由讲师等，他们视野开阔、理念先进，有丰富的企业培训经验
	内部师资	内部师资也叫企业内训师，一般采用兼职的形式，主要来源于企业专业技术岗位的技术骨干及专家，甄选标准是：有实战经验并乐于善于分享，且经过教学教法的培训能胜任教学岗位的人。内训师来自企业内部，熟悉企业基本情况，并具有高水平的岗位技能及实战经验，能深度解决学员岗位面临的困惑及实际问题
外部合作伙伴		包括外部师资机构、培训机构、高等院校、国内外的培训协会及组织等具有教学、培训资源的外部合作单位。通过外部合作，企业大学可以整合优质培训资源，降低培训成本，提升企业大学的培训效率与效果

（三）国企组织学习机构的岗位设置与要求

国企组织学习机构的职能一般要与组织的架构相匹配。因此，国企组织学习机构一般是自上而下，与企业的管理和各职能贯通，这也确保国企组织学习机构能更好发挥其功能。通常决策机构一般包括：学习委员会及其办公室、校本部（有的是和党校合并办公，有的是单独办公）、业务学院（即各业务条线）和分院（即各分子公司）。具体岗位设置及职责如下。

1. 学习委员会及其办公室。

（1）学习委员会。其主要职能：审议批准企业的学习战略、年度学习计划、重要学习规章制度；审议批准企业大学的建设方案、机构设置、定编定员、资源整合方案和发展规划；审议批准企业学习培训有关的其他重要事项。

（2）学习委员会下设办公室，办公室设在人力资源部。其主要职能：负责学习委员会各种决策、决议的落实及督办工作；组织草拟企业大学建设的推进方案和发展规划；组织编制企业学习战略、学习培训制度并组织实施；组织开展对企业大学各业务学院的指导、检查和考核；组织企业大学对外开展交流学习；完成领导交办的其他工作。

2. 校本部（党校）。

校本部主要职能：执行学习委员会的各项决议，负责企业大学日常管理；协同各业务学院和分院，开展学习测评与学习方案研发、学习型组织技术开发和推广、远程与移动学习课程资源建设及其推广、学习和培训项目管理、公共课程开发与讲授、培训经理和培训队伍的建设和管理等；负责企业大学校本部并配合总公司做好组织学习地图开发，负责企业知识管理体系平台搭建和技术支持。

一般人员组成：设立企业大学（党校）执行校长一名，执行党委书记一名，副校长若干名，党委副书记兼纪委书记、工会主席一名，下设各职能部门。每家企业大学可根据企业的特点及惯例来设置适合的职能部门，虽然每一家企业大学的职能部门设置不尽相同，但是承担的工作都是比较相似的，包括学习项目研发、项目运营、师资建设、在线学习管理、认证评估、综合管理等工作，接下来我们以某一家企业大学部门架构为例，为大家分享各部门的主要职责。

（1）学习研发部。其主要职责：负责组织学习技术的研发和推广；协同业务学院和分院甄别学习需求，开发相应的学习解决方案；负责校本部组织学习蓝图的开发，指导并配合各业务学院、分院进行组织学习蓝图、学习地图、岗位进阶图等的开发；负责学习效果测评方案的研发、推广与技术支持，参与测评方案的实施；主持公共课程的复制、开发和教学；参与学习培训项目的管理，履行培训项目班主任职能，参与课程录制；加强对国内外先进学习技术的对标、学习和转化，不断研发推广新的学习技术。

（2）项目运营部。其主要职责：贯彻落实总公司年度职工教育培训计划和校本部年度工作计划；参与各类培训项目的方案策划；负责制订与学习项目相关的管理制度及工作流程，并对执行情况进行监控和反馈；负责校本部学习培训项目的运营管理，参与课程录制；负责起草所承办培训项目的培训通报及一级、二级培训质量评估报告；负责培训资料的统计分析和档案管理工作；协助综合管理部和网络运营部做好培训场所和设备设施的使用和管理工作；参与公共课程的复制、开发和教学。

（3）网络运营部。其主要职责：根据企业大学发展战略制订信息化工作规划；负责与远程学习管理平台相关的制度起草；负责搭建全局知识管理体系平台并提供技术支持；负责做好与学习解决方案有关的知识管理；负责在线学习平台的搭建、管理、应用、维护及推广，负责组织学习平台应用相关培训工作；协调业务学院及分院开展学习资源建设、维护与更新，负责校本部课程资源的录制、编辑、整理、上传、更新；负责校本部办公电脑、打印机、网络设备、多媒体设备、服务器、录播系统、机房等学习设施及设备采购计划的编制、管理与维护，建立完善的技术档案，定期保养维护；负责编制校本部信息化建设年度预算，并负责相关电子化学习产品及数据库的招标采购与建设；负责校本部和在线学习平台网络安全工作；协助综合管理部，对校本部网络宣传平台提供技术支持；参与公共课程的复制、开发和教学；参与培训项目管理，履行培训班主任职能。

（4）师资建设部。其主要职责：负责培训经理和内部培训师的培训、认证、授课效果反馈、考核及再培训工作；对培训经理、内部培训师和培训管理人员日常工作进行业务指导；负责外部培训师课程试听、评价、引进和管理工作；参与公共课程的复制、开发和教学工作；参与具体培训项目实施，履行学习项目班主任职责；负责起草内外培训师管理制度。

（5）综合管理部。其主要职责：负责起草校本部行政、党群系统的年度工作计划、工作总结、规章制度等；负责校本部组织、宣传、人力资源、纪检、劳资、统计等工作；负责校本部文秘、印章、档案、保密、信访、会务、接待及合同管理等；负责校本部后勤管理和安全保卫工作；负责校本部办公、培训用品采购、发放及日常管理工作；负责校本部财务、社保、税务工作。

3. 企业大学各学院。

（1）业务学院。其主要职能：开发本业务系统的岗位进阶图和学习地图，负责本业务系统的学习、培训工作和学习型团队建设，协助人力资源部培养和发展本系统员工。

（2）分院。其主要职能：负责本公司员工的学习、培训工作和学习型团队建设。

二、国企大学的运营管理体系

近年来，随着企业培训对企业的人才梯队建设、组织文化建设、组织能力提升等方面带来的改善，越来越多的企业领导开始认同企业大学的培训工作，许多企业也开始逐步搭建和完善自己企业的培训运营体系。那么一个优质的培训运营体系包括哪些内容呢？

培训运营体系的构成主要有三个核心层面：制度层面、资源层面、运作层面。

（一）制度层面

培训制度层面包括：培训管理系统、培训的制度、培训的流程。

1. 内部制度建设是组织学习机构健康运行与发展的保障，主要包含以下三个方面。

（1）教学与专业能力建设相关制度。

- 内部教材编写类制度
- 分级课程体系建设类制度
- 内外部课程开发类制度
- 各类职业资格类培训与取证制度
- 培训项目授课实施类制度
- 培训项目效果评估类制度
- 校企合作及多元合作教学类制度
- 网络学院教学与管理制度

（2）资源建设相关制度。

- 内训师队伍建设制度
- 外部资源合作与管理制度
- 专业培训机构管理制度
- 培训场地及硬件设施管理制度
- 培训积分管理和其他配套制度

（3）日常运营与后勤保障制度。

- 专业委员会日常会议制度
- 培训项目立项及运营制度
- 培训档案管理制度
- 企业大学人员岗位标准及考核管理制度
- 培训经费管理制度

2. 培训的流程。

培训工作琐碎而辛苦，大量的培训任务给学习机构的培训组织管理工作带来巨大考验，如何在短期内优质、高效地完成培训任务，确保培训质量，是值得每位培训工作者思考的问题。加强培训流程的管理，提供完善的支持保障，往往会使培训工作达到事半功倍的效果。

流程管理是指对流程进行一种科学的管理，对流程进行描述、设计、操作并不断改进其性能，从而更好地达到流程的目的。

简单的流程管理包括：定义流程的起点和终点、流程的输出结果、流程的活动顺序和内容、流程的执行者。

完整的流程管理则包括：定义流程的客户和关键要求、流程的输出和质量标准、流程的过程顺序/活动内容/执行者/工具/KPI/知识管理、输入和质量标准、团队管理、知识管理、过程运行机制、过程绩效管理和持续改进机制。

培训流程就是在培训中应用过程管理的方法，协调好培训主管部门、主办部门、承办单位、教学师资、学员之间关系，做好培训前的组织策划、培训过程中的监控和后勤服务、培训后的考核评估与信息档案的留存等，以保障培训正常开展，不断提高培训质量，达到培训效果。

国外组织学习工作者经过多年实践，将培训的全过程归纳为以下五个流程，包括培训需求分析诊断、获得学习解决方案（培训计划制定）、培训交付和运营（培训实施）、学习成果转化、培训效果评估五个阶段，这五个阶段相互作用和关联，形成一个周而复始可以反馈的循环（见图 4 –5）。培训需求分析诊断是培训效果得以保障的基础和获得学习解决方案的前提；获得学习解决方案（培训计划制定）是整体培训工作的总的纲要和执行框架；培训交付和运营（培训实施）是培训的展现；用学习成果转化呈现来证明培训价值；培训效果评估是培训效果检验并进行持续改进的依据。培训过程最终形成一个闭环系统，相互联系与制约，培训过程中的前一个环节工作顺畅，后面环节的工作就越容易。

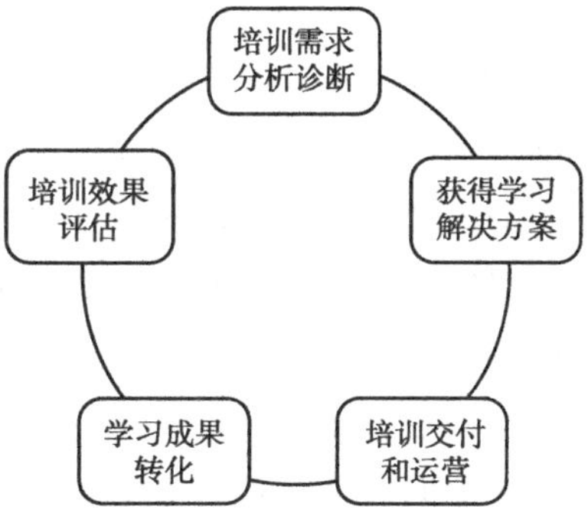

图 4 –5 培训的全过程

培训交付和运营（培训实施）工作很繁琐，而且每日重复，所以我们可以通过总结来梳理流程，使培训工作流程化、标准化、规范化，不仅可以大大减少重复的工作，减少出错机会，让培训工作处于良好的循环体系中，而且可以提高工作效率、改善工作结果。另外，标准化的流程可以把工作从无序变成有序，能树立统一的对外服务形象，带来更好的客户体验，提高客户的满意度。此外，科学的流程也易于实现规模化人才复制、保持培训团队在竞争中的领先优势。

培训流程的制定不是机械化的、一成不变的，培训组织者在落实培训流程的框架下，可以根据培训班的特点、培训对象、培训方式进行调整。以上五个阶段又可以拆分出N个小的工作流程，培训组织者可以根据各自企业的实际情况、不同培训项目的特点进一步细化流程。常见的培训流程有：

- 讲师对接流程
- 学员对接流程
- 物资筹备调度流程
- 签订合作协议流程
- 教室准备流程
- 开营仪式流程
- 破冰团建流程
- 积分规则流程
- 闭营仪式流程
- 成果汇报流程
- 课酬支付流程
- 费用报销流程
- 档案整理流程
- 视频制作流程

梳理总结出培训流程之后，后续的优化与调整也非常重要，要根据培训实践在后续的培训工作中不断对流程进行优化、完善与调整。在重组设计时，一般需要对照以下问题评价所在组织的现有流程情况。

1. 首先审核流程清单是否完整？流程描述体系是否完善？
2. 整个流程清单中的流程是否把培训的管理形成了闭环？
3. 对照流程管理的要求，审核流程清单中哪些流程是我们当下所需要的？
4. 审核我们所需要的流程中，哪些地方需要做出改进？
5. 审核各流程的控制与平衡点是否明确？
6. 寻找现有流程不足之处的根源是什么？是战略、是技术、组织架构？还是仅仅是流程本身标准与任务的规定存在问题？
7. 现有流程在执行中，最终的结果是什么样的？
8. 这些结果中，哪些是我们需要的，哪些又是我们不希望发生的？

……

进行流程管理时，先僵化、再优化，最后固化的三步过程非常重要，这也是华为管理进步的三部曲。尤其是在培训的具体业务环节和制度体系建立过程中，僵化是指将培训业务骨干总结出的具体做法和背后的假设前提全面的、系统的、无遗漏的模仿和复制下来。僵化的过程是全面学习复制的过程。优化是僵化后的必然阶段，只有经过僵化学习阶段，我们才能够全面深入理解最佳实践的精华所在，才能够真正意识到最佳实践对于培训的真正价值，掌握最佳实践在我们培训中需要去改进和优化的地方，此时的改进对于组织才是具有实际价值的。固化是将僵化和优化的成果转变为制度系统和文化系统，指导和监督我们的行为方式，最终固化我们的思想与意识。固化的意义并非恒久不变，而是将最佳的实践成果内化过程转化为一种永恒的机制，这是一种持续自我更新与自我优化的机制。从僵化、优化到固化的过程，是一种持续学习的方法，也是一种追求永恒变革的流程管理思想。这对于任何一个组织和团队发展都是适用的。僵化式学习、优化式创新、固化式提升，组织的流程管理体系就会变得越来越科学合理。

（二）培训资源层面

培训资源层面的建设主要包括内部讲师队伍、培训课程体系设计、培训资源库、学员培训档案四个方面内容。

1. 关于内部讲师队伍建设，可分为内部讲师工作流程、培训制度、招聘选拔制度和激励制度四个重要模块。企业学习机构的师资资源一般由外部师资和内部师资组成。在企业培训初期阶段，如果企业自有师资不足，大多数企业会以外部师资为主，组织聘用外部师资来完成通用管理、通用素质技能模块的培训；但随着培训的逐层深入，当企业培训发展到较高阶段，外部师资因为对企业情况及学员工作场景不了解，就很难胜任企业定制培训要求。尤其是某些专业技术岗位，理想的培训方式就是选拔具备讲师基本素质的专业岗位的高技术能手和技术骨干培养成讲师，通过经验萃取和提炼总结岗位经验，将个人隐形经验变为组织显性经验，开发相应课程来进行培训。一方面，内部讲师本身就是岗位的高技能人才，他们非常熟悉企业的战略规划和组织运营，培训内容更具针对性和实用性，学员更易于理解和接受；另一方面，内部讲师的培养不仅能够节省企业的培训成本，也能给内部讲师提供展现及晋升机会，激励更多的人做内训师来传承组织经验和传播企业文化。

此外，建设内部讲师队伍对于企业长远发展还隐含着更深的战略性意义——人才梯队建设。内部讲师队伍建设的过程其实就是企业人才梯队建设的过程。首先，企业发掘、培养、激励讲师的过程与企业发现、培养、激励人才的过程是相辅相成的。企业的内部讲师往往选拔于企业某些领域的核心骨干、业务精英，他们的成长即企业核心人才的成长。其次，这些讲师（核心骨干、业务精英）通过课程的传授、经验的分享可以带动周边的同事一并提升，并营造学习、进取、创新等工作氛围和学习型文化，逐步形成企业的精英人才梯队。

当今企业的竞争环境愈加激烈，创新力是保障企业可持续发展的关键力量，而创新力主要来自讲师团队、核心骨干、业务精英在日积月累的工作中提炼总结经验并不断优化、迭代和创新。这是企业核心竞争力的源泉，也是企业可持续发展的决定性力量。企业需要创新力，创新力需要内部讲师梯队的建设，需要人才队伍通过经验分享和创新的企业文化来形成源源不断的发展力量。

2. 培训课程体系是对培训课程的管理工作，主要包括培训课程的设计、培训课件制作、讲义编写等内容。其需求主要源自两个方面：一方面是通过公司战略，寻找目前企业员工的岗位胜任力的差距或不足，来补短板，进行有针对性的课程设计；另一方面是从一线员工的共性实践问题、困惑、效率提升点之中深挖需求并开发培训课程。

这里需要注意的是，课程体系的设计需要符合企业发展战略的需要、业务发展的需要、人才培养的需要，课程的研发和传授不能独立于企业发展之外而独立存在。如果所搭建的课程体系偏离了企业的需求，讲师研发课程的时间和成本便像打了水漂一样失去意义。

课程体系的设计往往根据企业发展的需要分为若干序列，例如，按专业技能分为通用素质类、市场营销类、管理类、基础技能类、客户关系管理类；或者按学员类别分为新员工培训、后备干部培训、中层干部培训、高管培训项目等。这些企业发展所需要的知识和能力，需要相应岗位的人才去不断提升，通过日常工作中经验的积累和提取，开发形成固定的课件，并规划设计学习解决方案传授给需要的人员。

3. 培训资源库的建立能沉淀知识、传承经验、内部分享，积累案例素材、方便课程开发及员工自我学习。培训资源库的建设也是为了便于企业通过一次性的课程研发产出无数次的培训效果。例如，讲师研发的课程课件和录制的培训视频，这些培训资料可以用于新员工入职期间的自我学习和员工日常的培训等多处培训场景，同时也可以大幅度降低企业培训的成本。另外，培训资源库也是后期培训宣传及申报培训奖项的素材来源。

4. 建立员工培训档案。培训档案记录员工参训情况，包括学员签到表、学员手册样本、参训时间、参训培训课程、教师课件、培训照片视频等相关培训及教学资料等。如果企业培训人员比较稳定，在条件具备的情况下，可以采用培训学分制，按照课程的重要性拟订课程的得分系数；按照岗位，拟订培训积分要求；建立详细的员工培训档案，作为员工培训管理的依据。建立培训学分制是激励员工参与培训的一种很重要的管理方法。同时也记录了员工参训的记录，人力资源部通过学分制，可以清晰地知道员工是否参训、哪些课程没有参训、哪些能力需要提高，以便于日后为人才的分析提供依据。

（三）培训运作层面

培训运作层面包括企业培训准备、需求调研、培训组织与实施和培训考核与评估等一系列工作。

培训运营需要组建专门的运营团队，一般以项目组的方式组建，班主任为项目负责人，负责统筹协调整个培训项目的工作。培训运营团队由培训师、培训师助理（培训主班主任）、培训需求调研人员、培训现场组织管理人员、培训服务保障人员组成，培训运营团队的人数由班主任的胜任力、团建活动要求、学员人数及重要级等多种因素决定，除培训现场服务管理人员外，一般至少3人，包括培训师、班主任（助教）、培训副班主任（摄影摄像人员），如果学员人数众多，培训活动复杂，运营人数可以增加，但以确保服务质量并不干扰到学员学习为宜。完整的培训运营团队人员及分工如下，大家可以根据实际情况选择。

1. 培训运营团队的组成（见表4－2）。

表4－2　人员角色的岗位职责

人员角色	岗位职责
培训师	• 了解学员需求，设计制作教案及教学PPT，做好课程准备； • 现场授课、课堂把控、根据学员反馈修改完善培训内容
培训主班主任（助教）	• 负责培训前签到管理、检查教学设备； • 策划组织培训前破冰、培训中团建活动、做好学员纪律管理及积分管理； • 协助培训师组织教学活动，发放教学资料及学习用具； • 发放培训评估问卷或评估二维码
培训副班主任	• 拍摄学员照片，录制培训视频； • 策划、设计、制作闭营仪式学员精彩回顾视频； • 协助班主任完成培训准备、学员签到及相关工作
培训需求调研人员	• 设计需求调研问卷及访谈大纲； • 负责培训需求访谈引导提问、查找问题及痛点并做培训需求分析与诊断； • 确定是否培训，衡量培训性价比，规划设计培训内容
培训评估人员	• 评估培训效果，并提交分析报告； • 分析总结培训工作，提出培训管理及课程改善的合理化建议
培训现场（服务）管理人员	负责培训现场的茶歇管理、教学设备管理工作； 负责培训现场安全管理、培训器材、培训环境的维护工作

培训运营管理是指通过培训前、中、后进行培训全流程的管理来保障培训的顺利进行，达到培训的最终目标。培训的最终目的是让学员掌握培训中老师传授的知识、方法和技能，并且转化应用到学员的日常工作中。如图4－6所示，很多培训机构只是在培训实施过程中投入较大成本，但对培训前的需求调研草草应付，只根据业务部门的要求制订培训计划，培训后也没有效果评估及学员学习转化的持续跟进和监督，于是就会出现老师授课效果很好，学员对老师的满意度也很高，但培训后学员“纹丝不动”，没有任何学习转化，一两个月之后就把学习的知识还给了老师，达不到提升企业绩效的目的。

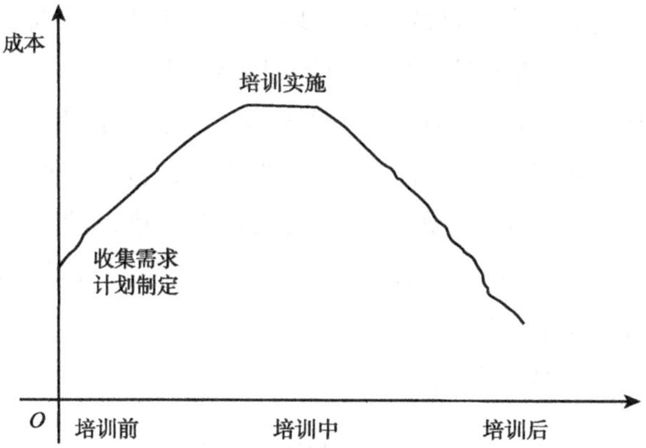

图 4 -6　培训运营管理 1

因此，如图 4 -7 所示，培训运营必须强调培训的全流程管理，不仅关注培训中，培训前和培训后的管理更为重要。

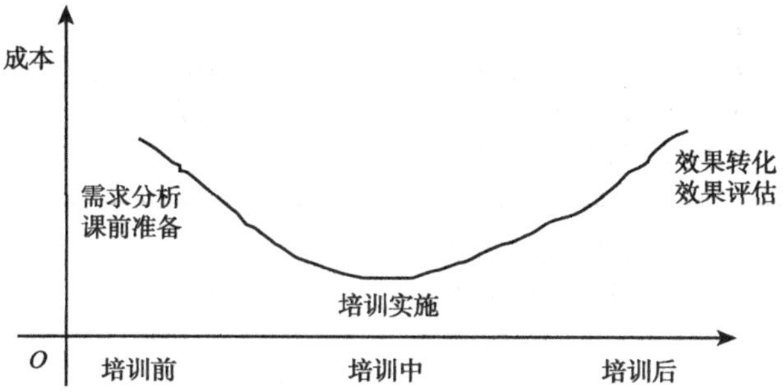

图 4 -7　培训运营管理 2

2. 培训前运营体系的设计。

培训前运营体系的设计是企业学习机构要做好培训前充分的准备工作，尤其是对培训细节的把控，避免因准备不充分导致培训出现差错或延误。具体包括如表 4 -3 所示的内容。

表 4 -3　培训前运营体系具体工作说明

内容	具体工作说明
培训场地选择	培训部门根据培训经费预算、授课方式、培训对象、培训人数、培训内容、企业的培训习惯选择合适的培训场地
现场准备	包括开营仪式、闭营仪式的现场布置：领导座次安排、桌签摆放、学员桌椅的布置；根据培训课程内容张贴、布置相应的教学用材料及教具
签到管理	一般由助教或者培训班主任事前和企业培训对接人确定学员名单，课前负责签到管理
积分及纪律管理	培训班主任依据积分规则对学员上课和培训活动情况做出评价，积分可以由班主任统计，也可以由学员统计、互相监督；班主任可以根据学员情况自由设计积分规则，积分规则设计包括纪律管理，考勤管理，课堂互动及团队建设等，鼓励积极向上，弘扬正能量

续表

内容	具体工作说明
破冰、团建	班主任或助教在课前根据培训内容，设计和课程主题相关的破冰或团建活动，引导学员营造积极的学习场域
紧急突发事件管理	当培训现场出现安全事故，人员冲突或者设备临时故障等突发问题时，班主任和培训师及其他培训团队成员要按照《紧急突发事件处理流程》采取有效措施解决

3. 培训中运营体系的设计。

培训中运营体系的设计是指培训部根据培训师授课内容及培训形式，做好培训实施的过程管理，如表4－4所示。

表4－4　　培训中运营体系工作说明

内容	工作说明
交流访谈	班主任在签到环节、课间休息时和学员交流，了解搜集学员的需求及对课程的评价反馈
活动策划	培训班主任根据学员情况和课程内容，策划破冰、团建、开营仪式、闭营仪式等培训活动，并根据培训现场实际情况加以调整
分组研讨策划	班主任或助教在培训前根据学员情况设计培训分组标准及分组名单，并在培训中根据出勤人数及培训内容变化做调整
互动策划	培训师根据学员特点，策划设计学员互动的形式、问题、并掌握互动时间及互动节奏
茶歇管理	培训现场服务人员提供零食及饮品，供参训学员休息食用
效果评估	培训组织者对培训师的授课情况进行评估
问题解决	如遇突发问题或者学员反馈意见，培训班主任团队及时反馈老师并尽快提出解决方案

4. 培训后运营体系设计。

培训后运营体系设计是指在培训结束之后，培训组织者根据培训效果评估，对总体培训工作复盘总结，撰写培训评估报告，并了解学员训后学习转化情况，做培训后持续追踪。具体设计如表4－5所示。

表4－5　　培训后运营体系设计工作说明

内容	工作说明
培训效果评估	通过调研问卷（线上或线下）搜集培训数据，对培训的质量和效果进行评价
学习鉴定及考核	培训组织者协助人力资源部对学员学习情况进行测试评估，鉴定考核
培训评估反馈	项目评估；客户与用户满意度；师资与课程匹配度；教学方式匹配度；会务组织合理性；培训组织改善意见；将培训效果评估反馈给培训师，便于后续课程的优化和完善
培训总结复盘	对培训工作进行反思、复盘总结，梳理优化流程
培训档案管理	将培训的照片、视频、老师课件、课程资料整理归档
培训后追踪	跟踪辅导学员，了解学员训后学习转化情况，搜集训后问题，探寻新需求

第五章　国企组织学习机构人才发展组织体系建设

第一节　人才发展组织体系内涵建设

企业大学根植于企业生产实践，隶属并服务于母体企业，它产生发展的根本动因源自母体企业自身发展对知识要素及专业化的知识生产服务的内在实质性要求。正是因为企业大学隶属于母体企业，且与母体企业的生产实践相融合，才使企业大学能为母体企业提供及时的个性化、专业化的知识生产服务，而这种高质高效的服务则是市场服务等其他外部服务所难以企及、无法替代的，是企业大学的核心竞争优势。

一、人才培养内容建设

人才培养内容建设是企业大学人才发展产品的本体。

企业大学人员的学习成长速度一定要远大于社会和组织内部人员的平均成长水平，专职讲师的学习速度要远大于组织的平均学习速度，这是企业大学能够源源不断输出新的知识生产服务的前提。企业大学自身的人才培养体系包括两个层面，即师资队伍的建设和培训团队的建设，这两个方面是相互促进、相辅相成的。师资建设队伍应坚持“内外结合、开放共享”，即外聘师资与自有师资（内训师）队伍建设相结合，积极吸收外部有用资源，通过资源整合，合作共赢；同时，企业大学应加强自身培训团队的能力建设与培养，用培训与发展的“硬”技能形成企业内部专业影响力。

（一）师资队伍建设

优秀的讲师是企业大学不可或缺的人才，师资队伍建设关系到企业大学人才培养工作能否顺利开展，培训效果能否有效达成，因此，塑造一支拥有高水平专业知识和技能，高超讲授技巧、实力雄厚的讲师队伍成为保持企业大学核心竞争力的关键因素，也是培训工作的价值所在。

企业大学的师资队伍包括专职讲师、内训师（兼职讲师）和外聘讲师。专职讲师和内训师是企业大学的核心师资，专职教师着眼于企业未来发展的需要，立足战略，从事面向未来的工作，主要完成战略能力储备、领域方法论提炼、最佳实践萃取（组织经验体系整合）、思维模式构建、行为方式统合等组织战略层面和通用层面的职能。内训师（兼职讲师队伍）着眼当下，满足组织业务实际需求，主要完成专业知识传播、工作方法辅导、经验技巧分享、在岗实践的反馈、任务达成训练等职能。如果把企业的人才培养体系比作大树，企业的专职讲师和内训师则分别对应树冠和树根，两者各有分工，互不可缺。专职讲师着眼于战略层面，满足组织中长期发展需要；内训师（兼职讲师）扎根业务实际，着眼企业当前需要，满足组织当前需要解决的实际问题。树冠可以从外部环境资源吸收新鲜空气和阳光，树根从业务的土壤中汲取养分，两者缺一不可。如果没有树根，树冠脱离业务土壤，就是无根之木，无源之水，如专职讲师做企业岗位经验萃取，需要业务部门源源不断地输送企业在岗实践经验和案例，没有业务输送，专职讲师很难完成；没有树冠，只有树根，企业大学失去战略属性，只能跟着业务跑，人才培养职能就变成业务部门附属，企业大学被矮化为被动服务职能，就会被边缘化，失去独立存在的价值。

企业大学要搭建具有母体企业特色的专职教师队伍，可以从学历、相关工作经验、授课水平、年度考核结果、承担的教学及课题情况等，对每个专职教师的岗位素质能力提出要求并划分等级。针对不同层级的教师设置考核指标，每年从授课量、授课满意度、研究项目和咨询项目的开展数量及具体效果等方面进行量化评价，具体内容见第七章：师资建设与管理中有详细的介绍，此处就不赘述。

在坚持“内外结合、开放共享”的基础上，应以内训师队伍培养为主，外聘讲师为辅。因为内训师主要来源于企业内部业务及职能部门，更了解企业的现状、存在问题和员工的需求，他们专业化水平高，教学内容更具针对性，往往能够取得较为理想的学习效果。企业做内训师培养，不仅可以提升内训师队伍素质，还可以减少外聘讲师的费用，节约企业的成本。同时，企业大学要针对内训师建立完善的管理机制，包括遴选、职责、培养、激励、降级与解聘等一系列制度规定，并将内训师的培养与激励作为重中之重。每年开展定期内训师培训，以提升内训师的授课水平和培训效果，也可以组织内训师参加外部培训，开拓其视野，学习行业先进知识，与同行切磋交流，回来反哺企业。

除了建立良好的学习文化，吸引更多的人才加入讲师队伍外，企业大学应建立专兼职讲师队伍的资格认证和考核体系，持证上岗和定期更新机制，确保考评透明化。不断完善培训评价体系，引进新的师资，淘汰满意度低的师资，逐步形成讲师队伍培训内容的专业化和考核体系的标准化。并为专职教师培养提供教学、研究、和企业咨询的机会，通过挑战性的任务加速师资的成长。

（二）培训队伍建设

培训管理团队代表企业大学的形象，也间接决定了培训的效果和质量。因此，打造专业化的培训管理团队至关重要。

首先，要加强组织管理与队伍建设，建立一支数量相对充足的培训管理团队。很多国企大学人员紧缺，这样培训管理人员每天囿于烦琐的培训事务性工作，很难有时间学习和提升。

其次，要加强培训与培养。充分利用培训手段，提升培训管理团队的专业化能力。一是开展通用技能的普及培训，利用在线学习，开展沟通技巧、结构化思维、时间管理等基础课题，帮助改进工作方法，提高工作效率；二是定期组织培训管理技能培训，开展培训组织管理、项目管理、考核评估、企业战略等专业技能培训，组织业务部门与培训部门研讨，了解业务发展需求，强化培训的针对性；三是加强教育培训专业资质的认证，开展讲师、测评师、行动学习催化师、教练、绩效改进顾问等专业资质的培训及认证；四是加强学习交流，建立交流分享平台，及时交流先进培训管理经验与最佳实践，促进培训管理队伍的学习提升。

最后，要加强激励与考核。一是要规划设计培训管理人员的培训培养体系及认证体系，研究设计适合他们的职业生涯发展通道与学习进阶地图；二是建立考核制度，依据培训管理效能、质量、参与度和专业度四个维度，制定考核指标与标准，如培训计划完成率、培训管理质量、师资管理质量、员工满意度等，并纳入年度绩效考核中；三是定期指导与反馈，通过对培训管理工作的抽样调查与现场检查，及时反馈与辅导，提供专业支持与帮助。

二、人才培养管理建设

人才培养管理体系建设是人才发展运行的通道，企业大学需要完善相关的制度机制体系及流程。企业大学的核心能力主要体现在知识生产服务能力上，体现在知识生产服务的专业化水平上，知识生产服务以知识要素的开放供给为主要服务内容，具体包括知识分享、知识更新、知识效能。知识分享即知识学习，是知识生产服务的基础环节，是知识创新、知识效能的基础；知识创新是知识生产服务的核心能力，是生产知识效能的关键，它既是学习的成效，也是学习的内容；知识效能即学习绩效，企业学习以改善企业工作绩效为目的，知识生产服务的最终目的与宗旨是最大化、最优化实现知识效能，提升企业绩效。

（一）建立完善有利于知识创新的制度体系

1. 打造专业化知识创新团队，强化扁平化柔性化管理，赋予新生代员工创新主体地位及充分的自主权及相应的权责，尊重并激发其创造力。

2. 建立有效的竞争机制、激励机制、协同创新流程，培养创新能力与素养，鼓励各部门集思广益，群策群力，分享创新经验与方法，使个体能力转化为组织能力；通过项目负责制，项目内协作，项目间竞争增强团队的协作能力，提高团队工作绩效，使组织创新更富成效。

3. 建立知识萃取、沉淀及更新流程，使知识传承、推广、更新系统有序进行。

企业大学是以企业发展战略为中心，从问题聚焦到解决方案，再到知识整合加工、课程开发，直至最终的知识创新服务产品，每一个知识创新环节都应形成规范化、标准化的操作流程、操作方法，并对每一环节的知识增值给以价值测评，并通过激励机制激发知识创新。

（二）完善知识分享的制度机制

1. 基于员工能力素质模型和员工职业生涯发展及岗位学习地图，建立科学系统的个体员工的学习管理制度和学习激励机制，使员工能明确学习任务及学习目标，主动承担学习责任并规划职业发展。

2. 基于企业发展战略、组织职能及组织学习地图，建立科学系统的组织学习管理制度和学习激励机制，使组织明确学习任务及学习目标，主动承担学习责任、规划组织发展，并为员工提供学习支持，鼓励员工为组织学习做出贡献。

3. 完善在岗学习及“师带徒”制度，并建立相应的激励机制，培养创新文化和氛围，鼓励员工分享知识与经验，使企业最佳实践、隐性知识得以推广传承，鼓励员工在岗位工作过程中，及时萃取组织经验并定期分享，使学习融入工作中，成为工作的重要组成部分。

4. 完善组织人才发展制度，强调以学习来促进人才梯队建设，激励领导者及业务骨干培养发展继任者并计入晋升考核体系、达到发展组织的目的。

（三）完善有利于实现知识效能的制度机制

1. 建立科学有效的能力素质测评体系，包括组织能力素质模型和员工能力素质模型及相关的测评体系，使员工学习、组织学习与组织绩效、企业战略相关联。

2. 基于企业实际，定制开发有信度、有效度的学习绩效评价模型及评价策略，使企业学习绩效评价更加科学有效、更加符合自身的实际情况，以提高知识生产服务的质量与效率。

3. 建立科学有效的学习绩效评价体系，完善员工与组织的绩效评价机制及激励机制，实现知识效能的最大化最优化。

企业大学需要将个体员工的学习绩效与工作绩效相统一，将组织的学习绩效与工作绩效相统一，并将个体员工的工作绩效与组织的工作绩效及企业发展战略相统一，将个体员工的工作绩效与职业岗位职级能力要求乃至员工的职业生涯发展相统一。

三、人才培养模式建设

人才培养模式建设是人才发展组织的框架。

企业大学并不是一般意义上的普通高校，是企业为内部员工进行职业教育及终身学习的专门机构与学习场所。同时，企业大学不是传统培训部门的简单升级，而是一种战略层次下的全新组织学习形态；企业大学不仅关注员工培训与生涯发展，更重视组织整体绩效的提升；企业大学不仅满足员工在技能训练上的需求，还要满足企业在整体经营策略上的需求。企业办大学必须要求企业在人才培养模式上进行变革与创新。

企业大学的课程开发大多是针对企业实际需求“量身定制”，其教学内容也多为符合企业经营及业务发展需要的“内化课程”。企业大学服务于企业人才培养需要，因此，在教学内容方面重视及时、灵敏地反映本行业发展趋势和市场变化的动向，并且要定期深入企业业务一线调研，发掘企业工作岗位所需的新知识、新技能及业务一线新需求，并及时整合更新教学内容。同时，为满足企业培训的实效性，企业大学的师资不仅要理论功底丰厚，业务水平精湛，还要实战经验丰富，国企大学还必须考察老师的政治素质并作为一票否决项，只有满足这些要求的老师才可能解决企业的业务实际问题，满足企业经营管理需要。

企业大学的教学过程非常强调学员的亲身参与体验，注重培养学员的实际操作及应用转化能力。因此，企业大学的学习内容丰富，学习形式、方法及模式多样，如案例研讨、沙盘模拟、实战演练、情境体验、拓展训练、角色扮演、教练辅导、课堂面授、师徒传习、轮岗培训、脱产学习、任务驱动式学习、行动学习、多媒体互动学习等。企业大学不仅遵循学习规律，积极探索创新各种学习形式、方法和模式，而且积极尝试各种先进有效的学习技术手段，丰富学习资源与环境。企业大学已成为创新学习形式、方法、模式的实验室，有效促进了学习质量与效率的提高。另外，为强化学习效果，企业大学在教学结束后，一般还通过考试、考核等形式开展不同岗位系列的内部职业任职资格认证，如销售经理资格认证等。对某些专业性较强的岗位，企业大学还采取与外部社会认证机构合作的办法，鼓励学员参加相关专业的岗位资格认证。

建设优秀的企业大学，主要不在于有形的硬件设施，而是其贯穿整个企业的组织文化及变革力量。企业大学成功的关键在于：高层领导要有组织变革的决心，主管领导要全心全意地投入，并将员工的绩效与其晋级考核制度相连接，激励员工自主学习的意愿。此外，企业大学还应整合优质教育、培训及师资资源，与国内外教育或认证机构保持良好的合作关系，将课程与学分、学位，或认证机制相互结合，将人才培养的灵活性与规范性有机结合，从而达到满意的效果。

国有企业的特殊性，决定国有企业应结合企业实际创新具有企业特色的培训模式和培训方法。下面以原北京祥龙企业大学研究型培训为例，来介绍一下国有企业的培训模式和培训方法。

【案例5-1】国有企业培训模式创新研究——以北京祥龙企业大学培训模式为例

一、当前国有企业培训现状及存在问题

传统国有企业培训存在的突出问题表现在：培训目标不能和企业战略密切结合，培训缺乏系统性；培训需求调研和诊断投入时间少，课程泛化、标准化；培训形式单一，教学内容和团建脱节，团建“画蛇添足”；培训内容缺乏针对性和实效性，难以满足学员需求；缺乏有效的培训效果跟踪和绩效支持，培训成果难以转化。因此传统企业培训无法将企业的战略和人才培养相结合，进行体系化、系统化人才培养。

二、研究型培训是祥龙大学针对传统培训弊端所进行的创新性变革

北京祥龙大学（以下简称祥龙大学）的研究型培训，是针对传统企业培训的弊端，在研究中推进培训项目的实施，通过培训前深度调研，动态研究培训需求和环境变化，探索如何找到适合国有企业大学的创新培训模式，并且能够根据调研企业现实中存在的实际问题，开展有效的、有针对性的培训，解决学员训后学习成果转化难和持续学习动力不足等问题。

（一）研究型培训简介

研究型培训是指课题研究与培训并行，从企业的实践中提取课题研究素材，在研究中推进培训项目的实施，用课题研究提升培训效果的这类培训。具体来说，就是从企业实战案例和岗位经验中提取课题研究问题，通过课题研究和研究型培训，将其转化为理论化的方法和工具，再应用于不同的工作实践，通过不断赋能和行动学习，让学员达到知行合一的培训过程。在培训过程中，根据环境、需求等因素的变化动态研究每一个培训环节，研究贯穿始终，研究与时俱进。这样的培训可以满足企业不断变化的培训需求，使学员能够更快、更高效地获得解决问题的策略与方法，以改进组织、团队及个人的绩效，让企业大学真正对企业战略转型起到应有的支撑作用。

具体来说，如图5-1所示。按照培训的“721”法则，通过复盘和经验萃取，我们将企业实践和员工岗位经验（社会经验）去情境化，提炼出课题研究主题，通过课题研究，把它们变成理论化的方法和工具，然后再将其通过适应性改造和创造性发挥，放到不同的企业工作场景中去应用，让学员通过行动学习、社会交流、将课堂所学转化为自己的个人版本，做到真正的知行合一。

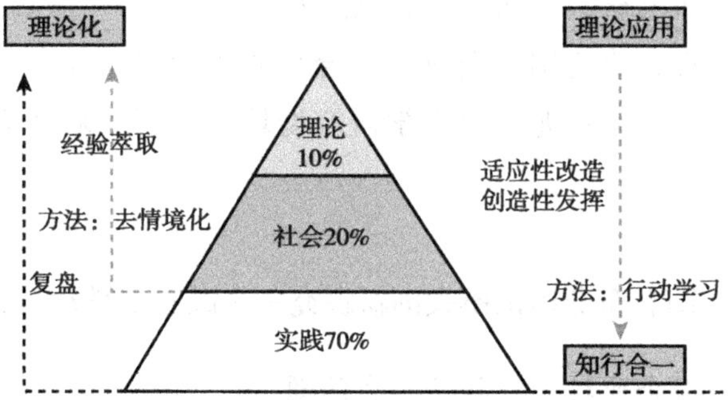

图 5－1　研究型培训的理论模型

（二）研究型培训的目标及定位

企业人才培养工作是人才供应链的重要支撑，培训是为人才供应链服务的。从企业人才供应链的角度，研究型培训的目标就是为企业提供足够数量的人才以及岗位所需的高质量人才。通俗地说，就是解决企业“有没有人?”以及“人是否好用?”的问题。数量级的培养是为了快速补充企业业务战略所需的人才；质量级的培养是希望通过提升在职员工的作战能力，助推绩效的达成。

研究型培训成本较高，建议最好定位于企业的关键岗位员工，在他们职业生涯的不同阶段赋予他们相应的知识和技能，满足相应岗位的要求，顺利完成每个阶段的职业转换。当然如果企业培训经费充足，也可以推广到其他岗位员工。

研究型培训基于员工职业生涯的不同发展阶段来为其设计相应的培训内容，将组织目标和个人目标相结合，帮助员工完成不同职业阶段所需的知识补充和技能再提升，在助力员工个人成长的同时完成组织的人才发展，更能够激发员工的学习动力。

如图 5－2 所示，企业的关键岗位员工一般有两条职业发展路径，一条是管理岗路径（用浅色标注），另一条是业务岗路径（用深色标注）。

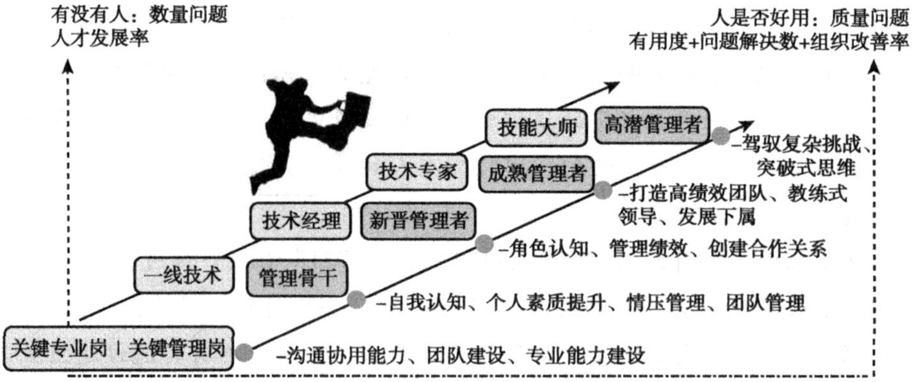

图 5－2　研究型培训的目标及定位

如图5-2所示，深色管理岗发展路径，员工在不同发展阶段，需要不同的能力支撑。祥龙大学通过课题研究，分析员工不同职业阶段所需的能力要求，开设相应课程，帮助学员更好完成职业发展。如对关键管理骨干，需要提升自我认知、个人综合素质，学会情绪压力管理、团队管理；新晋管理者面临管理者角色认知和职业转变，需要学会管理绩效，创建合作关系；对成熟管理者，最重要的能力是发展下属的能力，所以需要提升他们发展下属，教练式领导的能力；对高潜管理者，主要提升他们面对复杂多变环境，驾驭复杂挑战，突破式思维的能力。

同理，另一条浅色业务岗发展路径，企业大学可以通过赋予专业技能人才不同职业阶段相应知识和技能，解决他们面临的能力再提升和知识再更新的挑战。企业大学组织的内训师培训一方面可以帮助高技能人才完成从专家到大师的完美转身；另一方面，内训师培训可以通过经验萃取，将组织多个高技能人才的隐性经验转化为组织的显性经验，在组织内部进行传播，提升组织的整体绩效。

（三）研究型培训是“三阶段六步骤”的系统循环

研究型培训是一个系统培训循环，它由培训前、中、后三个阶段六个步骤构成，通过培训前深度调研、培训中精心规划、培训后辅导跟踪来系统设计培训课程，提升培训的针对性和实效性，有效帮助学员学习转化，从而达到“上接战略、下接绩效”的培训目标。

《培训审批》文中研究表明：“培训效果中26%来自训前的学习，50%来自训后的强化措施，而企业85%的资金都投入在剩余24%培训效果的训中。”这说明忽略训前和训后阶段设计的培训从一开始就很难保证效果。研究型培训重点在培训前调研诊断和培训后跟踪辅导，并且会采用多种手段提升训中效果。

如图5-3所示，研究型培训系统包括培训需求调研与诊断、培训规划及项目设计、培训的内容设计及师资甄选、教学体验及团建设计、培训成果的可视化设计、培训后评估及跟踪辅导六个环节，根据课后评价反馈再次调研需求进行下一个培训项目的设计，形成了一个动态闭环循环。从系统整体的高度去规划设计，关注每一个环节，全方位提升客户的培训体验，形成一个优质培训循环。

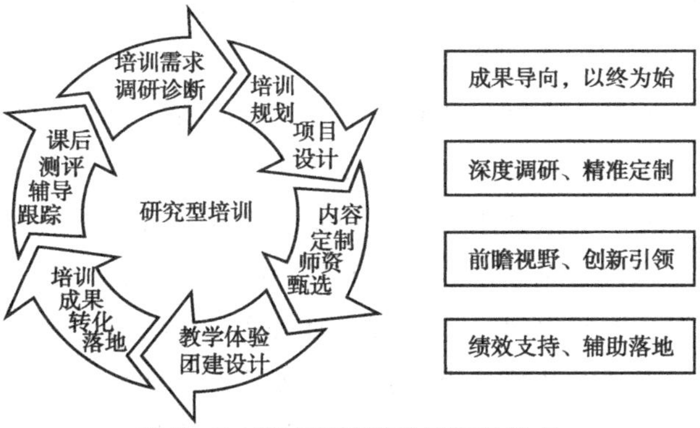

图5-3 研究型培训的流程及特点

三、研究型培训对国有企业大学人才培养的启示

（一）讲政治、担当和承担社会责任是国企大学人才培养义不容辞的使命

国有企业在完成经济利润指标之外，还需要服务国家政治、经济发展需要，承担更多的社会责任。国企用人标准是；德能兼备，以德为先。培训是企业人才培养的主渠道，必须坚定不移地贯彻思想领先的原则，把思想政治教育放在培训工作的首位，贯穿于培训过程的始终。唯有如此，才能牢牢把握人才培养方向，为企业发展培养有用之才。

祥龙大学作为首都国企的企业大学，一直把为企业培养政治过硬，本领高强的高素质员工干部队伍作为历史使命，在党建培训和专业课程中贯穿思想政治教育：不仅在师资遴选环节严把准入关；而且在制订年度培训规划、实施课堂教学和培训管理中融入爱国情怀、法治意识、社会责任、人文精神等要素；在专业能力提升培训中融入思想政治资源，将显性教育与隐性教育相结合，把思想价值引领贯穿教学培训全过程和各环节。向社会传递正确价值导向，弘扬主旋律，传播正能量，彰显国企大学的社会责任与担当。

（二）设计“绩效导向、以终为始”的闭环培训系统是研究型培训前提

研究型培训以“问题导向、目标导向”为培训出发点，以“上接战略、下接绩效”为企业的培训目标，既考虑和企业长期发展战略与人才培养战略结合，又兼顾每次培训的实效性和针对性，从培训一开始就系统规划基于员工个人职业发展与企业发展的人才培养体系，系统持续地为企业赋能，通过提升企业人才供应链的数量与质量来辅助企业战略落地和人才发展。

研究型培训“绩效导向，以终为始”，深度研究公司战略转型或业务开展中比较典型、共性和意义重大的问题，开发有针对性的课程。2017 年在祥龙物流面临从传统物流向现代物流转型背景下，祥龙大学根据祥龙物流公司总体战略，为祥龙物流中高层管理者组织了“供应链管理特训营”，顺利帮助祥龙物流完成了大兴京南昌达物流园区、三台山化工贸易物流园区改造，有力地支撑了企业战略落地。

（三）开展精准深入的培训需求调研诊断及动态管理是研究型培训的基础

很多培训效果不好，不是培训运营问题，而是培训需求调研缺乏深度，没有调研到企业的真问题，没有诊断到企业真需求。研究型培训非常注重培训前需求调研和诊断，并动态管理培训需求，通过培训的利益相关者分析，找到企业亟待解决的需求，针对学员工作中的痛点和难点问题，采集真实案例来量身定制培训内容，用精准需求诊断保障培训内容的针对性和实效性。需求调研是手段，诊断是目的，只有深入查找问题，透过问题的表象找到病因，才能对症下药，解决问题。例如，表面上看都是执行力不强，但实质上，执行力的背后体现出不同的问题，需要针对不同的病因规划不同内容。所以做培训需求调研诊断非常重要，要

舍得花时间，深入企业了解情况，和学员摸爬滚打，建立信任，这样才能洞察需求，诊断到企业当前亟待解决的真问题。

另外，环境瞬息万变，培训需求也会随之动态变化，因此要对培训需求进行动态管理。根据环境变化、学员成长的变化、动态研究需求，去伪存真、去粗取精，不断迭代调整培训内容的深度和广度，有针对性地设计培训解决方案。

（四）科学规划、量身定制、迭代更新是研究型培训与时俱进的保证

基于培训需求调研诊断，进行科学规划、量身定制，并不断更新培训内容，才能更好地保证培训效果。祥龙大学并没有在成立初期就开始建立领导力模型，搭建培训体系。因为在对企业不了解的情况下，即便建立了一个体系，也未必对企业有用。在一个不断重组、快速转型的企业中，与其花时间建立课程体系，倒不如直接聚焦战略转型中存在的问题对企业更有价值，实用才是硬道理。祥龙大学目前已有的课程体系都是在实践中基于企业的真实问题一门课、一门课积累，回过头来再对课程梳理，自然形成了体系。例如，不同公司的关键岗位培养体系，都是根据实际工作中的问题摸索出来，并且动态持续调整，不断迭代更新。研究型培训不仅能根据环境的变化、企业和员工个人成长的需要不断调整培训内容，给员工持续赋能，而且能够提升学员学习力，更好应对未来不确定性挑战。

（五）采用“双师”型教学模式是提升研究型培训效果的关键

“双师”即实战派讲师讲授＋教练型导师辅导。对于培训需求多元的综合国企集团，如果自有师资难以完成全部培训，就可以通过和外部师资合作为企业量身定制培训内容。为节省外部师资时间和减少企业成本，可以通过自有师资事先调研，为外部师资提供培训所需调研数据和资料，来解决外部师资对企业情况不熟悉不了解的难题，帮助外部师资开发出与企业契合度高的内容。

祥龙大学的师资库包括外聘培训师、校内师资、企业内训师。在外部师资的选取上，按照国企的要求，优选政治素质过硬、实战经验丰富、性价比高的老师。祥龙大学可以通过提前帮助老师调研，与老师共同开发课程来提升培训的针对性和有效性，实现和培训师的合作共赢。此外，除了课内讲师外，我们还有课外导师、一对一教练，辅助训后跟踪，提供绩效支持及转化落地工具，帮助学员更好地学以致用。

研究型培训会通过对前期重点项目追踪，采用双师型（课内讲师讲授＋课后导师辅导）培训辅导咨询加实战课题研究，解决企业实际问题，巩固拓展培训成果，增强培训实效。外部师资也可以持续参与祥龙公司和祥龙大学重大项目或课题研究，提升他们的理论及实践水平，达到智慧共赢。另外，对于学员来说，课后导师跟踪辅导不仅能帮助学员更好学以致用，有针对性地解决实际问题，而且能够通过给学员不断赋能，更好提升学员的学习能力。况且，训后跟踪也是和学员建立信任、搜集培训新需求的重要渠道，为未来培训的针对性提供有效资源。

（六）教学团建全方位学习体验是学员获得深度学习和自我超越的内驱动力

我们不得不承认，学习是反人性的，很少有人天生就喜欢学习，团建的设计就是通过社会学习导入来巩固课程内容，提升学员的学习体验。有效的团建活动能激发学员深度参与的内驱力。研究型培训的团建都是基于教学目标来一体化设计，团建内容和课程主题密切相关，一方面能创建良好学习氛围，引导学员迅速进入学习场域；另一方面能帮助学员理解课堂内容，获得最佳学习体验。课前班主任破冰帮助学员尽快进入学习状态；课后导师参与的全程小组研讨加深学员学习印象；课前晨会预习复习前一天内容，系统引导学员融会贯通；课间搜集学员建议，既深度了解学员需求，为下一次培训做准备，又可将搜集的问题及时反馈老师，调整内容回应学员需求。研究型培训教学手段多样，课堂教学，小组研讨、情境模拟、案例分析、行动学习等，一般都是基于工作场景的体验式教学，用贯穿培训全程的精彩团建和团队积分竞赛助力课堂教学内容的转化和吸收。课堂研讨主题和所用案例都来自工作实践，解决方案易于迁移应用，增强了学习愉悦感和学习原动力。

根据峰终定律（Peak - EndRule）：体验的记忆由高峰时与结束时的感觉决定，研究型培训非常重视培训开场和结尾的设计。培训开场设计了开营仪式、破冰、温故知新（复习）等环节；培训结束设计了闭营仪式，包括领导讲话及学员汇报展示。闭营汇报展示是学习转化环节，不仅能培养学员公众演讲与语言表达能力，也会倒逼学员克服惰性，迅速学习转化。新生代学员追求自我，汇报展示也能给他们提供一个良好平台，如果能够邀请到企业大领导来莅临指导，学员们会更重视，也更有动力。通过培训成果的可视化研究和设计、每期培训的鲜活效果、学员转变的真实案例来营销推广，企业大学的影响力就会越来越大。

（七）培训效果跟踪辅导是促进培训成果落地转化的有力支撑

成人学习具有惰性，况且在掌握新知识、新技能时需要挑战我们既有的行为模式。学员刚开始应用新知识新技能，可能会磕磕绊绊，一波三折，不如用原有技能更顺手。学习转化并非一蹴而就，如果缺乏有效的转化环境，在学习转化的过程中受挫，学员就会退回到既有模式，导致转化失败。因此，训后跟踪首先能帮助企业打造转化氛围，为学员的学习转化创造良好安全的场域。其次，训后跟踪能拓展培训的时间和空间，延长学习周期。再次，通过训后跟踪辅导，老师能随时了解学员学习状态，不断激励学员学习转化。最后，也最重要的是，训后跟踪能重新定义培训起点，调研下一次培训的需求和企业亟待解决的问题，形成新的培训循环。

训后跟踪、辅导、咨询是保证培训成果转化落地的关键。通过培训后实地跟踪，可以了解学员吸收及学以致用情况。研究型培训会持续跟踪每次培训成果，通过 UMU 即时测评了解学员对培训的满意度以及培训的有用度。通过训后跟踪辅导给企业提供绩效支持，帮助学员学习成果转化落地，训后跟踪也可以深度调研学员的学习困惑与工作中的问题，为下一次培训提供决策依据。通过训后监督、反馈，咨询辅导，提供转化落地工具，进一步帮助学员将学习成果转化，从而解决培训学习成果转化“最后一公里”的难题。培训的结束不是终点，而是新的起点，以终为始，以始为终，形成一个动态培训循环。

四、人才培养质量建设

人才培训质量建设是人才培养绩效的指标。

培训质量管理主要指培训评估管理，这是改变企业大学培训管理效率及效果的有效途径。一是培训评估应遵循“以终为始”的理念，在培训项目设计之初，就要清晰定义培训的目标，培训评估的标准，如何开展评估，而不是等培训结束之后再设计评估。二是要掌握适当的培训评估方法，不仅包括测评显性的培训满意度，也要测评隐性的绩效。显然，后者的评估难度远高于前者，有些培训机构只追求培训满意度，强调课堂氛围，忽视了培训本身是否能达成绩效目标，偏离了培训工作的初衷。三是要合理安排评估时间，要了解培训转化规律，有足够耐心，充分尊重培训成果转化所需要的时间和环境。四是要建立企业的知识库，通过不断的评估总结，沉淀和萃取实用有效的经验、方法、课程及培养理论，通过知识管理，变成企业大学的无形资产和软实力，这本身也是培训评估的重要参考。

目前大多数国企大学在培训评估中依然遵循柯氏四级评估理论，经常采用两种方法：一种就是对柯氏四级评估前两个层级（反应层和学习层）进行评估，即评估培训本身的满意度和学员知识获取程度。对反应层的评估，一般是在每期培训结束之后，通过调查问卷和座谈的方式，征集学员对于培训工作的满意程度和建议，同时在培训过程中，让学员对授课教师进行满意度评价；对学习层的评估，一般是在培训结束之前，测试学员知识技能的掌握程度，以此考察学员对知识技能的获取程度。另一种常见的培训测评方法是组织专业人员去企业调研和回访，通过座谈会、民主测评、业绩调查、岗位胜任力调查等方式充分了解学员所取得的成就及在工作能力，岗位胜任度等方面的提升情况，这种测评可以从柯氏四级评估的行为层或者结果层来考察学员知识转化应用程度，以及是否对绩效产生了影响。由于众所周知的柯氏四级评估第三、第四级评估的实施难度，所以在对线下培训评估时，这种方法更多地停留在调研（被调查者的）直线经理对学员的主观印象，一般还很难具体量化到绩效层面。即使量化到绩效层面，也很难保证非常精确。

随着互联网及数字经济的崛起，线上培训以迅猛之势蓬勃发展逐渐成为未来培训的主流。通过大数据分析，线上培训可以清晰了解到学员的学习时间、关注点以及学习轨迹，通过用数据说话，客观呈现培训对于企业的贡献和价值，并以数据作为仪表和导航，持续改进和提升企业培训的效能。如何通过收集完整及多样化的数据进行科学的分析，用客观数据代替主观评价，评估不同培训活动的成效与价值，是每一个培训组织都面临的问题。

首先，培训组织可以探索建设基于大数据分析的学习管理平台，搭建交互型在线学习社区，利用互联网手段开展培训评估，通过线上线下相结合的方式使培训评估贯穿整个培训过程。通过对学习大数据的获取、存储、管理和分析，给企业培训与教育工作提供数据化决策方案。

其次，依托“数字化”移动终端，提升培训效果评估。以学员培训过程反思，训后行为改善、能力提升、业绩改善为核心评估内容，采用标准化线上电子问卷、视频会议、现场访谈等线上线下结合的方式，对学员开展全方位评估，依托各类“数字化”移动终端持续跟踪观察培训效果，提升培训效果评估。

再次，建立完善培训评估长效机制，定制培训内容。通过全景式记录学员线上线下学习过程，依托大数据、人工智能等技术的应用，为培训评估与反馈提供有力支撑。根据学员在训前检测及课内检测中反映出的培训效果差异，精准推送“个性化”拓展内容，强化培训长尾学习。及时开展查漏补缺。

最后，通过对大数据的挖掘和学习分析，对公司现有专业知识模型进行重构，探索课程、学习单元和知识点的学习内容组织方式与学员学习结果之间的相关关系。

2020 年突发的新冠肺炎疫情催生了线上培训市场，越来越多的企业开始建设专业化在线培训平台，以便员工通过在线学习模式修炼升级，提升全员战斗力。随着线上培训的普及推广，以数据为核心的效能管理已成为传统培训运营与现代培训运营的显著标志，这种基于数据、模型的管理理念，渗透着科学管理与行为管理的思想精髓，其本身既是提升效率的关键技术手段，也是管理理念是否先进的衡量标准。国企大学要致力于理解数据、应用数据、相信数据，用数据驱动培训管理行为的转变，探索基于大数据的培训质量评估与管理，提升管理运营的价值。

第二节　国企组织学习机构的人才队伍建设

一、国企组织学习机构需要什么样的人才

（一）国企组织学习机构人才的来源

国企组织学习机构人才主要有三大来源：第一类，是具有人力资源、教育学等专业背景或高校老师背景的人员，俗称为“科班出身”，这类人员具有扎实的企业学习理论功底，专业能力较强，但了解业务不够深入。第二类，从业务转型做学习培训的

人员，原来是业务能手，后来转做培训，俗称为“半路出家”，最大的优势就是懂业务，但在企业学习专业技术方面欠缺。第三类，是从咨询公司、专家机构或其他企业大学招聘或挖猎到的专业人员，这类人具有非常强的专业能力，可称为“专家能手”，但也存在短板，如对企业了解不够深入，对业务不熟悉，不适应企业文化，容易造成设计的方案不符合企业实际等问题。

那么，国企组织学习机构到底需要什么样的人才呢？通用电气企业大学建议：企业大学的人才最好1/3来自业务部门，1/3来自咨询机构，1/3来自培训部门，这样的人员结构保证了企业大学目标的实现，第一类人保证了企业大学具备基础运营的能力，第二类人保证了企业大学与业务的熟悉程度和紧密程度，第三类人为企业大学又快又好发展提供了保障。当然，在实践中，可能很难保证各占1/3这样的配比，尤其是很多国企，外部招聘的比例非常低，而且受体制限制，无法给予外部咨询机构的专家相应的市场待遇，因此很难引进人才。当然，理想情况下企业大学应同时具备以上三种类型人员。但如果条件有限，只具有其中的一种或两种怎么办？那就必须在欠缺的方面有针对性地加强自主培养。不同企业大学或学习与发展部门定位各不相同，有些侧重于战略层面，而有些更强调实操，这对培训经理的要求都会有不同。倾向战略层面定位的学习与发展部门（或企业大学）对人的要求会更高，倾向业务操作的则要求更多的培训经理有业务部门的工作经验。对于没有业务经验的学习培训管理人员，学习与发展部门应该有意识地安排一些员工到业务岗位轮岗，加强他们对业务了解。而缺乏学习培训专业知识的人员，就需要我们对其进行系统科学的培训与培养。

（二）国企组织学习机构人员能力素质

培训管理人员是企业中特殊而重要的角色，随着企业经营发展的变化以及企业组织学习机构职能的演进，培训管理人员的作用和地位不断加强，其角色也发生着越来越深刻的变化。培训管理人员不再局限于“培训事务专家”的烦琐工作中，不再局限于传统的培训运营模式，不再停留在如何把培训课程组织好的服务层面，培训管理职能也随之从事务管理向项目管理、资源管理、绩效管理、战略管理方向发展和演变。培训管理人员经历着从传统培训运营到评估管理、效能管理、价值管理的跨越，并积极地向员工发展顾问、业务发展伙伴、变革推动者职能角色转型，因此组织对培训管理人员的素质能力提出了更高、更专业的要求。从实践来看，优秀的企业大学需要持续培养培训管理者三种方向性的能力，即把握企业发展战略的能力、熟悉企业核心业务的能力、精通人才学习发展的能力，只有具备这三项能力，企业大学才能真正将教育培训渗透到企业经营发展中，才能为组织和员工的绩效提升提供有力支持。

虽然每一个国企情况不同，组织学习机构所需要的能力不尽相同，但落实前面三种方向性能力，每一个国企培训管理人员都应该具备以下关键能力，即客户能力、产品能力、交付能力、团队能力、沟通协调能力，这也是组织学习机构的核心竞争力，具体如下。

1. 客户能力。

客户能力即对客户战略和业务理解及对话的能力。其包括当组织发展到战略管理阶段，作为变革推动者，更需要掌握的是企业发展战略、变革思维、创新思维与能力等。对于国企组织学习机构的人员来说，业务部门就是企业内部客户。培训人员在与业务部门沟通的过程中，是否了解业务？是否能听懂客户语言背后的含义？是否能及时发现和找到客户的痛点？是否能帮助客户设计出有针对性的学习解决方案……，都需要有读懂客户的能力，它决定了业务部门是否信任我们，是否能够持续给予订单。如果培训人员连业务部门的基本概念或常识都不清楚，客户不可能愿意与之对话，客户不可能相信培训的价值，更不可能相信培训能够解决业务问题。因此，读懂客户，是培训人员做好培训工作的基础。如果培训人员出身于业务，对业务语言会比较熟悉；如果是非业务出身，就需要及时"补课"，尽可能多地安排业务轮岗，多接触业务人员及工作场景。另外，需要强调的是，所有培训人员都要及时关注公司领导的各类讲话，以及业务管理方面重要的通知、制度及办法，并定期组织主要管理人员交流研讨，这样可以帮助培训人员更及时、深入地熟悉业务，学会用业务的语言与业务部门沟通，成为业务的战略伙伴，用培训助力业务的发展。

2. 产品能力。

产品能力即解决方案设计和开发的能力，也是国企组织学习机构的核心能力。其包括学习需求诊断、开发和设计各类学习解决方案、培训项目的交付和运营、学习成果转化、培训评估在内的"全学习价值链"管理能力，以及行动学习、教练技术等各类学习工具和方法的使用能力等。明确业务部门的痛点和需求，组织学习机构必须第一时间开发和设计出有针对性的学习解决方案。当然，有些项目也可以通过外部咨询机构来完成，但是，外部咨询机构成本高，也不可能深度了解企业，其学习解决方案设计的深度及响应的及时性，是无法和深谙企业业务的内部组织学习机构相媲美的。因此，国企组织学习机构要不断加强这方面人才队伍建设和能力培养，这也是国企组织学习机构树立专业影响力，让业务离不开的根深立命之本。

3. 交付能力。

交付能力是指自主交付、项目运营、高效实施的能力。项目交付是组织学习机构一项最基础的工作，包括授课、行动学习引导、项目运营、评鉴反馈、个人教练或团队教练等。一般来说，交付都由组织学习机构独立完成，因为不仅可以节约成本，而且还能通过培训运营更有效、更深入地链接客户，与客户建立信任。在交付的过程中，我们必须坚持"以学员为中心"的管理理念，帮助学员创造更加优质的学习环境和学习体验，让他们能够及时掌握、消化和吸收所学内容，加强与学员和业务方的沟通，及时做好各类问题的收集、反馈，并与业务部门一道，不断改进和优化学习项目。

4. 团队能力。

团队能力即团队协同作战的合力和战斗活力。对国企组织学习机构而言，核心竞争力在于团队整体的战斗力而非一两个“精英”的战斗力。很多国企组织学习机构都依赖于一两个“牛师”在支撑，这样风险是很大的，一旦这个专家离职，团队就没了主心骨，失去了战斗力。只有当团队内部将专家或骨干的专业能力固化下来并在团队内部复制，才能提升团队的核心竞争力。因此，国企组织学习机构，要加强内部员工之间的学习和交流，定期开展读书分享、项目研讨、各类教学比赛等活动，不断提升团队能力。另外，国企组织学习机构人才梯队建设也非常重要，因为国企组织学习机构人员编制一般较少，薪酬待遇也没有外企和民营机构那样有竞争力，如果不做好梯队建设，往往会因为个别人员跳槽、离职或调动造成整个业务能力的崩塌，这种现象在很多国企组织学习机构屡见不鲜，所以这也是需要我们重点关注的问题。

5. 沟通协调能力。

沟通协调能力即与企业内外部合作伙伴交流，协调的能力。这也是国企组织学习机构日常工作中频率最高的动作。其中最关键是要处理好与以下“三类人”的沟通协调关系。一是处理好与领导者关系。如果领导对学习培训工作非常重视和支持，学习培训工作就能够得到更多的组织资源，工作也就更容易开展，但这不代表培训人员可以“躺平”，领导越重视，培训工作越要出彩，借助领导重视这一关键要素，打造一批精品项目，让主要领导看到培训的效果。当领导不是非常重视，或者领导更换对培训工作不了解时，我们要及时把培训的优势和亮点展现出来，争取得到领导更多的支持。关于这点，因为有切身体验，我的印象很深刻，2020 年我所在的单位主要领导以及分管教育培训的领导同时发生了调整，新任领导（其中一人为空降）对我们学习培训工作不是非常了解。当时就有很多传言，说企业大学每年投入的成本很高，下一步可能要缩减或降为培训中心。针对这种情况我们迅速启动了几个关键培养项目，取得了非常好的效果，过程中我们及时向主要领导汇报情况，得到了他们的高度认可，很快又重新获得了领导的重视与支持。二是处理好与业务部门关系。培训离开了业务也就无从谈起，企业培训的目的就是要运用学习技术或通过开展培训项目帮助业务解决当前或未来面临的问题，并为业务发展提供持续性的人才支持，可以说业务部门就是学习培训部门的客户。因此，在与业务部门沟通的过程中，要积极主动与他们对接，帮助他们解决问题，学习培训项目取得领导认可或者获得荣誉时，要多给他们“戴高帽”，以获得他们更多的支持。当然也有很多企业培训管理人员会抱怨，说他们的业务不重视培训、不支持培训，培训工作很难开展。那要从以下方面去反思，首先，培训工作者要理解：业务部门的首要工作是做好业务工作，完成岗位任务，学习培训不是他们的首要工作或者最紧要的工作；其次，很多业务管理人员其实是非常重视人才培养工作的，但是，如果他们发现参与的培训学习培训效果不明显或甚至对工作没有价值时，他们就会通过其他的渠道来解决问题。因此，作为学习培训管理人员，当感觉业务部门不重视或重视度不够时，先要更多地从培训人员的自身找问题，看看培训工作对业务单元的支持大不大？能不能切实帮助业务解决问题？很多项目是不是为了完成任务而培训？目前我们很多培训人员并不具备上述的五项专业能力，不仅没起到支持业务的作用，还会影响业务。因此，培训管理人员一定要练好基本功，平时多与业务沟通，有荣誉和业务共享，只有这样才能不断获得业务的支持。三是处理好与人力资源的关系。有的国有企业组织学习机构与人力资源是在一起办公的，有的是独立存在的，无论什么方式，处理好与人力资源的关系都是非常重要的。培训是人力资源的一部分，学习培训与人才发展挂钩，很多的培训管理制度和办法，都需要有人力资源制订相关的政策做支持，否则，没有人力的支持，培训就会成为“孤岛”，培训工作是不可能做好的。

二、国企组织学习机构人才招募

（一）国企组织学习机构人才招募方式

国企组织学习机构人才招募主要有两种方式：一种是招募社会成熟人才，另一种是内部招募。两种方式各有优缺点，具体如表 5 – 1 所示。

表 5 – 1　　国企组织学习机构人才招募方式

形式	优　点	缺　点
招募社会成熟人才	1. 具有丰富的工作经验和阅历，专业能力强，为学习培训专业能力快速提升提供了重要保证； 2. 可以给组织增添新的血液、思想、观点； 3. 减少人员培养的成本	1. 对企业和企业文化不熟悉，开发的方案可能与企业实际不符； 2. 人力成本高，部分专家的人力成本可能比企业大学负责人还要高； 3. 有可能挫伤内部员工的积极性； 4. 忠诚度相对较低，离职风险高
内部公开招募	1. 对企业熟悉，对组织目标更有认同感，忠诚度高； 2. 对招募员工的背景和能力更熟悉，更容易招到对的人； 3. 有利于激励员工，提供员工职业进阶机会，并可以激发员工的奉献精神，使他们在进行管理决策时会以长远的眼光考虑	1. 一般从 0 开始，培养周期长； 2. 如果组织发展过快，内部员工很难尽快适应新岗位的工作，不利于企业快速发展

在人才招募时到底应该选择招募社会成熟人才，还是选择内部招募呢？一般要根据企业的实际情况确定。如果企业的组织机构内关于如何做好学习培训没有比较专业的人员，而且组织期望在较短的时间内就能看到效果的话，招募社会成熟人才是一个

非常好的选择，在给很多企业大学做咨询和经验交流的过程中，我发现很多企业大学在成立之初都确立了要成为“行业一流企业大学”的发展目标，但当问到他们资源匹配，尤其是人员匹配时，大多都没有一个专家型的人才，也没有为现有人员制订有针对性的培养计划。“行业一流的企业大学”需要“行业一流的人才”，如果不能匹配相应的资源，那么组织的目标可能只能是一种空想。如果组织对学习培训部门的要求不是很高，只期望培训部正常协助业务做好人才培养工作，或者对企业现有学习培训工作的改善不急迫的话，内部招募也可以，在后续的过程中，组织可以通过加强内部招募人才的培养，一步一步地提高他们的专业水平。

（二）国企组织学习机构的人才招聘准备

选择大于培养，好过培养！管理者必须对选人在思维上引起足够重视。阿里巴巴的马云曾经说过，“不能因为业务缺少人而迅速找人，缺少人不会让公司出问题，招错人，公司和你的团队将万劫不复”。因此，选对人很重要，作为专门培养人的培训管理者，我们更深知人才培养存在局限性，不是所有的人都能培养出来，即使可以，投入产出的性价比也极低。如果某人的价值观和理念与企业完全不一致，那再怎么培养可能都很难将其带入正轨。与其招“错”人千辛万苦做不可控的培养，还不如谨慎甄选“对”的人直接上岗。

实际上，在企业里，最了解理想人才标准的是用人部门的直线经理。因此，用人部门管理者只有意识到选人是部门经理的重要职责，而不单纯是人力资源部的职责，才能更好地与人力资源部配合，招聘到理想的人才。企业招聘是双向选择，也是一场营销，对企业来说，一方面，要通过招聘识别到理想的人才；另一方面还得营销企业、营销部门，吸引优秀的人才选择企业。

除了人力资源部的第一道审核外，现在很多企业都把招聘权力下放给用人部门，或者先由人力资源部按照基本条件对求职者做初步筛选，然后由用人部门和人力资源部共同面试，降低人才雇佣不当风险。但要想在招聘的前半场招到合适的人才，还需要一些精心准备。例如，简洁的公司介绍、清晰的岗位描述、科学完整的岗位说明书、基本的能力素质模型、评估的甄选工具，这些都是挑选合格人才的关键信息和手段。此外，除了工资和薪酬之外，还需要精心梳理企业和部门的愿景、文化和价值观，这些也是吸引招聘者不可或缺的条件。具体来说，要想招聘到合适的人，一般要提前做好以下工作。

1. 清晰地描述岗位需求。

应聘部门需要清晰描述用人需求，这样便于人力资源部选择合适的渠道去投放招聘信息。用人需求包括基本条件、专业要求及特殊岗位要求。需求描述应尽量遵循SMART原则，可衡量，这样才便于人力资源部筛选。对于难以量化的定性需求，需要通过后期面试去评估。我们来看看如下招聘启事：

【案例5-2】招聘启事

【国企招聘】某企业培训中心

【岗位名称】教学项目主管

【工作内容】

(1) 职责表述：组织实施企业培训项目。

- 负责参与企业培训需求调研、分析与诊断，完成调研记录或报告；
- 完成培训项目前期准备工作，如客户对接、教学教具设计制作、团建活动设计等工作；
- 负责制订部分培训班次的培训方案和组织方案，并牵头组织实施，全流程管理；
- 组织实施培训项目，包括组织团建活动、管理教学班级、组织学习活动等；
- 完成项目总结、撰写简讯、培训资料的归档整理；
- 负责进行师资考察与甄选工作。

(2) 课程开发、课题研究与师资库建设。

- 根据企业需求和自身专业优势，负责参与课程设计与开发；
- 负责讲授一至两门培训课程并完成规定课时；
- 负责开展专业领域课题研究，积极参与教科研活动。

(3) 品牌宣传，设计制作部门宣传资料。

- 负责培训宣传PPT，论坛交流PPT的设计与制作；
- 负责海报、手册等宣传品的设计制作。

(4) 其他工作任务。

- 协助完成部门临时工作；
- 完成领导交办的其他工作；
- 指导、管理教师。

【岗位要求】

(1) 基本条件：具有本科以上学历或中级以上职称；具有3年以上企业培训工作经验（经济及管理相关专业可适当放宽）；能独立策划运营培训项目；爱岗敬业，善于沟通，责任心强，廉洁自律。

(2) 必备知识：经济、管理、商务礼仪、客户关系管理等相关知识。

(3) 技能技巧：具有授课、课程开发、经验萃取经验，曾独立开发1门以上课程，能独立承担至少1门企业培训课程；独立负责2个以上项目的策划、实施，并有较完善的方法论。

(4) 行为要求：能独立策划组织运营培训项目、甄别师资，以客户为中心，具备营销思维、问题解决能力，逻辑严谨，具有良好的学习能力、沟通能力、组织协调能力，熟悉培训项目设计流程，掌握培训项目开发工作，能独立承担管理类、通用素质类培训项目的策划、组织、实施、评估与优化。

（5）技能要求：能熟练掌握应用常见办公软件；掌握一种以上视频剪辑软件应用；熟练运用腾讯会议、ZOOM 平台等常见会议平台，组织线上培训课程。

（6）素质要求：吃苦耐劳，能适应临时出差、加班等特别要求。

从前面的招聘启事可以看出，工作内容及岗位描述越清晰，越便于招聘方对候选人考核，也便于应聘者明确岗位需求，对标选择。岗位要求描述中，量化的内容比较好衡量，如岗位要求中的（1）（3）项，有相关的证件证明或者依据就可以。但非量化的定性指标比较难衡量的，如第（2）项，必须通过面试做深入访谈或者试用期关键任务考察来测试。

2. 选择招聘渠道。

要想招聘到优秀的人才，最好将招聘工作前移。很多企业都是临到招聘季才去招人，结果发现很多优秀人才早就有了心仪的企业。

招聘前要认真分析准确的来源，可以通过分析“校招地图”来选择合适的学校；也可以通过空中宣讲会、视频会面试；也可以通过知乎账号定期推送文章，建立长期运营的微信群，由专人负责持续跟进；还可以激活企业员工的人脉，通过发放内推码由内部员工背书去招聘，将学生流转化为社交属性；还可以通过新媒体转化流量。例如，贝壳招聘会将职业机会产品化，包装岗位，将雇主品牌内容化，通过微信图文、H5、PPT 报告、职业分析、员工故事，对不同人群投放精准、有价值信息。

【案例5－3】招聘前移，效果倍增

某企业大学在为集团所属企业培训时，发现有个企业虽然不具备工资薪金优势，但招聘到的人才既能干又能吃苦耐劳，而且还对企业非常忠诚。培训班主任很好奇，就请教当时企业的人力资源部长，他说，他们在学生大二大三时就去考察，对意向的目标学生会给予参观实践、实习机会，还可以参与工会活动，更多了解企业。而且他们会通过大学班主任和任课老师去了解这个学生的家庭状况，选择家庭境况一般、能吃苦的孩子，还会对学生的价值观是否符合企业文化等进行较深入的考察，所以到学生大四时他们就较容易选到匹配企业岗位的学生。

招聘是个双向选择的过程。招聘水平高的企业都会提前一至两年去与应聘种子选手建立链接，到求职大学生的学校去做讲座，不断向他们宣传企业信息及企业文化，甚至提供接触了解及实习机会，提前签订意向协议。这样，一方面企业可以通过实习更全面地去了解，让其熟悉岗位要求；另一方面，对求职者来说，也倾向于选择对自己关注和熟悉，认可自己的公司。

【案例5-4】优客工场的创业讲座

优客工场（北京）创业投资有限公司为很多中小微企业和高校搭建平台，让在校生能零距离接触真实的创业者，听他们讲自己的创新创业故事。对在校生来说，通过这些宣讲可以了解真实的创业情况，少走弯路，学会很多创新创业的方法；对中小微企业投资者和创始人来说，可以通过自身创业故事的宣讲，传播企业的价值观、理念和企业文化，吸引到有相似价值观或认同企业价值观的学生来加入，减少新员工入职的不适配风险，实现双赢。

3. 确定试用环节考核指标。

考核的依据就是标准，没有明确的标准，考核也就难免流于形式，所以需要科学制订考核指标体系。用人部门最清楚岗位要求，这个工作应该以用人部门为主，人力资源部协同完成。

4. 提前设定任务的试用期和典型任务。

试用期是一个考核的重要机会。很多应聘部门不重视试用期，应聘者来了以后无所事事，时间很快就混过去了，等到新人入职之后，才发现这个人存在各种各样的问题，结果为时已晚。很多国有企事业单位，退出门槛很高，人选不当，就会给所在公司及单位带来很多麻烦和风险。对应聘者试用期的考核要通过各种典型任务，尤其是各种挑战性的任务，需要直线经理用心设计应聘者在试用期内的工作任务，全面考核考验是否胜任岗位要求。通过典型的挑战性工作任务，来验证求职者的真实情况，包括能力和存在问题，这样再综合权衡这个人是否适合和匹配岗位要求。

5. 招聘人员的专业性。

招聘人员的专业性影响到面试质量。一个高水平的招聘团队可以从方方面面考核各方面信息。据说阿里巴巴公司在最终面试时，会召集包括用人部门及相关的多个岗位的部门经理联合面试，这样大家会从不同视角问求职者各种问题，共同考核价值观、理念、知识、技能、复杂问题处理及创新等多方面的能力，有效提高招聘的质量。建议企业大学招聘时，可以邀请多个面试官，全方位考察应聘者。

6. 测评工具的使用。

招聘工具能辅助 HR 在招聘时通过一系列科学的手段和方法对人的基本素质及其绩效进行测量和评定，能帮助 HR 和用人部门对被试者加以了解，从而为企业选择合适的应聘人选，系统地降低错误雇用为用人单位带来的风险。

目前市面上流行的招聘的工具及招聘软件种类很多，可根据岗位和求职者实际情况选择。常用的招聘工具有面试、笔试（包括知识考试和心理测评）、情境模拟考试、公文筐和评价中心。前三种对应聘基层岗位的求职者比较适合，尤其是现在比较流行的情境模拟，可以通过编制和求职者的岗位实际工作相似的题目，在一个模拟、近似逼真的环境中测试求职者可能存在的各种问题。

7. 背景调查。

背景调查主要调查求职者的工作履历及履职表现。一般要核实求职者履历基本信息的真实性，离职跳槽的真实原因、劳动关系情况、是否有劳动争议、是否签订竞业限制协议、是否有违纪违规现象；履职表现主要是去了解求职者之前单位的上下级及同事的评价，求职者主要工作职责及完成情况、工作能力情况以及他的优势和劣势等。

8. 倾斜政策。

对于岗位急需的人才，用人部门可以协同人力资源部和企业高层提前商量制订倾斜政策，以便用人单位能够以更高薪酬或者福利待遇招聘到岗位所需的高水平人才。例如，有些企业为了引进人才，会帮助求职者解决所在城市户口及给家属找工作、解决孩子入托上学等问题，来解决人才的后顾之忧，从而吸引人才加入。

9. 作为人力资源的考核指标。

大多数企业对人力资源的考核指标仅限于招聘数量。人力资源部只管推送招聘信息，并不关注用人部门的实际应聘录用率及求职者质量。大量不合格的筛选不仅会耗用大量用人部门的时间和精力，而且也会增加企业的成本。如果将实际录用率作为评价指标，设定到企业对人力资源的考核指标体系中，那人力资源部对人才的筛选会更加严格，招聘质量自然会提高。

从上述可以看出，很多招聘工作需要由用人部门和人力资源部协作完成。作为培训管理者，必须将人员招聘提到最重要的议事日程，选人（招聘）不单纯是人力资源部的事情，而是每一个直线经理的重要工作。只有我们给人力资源部清晰的员工画像，人力资源部才可能给我们招聘到符合要求的准员工。只有我们和人力资源部共同合作筛选，才可能招聘到理想的人才。要做到这些，首先，培训管理者要清晰自己头脑中员工的选聘标准。

员工的选聘标准即通常所说的员工画像，理想的员工是什么样的？需要具备什么能力？培训管理者要明确理想员工的招聘标准，找到标准的核心关键词，去除重复的，来匹配符合岗位要求。非常关键的一点是管理者要了解本公司企业文化，清楚企业的价值观和价值导向。选择与企业价值观一致、价值理念趋同的人。合适的就是最好的，优秀的人才不一定适合所有的企业。

（三）国企组织学习机构的人才招聘策略

作为企业大学的管理者，人才培养是主业，不太可能花大量时间去市场“海选”人才。一般都是由人力资源部根据各职能部门的需求做初步筛选和面试之后，再推荐给企业大学相关需求部门负责人做二次面试及最终抉择。对企业大学人才需求部门负责人，主要是通过看简历和面试去甄选人才，这也是选聘优秀人才的最关键环节。

“知人知面不知心”，自古以来识人就是一件非常困难的事情，诸葛亮还要“挥泪斩马谡”，何况我们普通人，况且仅仅通过看简历和一两次面试就要做出准确判断，这更是难上加难。因此，面试是一个高水平技术活，千万别轻视它。如果未能掌握面试的技能，招聘者有可能会掉入以下误区：如疏于准备，仓促上场；跟着感觉走，不够专业；角色模糊，说得太多，成为自我秀的舞台，或过度渲染工作以吸引求职者；不能够以平等的态度对待求职者，面谈质询；另外，还有可能出现以偏概全的晕轮效应、首因效应等。因此，很多招聘会草草走过场，更多地关注学历及毕业的高等院校，忽略了对岗位的需求与应聘人员的实践能力；没有设置合理的招聘标准，只注重候选人在面试中的表现，而不注重知识、技能等各个岗位的需求；对于岗位的特点与需求并没有进行认真的分析，面试上的提问太过于主观等，所以会出现一些招聘怪圈，有些面试官倾向选择和自己相像的人，无论是校友、老乡还是性格类似。而招聘是团队领导的责任，最终目的是要寻找比自己更优秀的人，通过招聘为今天为明天做准备，因此，团队领导要接受和自己不一样的人，打造多样性的团队。

阿里巴巴面试官手册中有一个非常好的面试公式：

一次有效的面试 = 充分地准备 + 精心地提问 + 仔细地倾听

+ 准确地记录 + 科学地评估。

面试不仅仅只是提问，面试是一场完整的考察。面试前要明确面试评估目标，准备好面试问题。通过简历信息可以了解候选人的工作范围与职责，明确合适候选人的特质与类型，包括所需的知识、经验、技能与能力、个性特征、其他条件等，明确所招岗位需要的能力素质特征以及对应的面试问题。面试中用 STAR 面试法层层剥洋葱，深入提问，面试后及时填写反馈，做好面试的录用决策。

1. 提前做好面试准备。

如何让面试更有效率？关键并不在面试的当下。所谓磨刀不误砍柴工，要认真做好面试准备，全面了解候选人的情况，对面试考察重点要做到心中有数。

在面试前，我们要了解候选人，看简历做标注，明确考查的重点。如他为什么变换工作，他离职的意愿是什么？要对比公司的目前情况，看是否能够得到满足，最近是否有效学习新技能，是否有晋升、担任重大项目的情况。事先要审查候选人的简历及其他相关的资料，提前注明候选人的优点、缺点或者比较模糊、有疑虑的地方。

第二，要考虑职位的匹配度，明确能力，有重点、有技巧地去考察。

结构化面试考察的要素有：举止仪表、言语表达能力、求职动机与拟任岗位的匹配度、自我情绪控制能力、计划、组织、协调能力、人际交往意识与技巧、综合分析能力、应变能力等。面试官要通过简历信息了解候选人的工作范围与职责，明确合适候选人的特质与类型，包括所需的知识、经验、技能与能力项、个性特征、其他条件等，明确所招岗位需要的素质能力特征，以及对应的面试问题。面试官不仅要考察候选人冰山之上的专业知识技能和项目经验，还要考察候选人冰山之下的通用素质、价值观及个性特质。

另外，非常重要的是不要给候选人提前打标签儿。简历并不代表本人。面试官要对候选人永远怀有好奇心，工作经历比学历重要，用发展的眼光看待候选人，不要忽略候选人的个性特征。我们要看简历，更要看经历，让候选人更了解公司与本职位。面试也是一次宣传公司的机会，给应聘方留下好印象，可能会带来更好的口碑和更多的候选人。

最后，要充分做好准备工作。包括场地布置、应聘者资料、面试题、评分表、面试时间、面试官的分工协作等。

在面试官和候选人相处过程中，一方面，我们需要通过交流互动和肢体语言去判断候选人是否符合职业要求；另一方面，面试也是我们对外的窗口，建立良好雇主品牌的最佳时机。一个有效的面试至少需要在45分钟左右，重点是行为面试，无论时间多么紧迫，面试的时间都不能少于20分钟。如果是行业紧缺人才，有时需要经过多轮面试，面试时间也会很长。

2. 避免错误提问。

结构化面试提问可以以经历为基础提问，考察与工作要求有关，且求职者所经历过的工作或生活中的行为；也可以情景为基础提问，在假设的情况下，与工作有关的求职者的行为表现。面试时要避免一些常见的错误问法，所以在行为描述面试中要注意以下事项。

（1）避免提太宏观的问题。

如：错误：你是怎样计划一天工作的？

错误：你是怎样寻找新的合作伙伴的？

错误：你为什么觉得自己具有较好的团队合作精神？

这样的提问，容易引发面试者泛泛陈述或者夸夸其谈，无法获得有效信息。如果面试者有这种情况，要注意礼貌地打断对方。

（2）避免提“引导性”的问题或直接跳向事件结论。

如：错误：看来你喜欢性格外向型的客户？

错误：作为培训人员，你一定有满足感吧？

错误：如果遇到挫折，你会怎样应对？

错误：你是乐观的人还是悲观的人？

错误：你觉得自己聪明吗？

正确：你最近经历的最大的挫折是什么？发生了什么？你是如何解决的，结果如何？

错误：你害不害怕被老板批评？

错误：如果被老板不分青红皂白地批评，你会怎么办？

正确：被老板批评过最厉害的一次是哪一次？是什么原因？当时你是怎么想的？现在是怎么想的？

(3) 避免问题转向绝对化和抽象化。

面试核心是了解被面试人过去实际做过的事情，一般不要使用“为什么”。“为什么”经常会诱发一个人的防御心理，让他陷入描述情境的辩解模式，而非谈出他实际做的行为；这样的问题会引发对方的观点探讨，谈的更多的是他的思想而不是事实。因而一般会用这样的提问：“当时是什么情形促使您这样做?”

(4) 避免使用假设性问题。

“您当时觉得该如何去做?”这样问对方会回答他当时想采取的措施，而未必就是实际采取的措施，正确的提问是：“您当时做了些什么?”

错误：假如让你学一门新的技术，你会怎么做？

正确：谈一谈你过去一段时间学过的最新的技术是什么，当时你花了多久时间，结果如何？

错误：如果同事反对你的意见，你怎么办？

错误：你是一个害怕起冲突的人吗？

正确：你最近和同事意见分歧最大的是什么事情？当时是什么样的状况？后来结果如何？

(5) 避免使用现在式和未来式的问法。

错误：在这样的情况下，您会做什么？

错误：下一次，您将会怎么做？

这些现在式和未来式的问题都是基于预测，容易导致假设性的答案，面试人一般会按照理想情况去描述，他所说的未必是将来他实际会去做的。

(6) 避免提一般性的问题。

错误：您通常会如何做？

“通常”两个字会把他带入一般性的或理论性的做法。

错误：面对这样的情况，你一般怎么处理？

应采用这样的提问：“当时情况下您做了什么?”

(7) 当询问意图问题后，跟进一个问题。

正确：您实际上做了什么？整个计划中，什么是特别重要的步骤？有哪些是您最难忘的事情？

(8) 使用口头禅“请举例”。

尽量用真实的案例来考察候选人在实际情境下的价值观和行为取向。不建议问假设性问题，要问应聘者过去的真实经历，通过设定不同情境去提问来了解挖掘他的真实信息。

3. 擅用 STAR 提问。

在招聘面试中，仅仅通过应聘者的简历，是无法全面了解应聘者的知识、经验、技能的掌握程度以及工作的风格、个性特征等方面的情况。因而在招聘面试时就不能只是问问应聘者个人信息等简单的问题，而是需要通过聆听应聘者过去的经验和经历来挖掘他背后的价值观和处事方式。使用STAR技巧，则可以对应聘者做出全面而客观的评价。

（1）STAR面试法简介。

STAR即行为描述面试（STAR）法，即指在面试过程中，面试官围绕应聘者过去工作、生活中实际发生的案例，就其发生情境（Situation）、需完成任务（Task）、应聘者所采取行动（Action）以及行动结果（Result）这四个要素进行提问，通过了解应聘者的过去行为表现来衡量其自身素质与能力是否适合所招聘岗位的要求。STAR是基于完整行为事例原理的一个缩写，代表：

S（situation）情景“遇到的情景或当时的背景”

T（Task）　任务“在上述情景下需要完成的任务和目标”

A（Action）　行动“采取了什么行动？做了什么？怎么做的？”

R（result）　结果“上述行动带来的结果，即使失败，收获和启发是什么？”

人类的行为、态度和动因有着重复的模式。今天的行为是过去行为的自然反应，未来的行为能被有效复制。我们要做的就是通过SATR提问去了解应聘者过去在相类似场景下真实表现的案例。因此，面试中一定要收集面试能力项所需的行为，最好是要问一个完整的面试案例，并且学会剥洋葱式追问，关键问题要深挖，获得完整的STAR。

（2）运用STAR提问的技巧。

①面试时需要收集求职者岗位所需的行为，所以一定要得到一个完整的故事，要包括求职者当时做事的情况，为什么那样做，通过什么样的方式拿到了什么样的结果。

②不断地提出连续性问题，对求职者回答的过去行为用STAR方法判断他/她的行为是否是一个具有完整的STAR的行为，或是一个没有具有STAR的行为。

③发掘完整的STAR的行为。

针对问题：你遇到过的最有挑战性的任务是什么？你是怎么达成目标的？

如果以情景S或任务T为基础的提问，可以选择以下问题：

- 请描述当时的情景，为什么当时要做？
- 当时的环境或情形是怎样的？
- 你现在记忆中印象最深，当时发生的最重要、最关键的时间是哪一段？

如果以行动A为基础的提问，可以选择以下问题：

- 请详细说明你当时做了什么，请说明一下你当时是怎么做的，你先做了什么，又做了什么？
- 请描述你在项目中所处的角色是什么？
- 请将当时你是怎么做的？一步一步详细说明一下。

以结果R为基础的提问，可以选择以下问题：

● 最后结果如何？

● 你通过什么样的方式拿到了这样的结果？

● 这个结果后面存在什么样的问题？或者说，在这个过程中有什么样的经验可以分享和沉淀？

● 那件事结束后，你得到了什么样的反馈？

④如何将一个完整的没有具有STAR的行为变为有STAR行为的提问方法。

● 你能把最近发生的一个典型事例讲给我听吗？

● 请把当时发生时，最有代表性的时间段讲给我听？

● 请把当时你怎样做的一步一步地告诉我，并解释你在当时起到什么样的角色？

● 请准确告诉我你在当时起到什么样的角色？

⑤如何进行继续提问并获得更多的STAR。

● 能否再给我另外一个事例……

● 像这样的事件，你是否还经历过……

● 你能否再给我举例在其他时间里发生的同样事件？

通过这样剥洋葱似的提问，可以深入了解求职者在某一情境下的真实经历，进而了解到他的深层次价值观和求职动机。人们对过往事件的细节是不容易作假的，这样就降低了面试官被求职“面霸”欺骗的概率，提高了面试中所搜集的决策信息的真实性和有效性。

4. 选择好问题。

提问是最有效的沟通方式，一个好的问题不仅可以激活求职者深度思考、呈现出更多真实的行为和信息，而且有利于面试官对求职者做出理性的判断。以下为大家列示了一些在面试中非常实用的好问题，供大家参考。

招聘面试问题示例：

（1）过去三年里，你为自己设定的最重要的目标是什么？为实现这个目标你都做了什么？

（2）介绍你以往的职业生涯中令你有成就感的一两件事儿，并说说它给你的启示。

（3）对你来讲，成功意味着什么？什么是你期望的成功？

（4）请你评价一下你上一家工作企业的老板与上司。如果上一家公司希望你回去工作，你愿意接受吗，为什么？

（5）工作中你是否面对过道德观或价值观的冲突，你的反应如何？请给出一个实例。

（6）当你处于一个新的或者不熟悉的环境，你会怎样做？请给出一个实例。

（7）你在工作中是否经历过某些冲突，你的反应如何？举例阐明你是如何处理冲突的优先权的？

（8）工作中，你和客户、同事之间压力最大的是哪些方面的问题？请给出一个实例，说明你的行动和反应。

(9) 当其他人都不同意你的意见时，你将如何使用沟通技巧来说服其他人同意你的观点，请举实例说明。

(10) 你曾经被人公开挑战过吗？当时是什么情况？你有什么感悟？

(11) 请分享一个你为了内心坚信的东西而努力奋斗，全身心投入其中的例子。当理想与现实产生冲突时，你会怎么选择和取舍，请举一个实际例子。

(12) 当你事务繁杂且无法区分优先级时，你如何保证最后的产出？请举例说明一个失败的案例，最后你的收获是什么？

(13) 当你的决定不被大家接受时，你是否会坚持自己的决定？请举个例子说明一下。

(14) 你觉得你在解决问题时，是凭逻辑推理，还是仅凭感觉？请根据你的工作经历来谈谈你的体会。

(15) 你在过往的两年里遇到最委屈的事情是什么？当时你是如何应对的，结果如何，你学到了什么？你经历过部门最大的项目是什么？期间最难协同的点是什么？你是如何做的？

(16) 你遇到过最难完成的任务是什么？你是怎么带领团队去达成目标的？最后结果如何？(对管理层)

(17) 请举例说明你是如何带领团队攻克难关，推动项目进展的？当时你是怎么做的，最终结果如何？当团队暴露出问题时，你如何跟上级及其他的领导沟通并解决，并请举例说明。(对管理层)

(18) 你意识到团队的效能需要进一步提升吗？你用了哪些机制来收集反馈并落实想法？请举例说明。(对管理层)

(19) 你和团队遇到过的最大的挑战是什么？你采取的应对方式是什么？有创新的部分吗？具体是怎么做的？(对管理层)

(20) 假如管理层要求你裁员20%，你根据什么来决定裁掉哪些人员，留住哪些人？(对管理层)

管理者可以通过前面的这些问题，来了解应聘对象的过去经历以及他的行为处事方式，来简单筛选求职者是否符合欲加入企业的价值观和文化导向。当然更深入的筛选需要通过试用期给予应聘者工作任务或者艰难挑战，来看看这个应聘者在面对压力时创新能力、问题处理能力、专业能力如何。另外，还要考察这个应聘者和团队的融合度等其他问题。

第三节　人才梯队建设与培训体系搭建

"钢铁大王"安德鲁·卡内基曾经说过："带走我的员工，把我的工厂留下，不久以后工厂就会长满杂草；拿走我的工厂，把我的员工留下，不久后我们还会有一个更好的工厂。”美国企管界大师史考特·派瑞也说过：“未来市场中的稀缺资源不再是资本，而是优秀的人才。”因此，人才是企业不断发展的根基。人力资源管理者尤其是学习培训管理人员，必须未雨绸缪地为企业培养和储备人才，确保企业在任何时候出现岗位空缺时，都能够及时地填补人才，而这也就是我们所说的人才梯队建设。尤其在当前这个高速发展的时代，持续和优质的人才补给，已成为企业不断发展的源动力，这也成为很多优秀企业管理者的共识。对于企业来说，人才梯队和人员能力建设至关重要，而对于组织学习机构，负责组织人才发展与学习培训的专业队伍，更要加强自身能力的建设与培养！这也是做好组织人才梯队建设和人才培养的基础和前提。

一、国企组织学习机构人才发展与培养面临的主要挑战

1. 人员配置不足，整体素质不高。

长期以来，很多国企组织学习机构人才并没有得到应有的重视，人员配置严重不足，部分大型国企组织学习机构甚至没有专职的学习培训管理人员。员工年龄普遍偏大，部分单位经常由一些“被照顾人员”担任，这与企业“学习型组织、创新型组织”的定位严重不符，也根本无法起到升级人力资本、支撑战略落地的作用。

2. 学习技术落后，能力急需提升。

当前，很多国企组织学习机构人员大多承担“排排课、带带班”的后勤服务工作，专业能力不强，不具备“学习需求诊断、项目开发、项目运营、成果转化、效果评估”在内的全学习价值链管理能力。学习培训技术落后，观念陈旧。不了解案例开发与教学、场景化培训、行动学习、教练技术等先进的学习技术和方法，设计和开展的学习项目得不到高层和业务部门的认可。

3. 职业发展有限，缺乏畅通通道。

很多国企组织学习机构人才缺乏合理流动，没有畅通的职业发展通道，而且从事培训工作经常被鄙视，认为“没有前途”，导致很多优秀的人才没有意愿从事学习培训工作，制约了国企组织学习机构的长远发展。

二、国企大学人才梯队建设与培训体系搭建

国有企业组织学习机构不仅要搭建好企业的人才梯队和培训体系，自身人才梯队和体系建设也非常重要，因为这是我们做好组织人才梯队与体系建设的基础。

从美国通用电气公司 1956 年创办世界上第一所企业大学——克劳顿管理学院开始，企业大学已经成为全球优秀企业的标配，尤其在中国，近年来，开办企业大学几乎成了一种风潮。作为国企组织学习机构，首先要清楚自身定位、使命，以及需要具

备的能力。目前很多行业机构和高校都相继推出了企业大学的建设标准，如培训杂志在2019年底推出了“中国示范性企业大学基础标准”，明确了企业大学在10个维度方面需要具备的34项专业能力（见图5－4）。

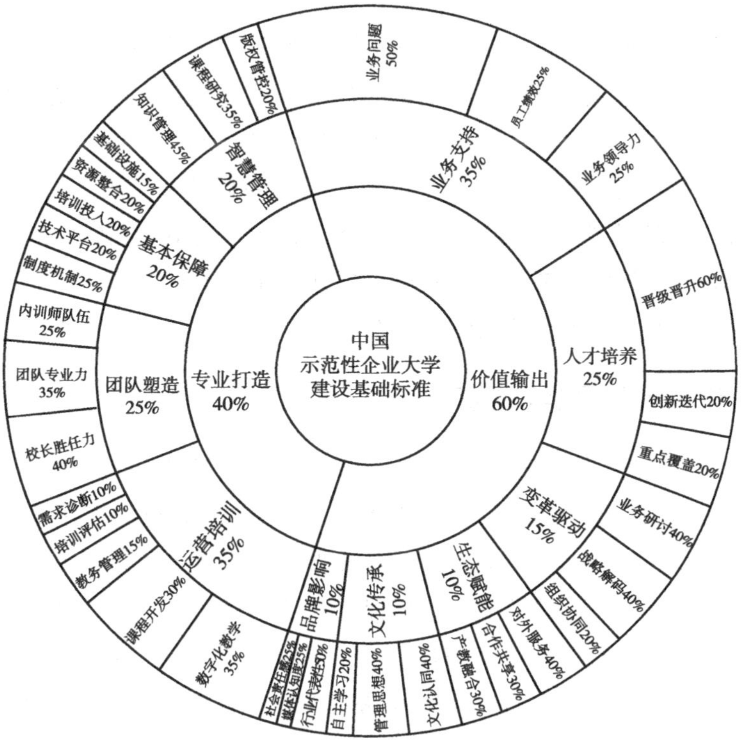

图5－4 中国示范性企业大学建设基础标准

从这个标准里面可以看出，相对于传统的人才培养职能，组织对企业大学在变革驱动、业务支持、生态赋能、文化传承、品牌影响等方面都提出了新的要求。因此，作为国企组织学习机构，一个学习型、创新型的组织，要赋能于人，首先自身必须有非常强的专业能力。那么，作为国企组织学习机构如何做好自身人才的发展与培养呢？因为每一家国企组织学习机构所处的行业和阶段都不一样，可能不一定能够找到一个通用性、普适性的做法。下面笔者提炼总结了一些企业大学在人才发展与培养方面的实践，供大家参考和借鉴。

（一）制定“双循环”的职业发展通道

“用最优秀的人培养优秀的人”，一流的团队需要一流的人才，只有吸引更多优秀的人才加入企业大学，加入培训团队，才能从根本上提升组织学习机构的硬实力。要想持续做好企业的人才培养工作，在提升学习培训管理人员专业能力的同时，也要为其制订畅通的职业“双循环”发展通道。培训要紧贴业务，培训专职人员即使来自企业，但如果脱离业务时间长了，也会对业务生疏，如果能建立“双循环”职业发展通道，吸引企业业务骨干加入兼职讲师队伍，一方面可以降低讲师的获取难度；另一方面，还可以让组织的业务和人进入良性循环，保持组织的生命力。同理，很多优秀企业针对学习培训管理人员都坚持“从业务中来，到业务中去”的原则，把学习培训岗位作为优秀人才交流、学习与成长的平台，经过学习培训岗位的历练，再回到业务部门，不仅自身能力得到了提升，也会更加重视业务单元人才的培养工作，更加支持国企组织学习机构的各项工作。畅通的“双循环”职业通道也会吸引更多优秀的人才积极加入学习培训工作，通过培训不仅能提升讲师的理论水平和综合素质，还能增加其个人影响力，如果再返回业务部门，可以获得更好的晋升和发展。例如，中铁四局企业大学成立时，有27名学习培训专职人员，5年内先后有10余名学习培训人员又返回业务岗位，成为各部门的业务骨干和精英，并获得了更好的发展，同时企业大学也不断有新人涌入，全面提升了企业大学的综合能力。

（二）设计清晰的组织学习地图

企业要为学习经理、学习研发人员、培训师队伍设计清晰的成长路径，让每一位学习培训管理人员以及重要的参与者都清楚地了解和知晓自己的职业发展路径。

如图5-5所示，企业学习培训人员可以从三个路径去发展：一是培训师发展路径。即从事专业教学岗位，按照工作难易程度由低到高可以划分为五个等级，分别是师傅、培训师、促动师、教练、咨询师，每个等级需要具备不同的能力。例如，师傅主要需要掌握辅导的技能；培训师需要掌握课程开发、授课技巧和PPT制作等技能；促动师需要掌握行动学习、促动、引导技术方面的技能；教练需要掌握教练辅导方面的技能；咨询师则需要掌握业务咨询和学习咨询技术技能，在企业内部开展业务和学习咨询工作。二是学习工程师发展路径。对于期望成为组织学习技术专家的人员，需

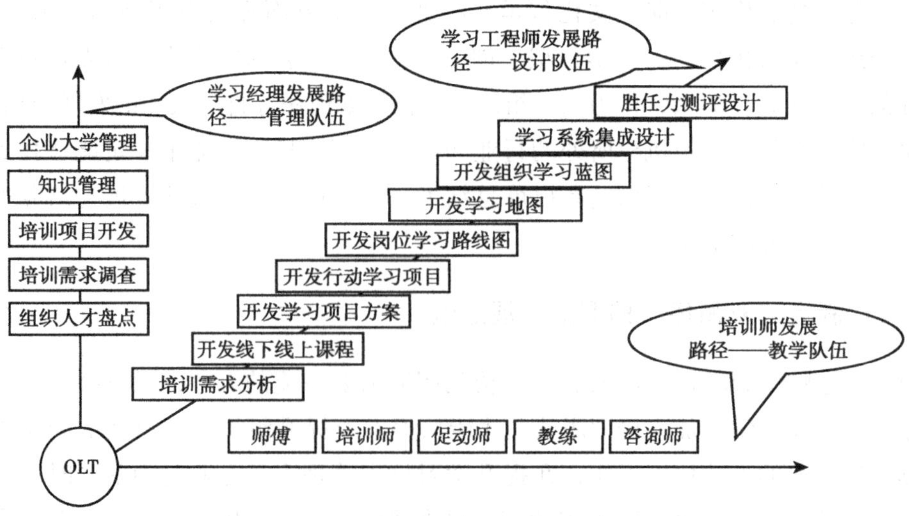

图5-5 职业发展路径

要掌握包括培训需求分析、开发培训项目和学习系统设计和开展胜任力测评等方面的能力。三是学习经理发展路径。这条发展路径主要是培养未来企业大学管理者，他们需要掌握包括组织人才盘点、培训项目需求调查与项目开发、知识管理和企业大学管理等方面的内容。通过为国企组织学习机构人员设计清晰的组织学习地图，学习培训人员可以根据自身的实际情况、专业特长和兴趣，选择不同的职业发展路径。具体学习内容可参照图5-6。

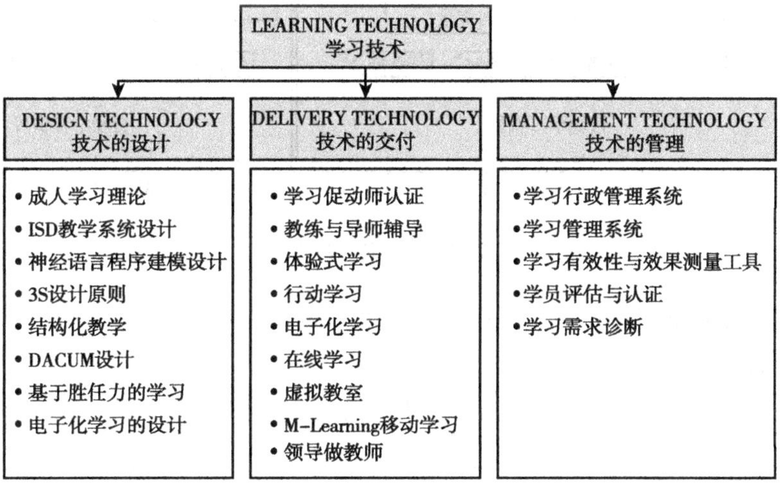

图5-6　具体学习内容

（三）开展系统的组织学习技术培养

中铁四局企业大学2016年7月1日正式成立，作为集团“两大创新型组织”之一的企业大学（另一个是2016年初成立的管理研究院），在成立之初就得到了高层的高度重视与支持，在企业大学成立的短短5年间得到了快速发展。

2016年7月，中铁四局企业大学联合部分国内优秀的企业大学，委托清华大学继续教育学院和迪普达管理咨询有限公司，对中铁四局企业大学主要管理人员以及部分业务部门分管培训的领导人员，开展了组织学习技术系统培养项目。公司为企业大学主要管理人员进行了组织学习技术的系统培训。整个项目为期一年，采用线上集中学习+行动学习的方式，共分为两个阶段，第一阶段为初级课程，包括《组织学习技术导论》《学习需求诊断》《教学系统设计》《学习质量的管理与衡量》《学习项目的交付与部署》；第二阶段是高阶课程，包括《设计和开发学习解决方案》《绩效咨询》《领导学习智能部门和团队》，通过线下集中学习与行动学习的方式为中铁四局企业培养了一批组织学习技术专家（见图5-7）。

2016年9月至2018年5月，中铁四局企业大学在组织内全面推广和应用组织学习技术，并按照“先僵化、后优化、再固化”的原则，对组织学习技术进行了全面的内

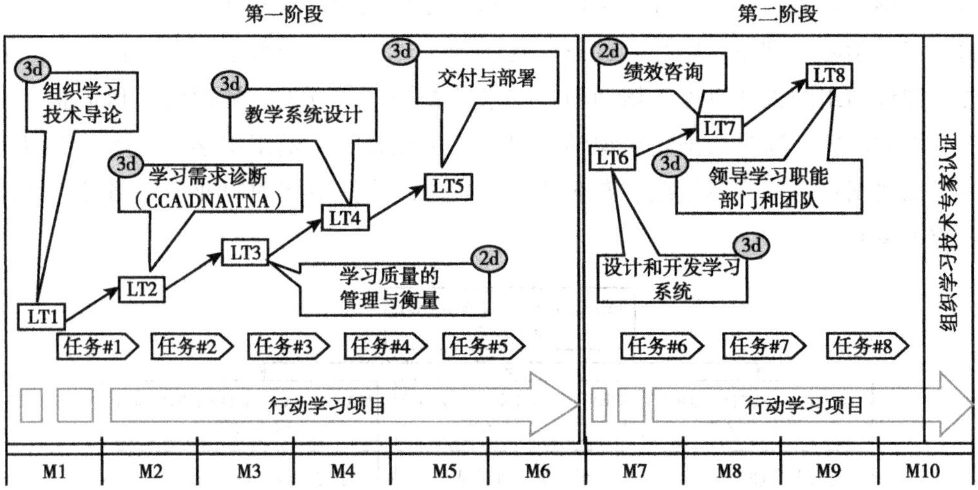

图 5－7　项目阶段

化，并研发了针对下属单位专、兼职培训管理人员，业务部门学习培训管理人员的组织学习技术研修项目。

2017 年 3 月至 12 月，中铁四局企业大学分五期组织开展了下属单位学习培训管理人员轮岗助勤学习项目，来自全局 20 家下属单位共 28 名学习培训管理人员，分期到中铁四局企业大学本部轮岗、助勤，通过轮岗实践，全面提升了下属单位学习培训管理人员的业务技能和综合素质，促进了中铁四局“三级教育培训体系”的有效落地。

2018 年 6 月至 2019 年 7 月，中铁四局企业大学组织开展了针对下属单位专、兼职培训管理人员，业务部门学习培训管理人员的组织学习技术研修项目，培养中铁四局内部的组织学习技术专家。并于 2019 年初，将相关重点学习项目交由下属单位承办，通过实战演练，全面提升全局学习培训管理水平。

2019 年 7～9 月，为了充分展示企业大学各分院在学习项目开发与管理方面好的经验和做法，促进分院之间的共享与交流，进一步提升分院学习项目的设计与管理能力，中铁四局企业大学举办了针对各分院的“好项目秀出来”学习项目路演大赛。来自 21 个分院 32 个培训项目报名参赛，通过“以赛促培、以赛促学、以赛促长”进一步夯实了中铁四局学习培训管理水平。

（四）学习成果内化和品牌化推广

之后，中铁四局企业大学对学习内容进行了内化，形成了更具特色，更加符合企业实际的一套学习技术方法论，并对全公司各业务学院、分院学习培训管理人员进行了系统的培训和认证，并通过助勤、轮岗等方式，系统提升全公司学习培训人员的专业水平。

通过引进专业学习技术进行系统的人才培养，为中铁四局企业大学的快速发展提供了重要的支撑，企业大学在成立短短五年间，先后获得了中国企业大学 50 强、中国最佳企业大学、中国首批示范性企业大学、中国最具价值企业大学等称号，得到了行业的高度认可。

综上所述，作为国企组织学习机构，要想实现发展目标，首先要做好内部人才的发展和培养，不断提升组织学习机构人员的专业度，同时，为其提供畅通的职业发展通道，不断吸引优秀人才加入，让组织内外部人才流动起来，这样才能实现国企组织学习机构良性循环发展。

第二篇

国企组织学习运营篇

第六章　国企组织学习需求诊断

虽然越来越多的企业开始重视和加强人才培养工作，但调查显示很多企业的管理者对企业培训工作并不真正认可，这些管理者认为很多培训项目是无效的或针对性不强。2012 年，时任用友大学校长的田俊国老师出版了一本在业界影响深远的书——《上接战略 下接绩效——培训就该这样搞》，“上接战略”是指企业培训必须承接企业战略，要为企业的战略服务；“下接绩效”，即企业培训要直接或间接帮助业务部门解决问题。那么如何才能做出“上接战略，下接绩效”的培训呢？首先需要了解一个概念——学习价值链。

针对企业人才管理的“人才供应链”，解决的是能不能为企业提供足够数量的人才以及符合企业要求的高水平人才，即人才“数量是否充足，质量是否达标”的问题；而针对学习培训领域的“学习价值链”，要解决的是“是否针对企业需求进行培训，培训完成后问题解决了没有”的问题，它包括：学习需求诊断、获得学习解决方案、交付和运营、学习成果转化、培训评估等在内的一整套学习管理活动（见图 6－1）。

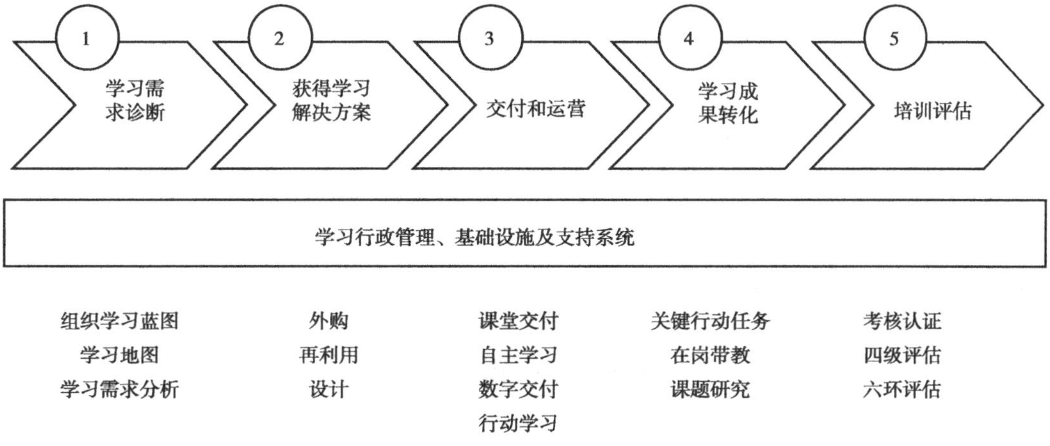

图 6－1　学习价值链

学习价值链的第一个环节就是做好学习需求诊断，学习需求诊断就好像是医生给病人看病一样，要对症下药，如果诊断失误，开再好的药也起不到治病救人的作用。因此，学习需求诊断是做好学习培训的先决条件。那学习需求诊断都包括哪些内容呢？

企业学习需求诊断一般基于三个依据：一是企业战略。基于战略规划，组织和各岗位族群应该具备什么样的胜任力，当前组织的胜任力现状如何，各岗位族群需要学习哪些内容？它是对组织学习系统的规划和设计，解决的工具就是组织学习蓝图。很多企业做人才培养规划，最常用的工具就是组织学习蓝图。二是个人发展路径。它与岗位进阶图相对应，即每晋阶到一个岗位需要学什么？什么时候学？怎样学？对此进行系统规划和设计的解决工具就是学习地图。很多优秀的企业都在开展岗位任职资格培训和认证，培训方案开发的方法就是学习地图。三是具体业务问题。解决了企业战略和个人发展路径的问题，是不是我们的学习培训就做好了？答案是否定的！因为，在培训管理过程中还是经常会出现各种各样的问题，那怎么办？那就需要用到学习需求分析的工具，针对存在的业务问题，通过“业务问题——绩效问题——胜任力问题——学习需求”，层层分析来开发学习解决方案。本章将详细介绍三个学习工具使用的流程、步骤和典型案例（见图6－2）。

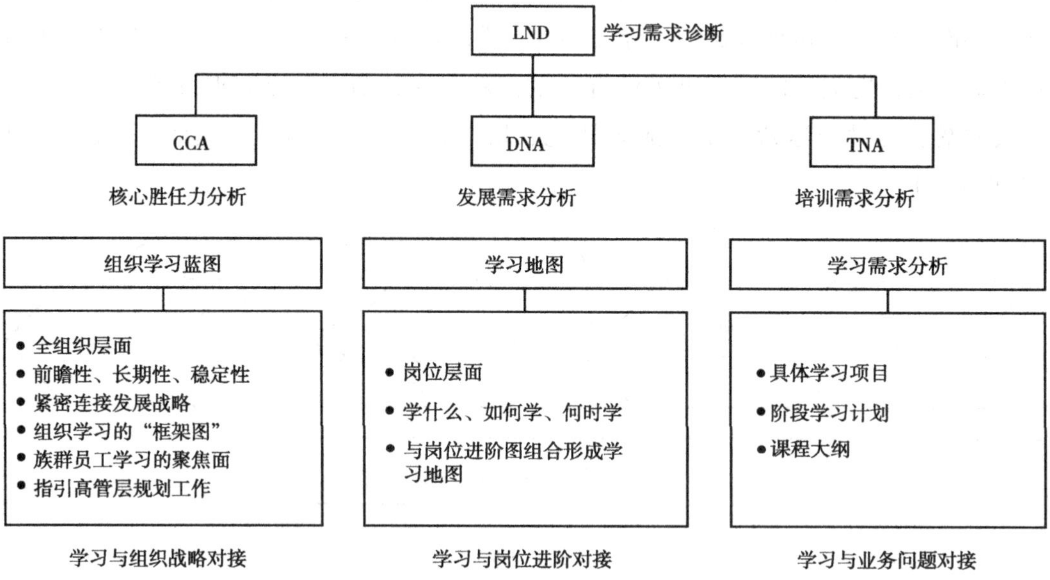

图6－2　学习需求诊断

第一节　组织学习蓝图

一、什么是学习蓝图

在这个知识大爆炸时代，组织及其员工应该学什么？怎样一次就学对？如何让学习内容与战略相匹配？往往是困惑员工和组织的首要问题。组织学习蓝图，就是从宏观上识别出组织需要学习的“框架图”，为不同族群员工规划出学习的聚焦面，用以指引企业高管层规划全组织不同时期工作与学习，使各族群员工依据组织战略和岗位胜任要求明确学习方向，让每个人在对的阶段学习对的内容，从而支撑组织绩效的提升。

二、如何开发组织学习蓝图

（一）准备阶段

1. 人员准备。组织学习蓝图是对组织系统学习的规划，对人员的要求还是比较高的，开发的人员必须清晰企业的战略规划，熟知企业的业务，确保开发的成果能够精准地承接战略。其一般由以下人员组成：高层管理者（CEO、战略分管领导、主要业务分管领导）、中层管理者（主要业务条线/部门的负责人）、战略规划部门负责人、人力资源部门负责人、学习专家等人员构成。

2. 材料准备。开发前，要提前做好相关材料的准备工作。可以在前期做好“三问”：一问高层，充分了解企业的战略规划和发展方向；二问标杆，掌握发展目标，可以采取实地调研、收集信息等形式，了解标杆组织的核心胜任力等；三问HR，进一步熟悉组织架构、职责分工等。掌握了这些基本信息后，就能够全面提升我们开发的效率和质量。

（二）开发阶段

组织学习蓝图开发一般采取工作坊形式，时长为2～3天，由学习专家担任促动师，具体流程如下。

1. 分析组织的战略意图和长远目标。

该步骤需要对组织战略充分熟悉和消化，精准找到和提炼组织的战略和长远目标，但同时不能偏废、只涉及战略和目标的某一点，要尽量真实全面地把组织战略与目标精炼概括出来，该步骤是整个组织学习蓝图开发的总纲领和逻辑起点，所以务求精准。

2. 分析组织胜任力。

组织胜任力通俗地说就是要支撑战略目标实现，组织需要哪些核心能力，相当于对组织进行“拟人化”。组织胜任力的分析无需穷尽，要提炼出支撑组织战略最关键、最重要、最迫切的能力，一般5～10项。分析组织胜任力时可以对标标杆，学习同类型优秀标杆组织有哪些特质和胜任力等。

3. 描述组织胜任力。

描述组织胜任力是对每项组织胜任力进行解释，如胜任力需要达到的程度（行业领先？全国领先？全球领先?）以及胜任力的内涵、边界等。

4. 分析组织的学习重点。

就是分析要达到“胜任力描述”的要求，要重点学习或掌握哪些内容。此学习内容的描述尽量宏观、概括，给人以提示作用、让人知道学习的方向即可，无须像课程体系一样那么具体。

5. 划分组织的岗位族群，并宏观描述各族群应该承担的职能。

划分岗位族群就是对全组织岗位进行纵向切分，一般可分为高层管理者、中层管理者、一线管理者、作业层等，同时，对于一些文职等服务支持人员也可单独划分一个族群。岗位族群划分遵循的规则是把组织中承担类似职能、发挥相近作用的岗位划分到一层，一般不少于3层、不多于6层。需要特别注意的是，是对组织所有岗位序列的纵向切分，而不能按照职能分专业横向切分。例如，一个财务部负责人和一个工程部负责人，他们在组织中所起的作用都是承上启下，把高层管理思路落实到自己的业务系统，这两个岗位应该放在同一岗位族群，而不能按专业划分为不同族群。在岗位族群划分完成后，要对每个岗位族群在组织中承担的宏观职能和组织期望发挥的作用进行描述。

6. 分解各岗位族群应承担的工作任务。

基于上一步对各岗位族群在组织中扮演的角色、发挥的作用的描述，细化分解各岗位族群应承担的工作任务。需要注意的是，该步骤的描述，一定要基于该族群“应该做什么，而不是现在能做什么”的出发点，也就是要提炼出在每项组织胜任力上，对应族群要表现优异、实现高绩效，从而支撑组织战略目标实现，需要做什么、发挥什么作用等。

通过以上六个步骤我们的组织学习蓝图就开发完成了，通过组织学习蓝图，我们可以清晰地看到基于组织发展战略，我们各岗位族群应该做什么？学什么？应该匹配什么样的学习项目，确保我们的学习与组织战略相匹配，一次就学对。下面以具体的案例，向大家展示一个完整的组织学习蓝图的开发全过程。

类别	名称	组织胜任力	胜任力描述	学习重点
战略意图	战略发动机人才成长营知识加工厂学习生态圈“一个中心、三大转变、五项职能”	专业技术能力	组织学习技术和与学习相关的人力资源开发技术达到行业顶尖水平	组织学习技术、与学习相关的人力资源开发技术
		知识管理	全面、系统管理与学习相关的知识资产	知识管理的理论、方法和工具与标准
		助推变革	持续提升企业战略的解码能力；按照企业战略需求向员工队伍赋能；促进理念、商业模式、管理和技术变革，推动战略落地	宏观经济形势、行业前沿动态、企业战略、战略解码方法等
		弘扬文化	提升企业文化解码与宣贯能力，推动学习文化建设	** 企业发展史，企业文化认知与宣贯的方法、工具和最佳实践，学习型团队、学习型组织建设的理论、方法、工具和最佳实践，基于企业文化和学习文化建设的组织学习技术
长远目标	“一年筑基、三年实践、五年成熟”行业顶尖的企业大学	聚合商业链	以企业大学品牌影响力、学习文化、学习技术与产品为媒介，与企业商业生态圈各方共建共享，促进商业链各方价值观趋同，达到“客户推崇，伙伴信赖，社会尊重”的目标	企业商业链对象的识别与定位；企业大学品牌建设方向与方法；学习产品、学习解决方案品牌化及定向定制化开发与交付技术；市场营销方法
		资源建设	以优质服务获取、留住、扩大内外客户群（含业务学院、分院）；以制度化手段建设数量与质量适用的培训师与学习管理人员队伍；以共建共赢理念建设满足需要的供应商群体；以标杆学习打造行业顶尖的“学习空间（硬件资源）”	学习资源建设与整合的理论、方法、流程、工具和最佳实践；内外沟通交流方法与服务对象的预期管理
		内部管理	建立制度化、标准化、可视化、信息化和智能化的内部运营体系，并确保贯彻执行	团队建设与领导力；“五化”最佳实践标杆学习

类别	名称	组织胜任力	岗位族群			
			行政管理人员	专业技术人员	部门负责人	管理层
战略意图	战略发动机人才成长营知识加工厂学习生态圈“一个中心、三大转变、五项职能”	专业技术能力	执行制度，遵守流程，规范高效办文办会办事，向内外部提供支持、管理和服务，达到校本部流畅运转	持续吸收、转化各类先进学习技术，紧贴服务对象需求开发有效、好教、易学的学习解决方案，持续改进交付与运营质量，提升服务对象满意度	领导和管理团队，引导、激励团队成员学习与成长；引进和运用专业技术，承接和分解部门工作任务，持续提升部门绩效，总结和提炼运营流程和标准，并向业务学院和分院转移	与时俱进地运用创新思维、先进管理方法和前沿专业技术，不断优化学习系统；领导和管理团队；贯彻企业战略与文化；实现集团赋予企业大学的使命与任务并逐步迈向行业顶尖水平
		知识管理				
		助推变革				
		弘扬文化				
长远目标	以“打造综合性金融控股集团”为总体目标“一年筑基、三年实践、五年成熟”行业顶尖的企业大学	聚合商业链				
		资源建设				
		内部管理				

类别	名称	组织胜任力	工作任务			
			行政管理人员	专业技术人员	部门负责人	管理层
战略意图	战略发动机人才成长营知识加工厂学习生态圈 “一个中心、三大转变、五项职能”	专业技术能力	遵循制度、流程，运用管理工具，规范化办文办会办事，提升公文写作、宣传报道、财务管理、公务礼仪、人事管理等专业技能	应用组织学习技术、数字学习技术、人力资本开发技术等技术，开发和交付学习解决方案，并衡量管理学习质量；不断研习、内化、创新、推广新的学习技术	运用组织学习理论方法，领导部门工作开展，构建相关管理制度、标准、流程和工具，并持续改进；组建学习型团队，带头学习、内化、创新并推广各类学习技术，提高团队胜任力；营造良好的内外部工作关系	把握企业大学内外部环境和发展阶段，与时俱进引入并部署组织学习等人力资本开发技术，推动内化和应用
		知识管理	运用知识管理工具与标准化流程，收集、提炼并管理校本部日常工作运转中沉淀的有价值的知识和材料；协助专业技术人员管理与学习相关的知识资产	运用知识管理方法、工具、流程，实施各自岗位的知识收集与管理	保证知识管理系统在本部门的有效衔接、运转，协同积累学习产品库、工具库、素材库、案例库、师资库等资源	甄别并引入适宜组织的知识管理理论，营造良好的知识管理文化，构建知识管理系统，部署各类知识库、资源库、信息库建设
长远目标	以“打造综合性金融控股集团”为总体目标 “一年筑基、三年实践、五年成熟”行业顶尖的企业大学	助推变革	将企业战略方向与要求融会贯通在日常工作和言行之中，在助推企业变革中起到“领会上情、连接本级、向下传达”的枢纽作用	理解企业战略，把握企业变革方向与要素，将变革要素分解、植入学习解决方案的研发与交付之中，并监控、反馈学习解决方案的实施效果，保证助推变革不偏离	熟悉企业战略，敏锐把握企业变革方向与要素，依据企业战略与变革方向规划部门工作，提供将企业战略与变革要素分解植入学习解决方案的思路并监控实施	熟知企业战略与变革方向，依据企业战略谋划校本部工作，参与企业学习战略的制定
		弘扬文化	践行企业文化和学习文化，利用办文、宣传、内外沟通交流等渠道讲好企业故事，传播企业文化	理解、践行企业文化与学习文化，并植入学习解决方案中，用它指引学习解决方案的开发和交付	践行、传播企业文化，总结提炼学习文化；建立与企业文化、学习文化相匹配的相考核评价规章；监控企业文化和学习文化在学习解决方案的开发和交付中的执行	带头践行和传播企业文化；领导创建学习型团队，部署特色学习文化建设；建立与企业文化、学习文化相匹配的分配机制、发展机制

续表

类别	名称	组织胜任力	工作任务			
			行政管理人员	专业技术人员	部门负责人	管理层
战略意图	战略发动机人才成长营知识加工厂学习生态圈 “一个中心、三大转变、五项职能”	聚合商业链	模范践行公务礼仪，有效沟通协调连接各方，展示良好形象；维护直接联系的利益相关方的公共关系，反馈服务对象需求与服务成效	将优秀学习解决方案品牌化并向商业链对象推广；根据商业链对象需求定制化开发学习解决方案并组织协调予以交付运营	熟悉商业链中的重要或有需求的客户、供应商、分包商，参与商业价值链维护，制定学习解决方案品牌化及推广策略并督促落实	执行学习委员会的决定；发展学习委员会办公室、业务学院、分院的伙伴关系，助推企业大学在各层面的发展；发展企业大学品牌在客户、供应商、分包商和社会的影响力，参与企业商业价值链开发和维护
		资源建设	执行资源管理制度、流程、方法和工具，主导或协助营造标准统一、格调高雅的校本部公共物品和有形空间的视觉形象；按照制度与流程管理资产	执行并反馈资源管理制度、流程、方法和工具，以提升工作质量稳定并扩大客户群、师资库等资源	依据资源建设价值主张，引进、管理、维护与本部门相关的资源；建立和持续改进资源管理制度、流程、方法和工具，并监控执行	确立资源建设价值主张并践行
长远目标	以“打造综合性金融控股集团”为总体目标 “一年筑基、三年实践、五年成熟”行业顶尖的企业大学	内部管理	为整章建制、日常管理建言献策；加强对校本部领导层以上管理指令的跟踪、督办；做好跨部门的连接与沟通反馈	执行内部管理制度与流程；反馈与改进制度流程	主导或参与制定、改进内部管理制度；承接和分解部门工作任务，激励团队成员学习与成长，持续提升部门绩效	提升领导力，加强自我管理；做好人才储备规划；实施目标管理，科学授权与激励

第二节 学习地图

一、什么是学习地图

学习地图是以加速职业技能成长为目标而设计的一系列学习活动，是对员工在组织内学习成长过程的科学规划。

二、学习地图的作用

通过开发和应用学习地图缩短员工达到“胜任”的时间，一般遵循“30/30”原则，即30天内缩短30%的时间。例如，员工如果自然成长达到“胜任”的时间是360天，那么，通过学习地图进行系统培养达到“胜任”仅需252天。

三、学习地图开发的方法

一般应用DACUM技术，通过工作坊的方式进行开发。

四、学习地图开发对人员的要求

学习地图是对一个岗位学习的系统规划，对开发人员的要求还是非常高的，一般由以下人员组成：

1. 拟开发岗位主管业务部门的主要负责人或专家，1人。其对本岗位的工作要求以及未来发展要有深度的理解。

2. 拟开发岗位相关上级，2~3人，其中直接上级必须参加。

3. 拟开发岗位高绩效人员，4~5人。

4. 拟开发岗位高度密联的岗位人员，1~2人。如开发技术岗位，可邀请安全岗位、商务岗位的人员参与，确保岗位任务之间能够界定清晰、准确。

5. 岗位一般绩效人员，1人。对开发的内容进行质疑。

培训就是把专家的知识、技能、智慧、窍门、经验传递给新手，专家的高度决定了培训的质量，所以1~3项人员必须是所在岗位的高绩效且责任心强的人员，一般可以按照以下维度进行甄选：

专家人选	实践经验	理论水平	责任心	总分	排序
	123	123	123		
A	3	3	2	8	2
B	2	2	3	7	3
C	2	2	2	6	4
D	3	3	3	9	1

其中，1～3 项为必选项，涉及人员必须参加，4～5 项为非必选项，如没有，可不参加。针对每个岗位，形成 7～8 人工作坊团队。

五、学习地图开发的流程和步骤

（一）分析岗位目的

即为什么要设置本岗位？岗位在组织中职能定位或角色是什么？不仅知道当前要做什么，而且还要清楚未来一段时间（一般 2～3 年，一个学习地图开发完成后会相对稳定，一般 2～3 年优化调整一次）需要做什么。

（二）分析岗位核心职能

岗位核心职能分析可以参考岗位说明书，但与办公室张贴的岗位职责不同，是指最能反映岗位工作内容和方向的那部分职能，分析岗位核心职能时，需要掌握以下原则：

1. 无须穷尽：只需要把岗位最重要、最核心的职能进行列举即可，辅助性、一般性职能无须列举，一般不少于 3 项、不多于 10 项。

2. 相互独立：即各个任务之间边界清晰，互不交叉与重叠。

3. 动宾结构：工作任务是一个动作加上一个工作对象，即动词＋宾语，如制订计划、设计培训方案。

4. 流程图检核。为了进一步确认核心职能分解是否准备，边界是否清晰，我们还可以采用绘制工作流程图的方式，进一步检核核心职能分析的准确性。

（三）分析岗位任务

岗位任务，即将核心职能分解到能够独立操作的职能或工作单元，一般 5～7 项，最多不超过 9 项。需要具备的原则：

1. 务必穷尽。核心职能对应的子职能必须全部分析出来，尤其是最能反映这个岗位核心能力和素质的子职能一定不能遗漏。

2. 动宾结构。即动词＋宾语的形式。

（四）分析岗位任务步骤

岗位任务是一项具体的工作，不是一下就完成的，需要细化分解到工作动作，一般情况下是将一项岗位任务按操作顺序分解到流程和步骤，一般 5 ~ 7 项，最多不超过 9 项。需要具备的原则如下：

1. 务必穷尽。每一个任务步骤都必须分析出来，尤其是最能反映这个岗位核心能力的关键任务步骤不能遗漏。

2. 动宾结构。即动词 + 宾语的形式。

（五）分析绩效标准

绩效标准，完成该项任务步骤能够得到的工作标准。分析原则如下：

1. 对于岗位任职资格培训，绩效标准以能够独立完成工作无须提问且不会出错的人员的能力标准设计。对于高于岗位任职资格的胜任力提升培训，绩效标准以岗位绩优人员的标准设计。

2. 定量和定性分析相结合。以定量分析为主，如能够独立审核一份设计文件，不能采用定量分析的需要进行定性分析，如能够根据现场实际选择恰当的实施方案。

（六）分析学习的优先级

每一项任务对于岗位的重要程度是不一样的，哪些应该先学，哪些应该重点学，需要优先级分析。优先级分析一般基于三个维度，即频繁度（F）、重要性（I）、困难度（D）。

1. 频繁度，指在既定时间段内的执行次数。

高（4 ~ 5 分）：一周甚至每天执行一次任务；

中（2 ~ 3 分）：一个或几个月执行一次任务；

低（1 分）：一年执行一次任务。

2. 重要性，是指对绩效的影响，以及对其他任务的影响程度。

高（4 ~ 5 分）：该任务对绩效的达成至关重要；

中（2 ~ 3 分）：任务比较重要但并非至关重要；

低（1 分）：任务与绩效达成有关但不太重要。

3. 困难度，执行该任务的难度情况。

高（4 ~ 5 分）：有效执行这项任务需要以前有过丰富的工作经验或培训经历（12 个月或更长）；

中（2 ~ 3 分）：有效执行这项任务需要以前有过特定的工作经验或培训经历（3 ~ 12 个月）；

低（1分）：有效执行这项任务只需要简单的培训或辅导经历和工作经验（1~3个月）。

备注：以上界定仅为参考的标尺，实际各项工作任务之间是一个相对比较的关系，为避免同一层级分析过高集中在同一水平，如超过60%都属于高难度、高频率或高重要性，这个通常是不准确的，可参考30%高—50%中—20%低的原则进行设置，FID三项得分之和高的任务即为典型任务，在学习培训的过程中要优先设计。

（七）分析岗位必备的知识、技能和态度

1. 知识（K）。

人们在实践中获得的认识或经验。其包括理论、概念、定义、制度、规范、法规、办法、概念、原理、原则、标准、工具等。

2. 技能（S）。

运用知识/经验执行的一种活动方式或动作方式，包括日常工作技能和通用能力。

日常工作技能：应用方法工具解决问题的能力，一般以动词开头，如制作PPT、消除客户提供信息的抗拒心理等。

通用能力：如沟通能力、学习能力、应变能力、口头表达能力等（具体可参照《胜任力模型开发与应用》一书中关于通用能力的描述）。

3. 态度（A）。

个体对特定对象所持有的稳定的心理倾向，并由此产生的行为倾向性。其包括意愿、动机、信念、职业素质、品质和领导力特质，如勤奋、认真、专注、礼貌、诚信、忠诚、激情、廉洁、主动、坦诚、坚忍、责任心、成就感、追求卓越、客户导向、团队合作、拥抱变化、服务意识、全局意识、保密意识等。

（八）开发岗位课程体系

基于核心职能开发课程体系，一般一个核心职能即为一门课程，我们也可以根据实际情况进行适当的拆分，内训师开发一门课程一般不少于2小时，不超过1天，所以我们结合课时及内训师的专长，对课程进行适当的拆分。具体样式如下：

序号	课程名称	学习优先级	课程时长	授课老师
1	如何做好项目资料及信息化管理	低	2小时	张三
2	如何做好算量工作	高	6小时	李四
3	分包管理	高	4小时	王五
4	成本管控	中	6小时	孙六
5	创效管理	高	4小时	周七

（九）开发课程方案

课程方案一般按照核心职能或子职能进行划分，内训的课程时长一般不少于2小时，最多不超过1天。课程方案包括课程名称、学习时长、学习目的、学习目标、学习内容、学习方式、关键任务、测评方法。

1. 课程目的，是指为什么要学习这门课程，希望解决什么问题。

2. 课程目标，是指学习后能够具备的能力。

3. 课程要点，是指学习的知识（K）、技能（S）、态度（A）。

4. 学习方式，是指学习的方式和方法，一般包括以下几种方式：

课堂培训（CT）：采用主动学习的课堂教学方式。

在岗训练（OJT）：分配真实任务，在工作中练习工具，按照达到技能稳定点设计训练次数（如执行3次），直到员工能独立操作。

阅读自学（RS）：自学相应的概念、原则、规范，阅读相关书籍。

教练辅导（GC）：教练在学员在岗训练时提供辅导和反馈（也是按照达到技能稳定点设计辅导次数），直到员工能独立操作。

总结（SR）：分享和汇报相应主题下的工作。

5. 关键在岗历练，学员学习后达到学习目标（或绩效标准）需要匹配的关键在岗历练任务。

6. 测评方法，检查学员是否达到学习目标（或绩效标准）的方式和方法，常见测评方法有知识点考试、答辩、工作任务完成情况评价、民主测评等。具体样式如下：

课程方案	
课程名称	成本管控
课程目标	1. 掌握项目前期商务策划要点； 2. 能够编制满足公司成本管控要求的商务报表； 3. 能够通过商务分析为成本管控提供指导数据
课程要点	1. 项目低成本指标管理内容及标准； 2. 常用低成本指标管理措施； 3. 优秀低成本指标管理案例分析
学习方式	线下、线上
关键在岗历练	配合项目及部门经理完成一份商务策划编制，独立完成商务报表编制并对成果数据进行分析
检测方法	实操、工作任务完成情况评价

（十）开发学习地图

根据课程的难易程度和工作的先后顺序确定课程的先后学习顺序，具体样式见案例。

六、学习地图成果应用

1. 制订系统的人才培养规划和培训计划。

岗位素质模型与学习地图为每一个岗位清晰地描述了岗位工作任务、胜任标准、学习内容和学习方式，可以基于此，制订系统的人才培养规划，并制订相应的培训计划。

2. 开发各岗位说明书、工作手册和作业流程。

学习地图核心职能、工作任务和任务步骤即为该岗位的主要工作内容，基于此可以轻松地开发出各岗位说明书、工作手册和作业流程。

3. 开发教材、课程体系和考核试题。

岗位核心职能、工作任务和任务步骤一般即对应教材或课程的一级大纲、二级大纲和三级大纲，各任务步骤对应的知识、技能和态度即为具体的培训内容，并基于此轻松开发出考核试题。

4. 开展胜任力测评。

有了对应主要工作任务的岗位胜任标准，便可以采用360度调查等方式精准实施胜任力测评，识别个人和团队的能力差距。

5. 制订个人发展计划。

通过岗位素质模型、学习地图及测评结果，员工可以清晰地找到自身的差距和不足，并基于此制订精准的个人发展计划。

6. 开发体系案例、微课。

基于岗位工作任务步骤开发的案例、微课，能够全面提升案例、微课开发的针对性，并确保开发的内容成体系，不零散。

7. 开发人才竞聘、招聘标准。

基于员工关键工作任务和关键能力，确定招聘、考核要点，并基于此设计标准的结构化面试问题，避免不同面试人员面试时出现的“千人千面”现象，提升人才竞聘、招聘的科学性和质量。

8. 开发类似项目实施方案。

培训方案主要包括两种：一种是以问题为起点的学习培训方案，另一种就是以岗位胜任力模型为起点的学习培训方案。掌握了基于胜任力模型的岗位素质能力达标项目方案的开发和实施方法以后，后期所有基于此类的人才培养项目，全部都可以采用这种方式进行开发和管理。

七、学习地图典型案例

以下内容仅为示例。

岗位目的	核心职能	岗位任务	任务步骤	胜任标准	胜任力得分	频次	重要度	难度	总分	知识	技能	关键在岗历练	推荐自学读物
协助项目商务经理做好成本管控工作	管控成本	编制商务策划	协助编制合同交底	能配合编制合同交底	2	1	1	10	12	掌握合同范围及施工内容	合同关键要素提取	配合项目及部门经理完成一份商务策划编制	运营管控标准化手册
			交底图纸	能配合进行图纸交底	2					熟悉图纸常见问题	CAD 识图		
			分析盈亏点	提供盈亏分析基础数据	2					熟悉收支费用并对比	数据拆分对比		
			分析风险点	对常见风险点提出合理化建议	2					熟悉常见履约风险	规避风险		
			测算目标成本	根据当地市场价情况进行目标成本的数据测算	2					熟知施工各项成本指标	编制成本计算书		
		编制商务报表	编制预算收入	能独立编制计划、产值报表，对数据准确性进行复核	4	7	7	6	20	熟知清单价格	熟练运用算量计价软件	独立完成1个季度的报表编制	
			盘点物资	对仓库地材数据的准确性及合理性进行核查	4					熟悉材料分类	准确对材料分类归档		
			计算成本	对项目成本收集汇总	4					数据分类归集	NC 消耗材归集		
			报表编制	能独立编制计划、产值报表，对数据准确性进行复核	3					报表编制分析	ERP 系统操作		

某岗位线下培训课程体系

序号	课程名称	优先级	业务问题	课程目的	课程要点	在岗关键历练	学习时长	测评方式	培训师
1	如何做好项目资料及信息化管理	低	1. 台账建立不完备； 2. 项目过程资料缺失； 3. 信息化系统操作不熟悉	1. 保证项目过程资料完整性； 2. 熟悉信息化操作流程； 3. 保证资料时效性	1. 项目资料收集目录； 2. 信息化操作流程； 3. 常见问题分析	独立完成各类资料收集更新及信息化系统操作	2H	实操	刘文
2	如何做好算量工作	中	1. 对图纸研读不深刻； 2. 算量和计价软件操作不熟	1. 熟练操作计量计价软件	1. 常用专业软件操作	独立完成一份单项工程算量算价工作	6H	实操	王建福
3	分包管理	高	1. 不熟悉分包招标流程； 2. 不了解现场施工工艺导致招标缺漏项	1. 熟悉公司内部流程及制度	1. 招标系统实操培训； 2. 分包结算常见问题风险规避	独立完成一份分包招标、结算流程	4H	考试、工作任务评价	刘大雷
4	成本管控	高	1. 不清楚商务策划重点； 2. 报表编制质量不符合公司要求； 3. 商务分析找不到要点	1. 项目前期商务策划要点的掌握； 2. 满足公司成本管控要求进行商务报表编制	1. 项目低成本指标管理内容及标准； 2. 常用低成本指标管理措施	配合编制一份商务策划，独立完成商务报表编制并对成果数据进行分析	6H	实操、工作任务评价	司凯杰

		商务部经理岗位学习地图																	
		第1月	第2月	第3月	第4月	第5月	第6月	第7月	第8月	第9月	第10月	第11月	第12月	第13月	第14月	第15月	第16月	第17月	第18月
高级课程	创效管理																	总结	
														教练辅导（GC）					
														阅读自学（RS）					
														在岗训练（OJT）					
														课堂培训					
中级课程	成本管控												总结						
											教练辅导（GC）								
											阅读自学（RS）								
											在岗训练（OJT）								
											课堂培训								
	分包管理									总结									
								教练辅导（GC）											
								阅读自学（RS）											
								在岗训练（OJT）											
								课堂培训											
基础课程	如何做好算量工作						总结												
					教练辅导（GC）														
					阅读自学（RS）														
					在岗训练（OJT）														
					课堂培训														
	如何做好项目资料及信息化管理			总结															
		教练辅导（GC）																	
		阅读自学（RS）																	
		在岗训练（OJT）																	
		课堂培训																	

第三节　培训需求分析

通过开发组织学习蓝图，规划了组织系统学习的方向和内容；通过开发学习地图，明确了各岗位系统学习的方向和内容。但是对于一个组织来说，仅仅做好以上两项工作还是远远不够的，因为组织在实际发展中还会遇到各种各样的问题，当组织面临这些问题时，我们如何进行应对，这就需要我们开展学习需求分析。

一、做好培训需求需要掌握两个方法论

在开展学习需求分析前，我们需要掌握两个重要的方法论：一是绩效改进方法论，二是以终为始方法论。

（一）绩效改进方法论

当组织中出现业务问题或绩效问题时，有多少是可以通过学习培训来解决的？这是我们作为学习培训管理人员首先需要思考或掌握的问题。大量的研究表明，只有不足 20% 的业务问题或绩效问题是由知识与技能的欠缺引起的，这可以通过培训或其他学习活动来解决；超过 60% 的问题是由组织或管理层对员工的忽视或者设计有误的工作流程造成的。

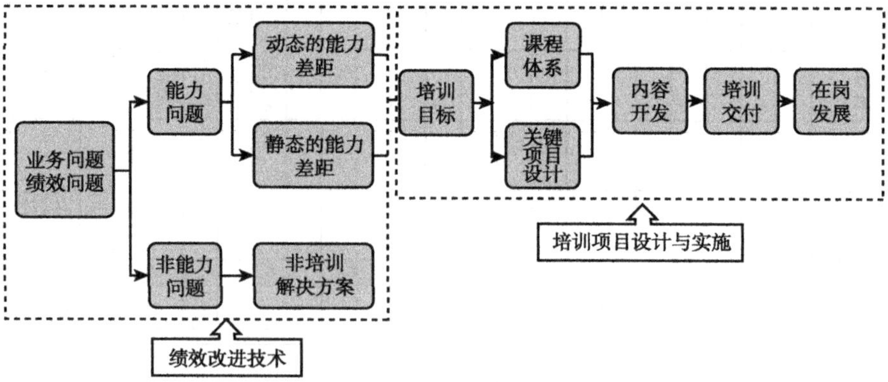

图 6－3

1. 对于由知识与技能的欠缺引起的问题，我们按照“业务问题—绩效问题—胜任力问题”的顺序，逐层分解，分析学习需求。

业务问题：一个单位、组织或部门的运营目标。有的目标可以通过定量的方式来描述，如营业额提升 10%、客户满意度不低于 95%；有的目标可用定性的方式来描

述，如企业的影响力、文化的认同感等。

绩效问题：人们为支持组织业务目标而必须采取的行为和行为产生的结果。例如，要想营业额提升10%，就需要我们技术部门方案审批的周期由原先的一个月变成20天，那么我们的技术部门能不能做到呢？

胜任力问题：人们胜任工作所需要具备的知识、技能、态度。例如编制方案，首先，我们需要掌握施工方案编制的流程、方法和步骤；其次，我们还需要具有在规定时间内完成方案编制、报批的技能；最后，编制方案还需要我们具备细心严谨的态度等。

三者之间，业务问题是最高层次的需求，它包含另外两者，绩效问题是中间的联络点，胜任力问题支撑了绩效需求和业务需求的实现。识别出胜任力问题以后，我们可以基于能力模型（静态能力差距）或工作任务分析（动态能力差距）确定学习目标，然后开发相应的培训内容并交付实施。

2. 对于非培训解决的问题，我们可以形成相应问题建议解决方案，或将相关问题反馈给业务条线，也可以采用绩效改进技术，协助业务部门解决具体问题，具体方法可以学习绩效改进相关技术，本书不再详细阐述。

（二）以终为始方法论

对于我们拟开展的培训，在实施前我们要清楚以下问题：

1. 项目的背景是什么？即为什么要举办这个培训？期望解决什么问题？
2. 期望通过这个培训，取得什么样的收益？培训项目成功的关键衡量指标是什么？
3. 期望员工学习后有哪些行为改变？
4. 期望学员提升哪些方面的能力？学习哪些内容？

项目背景	第四级：业务结果	第三级：行为改变	第二级：学习
业务问题	期望的业务结果及关键衡量指标	期望改变的关键行为	学习目标
某公司在认真分析客户满意度数据后，发现客户对购买汽车的过程不是很满意，导致汽车销售量达不到预期，具体体现在以下三个方面： 1. 整个过程持续时间太长，超过4小时； 2. 财务人员不能如实提供信息； 3. 销售人员提供的信息和财务人员提供的信息有出入	增加由新老客户带来的收入，衡量指标： 1. 增加主动推荐量； 2. 提高客户对公司销售过程的满意度； 3. 缩短交易时间； 4. 提高调查问卷中，对现场满意度的分数； 5. 减少客户现场投诉量	1. 销售经理能够准确详细的叙述销售参数和费用（支撑衡量指标2、4、5）； 2. 财务经理能够准确完整的叙述费用的选择（支撑衡量指标2、5）； 3. 财务经理能在1小时内完成与课程的交易（支撑衡量指标1、3）	培训结束后，财务经理和销售经理能够： 1. 在角色扮演中展示对公司财务规定和政策的恰当使用； 2. 展示如何在规定的时间内完成与客户的交易； 3. 能够解释与客户诚实沟通的重要性

几个问题调查清楚后，我们的培训评估指标相应也就出来了，很多培训项目在实施过程中或结束后再考虑培训评估的内容和指标，寻找培训的作用和效果，这个时候再考虑的话，说明我们在培训项目需求调查时就已经出现了问题，真正的评估指标在培训需求调查和方案设计时就已经产生了，项目结束后，我们再通过评估，验证指标是否已实现或实现了多少。

二、培训需求分析的流程和步骤

培训需求调查是确保培训项目针对性和质量的重要保障，培训需求调查一般分为四个阶段：准备阶段、计划阶段、执行阶段、形成报告。各阶段具体工作内容如图 6－4 所示。

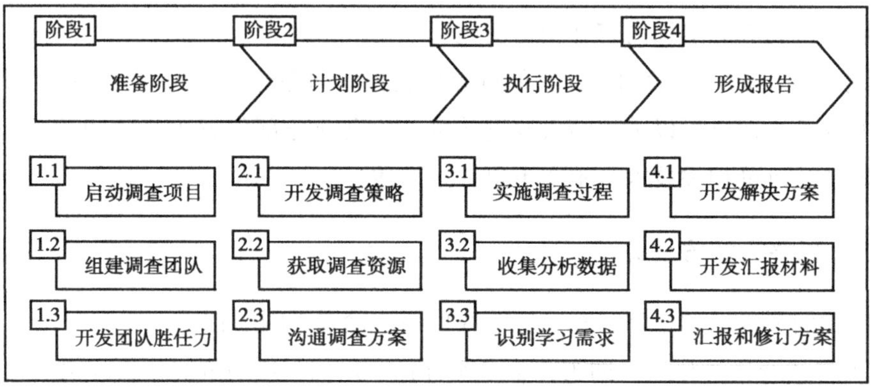

图 6－4

（一）准备阶段

1. 启动调查项目。

主要工作内容	确定培训的背景与目的； 明确工作任务或绩效标准； 识别出关键人员； 描述拟实施策略； 预估所需资源/时间/成本。
需要关注问题	为什么要启动这个项目？ 这个项目期望解决哪些问题？ 业务问题、绩效问题还是胜任力问题？ 是谁要求做培训需求分析的？ 培训需求分析由谁来做？ 谁来审核？ 什么时候开展？ 什么时候完成？ 哪些人是目标群体？ 需求分析需要哪些工具方法和流程？

具体调查内容如下：

序号	维度	考虑因素
1	调查背景	为什么必须开展本次培训需求分析？（背景、目的是什么？）
		期望解决什么问题？（业务问题？绩效问题？胜任力问题？）
2	目标客户	是谁要求做培训需求分析？
		谁将审核报告？谁来批准报告？
		谁来领导培训需求分析的开展？
		哪些人必须参与开展需求分析？
3	调查对象	培训需求分析在哪里开展？
		要跟哪些人沟通？
		类别；层级；范围？
4	调查成本	开始和结束时间
		费用、人力、其他？
5	调查方法	应如何开展培训需求分析？
		流程/步骤？
		需使用的工具？
		抽样方法

2. 组建调查团队。

主要工作内容	挑选团队成员，组建培训需求分析团队； 开发团队章程； 明确团队各成员的角色与职责。
需要关注问题	哪些人将直接参与并协助培训需求分析项目的开展？ 开发团队中必须有哪些人参加？ 团队的章程和规则是什么？ 团队的组织结构该如何设计？ 每个团队成员职责是什么？

在培训需求调查的过程中，团队的成员一般由业务部门、人力资源部门、学习培训人员共同组成，为了共同做好培训项目，一般会成立一个培训项目组进行整个培训项目开发和管理。培训项目组是一个临时机构，随着培训项目的开始而成立，随着项目的结束自动解散，主要职责是负责培训需求调查、方案前期的策划、协调、组织评审、实施、评估等全过程管理。一般由项目组组长、组员和班主任组成，具体职责分工如下：

项目组组长：一般由业务方相关负责人担任，主要负责培训方案的策划、整体把控和协调。

项目组成员：由业务方、人力资源部门和学习培训部门人员共同担任，主要负责培训需求分析、培训方案的设计、组织评审和实施以及过程监控、培训评估等全过程。

班主任：一般由学习培训部门人员担任，负责培训项目的运营工作，包括培训班的管理、作业的收集、制定和发放评估问卷等。

针对具体项目，我们要确定项目组组长、组员和班主任，并根据具体项目，明确他们的具体职责，具体内容如下：

<table>
<tr><td>需求调研范围</td><td colspan="2">□全公司
□部门，请明确部门名称：</td></tr>
<tr><td colspan="3">组建项目小组</td></tr>
<tr><td>角色</td><td>姓名/部门</td><td>职责</td></tr>
<tr><td>项目组组长</td><td>张三</td><td>1. 负责组织收集公司领导意见
2. 对项目成果负责</td></tr>
<tr><td rowspan="2">项目组成员</td><td>培训部门：李四</td><td>1. 编制调查问卷
2. 分析并编制访谈提纲
3. 收集公司培训需求
4. 合并分析培训需求
5. 编制公司需求总结报告</td></tr>
<tr><td>业务部门接口人/HRBP，各部门培训接口人：王五</td><td>1. 收集员工调查问卷
2. 收集管理者培训需求
3. 提交部门年度需求报告
4. 提交部门年度培训计划
5. 提交部门年度人才培养计划</td></tr>
<tr><td>班主任</td><td>孙六</td><td>1. 运营学习项目
2. 过程问题收集与反馈</td></tr>
</table>

3. 开发团队胜任力。

主要工作内容	确定开发团队成员的胜任力标准 识别团队成员胜任力差距 明确改进提升策略 开展培训或其他活动
需要关注问题	针对需求调查项目，团队成员需要具备什么样的胜任力？ 团队当前实际的胜任力如何，有没有差距？ 如果有，胜任力的差距是什么？ 如何快速消除或减少胜任力差距？ 开展需求调查需要哪些工具、指导原则、模板、检查清单等？ 在需求调查访谈、数据收集、分析与汇报中的技巧有哪些？

（二）计划阶段

1. 开发调查策略。

主要工作内容	计算和确认抽样调查方案； 开发调查方案； 开发培训需求分析工具。
需要关注问题	目标群体包括哪些人？（正确的问题问正确的人） 关键岗位及足够数量岗位分别是什么？ 如何获取统计上合理的抽样方案？ 调研方案针对的是哪些群体？如何开展？ 收集数据需要哪些辅助工具？

在需求调查过程中，因为目标群体人员较多，不可能对所有人都进行需求调查，我们一般会从“岗位对业务的影响程度”和“员工数量较多的岗位”两个维度来选择需求调查对象。同时，选择需求调查对象时，一般高层占比50%，中层占比30%，目标学员占比20%，具体原则如图6－5所示。

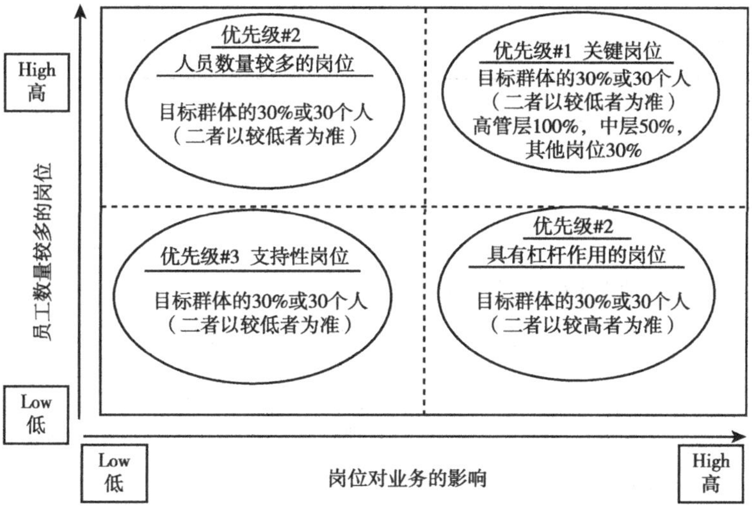

图6－5 调查对象抽样标准

在选择调查方法时，基于调查对象和内容，我们一般将调查方式分为“硬数据”和“软数据”。“硬数据”即公司收集的、代表公司发展战略及员工绩效表现的资料，发掘出真实的、能够体现在工作岗位中实际发生的事实的数据，如各类报表、文档资料，各类营销或销售数据，客户满意度，领导讲话等。“软数据”即与相关人员互动的结果。通过与相关人员互动，获取他们对于问题产生原因及其解决方案的意见。我们一般采用的方法包括观察法、问卷调查法、一对一访谈、焦点小组等。其中，文档分析法、问卷调查、一对一访谈、焦点小组是我们经常会用到的方法，下面就这四种方案的具体内容和优缺点进行分析：

序号	类别	具体内容
1	文档分析法	即利用现有的有关企业发展、组织目标、岗位工作、人员分析等方面的文件资料，对培训需求进行综合分析的方法。可供分析的文档实例：年度报告、岗位描述、工作手册、当前绩效指标、绩效评测系统、绩效计划、流程指南、上年度培训计划、课程体系
2	问卷调查	也称问卷法，它是调查者运用统一设计的问卷向被选取的调查对象了解情况或征询意见的调查方法。主要用于①从多个主题中确定培训需求；②当需要大量的反馈、目标人群数量较多或者分布范围较广时，可以采用调研作为需求分析的工具。根据主题的不同，调研的对象可以是潜在的学习者、学习者的上级或下属、客户等
3	一对一访谈	是指与提出培训请求的人、学员的经理、学员本身、学员的同事、学员的下属、客户、业务专家等进行面对面的、在线的或电话的谈话
4	焦点小组访谈	这也称焦点小组访谈，是由一个经过训练的主持人以一种无结构的自然的形式与一个小组的被调查者交谈。主持人负责组织讨论。目的是通过倾听一组被调查者的谈话，从而获取对一些问题的深入了解

调研方法	优点	缺点	相关技巧
文档分析法	1. 耗时少 2. 成本低 3. 信息质量高	不能显示解决办法 需要分析	专家利用现有文件资料综合分析培训需求
问卷调查	1. 可以采取匿名的方式在短时间内调查大量的群体 2. 可以使用在线调研工具，使数据收集自动化 3. 被调查者有时间思考如何作答 4. 通常是最节约成本的方法 5. 对被调查者来说通常是最具时效性的方法	1. 很难预期被调查者如何解读问题 2. 不能进行追问，也不能提出探索性问题 3. 回应率可能会很低	经过试测试、审核、修改，然后进行正式调研，进行一个简单的折半信度检查
一对一访谈	1. 可以进行连续提问 2. 与受访者建立良好关系，获取他们对于培训的支持 3. 各组织层级都可以轻松完成 4. 可以获取受访者的感知和看法，观察受访者身体语言 5. 通过使用技术手段，如电话，可以使之更加高效	1. 耗费时间 2. 需要很多数据综合 3. 数据很主观，通常需要从其他来源获得的信息加以佐证	1. 提前写下清晰的访谈指南 2. 请该内容方面的专家修改访谈内容 3. 提前把访谈目的告知受访者

续表

调研方法	优点	缺点	相关技巧
焦点小组访谈	1. 被访者可以补充其他人的看法 2. 每个人的答案可以巩固融合	1. 很容易变成"抱怨大会 2. 如果与缺乏信任的组织合作，参与者可能拒绝当众讲话 3. 如果受访者感觉到其他受访者的威胁，很可能会无效	1. 根据一系列标准仔细挑选受访者，避免把提供信息的个人和他们的上级管理者混起来 2. 提前把基本规则告知参与者（尤其是保密性规定）记录会议进程，做好保密，指定专人做记录 3. 使用结构化的方法

调查方法确定以后，我们从业务问题分析、绩效问题分析、胜任力问题分析和学习需求分析四个维度设计调查方案，当然有的项目也可以直接从绩效问题或胜任力问题分析开始，每个维度分析具体包括以下内容：

问题分类	主要关注点	具体示例
业务问题分析	期望通过培训要解决的具体业务问题是什么，出现问题的原因、最容易出现问题部门或人员、需要什么学习应对存在的问题等等	1. 针对拟开展的境外营销人员培训项目，贵公司未来三年海外营业额目标是多少？ 2. 针对未来三年发展目标，目前我们境外营销工作面临最主要的困难和挑战有哪些？ 3. 针对存在的问题，哪些是最关键的人员？
绩效问题分析	存在业务问题对部门或组织绩效达成的影响分析。如部门中哪些职能、职责或任务经常存在问题？原因是什么？哪些是最紧迫的问题？	1. 针对目标学员，基于岗位职责，目前他们在实际工作中面临的最主要的问题和挑战有哪些？哪些职责或任务经常出现问题？为什么？ 2. 您期望通过培训后他们有哪些改变？
胜任力问题分析	期望要解决问题的目标学员需要具备的胜任力以及目前胜任力情况的分析，哪些学习能够应对存在问题等等。	1. 针对存在的问题，您认为他们应该具备什么样的胜任力？ 2. 当前胜任力实际情况如何？
学习需求分析	培训需求分析即期望学习哪些内容（如知识、技能、态度）？采用的学习形式？学习时间？学习成本？过往的学习经历等。	1. 针对这样的胜任力差距，您认为他们需要学习哪些内容？ 2. 您希望采取什么样的学习形式？对于学习成本方面有什么具体要求？ 3. 目标学员近两年有没有参加过类似的学习项目？如有，学习了哪些内容？ 4. 针对学习内容，您有没有好的课程或师资可以推荐的？还有没有其他意见或建议？

2. 获取调查资源。

主要工作内容	识别出开展培训需求分析所需资源，并与对方建立联系，取得支持和配合； 对所需资源进行确认； 分析影响需求调查的制约因素。
需要关注问题	我们需要清楚项目开展需要哪些资源？如高层的参与、需求调查需要发生的经费等。 这些资源目前在哪里？是否可使用？ 我们如何获取资源？谁能帮助我们获取这些资源？

3. 沟通调查方案。

主要工作内容	制订调查计划； 做好调查前沟通及准备； 确定调查时间表。
需要关注问题	应该进行哪些沟通？ 告知谁？告知什么？何时告知？如何使他们被充分告知并使其为项目做好准备？ 确认访谈时间？

在需求调查前，我们需要与调查对象沟通我们的调查计划，包括调查的目的、时间、地点等，一般按照“自上而下”的职级顺序进行逐级调查。具体示例（样表）如下：

序号	调查单位	调查对象		调查目的	调查方式	调查人员	备注
		姓名	职务				

（三）执行阶段

1. 实施调查过程。

主要工作内容	验证各类调查成果（包括硬数据、软数据）； 开展访谈及其他活动； 记录和汇总数据。
需要关注问题	怎样与目标对象沟通？ 怎样问正确的问题？何时问？ 怎样收集必要的数据、文件资料？ 怎样获取、记录和存档这些信息？

实施需求调查过程中，调查的技巧非常关键，需要用对的方式、问对的问题，在访谈过程中，需要具备以下三项关键技能：

技能一：积极倾听。

方式	目的	行动	示例
亲和	为了显示你理解他/她的感受	链接谈话者的基本感受	“看的出来，您对存在的问题也非常焦虑。”
鼓励	为了显示你对对方谈论的内容感兴趣 鼓励对方继续说下去	不要表示同意或不同意 使用中性的措辞 语调要有变化	你能告诉我更多关于……的内容吗 还有呢？
总结	回顾进展 归纳重要的事实与观点，为进一步的讨论确立一个基础	重述对方表达的主要想法，包括感受	这些好像是你刚才表达的主要想法…… 您刚才介绍的内容我可不可以这么理解
澄清	帮助你明确对方所说的内容 获取更多信息	提问 故意用错误的理解陈述对方的观点，使谈话者不得不作进一步的解释	“这件事是这样的吗？ 我是这样理解的，对吗？
重述	为了显示你在倾听并且理解他正在说的内容 为了帮助谈话者看到其他观点	重述谈话者表达的基本想法与事实	您认为沟通不足是造成问题出现的主要原因
认可	认可对方的价值	认可对方的问题及感受的价值 对他们的努力和行动表示感激	我真心感激你在解决这个问题上表现出的意愿 我感觉您 *** 内容讲的非常好

技能二：间接探询。

类型	示例
探索性问题：期望对方继续深入分享。	您的意思是？ 你能说的更具体一点吗？ 请多给我一些关于这方面的信息。 你能换一种说法吗？ 你为什么觉得这件事会（不会）发生？
促进性问题：被用来获取更多的信息或使被访谈者详述他们所谈的问题。在绩效对话中，正向强化是一种有效促进深谈的技巧。	还有呢？ 请再多介绍一点 噢……然后发生了什么？ 你确实在……方面拥有非常多的经验！ 哇！你是怎么做到的？
转述法：解释转述法　就是把被访谈者的观点用不同的措辞重述一遍，以确保你明白他所说的，并鼓励他做出更详细的解释。	你刚才说的……那很有趣，但是你最后把那件事做成了吗？ 我对你所说的方法是这样理解的…… 非常棒，是什么样的改变促成现在令人满意的结果的？ 我想你的供应商是……我们怎样才能联系到他们呢？
澄清法：澄清法被应用于当一种陈述表意模糊、模棱两可或不清楚的时候。	请求对方直接做出澄清； 陈述你的理解并请求对方确认 请求对方对关键词语及概念给出定义。

技能三：避免提问陷阱。

类型	示例
含沙射影的问题：问对方的问题另有所指，且包含毫无根据的假设。	你们公司开展的培训项目是不是基本上都不做需求调查？
设有圈套的问题：故意给对方设套，让对方犯错。	像你们这样不做需求调查直接实施培训，效果怎么样？
“镜子”问题：诱导对方回答出自己心中所想的答案。	我想这个问题是不是要这么解决？……
急于结束的问题：不想继续听对方的意见，希望对方马上得出结论。	好的，我知道了，嗯嗯嗯……

2. 收集分析数据。

主要工作内容	分析问题的关联度； 识别出胜任力及团队学习文化的差距； 识别出“非培训类”问题。
需要关注问题	如何用获得的数据绘制模式和关系图？ 如何识别出并确认组织当前的学习差距及学习要求？ 怎样找到“团队学习与文化”方面存在的问题？ 我们怎样分离出“非培训”类的问题？ 哪些工具可以被用来分析收集的数据？

3. 识别学习需求。

主要工作内容	汇总胜任力要求； 分析绩效原因； 总结培训需求分析的重要发现并推荐方案； 识别出潜在的制约因素。
需要关注问题	当前存在的“学习差距”的根本原因是什么？ 如何应对当前的“学习差距”？ 目前有哪些可行的“学习解决方案”？方案的目标群体是谁？ 我们如何整合这些学习解决方案？ 要推广学习解决方案，有哪些要求，存在哪些约束条件与限制？

具体数据分析与学习需求识别见样表6－1。

表6－1　　需求调查数据分析与学习需求识别表

序号	岗位族群	访谈对象	业务问题	绩效问题	胜任力问题	非培训类问题	学习需求	学习解决方案	绩效影响程度	胜任力差距程度	优先级	备注
1												
2												
3												
4												
5												
6												
7												
8												
9												
10												

（四）形成报告

1. 开发解决方案。

主要工作内容	明确学习需求与学习目的； 描述学习策略； 识别资源及制约因素； 推荐实施方案。
需要关注问题	最终选择的“学习解决方案”是什么？ 方案是为那些人设计的？为什么？ 学习解决方案的“学习目的”是什么？ 学习解决方案将使用什么学习策略？ 怎样安排实施学习解决方案的时间和多少预算？ 学习解决方案的实施需要哪些资源以及必要的支持？ 在学习解决方案的实施过程中，每个人的职责是什么？

对学习目的进行分解，确定课程目标和课程体系，并匹配相应的师资，具体内容如下：

<table>
<tr><th>序号</th><th>项目目的
（解决什么问题或取得哪些业务收益）</th><th>项目目标
（行动学习或一段时间后能够具备的能力）</th><th>课程体系</th><th>拟授课人员</th><th>备注</th></tr>
<tr><td>1</td><td rowspan="6">学习目的一</td><td rowspan="3">学习目标一</td><td>课程一</td><td></td><td></td></tr>
<tr><td>2</td><td>课程二</td><td></td><td></td></tr>
<tr><td>3</td><td>……</td><td></td><td></td></tr>
<tr><td>4</td><td rowspan="3">学习目标二</td><td>课程一</td><td></td><td></td></tr>
<tr><td>5</td><td>课程二</td><td></td><td></td></tr>
<tr><td>6</td><td>……</td><td></td><td></td></tr>
<tr><td>7</td><td>……</td><td>……</td><td>……</td><td></td><td></td></tr>
</table>

2. 开发汇报材料。

主要工作内容	制定汇报策略； 制作汇报材料。
需要关注问题	方案如何有效地呈现给管理层？ 方案应该由谁来呈现？何时？ 方案以什么方式？

3. 汇报和修订方案。

主要工作内容	汇报并听取反馈； 最终确定学习解决方案的提案。
需要关注问题	做报告时哪些人必须在场？ 哪些人将成为学习解决方案实施的带头人和支持者？ 谁有权最终批准方案？

学习解决方案评审后，及时按照修订意见完成修改，学习解决方案具体评审内容如下：

学习解决方案评审表

序号	打分项目（对学习解决方案的逐条逐项进行打分，1 表示完全不是，2 表示一小部分是，3 表示一定程度上是，4 表示很大程度上是，5 表示极大程度上是）	分值				
1	学习解决方案需要解决的业务问题明确，实施后获得的业务收益界定清晰	1	2	3	4	5
2	培训需求分析方案科学有效，抽查对象及比例符合要求					
3	能够遵循业务问题分析、绩效问题分析、胜任力问题分析、培训需求分析的层级顺序进行需求调查数据分析，确定学习差距和学习要求					
4	通过培训需求分析设计的学习解决方案，能够达到解决存在的胜任力问题的目标					
5	学习目的和目标分解科学，课程体系设计合理					
6	各项学习活动能够突出课程内容的主题，实用有效，能够达到降低学习难度，提高学习氛围的目的					
7	学习形式（线上、线下、自学等）有效，学习时间分配合理，能够给予学员充分的吸收和消化的时间，学习成本符合预期要求					
8	学习成果转化方案能够积极引导学员“学以致用”，帮助学习设定学习转化目标、设计行动计划，达到提升胜任力的目标					
9	学习项目能够引导学员在后续的工作中保持持续学习，学员的相关主管人员及部门能够提供必要督促、支持、辅导，遇到问题能及时反馈					
10	整个项目的准备阶段、实施阶段、学习转化阶段和评估阶段体系科学，结构合理，项目在实施过程中能够进行持续的改进					
总分						

学习解决方案评审评分标准

分数	评价	备注
>45 分	项目能够获得重大的收益和回报，继续采用系统性的运营方法，对得分较低的项目进行重点关注，及时改进	
30～44 分	项目会取得一定的收益和回报，但收益率和回报率较低。实施过程中及时关注得分较低项目，及时改进并评审，争取得分大于 44 分	
<30 分	项目的投资回报率低，不得实施，需要系统性修订方案，重新评审	

第七章　师资建设与管理

“问渠哪得清如许，为有源头活水来。”师资队伍只有持续的成长进步、源源不断的创新，方能使国企大学充满活力、永葆健壮，为企业创造价值。

企业学习机构最核心的职能就是为企业培养人才，做专业的培训是企业大学的立身之本，专业的培训就需要专业的师资。师资队伍是国企大学运行的重要支撑，决定了国企大学的核心能力。所有国企大学都将师资队伍建设与管理作为培训组织的核心工作，规划师资队伍体系，制订师资建设机制，搭建师资管理平台，实施师资培养计划。国企大学的师资体系一般有三个来源：一是企业大学内部专职师资；二是企业内部兼职师资，这二者也称为企业内训师；三是企业外部师资。三个来源的师资专兼结合、优势互补、有效协同，共同组成国企大学的师资资源。国企大学高效运营，目标就是要保证出师、出内容、出项目、出绩效，其中师资是核心，要在产品研发、教学实施、交付运行中，融入先进的人才发展理念，运用创新的学习技术，确保培训产出成果，助力员工队伍素质提升和组织绩效增长。

第一节　企业内训师队伍建设与管理

企业内训师队伍建设需要和企业实际相结合。初创期或成长前期的企业成立时间短、规模小，企业内训工作刚起步，这时培训管理者首先要考虑是否建立内训师队伍？如何把企业内的优秀人才变成培训师？如何调动他们的积极性？如何吸引更多的人加入内训师队伍？如何让企业高层支持优秀员工讲课？

成长期后期或成熟期的企业具备了一定的规模、人数，企业内部培训工作也逐步形成了体系，如果内训师的积极性始终不愠不火，总是随着企业主要领导者的重视程度忽高忽低，这时候制订师资管理模式和办法时应该侧重考虑师资队伍的“稳定”的问题，如何让优秀人员持续爱上讲课？如何让晋升到更高层级的人员持续坚持讲课？

高新技术企业视野前瞻，创新引领，人才队伍素质高，企业学习文化好，内训师队伍庞大而稳定，学习培训板块已经成为企业可持续发展不可或缺的管理子系统，这时候培训管理人员需要考虑的是如何规范内训师的日常管理？如何有效考核激励？如何吸引高水平专家无私分享……。

不同的企业，所处的行业特点和面临的环境都不一样，企业内训师资队伍管理的侧重点也会有所不同。相比成熟发达国家的培训工作来说，国内企业培训工作刚刚起步，远未达到成熟阶段。对大部分企业培训工作者来说，内训师资队伍的管理还是以激励为主，以“最优秀的人培养更优秀的人”为目标。

一、企业内训师队伍建设的理念

“让最优秀的人培养更优秀的人，让实战专家成为传承高手!”这是企业发展内训师队伍的理念与初心。内训师是指符合任职条件，在某个专业领域具有较高的专业水平和丰富的经验技能，具备相应的培训开发及授课教学能力，能够兼职承担企业内部员工培训工作，并得到公司正式聘任的企业员工。

从组织的角度，通过内训师队伍建设，“让优秀的人培养更优秀的人”的理念深入人心，充分调动员工的积极性，发掘企业内生资源，促进组织智慧沉淀，推动企业文化传播，让一支优秀的内训师队伍为企业人才队伍建设和学习型组织打造发挥重要价值。

从培训的角度，企业培训强调从实践中来到实践中去，“仗怎么打兵就怎么练”，培训就是要紧贴业务，展现业务中最真实的场景。显然，具有丰富管理经验的各级领导干部、理论功底与实战经验兼具的各级业务技术骨干、摸爬滚打在一线的高绩效员工，都可作为企业培训的讲师、教练、导师的重要人选。企业兼职内训师的加入，带来了企业鲜活的实战内容和丰富的实践经验，也弥补了国企大学专职师资实战经验缺乏以及外部师资“不接地气”等问题。

二、企业内训师队伍建设与管理

（一）内训师队伍建设

内训师是企业内部讲师，是企业培训机构的重要合作伙伴，主要来自企业各业务单元精英及骨干，是企业内部各类培训项目落地的重要支撑力量。内训师队伍的建设与管理是企业培训机构的重要工作之一，下面从建设和管理两个维度来剖析。

内训师队伍的建设要分层级、分专业、分批次重点培养。

1. 分层级培养。

内训师队伍可以按等级划分，也可以按职责来划分。

（1）按等级划分。如果将内训师按等级划分，通常会划分为：初、中、高三级；或初、中、高、特级（荣誉级，一般由高管担任，具体名称因企业而不同）四级等。每个企业会根据企业实际情况来确定不同层级的内训师的准入资格，或者入门级胜任力。一般情况下，大多数企业以鼓励“人人为师，人人为学”的学习型组织创建为出发点，在初级内训师的选聘上，只要具有一定的工作年限，积累了相应的工作经验，乐于分享并参加过内训师培训，就可申请为初级内训师；中级内训师可从初级内训师的基础上晋级，也可以在中级职称的基础上，直接申报为中级；高级内训师一般在中级内训师基础上晋级或直接从较高职称直接评定。

此外，实践中有个常见的例外情况。按国有企业领导管理的一般要求，拿年薪的企业领导在本企业内部授课一般不允许再收取课酬。但为了鼓励企业领导多讲课做经验分享，可以允许企业领导在其他公司或外单位上课时收取课酬。例如，子分公司 A 领导去子分公司 B 或其他企业授课时就可以收取课酬。如果这个领导之前参加过内训师评选，就依据他对应等级支付课酬。如果他之前没有参加过内训师评选，无内训师等级，没有课酬支付依据，这种情况比较常见的做法是：可以在内训师等级设定中增加一个参考行政级别标准，不同行政级别的人员比照内训师的标准支付课酬，或者直接将某一等级以上的公司领导人员定义为特级（如 VIP 级等，名称可以不同，只代表一种荣誉，并不是实际内训等级体系中的级别），明确课酬支付标准，鼓励领导上讲台，以身示范，带头营造学习分享的氛围。

（2）按职责划分。如果按职责划分，一般把内训师队伍划分为师傅、讲师、促动师、教练和导师五级体系。师傅主要负责新入职员工的岗位带教，辅助其适应企业环境，了解企业文化，掌握基本技能，关心日常生活，规划职业路径，是新员工从“学校人”到“社会人”角色转变的催化师；讲师是指讲企业文化、制度、行业规范、安全要求等标准内容的师资，其授课方式也多以讲授为主，是员工课堂学习的主要传授者；促动师的工作岗位也在课堂上，但其教学是以解决企业问题为主，教学方式以问题研讨为主，教学目的是为达成解决方案共识，这个角色看似不需要太多知识，但实际上他们对学习的过程、所在领域的专业知识、研讨的流程设计、现场控场能力等要求很高，是解决企业重难点问题、激活群体智慧的人员；教练是企业之中辅导高潜人才，调动其积极性、发挥其潜能、传授职场经验、建立工作链接、引发深度思考的人群，一般以现任高管为主，学员对象主要为后备干部，以工作辅导、谈心谈话为主要教学方式；导师一般由企业的一把手担任，其主抓企业文化提炼、企业精神宣讲、企业愿景传播与企业价值观塑造。

2. 分专业培养。

内训师队伍一般分为专业课讲师和综合素质课讲师两大类。

（1）专业课讲师由企业各业务专家担任，发挥其多年工作经验和业务沉淀。企业通过建立激励机制，激发“人人成师”的动力、建立能力标准和荣誉体系，吸引更多的人成为专业课程讲师。其授课内容主要与本职工作相关，其授课水平一般由本企业在行业中的地位和影响力所决定。如果对专业课程细分的话，可以分为业务专业课师资和业务协同课程师资。业务专业课师资主要负责本专业人员技术水平的提升，其专业度要求比较高，一般由资深专家讲授；业务协同课程师资一般是为了方便有业务交集的人员理解业务系统逻辑，方便今后开展工作，专业水平要求不高，但讲解要通俗，容易让学员理解和记忆。

综合素质课程的讲师一般从企业里的行政系统、党群系统、文化宣传系统、经营系统、人力资源系统（包含培训部门）等部门中产生。企业内部综合素质课程的开发要经历发掘、学习、打磨到成熟的过程。上述几个综合性部门工作涉及面比较广，对人的综合素质要求比较高，而且熟悉企业内部管理流程和行业特点，能有效弥补外部师资讲课难以在企业落地的问题。例如，同样是讲礼仪，通用的礼仪和建筑施工企业的礼仪就不能照搬照用，行业的工作环境和工作性质决定了“西装革履”并不一定是“本质尊重”的礼仪标准，“橘生淮南则为橘，橘生淮北则为枳”，所谓的通用礼仪在特定行业中就可能变成另类，不适用，反而起误导作用。因此，需要挖掘企业内部综合素质高、学习能力强、乐于分享、善于表达的人员学习相关课程，或外送学习版权课程，通过认证后结合企业实际案例开发内部综合素质课程，也可由讲师自己根据多年工作经验总结，开发独立的版权课程，试讲通过评审后，在企业内部通过讲授去磨合和精进。

3. 分批次重点培养。

任何系统都有“二八”现象，内训师队伍也不例外。企业内训师队伍中，讲授精彩，受学员欢迎的永远是讲课频率较高的前几位讲师。但现实往往是，优秀的讲师一般也是部门的业务骨干或精英，他们日常业务繁忙，经常没有讲课“档期”。针对这种情况，首先，要加强同优秀讲师的联系，多关心其工作情况，多提供贴心的服务，加强日常情感交流；其次，可以同优秀的讲师协商培养“接班人”计划，或者对同一门课程储备多名师资，不同层级的学员选派不同的讲师，为“接班人”创造更多锻炼实践的机会来解决优秀讲师时间稀缺的问题。好枪手是子弹喂出来的，好讲师是课堂磨出来的，只有多让后备讲师参与课堂演练，他才有可能成为优秀讲师。

无论是采用分层级、分业务还是分批次重点的培养方式，都是想在企业内部营造“党组织书记讲党课、领导干部上讲台、业务骨干当讲师”的学习氛围，只有吸引越来越多的人走向讲台、越来越多的人乐于分享，企业内训的氛围才能“热”起来。

（二）内训师队伍管理

内训师队伍建设不单纯是教育培训的重要工作，也是公司人才战略、业务发展战略的一项重要举措。在内训师队伍建设中，公司人力资源部门、业务部门，以及作为公司人才开发基地的国企大学，分工合作、高效协同就显得尤为重要。总结起来就是，人力搭台、业务唱戏、大学管理。

（1）人力搭台。公司人力资源部门是全公司内训师队伍建设归口管理部门，负责立足企业战略发展和人才开发需要，研究制订内训师队伍建设的总体规划，建立内训师选拔、聘任、使用、培养、考核、激励、晋级等相关管理机制及规范流程，负责内训师队伍建设的总体协调与管理。按照属地管理的原则，分公司人力资源部门负责辖域范围内相应级别内训师的建设管理。

（2）业务唱戏。一般企业内训师都是分专业建设，业务部门是本专业内训师队伍建设、管理与使用的主责部门，负责根据本专业发展和员工素质提升需要，提出本专业内训师建设规模以及年度建设计划，配合国企大学开展本专业集团级内训师的选拔、培养等工作，并在本专业培训中优先使用内训师。

（3）大学管理。国企大学是公司内训师队伍建设工作的具体组织部门，支撑人力部门和各专业部门开展内训师选拔、聘任、使用、考核、晋级、培训、交流、教学成果推广等工作。其中，要重点研究制订内训师选拔标准，构建内训师培养体系，分专业分层级开展内训师培训，搭建内训师交流研讨平台，建设并运营内训师管理系统等。

内训师队伍建立起来后，企业大学需要对其进行日常管理。日常管理一般涉及基本课时统计、基本授课评价、课程授课排名、外出学习登记的日常台账。此项工作比较繁杂，一般由班主任借助班级管理系统进行日常管理，由教学主管部门进行年终汇总，作为评优评先的依据，也是每年教师节庆典荣誉颁发的重要参考依据。基本课时按不同等级进行划分，一般来说，企业内部的兼职培训师每年授课保持4～8学时比较切合实际，课时标准过高，完不成，容易打击讲师的积极性。评价指标一般从语言表达、授课技巧、授课内容、课件呈现等维度进行打分。内训以鼓励为主，不建议设计过于复杂的评价体系，否则会给被评价者造成压力，反而达不到理想效果。需要注意的是，课程的评价最好要包含讲师评分（在同一个班级不同授课教师中的）排名。不同班级、不同性质的培训评价差异巨大，不具有参考价值，加入讲师的班级评分排名后，课程评价的真实性和科学性就有了参照。

三、企业内训师队伍建设的“选、用、育、留”策略

内训师队伍建设是企业人才队伍建设的重要组成部分，发展内训师队伍是一个系统性工程，务必把握好“选、用、育、留”四个关键环节，进行统筹规划、定机制、搭体系、建平台、造气氛，让“百千万”的各级各专业内训师形成“星星之火可以燎原”之势，活跃在企业各级各类培训课堂上，以及一线员工的各类岗位带教学习活动中，成为员工之中最耀眼的“星”。

（一）选：多维度考评

运用科学的流程、方法、技术，甄选出最适合担任内训师的员工，是内训师队伍建设取得成功的第一步。

1. 自主报名。

企业业务部门提出建设计划后，一般由人力资源部门制订报名条件并下发内训师选拔通知，有意愿的内训师进行自主报名，由各分公司逐级筛选并推荐内训师候选人。报名条件一般包括工作经历、工作经验、工作业绩、专业特长等方面，保证候选人足够掌握企业发展历程、经营现状、企业文化情况，专业实战经验丰富、技术技能水平高、绩效优秀，同时具有担任内训师的基础能力。

（1）具有较高的政治素质和思想觉悟，热爱本职工作、工作业绩突出，具备较强的责任心和奉献精神，本人愿意从事员工培训工作，并愿意为此付出一定的业余时间和个人精力。

（2）认同企业发展战略与企业文化，维护企业形象，态度积极，擅于传播正能量，具备良好职业操守，尊重知识产权。

（3）原则上应具有大学本科以上学历，中级专业技术职称或高级及以上职业技能资格，有本专业或相关专业工作经历。具有特殊专业经验和授课能力的可酌情放宽，需要附佐证。

（4）普通话标准，具有较好的语言表达、文字表达和沟通能力，有一定的沟通协调、教学组织和业务指导能力。

2. 选拔流程。

国企大学协同人力资源部、业务部门，对推荐人选根据要求进行初筛后，拟订候选人名单，然后启动以下选拔流程。

（1）专业考核。重点考察内训师候选人的专业理论掌握情况，测试题目由业务部门制定。

（2）素质测评。采用职业潜能测评、BEI结构化访谈等现代评价技术，对内训师候选人的能力、个性、动力三个维度进行测评。例如，能力包括人际沟通、分析思维、学习能力等指标；个性包括敬业、创新、合作、自信、承压等指标；动力包括成就动机、学习成长、心理稳定性等指标。评价可作为对内训师候选人潜质的“体检”，结果可作为评聘的参考。

（3）初步赋能。一般首先对内训师候选人进行初步的内训师赋能培训，为后续试讲评审打基础，通过课程开发工作坊，让每组通力合作集中产出初步课程，每人产出课程模块并作为试讲内容。同时，在培训过程中，让候选人充分释放自我，通过现场观察法进行评价。培训课程一般包含内训师角色认知、需求分析、课程开发、呈现技巧、课件制作等内容。

（4）试讲评审。国企大学组织专家评审组对内训师候选人进行试讲评审。专家评审组人员一般是人力资源部人员、TTT培训专家、业务部门专家，从仪表风范、内容设计、演绎呈现、教学效果等维度进行打分、点评。为做好这一环节，一般对每位候选人试讲进行录制，试讲结束后，进行录像回放，采用自我点评、学员点评和专家点评相结合的方式，指出其在专业内容设计把握、课程设计、授课呈现等方面的优势与不足。这个过程对候选人是一个极大的能力挑战和心理考验。

（5）综合议定。经过上述四个环节的评价评审，企业大学、人力资源部与业务部门联合商议内训师选拔结果。最终，人力资源部发文聘任内训师并进入内训师资库。

（6）逐级聘任。内训师队伍一般是分级管理、逐级聘任。例如，有的国企按集团级、省公司级、地市级划分，每一级别又可分为初级、高级、特聘等，有的按照讲师、高级讲师、优秀讲师、卓越讲师划分，或是按照星级进行划分等。对于不用级别的内训师设定不同的专业素质与能力条件。首次聘任从最低级别内训师开始，由低向高逐级聘任，一般不跨级聘任。国企大学组织内训师晋级工作，由内训师个人申请，人力资源部门和业务部门组织晋级评审，综合数量比例控制、晋级条件等情况，审定晋级人选。晋级条件一般由聘期考核结果、工作量及质量效果等指标组成。

（二）用：发挥队伍价值

选拔好专业内训师队伍，在发文、聘任、入库等工作都完成之后，很多企业会遇到这样的问题：过一阶段会发现内训师被“搁置”了，他们“跃跃欲试”的激情慢慢退却了。因此，在规划内训师队伍之初就必须“以终为始”，设计好如何使用，如何搭建好“用武之地”，让内训师队伍发挥价值。

1. 要给任务给机会。国企大学每年要协同各专业部门，根据年度重点业务项目推广、员工技能升级等需要，规划本专业内训师需要开发课程、课件、教材、案例库建设等内容，发布计划后由个人申报，组成项目开发团队，立项并提供适度的经费支持，工作方式可采用在线沟通、试讲、点评、验收的方式。针对企业要推广的重点项目，可组织课程开发研讨班，让内训师在短时间内群策群力集体开发课程，经过“拍砖会”打磨、试讲完善等环节，开发出标准课程，遴选出最适合的授课师资，在公司内部进行巡讲。针对企业大学的标准课程，可以组织课程认证班，让内训师取得认证资质后进行讲授。

2. 要优先推广使用。业务部门要将内训师队伍纳入业务发展资源，作为重要抓手优先使用。一方面结合业务发展实际，在全国重点项目推广中，让内训师参与标准课程开发，作为“推广大使”“转型大使”在各分公司推广，扮演培训师、操作示范员、过程督导师等“推手”角色；另一方面，在业务技术培训上，要强化知识赋能与实战经验的结合，优先使用内训师课程，把最鲜活的成功实践带入课堂，通过剖析案例萃取成功经验，或围绕企业生产经营中的痛点难点问题，引导内训师结构化研讨产出优秀的解决方案，最大化内训师的价值。

3. 建立内训师调用机制。国企大学可发挥统筹作用，搭建内训师信息发布平台，完善需求接收反馈、沟通协调选派的流程，建立根据需求精准调用、按照地理位置大区就近调用以及轮流调用的机制。

（三）育：持续加“油”促动成长

为保障内训师队伍的持续成长，国企大学要建立分专业分层级的培训赋能体系，为内训师队伍持续加“油”。

培训赋能。鉴于企业中内训师大多分类分层级的现状，内训师队伍的培养也应该按照内训师所属专业及层级的不同给予不同的赋能培训。

1. 分层培训。不同层级内训师能力不同。在不同企业组织中对内训师层级的划分标准差异很大，在这里笔者以内训师划分为初、中、高三级为例，简单描述分层培训的相关内容。这里初级内训师定义为“讲好别人的课”，即能够讲授标准化课程，具有一定的呈现能力；中级内训师定义为“讲好自己的课”，即能够自己进行课程开发并且讲好；高级内训师定义为“影响他人”，即除了具备中级内训师的能力外，还掌握引导式技术，在课堂上可作为催化师、促动师，针对明确的主题，激发学员团队共创并高效产出成果。

因此，不同级别内训师的培训定位是有差异的。初级内训师定位在“讲好课”，赋能阶段一般安排课堂呈现类课程，包括演讲与表达、思维逻辑、呈现技巧、PPT 制作等。中级内训师定位在“研好课”，赋能阶段一般安排课程设计类课程，包括课程设计与开发、微课制作、直播课程设计、案例采编、经验萃取等。高级内训师定位在“为好师”，赋能阶段一般多安排教学方法、影响他人等课程，包括案例教学法、行动学习、引导式技术、结构化研讨技术等。

2. 分专业赋能。针对不同专业的内训师，安排侧重点不同的培训内容。例如，针对职能管理专业内训师一般“汇报式”“灌输式”授课的问题，培训内容应多侧重互动式教学技巧，提升课堂效果，让学员爱听；针对业务销售内训师擅长呈现但课程逻辑不够、经验萃取较浅等问题，培训应加强结构化思维、案例教学等内容；针对纪检、党建、企业文化等专业内训师讲授刻板、生动性不足问题，培训内容应侧重案例、故事等素材运用技术等。同时，业务部门务必要安排内训师参加专业前瞻、业务技能方面与时俱进的培训，保证内训师队伍知识技能水平的“专、新、深”。

3. 外培内用。定期组织内训师参与专业机构培训。企业大学可以定期组织内训师参与外部专业机构学习，汲取他方精华，充实队伍力量。内训师可以可按兴趣参与各种外部公开课、认证班、线上课程等免费与付费的各种学习活动。如参与 ATD 人才发展师、ATTCP 国际注册行动学习促进师、经验萃取师、绩效改进师等，企业应该在时间、精力、费用等方面给予内训师支持。

4. 教研活动。内训师的培养除上述途径外，也要注重日常培养。日常培养的作用除了能够增加内训师的归属感外，还能集结内训师的智慧产出优质的课程。例如，国企大学可组织日常线上线下交流会，进行教学观摩、教学技术研讨，或组织确定主题下的团队共创，集中集体智慧开发课程等。

5. 以赛促提升。每年定期组织内训师技能大赛，通过大赛的形式让内训师展示风采，分享交流、相互学习，促进能力共同提升。

（四）留：注重激励建立归属

根据笔者多年的工作经验，内训师队伍建设的痛点就是“留”，难点是“兼”。当前企业的市场竞争环境激烈，每一名内训师都是所在机构的领导层或业务骨干，繁重的工作经常让大家对于“内训师”这个角色有心无力，加之个别直线领导的不支持、自身牺牲业余时间准备课程产生的压力感、授课效果负面反馈产生的挫败感等，极易出现队伍慢慢流失的现象。因此，设计科学、灵活、有效的激励、管理机制，激发内训师自身的内驱力，建立大家的归属感，保持队伍的活力，是至关重要的。

1. 实行积分制考核。内训师聘期内考核可采取积分制，根据内训师工作内容，设定积分，每层级内训师设定聘期积分要求，达标即晋级，不达标者留任，连续不达标者降级。积分范围包括：授课教学方面，课时总量、授课平均满意度；资源开发方面，独立开发课程、参与课程开发、参与教学教研活动、采编案例，参与培训教材、口袋书、操作规范等资料编写，以及岗位带教、在线引导答疑等。通过建立工作量积分台账的形式，作为内训师年度评优、晋级的依据，也作为内训师所在单位当年考核的一个“贡献性”指标。

2. 给予物质激励。以支付报酬的方式认可内训师的辛苦付出。一般要制订与本行业、本地区薪酬水平相当的课时标准，国企中还需要考虑政府主管部门、组织部门和上级纪委等部门要求。大部分企业建立了授课津贴、研发津贴、学习基金等待遇和激励，具体标准根据企业自身情况来确定。其中，课时津贴与授课评估结果挂钩；研发津贴包括编写培训教材、案例文本或有关培训资料等；学习基金用于自主参加培训学习、购买学习资料等。

3. 建立荣誉体系。“师者，传道授业解惑也”。走上企业内训师队伍的员工，都是带着对老师的崇敬心理迈出第一步的，适当的物质激励必不可少，恰如其时的精神激励也至关重要。一般做法有：

（1）打造显性的内训师品牌。设计愿景、理念、标识并全企业宣传推广，在企业内部营造尊师重教的良好氛围，建立内训师崇高的使命感；根据内训师授课效果在企业内部对内训师分级，如金牌讲师、银牌讲师、铜牌讲师，赋予不同等级荣誉内涵及给予课时的级差激励。

（2）教师节庆典活动。每年教师节，策划组织具有仪式感的隆重庆典活动。邀请公司高层向内训师表达感谢、鼓励和期望；邀请高端人士分享企业人才发展的最新做法；邀请内部讲师分享教学经验和教学的心路历程；编排与教师相关的节目或微电影表达对内训师的感谢和赞美；发布并表彰优秀内部培训师；向全体内训师发送祝福信息和小礼品，表达谢意；记录活动中的精彩瞬间，将教师节活动制作成精美宣传页面，在公司内部广泛推广，尤其是在高层领导中制造影响力。

4. 优先职业发展机会。内训师是企业宝贵的人才资源，给予他们优先接受相关专业新知识技能培训或进修机会，并将内训师的培训工作成果在职称评定、绩效考核、职级晋升、评奖评优中予以认定并获得相应加分。

5. 对讲师的包装与宣传推广。对讲师“包装”与营销推广，是在国企中最有效的非物质激励方式，但这个工作往往容易被忽略。包装与营销推广除了给讲师拍摄职业照、包装资质与授课能力外，还包括有计划有节奏地在固定网络学习平台或 App 上进行推广；在培训班、培训项目中给予展示机会；将优秀师资向同行、公司其他分支、培训机构和高等院校去推广，扩大其影响力，充分调动内训师的积极性。

6. 注重日常关系维护。日常邀请讲师授课时提前电话联系，根据讲师时间安排车辆接送，到达教室附近后，安排在休息室休息并热情招待，开班前热情洋溢地介绍讲师，结束后真诚地向内训师表达谢意，及时将学员及班主任老师观察到的改进意见反馈给讲师，帮助其成长，培训过程中用心拍摄好讲师照片，后期班级宣传中重点呈现讲师风采，让其有获得感。对内训师的尊重本身就是一种激励，在日常的接触中，充分表达尊重和感谢，真心诚意地帮助其成长，与其成为好朋友，激励其成为更好的自己。

7. 节假日、生日节点给予祝福。在节假日、生日等重要时刻关心讲师，发放有纪念意义的小礼物或祝福；将讲师讲授相关的专业知识及教学素材精准推送给讲师本人，都是日常关怀、关心的具体体现，都可以加强情感交流，增进和讲师的良好关系。

8. 高层领导激励与以身示范。在培训班开班式、结业式上高层领导对内训师的授课表示感谢；促动高层领导以身作则，带头亲自上课，都是对内训师的一种尊重、认可与无形的激励。

四、建立领导干部上讲台机制

按照中央关于干部教育培训的管理规定，鼓励各级领导干部上讲台，鼓励退休干部返聘任教。各级管理人员特别是中高层管理人员是企业内训师的重要来源，要带头进行企业战略、业务、文化的宣讲。领导干部聘为内训师，可不受相应级别申报条件和试讲限制，经国企大学内部培训师评审小组确认后可直接聘任，企业可将领导干部的授课经历作为干部考核的重要指标之一。国企大学要积极邀请各级领导讲课，并做好组织保障工作。

五、成为内训师的“引路人”

培训管理人员在对内部讲师的管理上，除了方法得当、勤于奉献、乐于助人外，自身个人能力提升与影响力的建设也是至关重要的。优秀的人更容易吸引优秀的人，若想让身边的内训师和你打成一片，就要学习他们身上的职业精神、职业素养和敬业精神，把自己变成培训行业中的专业人士，在企业培训这个专业领域上变成他们的老师。具体可从以下几个方面入手：

1. 创造接触及链接机会。多参加或组织企业内部高级别的培训班，这类培训班中很多学员都是优秀内训师，通过培训建立信任，加强了解是开展培训工作的有效前提。此外，作为学员或班主任，创造机会与内训师共同学习和相处，产生微妙的化学反应与友情链接。

2. 授课建立影响力。承担内训师培训班讲师，如亲自讲授课程开发、授课技巧和课件制作课程，通过课堂讲授向企业其他部门展示自己的专业度，建立影响力，后期在班级管理激励时大家会更信服。

3. 加强和业务合作。多参与业务系统的项目研发、业务宣传工作，为其提供帮助和服务，建立友好合作关系。

4. 策划组织公司各级竞赛。如内训师大赛、微课大赛、直播师大赛、案例大赛、演讲比赛等活动，建立专业度和权威。

5. 提供宣传推广素材。用最佳镜头采集精彩照片和视频，为内训师做专业级的宣传和推广工作，帮助内训师形成品牌知名度和品牌影响力。

总之，企业内训师管理是企业培训工作的重点，要始终有一颗成就他人的心，并努力提升自身专业水平，彼此成就，共同成长，这也是企业培训工作的初心：人人为师，人人为学，建设学习型组织。

第二节 专职师资队伍建设的“156”策略

国企大学，企业中的大学，大学中的企业。

国企大学的专职师资，注定要懂学习、懂业务、懂技术，将成人学习规律、企业业务需求、学习技术创新完美的组合运用，不断强化为企业创造价值的盈利思维、塑造形象的品牌思维、市场导向的创新思维、客户视角的质量思维、数据化的运营思维，快速应对来自企业战略变革、业务创新、员工发展对培训学习需求不断变化的挑战，以及学习技术本身的发展创新。因此，专业、激情、创新、实战、追求卓越，几乎是所有国企大学专职师资团队的统一标签。

一、强化战略性业务合作伙伴的 1 个理念定位

按照 HRBP 的战略人力资源管理理论，培训是助力企业发展的重要战略工具，要达成这样的价值目标，必须从培训领域跨越到业务领域，成为战略性业务合作伙伴，

并帮助业务合作伙伴转换为战略性学习合作伙伴。这恰恰是国企大学专职师资队伍建设的目标。这种角色定位更加强化了业务合作伙伴的理念，作为国企大学师资，要了解企业战略、洞察业务需求、掌握业务语言、引导挖掘痛点、确定改进靶点、科学定制方案、匹配优质资源、推进成果转化、带来绩效改善，真正将培训的发力点与业务发展的痛难点有效焊接，实现培训工作从“关注学”向“关注做”的理念转变，从单纯传导知识经验向提供一体化解决方案的功能转变，让培训工作在解决业务发展问题、促进绩效提升中彰显价值。

因此，这也对国企大学专职师资提出了高标准高要求，既要有教育者的职能，更要有企业人的属性，紧密对接企业战略、业务、员工三大关键要素，关注学习者学习效果，评估对业务绩效的增长，助力企业战略发展。

二、六类专业化师资团队

国企大学的专职师资队伍，一般设置在大学的教学研发部门，或在领导力教研部、员工发展教研部、业务培训教研部、人才测评部、在线学习部等，在大学的产品研发、教学实施、交付运行的不同环节，有5类不同的师资团队在协同支撑。对于师资个体的角色定位通常有所侧重，但是从师资的能力发展、职业发展的角度以及国企大学人员队伍的集约化管理的角度，每一名专职师资都要成为这5类中一到两个方面的专家角色。

（一）学习项目设计师

学习项目设计师主要完成企业培训体系搭建、年度培训计划制定、学习项目策划设计等工作，要求师资要掌握成人学习原理、人才发展规律，具备战略解码、需求挖掘和系统化的学习项目设计技能，工作的重难点在于如何更好地支撑战略、紧贴业务、匹配需求、推动转化、产出绩效，确保培训的针对性有效性。

首先，贯彻落实中央对干部教育培训的相关要求，围绕建立源头培养、跟踪培养、全程培养的素质培养体系的目标，从组织战略、岗位任务需求的角度，针对企业领导班子成员、经营管理人员、专业技术人员、基层管理人员、年轻干部，规划构建分类分级的培训体系。

其次，围绕企业业务部门提出的年度培训需求，面向企业各业务部门运用咨询式需求访谈技术，从“战略契合度、业务密联度、培训内容及对象精准度、培训方式适合度”等四个维度，评估确定年度培训计划，确保培训需求分析的科学性和年度培训计划制定的精准性。

最后，针对培训项目需求，坚持问题导向和绩效导向，在明晰企业目标、探寻问题差距、找准痛难点问题的基础上，确定培训目标、策划培训方案、设计转化策略，设计出紧贴业务需求、强化绩效改善，并让学员有良好体验的学习项目。因此，学习设计师扮演了绩效改进顾问的角色，运用绩效改进技术，按照识别业务需求、明确期望绩效、评估当前绩效、分析差距、探索原因，判断培训的有效性，明确培训要解决的重点问题，并转化成培训解决方案。

（二）学习资源开发师

国企大学的学习资源包括课程、课件、教材、案例等，学习资源开发包括内容设计、呈现制作等工作，因此学习资源开发师要具备课程需求调研、内容设计开发、案例采编与经验萃取等专业技能，并掌握成人学习规律、建构主义学习理论、教学设计原理等基础技能。

学习资源开发团队，负责开发精品课程、培训教材，构建在线课程库、企业案例库等学习资源，其最重要的任务就是要保证“出好课，出叫得响的课”，持续打造国企大学的拳头产品！同时，在一般国企大学中，学习资源开发团队还要负责制订整个企业的资源开发规划、研究资源开发规范、课件制作规范、资源评价标准等，由企业人员组成开发团队，同时负责在企业内部搭建资源管理平台，推动优质学习资源共建共享。

（三）培训讲师

培训讲师负责培训课堂授课教学，要求具备沟通表达、内容呈现、教学组织等技能，能综合应用探究式、案例式、情景式、体验式等多种教学方法，掌握结构化研讨、案例式教学、访谈式教学、场景式教学、引导式教学等技术方法与教学组织流程，根据教学内容要求和学员差异化学习特征，突出“以学员为中心”的建构主义教学理念，开展培训授课教学。同时，国企大学的培训讲师还要负责将学习项目设计、培训课程开发、授课呈现等技术赋能给企业兼职讲师，培养企业内训师队伍。

好课程是“磨”出来的，同样好讲师也是“站出来的”，在不断接受学员的挑战中，培训讲师才能不断成长。出名师、出大师，同样也是国企大学的不懈追求！

同时我们也看到，也有部分国企大学讲台上绝大部分的讲师都是兼职老师，来自各级管理者和业务专家，国企大学的专职师资主要负责学习的设计开发，从内部业务部门挖掘师资进行课程认证并进行教学授课，这也是师资队伍建设的一种模式。

（四）学习场域管理师

人的每一个行动均被行动所发生的场域所影响，而场域并非单指物理环境而言，也包括他人的行为以及与此相连的许多因素。设计再好的培训项目，如果缺乏现场的学习引导策略，效果也会打折扣。学习场域管理师，就要将学习“运营”起来，精心设计环境场域，促进学员连接，气氛营造，激发交流分享，促进学习吸收记忆。例如，通过班级微信群、桌面小组、课题小组、学习微报、App 专区等方式，营造“教学相长、学学相长”氛围，提升学习体验；通过设置班级积分榜、优秀案例成果展示墙，以及学习微报、优秀学员评选、课题成果评选等方式，营造比学赶超良好氛围；组织训后复盘总结、签订“岗上实践承诺书”，确保培训产出。因此，学习场域管理师要具备主持引导、沟通连接、项目运作和问题解决等关键能力。

（五）在线学习运营师

国企大学均建有网上学习平台，必须有一支确保线上学习热度和学习效果的在线学习运营师团队，专门负责进行学习项目运营、知识学习运营，要求具备混合式学习项目设计、学习策略设计、社群学习运营、学员热情激发、数据收集分析、学习效果评估等多项技能。

（六）人才测评师

现代测评技术在企业人才评价、培训发展中得到广泛应用。中国邮政、中国电信、南方电网等国企大学设有人才发展中心或人才测评中心这样的部门，专门有一批测评师团队，服务企业的人才评价与发展，这也是国企大学一支重要的技术师资力量。实践中，一方面用于人才的招聘、选拔，同时将测评技术与培训相融合，实现“测—培—评”一体化项目，训前诊断学员能力现状，分析共性短板，增强培训设计的针对性；训中针对个人短板，进行测评反馈、导师跟进辅导与个性化学习资源支持，实现针对性分层教学；训后实施学员行为改善与业绩提升的再测评，促进培训方案优化迭代。

三、专职师资培养6种举措

以上5类师资团队角色构成了国企大学的核心能力，从某种意义上讲，专职师资的成长速度代表了国企大学的发展速度和能力水平。因此，加速培养、持续培养专业化师资团队是国企大学负责人头脑中的关键事项。

（1）专题培训，强化基础。依托国内外知名高校、咨询机构、专业协会等，组织开展专题培训，掌握教育学、心理学、学习科学等基本原理，以及学习设计、行动学习、引导技术等基本技能，学习人才发展领域最新的理念、方法、技术，引进知识管理、绩效改进等方面的培训，提升师资的专业能力。

（2）企业实践，跟踪业务。定期到企业业务一线进行实践或交流挂职，参与到具体的业务项目中，通过在企业中的磨炼加深对于业务实践的理解，同时挖掘企业培训需求。

（3）项目实战，传帮带培养。在学习项目设计、开发、实施、评估中，发挥以老带新的作用，并通过项目方案汇报会、项目复盘会，不断迭代提高团队的研发运营能力。在资源开发项目中，通过立项评审会、专家“拍砖会”、课程试讲会等，提升团队的开发能力等。

（4）学企协同，联合教研。一些国企大学吸纳企业业务、管理专家与大学专职师资组建分专业或专题的“虚拟教研组”，建立线上线下的联合教研机制，发挥各自在学习设计、内容开发、业务实战等方面的优势。国企大学与企业的高效协同，优势互补、良性互动，提升了专职师资实战能力，扩充了大学的师资范围，也持续深化了与业务部门的紧密伙伴关系，确保了培训与企业战略、业务发展需求的高度契合。

（5）课题研究，培养专家。紧密跟踪企业战略和业务动向，开展人力资源管理、业务技术创新等科研课题研究，提升师资团队的学术研究能力，并反哺人才培养，夯实大学实力。

（6）对标交流，学习标杆。与人才发展协会（ATD）、国际绩效改进协会（ISPI）以及中国企业高管培训发展联盟等国内外权威的机构和平台加强交流，通过申报奖项，复盘总结大学的优秀项目，比肩一流，学习标杆案例，拓展师资团队的视野和整体能力水平。

四、构建着眼于未来发展的师资能力体系

现代企业发展、信息技术创新、教育理念升级，对国企大学的能力提出了更高要求，基于当前的能力提升和着眼未来的能力储备都显得尤为重要。ATD（人才发展协会）人才发展能力模型作为人才发展专业人士的能力标准，从个人提升、专业发展和组织影响三个领域提出了取得成功的关键能力，蕴含 23 项能力和 188 项知识和技能（见图 7－1）。

图 7－1　ATD 人才发展能力模型

其中，个人提升领域，是从业者应具备的基本能力，包括沟通能力、情商和决策能力、协作和领导能力、文化意识和包容能力、项目管理能力、合规与道德行为能力、终身学习能力等；专业发展领域，是从业者应具备的专业技能，包括学习科学、教学设计、培训交付与引导、技术应用、知识管理、职业与领导力开发、教练技术和效果评估等；组织影响领域，体现了人才培养要以驱动绩效改善为目标，包括业务洞察力、未来准备度、数据与分析、人才战略与管理、组织发展与组织文化、绩效改进、咨询与业务伙伴等。

这些为国企大学从“交付型”培训实施，转变为“专业化、伙伴型、绩效型”人才开发提供了方向和指引，赋人要先赋已，提升核心能力才是硬道理。

第三节　外部师资及合作机构管理

一、外部师资的遴选与管理

学习先进、跟踪前沿、对标一流，国企大学需要引进优质的外部课程与师资。国企大学的外部师资，一般来自国内外知名高校、科研院所、咨询机构等，偏重国企改革、党的建设、领导力、现代企业管理、同业标杆实践以及大数据、人工智能等前沿技术方面的师资。

当前在外部师资使用方面，存在师资水平良莠不齐、首次引进不好预估授课效果，授课内容与企业实际关联度不高、“两张皮”，以及课酬总体偏高，特别是咨询公司存在“漫天要价”“水涨船高”等问题。因此，做好外部师资的遴选、使用、管理，需要技巧策略和规范化流程。

（一）实行供应商招标采购和课程采购比选机制

为提升培训质量效果，规范使用企业外部培训课程师资，中国邮政、中国电信、中国移动等国企大学均采用了外部培训课程师资招标采购，分集团层面采购和国企大学采购两种形式。采购方式均为培训机构入围采购，即通过招标入围，遴选一批培训机构作为供应方。在课程采购环节，国企大学要建立一套严格地竞价招标制度，来最大限度地降低课程采购成本与采购风险。

具体操作方式为：招标完成后，针对培训课程需求，由培训主办方提出培训资源需求，并与国企大学相关人员组成评审小组。国企大学面向全体入围服务商发布需求，服务商接到培训需求后，根据自身情况决定是否为该培训项目提供师资课程资源，并在 24 小时内响应。服务商在规定期限内，制订完整培训服务方案，方案包含但不限于课程名称、培训目标、课程主要内容、师资简介、价格等。评审小组审核比选各服务商提供的方案、价格等，通过打分确定最终使用的师资课程，并将比选结果进行签字确认存档。

当然这种方式，通过审核服务商提供的方案，仍然无法确定最终选择，可以组织入围靠前的课程供应商现场说课，综合考虑其课程内容、授课效果、服务报价等多项内容后，筛选确定出性价比高的课程供应商。

（二）专人现场听课跟踪师资授课效果

课程交付时，派专人对接师资，一方面建立关系，另一方面沟通了解师资的研究方向、研究成果、实战经验和授课经历。全程跟踪师资授课，记录师资在逻辑表达、授课风格、授课技巧、课堂掌控、学员互动和个人魅力方面的特点、优势及短板，关注讲授内容是否满足培训需求并得到了学员的积极响应，课下也可听取主办方及个别学员对师资的意见。最后通过在线评价，让全体学员对师资水平和授课效果进行综合评估评价。

（三）建立师资入库标准

根据学员量化评价、主办方反馈意见和专人跟踪打分，按照三者的加权平均得到师资综合评分，对于达到一定分值的师资课进入大学外部师资库，并可与机构建立短期或者长期的合作，也可采用直接与师资签约的方式合作，签订一年周期的或者是更长周期的框架协议，实行协议价格，并在后续使用中持续跟踪、动态管理。

（四）做好“课探”

国企大学可根据企业当前或未来的培训需求，经常派人通过公开课、线上课程、讲座等渠道，跟踪市场上优质的课程和师资，提前做好课程和师资的储备。

（五）师资资源共享

为做好全企业的外部师资信息的共享，很多国企大学依托网上大学平台，实现对全企业外部师资、课程资源的有效积累沉淀与动态管理。各级管理员均可利用该系统，实现对某个外部师资、课程的筛选与鉴别。这样就有效促进了优质资源在全行范围内的共建与共享，降低了选聘师资、课程采购等方面的风险。

二、外部师资及合作机构管理

在企业培训工作中，不可避免地要借助外部师资力量。外部师资无论是来自高等院校、咨询（培训）机构、企业同行还是自由讲师，都是企业学习生态系统中的一分子。维护、管理好外部师资队伍，对企业人才队伍建设，社会资源获取，品牌形象树立都是有益的。外部自由讲师的激励可以参照部分内训师激励制度，如加强情感交流、提供专业支持、给予授课机会等，主要的原则就是拥有“利他”之心，彼此成就，合作共赢。

外部师资和合作机构的管理最主要的目的是：能助力国企大学及时、准确、经济地找到合适的师资，服务于企业培训工作。目前社会上的培训机构和自由讲师队伍庞大，鱼龙混杂，需要慧眼识珠、仔细甄别。当前因疫情等外部环境影响也导致很多师资及培训机构举步维艰，人员变动很大，因此，外部师资队伍和培训机构的管理也有所侧重。

首先，加强理解，建立联系。重点建立与企业性质相关的培训机构或者优势专业院校的联系，加深相互之间的了解，降低沟通成本和出现教学事故的概率。其次，前瞻视野，了解行业发展趋势。争取多参加培训行业论坛、学习峰会、师资推介会、培训年会等活动，了解整个培训行业的发展趋势，增强鉴别培训产品和师资的能力。对咨询和培训机构要广泛接触，优中选优，筛选出符合企业需求的供应商。再次，维护好与外部师资和机构的关系。不总以甲方自居，要多看产品效果与合作诚意，尤其是国有企业，要从长远眼光来看待与外部师资和机构的关系，尽可能建立起长期合作关系。最后，要建立完善的信息库。不断完善、更新和维护高校、机构、同行、自由讲师、综合课程、专业课程等维度的师资资源，建立讲师简介、联系方式、主讲内容、授课特点、授课班级、学员评价、讲师的课酬标准等关键信息，方便及时查询。

此外，营销企业品牌及文化。当前社会提倡多元合作，智慧共赢。企业通过办学来宣传企业品牌，高校通过培训彰显社会价值，机构通过项目推广学习产品，讲师通过课程打造个人 IP。作为培训管理人员，聘请外部师资，除了满足企业学习需求并让外部机构有合理的收益之外，还可以考虑借助外部机构和师资队伍的力量传播企业文化、营销企业产品及品牌。例如，在与外部师资或机构接触时，向其传播企业故事、企业产品和企业优势，当他们服务对象中有我们潜在客户时，可以请其推介我们，助力企业品牌营销工作；将自己内部的学习项目打包成产品，借助社会机构的力量向外部潜在客户推广，互利合作，以培训牵线搭桥，推广企业品牌；将内部优秀师资向机构或自由讲师推广，以此来调动讲师积极性，在内训师授课的同时，传播企业文化，展示企业形象。

第八章　课程体系建设

课程是培训人绕不开的话题，任何一个培训组织、任何一个培训体系，课程都是个基础件。在我的工作中经常遇到培训经理询问："这个课怎么样？""您对这个课怎么评价？""这个课程咱们继续采购吗？"等问题。有一次，一位培训经理把他设计的课程计划发给我，我看完之后发现有外部采购的课程，有内部部门的分享，有公司的战略宣讲，有廉洁从业的要求，等等，很像是一个大型的"水果拼盘"。我就好奇问他："在这个培训计划的制定中，你感觉自己像医院的主治医师、护士还是导诊呢？"他一下子愣住了，低下头若有所思，迟疑地说："主治医师吧？我没有聚焦业务问题，护士吧？我也没有帮助业务解决问题，那就剩下导诊了！"他突然抬起头眼中一亮，对我说："老师，我感觉自己原来是个课程的导诊啊！"

"不知用兵之害者，则不能尽知用兵之利也。"有一次我在团队学习中说："无效的课程等同于谋财害命！"讲完之后无异于往平静的湖面上投下了一颗深水炸弹，大家随即炸开了锅，有人立即反驳道："我们没偷没抢，怎么就成了犯人了？"下一位接着说："我们教书育人，怎么就盗窃了？"等等。大家稍做平静之后我接着说："谋财害命"只是个类比，我们来算一笔账，一期学员30人，受训期5天，人均差旅费用5000元，直接费用15万元，我们课程采购成本10万～15万元，学员全体脱产培训加上我们的人员投入，成本15万元，直接投入40万元以上，如果这一周的培训课程没有效果，是谓谋财。每人花了一周时间参加培训，这一周对每个人而言，都是生命中不可倒流的一周，如果这一周失去了价值和意义，是谓害命。"如此分析一番后，居然没有了声音。

我们可以把课程类比为药材，药医治身体的疾病，课程治疗思维的问题，药材好不好，不取决于药材本身，取决于大夫如何使用它，同样的道理，课程好不好，也不取决于课程本身，取决于培训人如何使用它？

如何依据企业的特点，搭建出企业需要的课程体系，是培训人不得不去花时间考察的重点问题，而要解决这个问题，就需要先从课程的适配性谈起。

第一节　课程的适配性

课程的适配性需要综合考虑课程内容与企业所在的行业特点，企业的发展阶段和技能的属性等因素，课程内容没有新旧之分，但却有匹配和不匹配之别。

一、课程与行业发展程度的适配性

回顾改革开放40多年，我国的工业化进程在众多领域以前所未有的速度经历了工业1.0、工业2.0、工业3.0，乃至工业4.0。由于国有企业在国计民生中扮演的角色不同，行业发展的程度不同，因此工业化进程也会有所差异，这种发展程度的差异性就决定了人才培训体系和课程体系的差异性。

以蒸汽机为代表的工业1.0时代，已经成为遥远的历史，如今我们只有在博物馆里才能一览其曾经的辉煌。

接下来是我们熟悉的工业2.0时代，它有两个典型特征，第一个是劳动分工，第二个是以电为动力。随同这个时代一起发展起来的还有泰勒制和福特制，泰勒制的主要内容包括工作方法标准化，制定标准时间，有差别的计件工资制，挑选和培训工人等，而将泰勒制推向产业化的是汽车大王亨利·福特，以规模化大生产为基础的流水线是他们的杰作。泰勒制和福特制是工业化大生产的一个缩影，产业大发展引发了对产业工人的爆发式需求，批量化培养职业人的现代学校和职业技能学校应时而生。我们甚至可以说如今的K－9和K－12教育体系是工业2.0直接推动的结果，仔细比对一下学校的教学模式与泰勒制、福特制确有着诸多的相似之处，如课程标准化对应零件标准化，授课标准化对应工序标准化，课时标准化对应工时标准化，考试标准化对应产能标准化，学生标准化对应产品标准化等。目前很多制造企业、装配企业等依然保留着工业2.0的生产方式，这也就直接决定了其人才培养体系和课程体系的内容和特点。

伴随着第三次工业革命兴起，各类工作的知识密集程度大幅度提高，由此引发了以高等教育为代表的专业化教育时代来临。在K－12普及之后，各大经济体开始大力推广高等教育，专科、本科、研究生和博士生等高学历教育逐年扩大，伴随着产业升级和高等教育的日益普及，大量知识型工作者进入职场，以前的工作岗位正在被更具知识含量的工程师和专家所替代。工作任务由单一变为复合型，工作内容由具体变得抽象，工作成果从有形变得无形，大量岗位为知识型工作者所掌控。如今遍布城市的写字楼里面工作的员工所运用的有形生产资料不过是办公桌和电脑，而创造价值的原材料却是他们大脑中所持有的知识。知识型工作者依靠所持有的知识创造价值，依靠运用知识完成工作，依靠更新知识应对挑战，知识型工作者以全新的方式塑造了一个个行业，带给众多企业以前所未有的变化。德鲁克在《21世纪的管理挑战》中指出，20世纪管理学的最大贡献是将体力劳动者的生产力提高了50倍，而21世纪管理学的挑战是如何将知识员工的生产力再提高50倍。

工业3.0风头正劲，工业4.0已悄然而至。与工业3.0的知识专业化场景相比，工业4.0的应用场景是多元化、数字化、互联化、智能化。多专业、多学科、多领域相互叠加，知识的交叉融合成为新趋势，新应用在交叉融合中得以实现，新知识在交叉融合中得以产生，知识进入了创造时代。《人类简史》的作者尤瓦尔·赫拉利说："没有人知道2040年的世界和就业市场是什么样的，所以其实大学也不知道应该教你什么，在这个快速变动的世界中，你需要着力培养你的适应力和情商，保持终身学习，不断学习新的知识，才能适应世界的变化。"

从工业1.0到工业4.0，在社会加速发展的背后，我们运用知识的方式在不断变换着。工业1.0和工业2.0传播知识，工业3.0运用知识，工业4.0创造知识，知识的价值链条在不同的时代被放大的环节是不同的。尤瓦尔·赫拉利直言："当前的教育模式是在19世纪工业革命期间设计的，现在已经毫无价值，但是到目前为止，我们还没有设计出科学的替代方案。"美国著名教育家约翰·杜威说："我们用过去的方式教育现在的孩子，就是在剥夺他们的未来。"

到此，我们稍作总结。在工业2.0的固定化应用场景下，需要建立的是一个标准和统一的课程体系，重在推广标准内容、建立统一和规范。在工业3.0的专业化应用场景下，需要建立的是一个专业系统的课程体系，重在专业内容的转化和应用。在工业4.0的多变应用场景下，需要建立的是一个创造型的，不断更新迭代的课程体系，重在从鲜活的实践中总结方法并快速推广应用。

二、课程与企业发展阶段的适配性

企业培训要做到上接战略、下接绩效，就需要因势而动，针对企业不同阶段所面临的关键问题展开。伊查克·艾迪思在其著作《企业生命周期》中提出，一个企业的发展会经历孕育期、婴儿期、学步期、青春期、壮年期和衰退期，不同的发展阶段，企业所面临的问题存在着本质性差异。课程体系实际上是适应企业不同发展阶段的课程体系，它不是个固定的内容，而是依据企业任务和挑战而形成的解决方案。课程是企业培训的重要组成部分，课程的开发和引入也需要因势利导，将课程作为推动组织战略的一个环节，与企业不同发展阶段的需求相适应。

（一）孕育期

孕育期的企业首先要解决的是商业构想是否会变为商业空想的难题，在这个阶段的企业主要是考虑其商业计划，赢得投资人的认可，并顺利实现企业的组建。

孕育期的企业极少有培训和课程开发的需求，但凡事也有例外。如中广核的大亚湾核电站1987年开工建设，1994年2月投入商用，他们居然在1985年就成立了生产部培训处（培训中心），提前开始了核电人才的储备和培养工作。自此先建培训中心，后建基地和行政大楼成了核电站建设的标准并延续至今，"企业发展，人才先行"的理念也成为中广核重要的文化因子。

（二）婴儿期

婴儿期也称为初创期，这个阶段企业的首要目标是生存。以产品为导向，维持企业的现金流，缺少规章制度、管理体系不健全等是这个时期的主要特点。

这个时期企业培训和课程体系主要聚焦企业商业模式、市场营销队伍、销售策略、团队管理、人才招聘等。

（三）学步期

学步期是企业从初创阶段向规模化成长的重要阶段。公司迫切需要巩固已有的发展成果，将已经被验证的良好做法固定下来，同时聚焦主营业务，完善业务流程和管理体系，培养干部和员工队伍，从以人为中心对人负责的管理向以事为中心对事负责的管理方式转变。

这个时期企业培训和课程体系主要聚焦战略规划、管理体系、人才梯队、业务流程、领导力、职业技能等。

（四）青春期

青春期也被称为高速发展期或者扩张期，是企业发展中决胜未来的重要阶段，这个阶段企业的主要任务是将企业从一个中心拓展为 N 个中心，无论是分公司模式、事业部模式还是地区模式，都不可避免地涉及授权、专业化、收益共享、分配机制等。

这个时期企业培训和课程体系主要聚焦战略落地、职业经理人培养、后备干部、治理结构、专业技能、业务管控等。

（五）壮年期

壮年期也被称为稳定期或者转型期，此时企业发展进入缓慢增长的阶段，后续增长乏力，这个时期的企业需要同时做两手准备，一只手关注现有业务，另一只手关注新业务。这个阶段企业聚焦管理创新、流程优化、组织变革，重点激发企业和员工的活力，提高工作效能等。

这个时期企业培训和课程体系主要聚焦愿景使命、企业文化、变革管理、业务创新、流程再造等。

（六）衰退期

衰退期的最初征兆不是行动迟缓或器官老化，衰老始于心态和目标的变化。衰退期的企业一般会陷入官僚化，机构臃肿、制度繁多、流程冗长、士气衰退、效率低下。

这个时期企业培训和课程体系需要与企业变革调整相契合，适时地推动组织转型、二次创业、减员增效等。

三、课程与技能属性的适配性

罗伯特·加涅将学习内容分为智慧技能、认知策略、言语信息、动作技能和态度，他认为智慧技能是大多数课程的重要基础。在课程开发实践中，我经常会遇技能课程开发，经过很长时间的摸索才发现它们虽然都在技能的大范畴里，但却有着截然不同的属性，如同一母生九子，九子各不同，如管理技能和营销技能相比于设备维修、工程设计、会计核算就呈现出了典型差异。不把这些环节理清楚，课程开发往往是驴唇对不上马嘴，投入很大学员的反馈却很一般。

为了搞清楚它们的内在差异，我做了大量的实践验证，终于发现了“技能密码”（见图8－1）。将技能应用中的这两个核心要素，精准度和复杂度进行组合分类，我们发现了分别是复杂度和精准度都很低的简单技能、复杂度低但精准度高的精准技能、复杂度高但精准度低的复杂技能和复杂度与精准度要求都很高的精深技能。

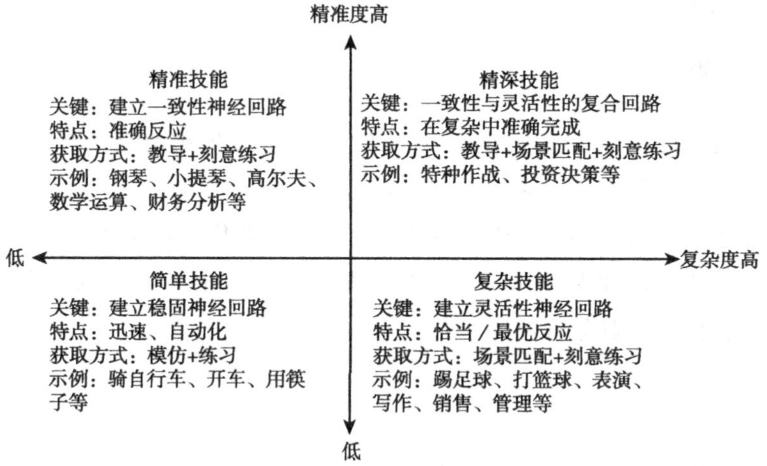

图8－1　技能密码

（一）简单技能

简单技能是对精准度和复杂度要求都不高的技能。我们日常生活中的很多技能属于这类，因此它又可以称为生活技能或生存技能。这类技能的习得对普通人而言不会构成挑战，如我们小时候学的刷牙、用筷子等，长大后学的骑自行车、游泳、汽车驾驶等。

简单技能的掌握方法相对简单，每个人天生都具有观察模仿的能力，镜像神经元系统加速了简单技能的习得，经过观察模仿加练习就可以掌握，掌握的标志是形成自动化反应，一旦达到了自动化的程度，我们继续学习的动力就会逐渐衰退，这些也成为一种生活技能被大脑存储起来。从神经学的角度来讲，这些技能在我们的大脑里面形成了稳定的神经元回路，由于我们每天都会不断使用它们，这些神经元回路会不断得到巩固和加强，更加巩固了自动化反应的程度。

（二）精准技能

精准技能在我们的职业技能领域很是常见，如与心智技能相关的测量、测绘、核算等，与动作技能相关的音乐演奏、雕刻绘画等。对精准技能描述较为贴切的当属明朝文学家魏学洢创作的一篇说明文《核舟记》。此文的内容我们在中学课本中已经学习，在此不再赘述，全文不过五六百字，但把核舟上的人物、神态、器具、文字等描述的惟妙惟肖，而这些都是在一个“长约八分有奇，高可二黍许”的核上雕刻完成了，我们不得不惊叹匠人技艺高超，这些技艺也较为完整地体现了精准技能的特点。

1. 细节化，相较于精准技能的精细化程度，简单技能只可用粗枝大叶来形容，简单技能者所要求的仅仅是完成这件事情，而对于完成的质量和细节却没有太多的探究，而精准技能在细节的程度上远超简单技能。

2. 技巧化，简单技能与精准技能的一个重大差异在于简单技能的技巧含量低，这些简单的技巧可以被人的镜像系统直接捕获和复制，而精准技能所包含的技巧性超越了镜像神经元所能获取信息的极限，这些技巧的习得如果没有高水平导师的详细解读和分解，普通人只能看其表而难以究其理。

技巧化在精准技能里可以用俯拾皆是来形容。如民乐竹笛的技法里面就包括连音、打音、叠音、吐音、花舌等技巧；围棋吃子技巧就包括边线打吃、抱吃、双吃、征子、枷吃、扑吃、挖吃等技巧，其他如钢琴、工程设计、数学运算等其技巧化的程度远超了外行的理解。

3. 结构化，精准技能的另一个特点是形成了完整的结构，这些结构是经过长时间打磨的集体智慧，已然成为这个领域的固定搭配。

例如，诗歌在长期的沿革中形成了较为严谨的对仗结构。我们熟悉的词牌就有忆江南、长相思、渔歌子、虞美人、清平乐、采桑子、卜算子、雨霖铃、菩萨蛮、醉花阴、浣溪沙、临江仙、渔家傲、蝶恋花、鹊桥仙、浪淘沙、水调歌头等。围棋结构布局也在长期的对弈中保留下来了很多经典的结构篇章，如秀策流、二连星、三连星、对角星、向小目、对角小目、星小目、小林流、中国流、高中国流、迷你中国流、小目三三、对角小目三三、星目外、双目外、对角星目外、小目目外、高目布局、五五布局、双三三、初手天元等。其他如计算机编程、作词、作曲等精准技能领域也都有这样的典型结构。

4. 渐进化，精准技能的掌握有明显的先后次序，著名心理学家、教育学家罗伯特·J. 斯滕伯格将其称为“支架”，支架是组成高级技能的成分技能，这些成分技能的掌握是完成高级技能的前提和基础。

李昌镐在棋艺上不断追求精进，他曾这样描述说：“精通是一条渐近线，是一条可以无限逼近却无法到达的线，在追求专精的过程中，我们会接近它、跟随它、能离他非常近，可能永远无法触及它。”日本江户时代的浮世绘画家葛饰北斋这样评价自己的画作，“70 岁之前的作品完全不值一提，73 岁时才稍微了解到了鸟兽、鱼的骨骼，像这样一直坚持练习的话，100 岁时应该能够达到神妙的境界，如果能坚持到 110 岁的话，能够让绘画的一笔一画都栩栩如生”。

精准技能的习得没有捷径，渐进性是它的本质属性之一，即使最聪明的人也要付出最笨的功夫。

5. 层级化，20 世纪 70 年代，休伯特·德雷福斯和斯图尔特·德雷福斯兄弟研究人类是如何获取和掌握技能的，经过对多个行业技术能手的研究，1980 年德雷福斯兄弟发表了一份 18 页的报告，在这份报告中提出了“德雷福斯技能获取模型”（见图 8-2）。德雷福斯兄弟将一个人的技能成长阶梯划分为 5 个阶段，分别是新手、高级新手、胜任者、精通者和专家。

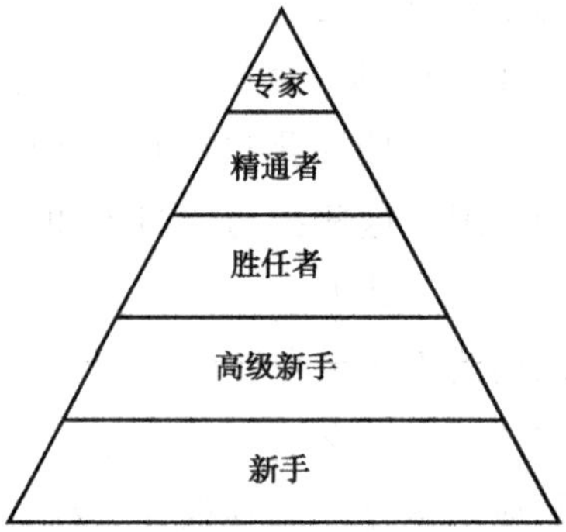

图 8-2 德雷福斯技能获取模型

雷德福斯模型表明从新手到专家的层级化特征，人的发展历程需要经历这些成长阶段，越级发展的可能性非常低。“贵以贱为本、高以下为基”在精准技能的发展路径上，层级化的特征非常明显，在精准技能领域专家即使发挥失常，也不会是新手的水平，新手纵使超常发挥也达不到专家的水准。

（三）复杂技能

复杂技能对精准的要求不高，但其所面对场景的复杂度却很高。复杂不在技能本身复杂，而在于技能需要应对的场景复杂，场景的复杂性决定了技能的变异性，技能只有以变应变，才能被证明是有效的。而这个命题最大的悖论在于变动的所有权和主动权掌握在技能的使用者手中。

复杂技能的核心在于场景化的应用，技能只有在与场景的互动中，在与场景的匹配中，在与场景的磨合中才能真正被使用者掌握，这才是复杂技能的精髓所在。精准技能可以在实验室里，也可以在训练场上完成，而复杂技能只有在大量的实践验证中才能练就。

复杂技能在我们的工作中也是随处可见，如管理、营销领域就属于典型的复杂技能。学习者需要掌握的关键点和技能项就那么多，可是一到了具体工作中，当场景变了、对象变了，学到的东西瞬间失去了效力，那些在一线摸爬滚打多年的经理们丝毫不逊科班出身的本科生乃至名校的MBA，纵使管理学博士也难以在复杂多变的经营中表现出高水准。这也就解释了知名的CEO大多数并不是管理或营销专业出身，后续学历的倒比比皆是。管理大师彼得·德鲁克很早就认识到了这个问题，他指出管理不是理论而是一场实践，因此1954年其出版的管理学开山之作最终命名为《管理的实践》。

复杂技能与精准技能在训练方向和方法上也存在着巨大差异，与精准技能需要建立一致性神经回路不同，复杂技能需要建立的是灵活性神经回路；一致性的神经回路需要高水平的教练指导加刻意练习来习得，而灵活性的神经回路需要场景匹配加刻意练习的方式来习得。这也就解释了为什么自学达到世界级的高尔夫球员、小提琴家、钢琴家屈指可数，而自学成才的篮球明星、足球明星、作家和演员却很普遍。

这样复杂技能与精准技能的本质性差异就自然区分开来了，总结起来复杂技能有以下突出特点。

1. 变动化，“兵无常势、水无常形”是复杂技能所处的典型环境，环境的变动性决定了只能因势利导，依据环境的变动来做变动性调整，技能的内核不变，但其外在形式却呈现出了千姿百态。变动化是复杂技能所处的基本环境，也是技能不断被重塑的关键原因，变动场景本身就是复杂技能的试炼场。

2. 匹配化，稳定的技能与不稳定的场景做匹配后才能发挥效力，未能完成匹配的技能不但难以发挥效力，反而成为限制因素，问题不是出在技能上，而是出在了运用技能的人身上，在复杂场景中以不变应万变无异于纸上谈兵、襄公论战。在复杂场景里，没有固定不变的技能，只有匹配不良的技能。

3. 组合化，复杂技能的复杂和精妙在于可以依据场景需要做匹配组合，这些技能在组合化的过程中不断衍生出新技能，真可谓“运用之妙，存乎一心”。复杂技能需要依据场景做随机应变的组合，它不像精准技能那样有自己固定的结构或搭配，它可以做多种桥接和组合。

4. 再造化，复杂技能面对的是变动的场景，当现有的技能难以做到匹配时，技能就需要做深度改造了，这些应对多变场景的技能改造后常常有了创造性拓展，这也成为复杂技能创新和复杂的重要来源。使用场景变了，就需要依据新场景做二次创造，再造化是复杂技能的典型特征之一。

5. 风格化，尽管复杂技能需要不断进行组合和再造，在长期应对复杂的场景中，个体处理问题的方式会相对稳定下来，正所谓“你有千条计，我有老主意”就是对风格的生动写照。

在篮球领域，科比以各种假动作调动对手，而后寻找进攻机会的打法很像眼镜蛇的进攻方式，被球迷们称为“黑曼巴”，奥尼尔依靠优势的身体挤压和大力扣篮被称为“大鲨鱼”，球星诺维斯基大尺度的后仰跳投和稳定的得分能力也成为标签，球迷们称他为“诺天王”等。篮球教练也会在长期应对复杂的比赛中形成自己的打法，如我们熟悉的普林斯顿打法、菲尔·杰克逊的三角进攻打法等。

理解的多样性和应用的差异性是成就复杂技能的源泉和动力所在，这与精准技能的精准化在发展方向上存在着本质性差异。如果用发展精准技能的方法来训练复杂技能一味地推行标准化操作，不仅成为现代版的邯郸学步和东施效颦，也泯灭了创新的来源和动力，在复杂技能上包容和理解操作上的多样性才是保持“创新张力”的源泉。

（四）精深技能

精深技能则是融合了复杂性和精准性两项要素，兼具了处理复杂问题的灵活应对和精准问题的准确操作，这就决定了习得精深技能需要同时采用精准技能和复杂技能两种训练方式。如特种兵训练，训练科目即包括精准技能的训练内容，如车辆驾驶、枪械射击、爆破等，同时也包括潜伏窃听、擒拿格斗等复杂技能，当然更有融合复杂和精准技能的团队对抗、人员营救等科目。

“天下之大事必做于细，天下之难事必做于易。”大事是细节精准化后的结果，难事是易事场景化后的结果。这里的“细”和“易”更像是我们所说的“简单技能”，就单一技能而言，无论从难度和复杂度上都不高，这些简单技能在细节上叠加之后朝向精准技能发展，在重组之后朝向了复杂技能发展，进而形成了各自领域的精准技能和复杂技能，精准技能和复杂技能再次融合后形成了精深技能，从而达到了技艺的至高水准。

“道生一，一生二，二生三，三生万物。”技能的发展也符合这个规律，简单技能、精准技能、复杂技能和精深技能之间存在着相互的转换关系，从而形成了我们千姿百态的人类世界。

第二节　如何构建课程体系

建立组织的课程体系，首先要解决课程从何而来的问题。如今培训市场的课程可谓琳琅满目，各类课程的包装更是花样翻新，稍有不慎就容易陷入买椟还珠的窘境，识别课程的内在本质，才能让我们不被课程的外在所迷惑。

一、课程采购引发的思考

培训要办班，办班就要上课，上课就要选课，这是多么自然且合理的逻辑，加之市场活跃，课程供应充足，国内的、国际的、版权的、授权的等等种类繁多，如同进入了超级市场一般。有实力的单位集团采购，更是将选课推向了“年度盛典”，几十家课程供应商云集，颇有些“比武招亲”的架势。有一次去某单位交流，寒暄之后，单位培训负责人问了我一个困扰他多年的难题：“我们现在几乎已经把市面上能上的好课都上完了，下一步该怎么办?”听完这个“凡尔赛”的问题后，我也……

对于课程采购我们需要先澄清三个问题：其一，课程采购其实是个伪命题，培训效果好不好，关键看是否对症，人参鹿茸、灵芝虫草固然是好东西，能否对得上病症才是关键，如果培训中心每年都把大量的精力耗在选课上，本身就是生病的表现。其二，课程依赖采购的背后是自身的专业能力不足，田俊国老师曾经讲过“培训做不好的关键是培训人不专业”，这就如同一个有机体，自身缺少造血能力，天天为输什么血而烦恼。其三，我们不得不面对一个现实问题，以外采课程为主要来源的培训中心正在远离组织的业务和核心问题，愈加边缘化。

二、课程的演进史

回顾我国改革开放40多年，课程市场也经历了几种不同的市场模式，第一波浪潮是率先走出校园的知识分子，在那个知识匮乏的时代，随便开个讲座都有几百上千人，坐在大礼堂乃至体育场听课简直是一道风景，知识就是财富在那个时代不是口号，而是实际产出。持有知识就能创造价值是那个时代的突出特点。

随之而来是国外先进经验潮，向日本学精益化、向欧美学管理等，版权课开始大行其道，有着洋背景的授权老师被奉为上宾，版权著作和版权课是这个时代最为推崇的，传播知识创造价值是那个时代最为典型的气质。

当我们加入世贸组织拥抱全球市场才发现，知识不是用来吹牛的，是用来“用”的，没有专业就没有市场。企业在尝遍了江湖的各种品牌课后发现不能看广告关键要看疗效，自己的事情还要自己办，自己的问题还要自己解决，于是有实力的企业开始兴办企业大学，没有实力的也成立个培训中心，但不管形式如何，对企业和个体而言都不得不面对的核心问题是“知识的应用”，而知识的难点也恰恰在应用上，应用才是真知的练兵场。这也让我联想到《管理－使命，责任，实务》中管理大师彼得·德鲁克拜访熊彼特的场景，熊彼特对德鲁克说：“在我现在这个年龄看来，人们若只晓得我写了几部著作及发明了一些理论，我认为是不够的。如果没能改变人们的生活，你就不能说你已经改变了世界。”

如今在工业4.0知识加速更新的时代背景下，一个有效的知识体被发展为课程后，会经历创造、持有、传播、运用四个阶段，数字化、互联化、智能化让持有和传播环节的成本大幅降低，对课程的持有者和传播者而言，这个市场正在以前所未有的速度“贬值”，并很快转化为长尾，课程的价值链条呈现了“两头大、中间小”的格局。要么创造知识，要么运用知识，让学员因为知识而发生改变，成为衡量培训价值的标尺，对企业培训中心而言，实现这个目标的途径一个是内化一个是外化。内化是指依据自己的应用场景发展出了新工具或新方法，外化是指依据自己的实践拓展出了新版本或新内容，不能实现内化和外化的企业培训中心只好再退回到传播时代里混，把采购课程办成“年度盛典”也就不足为怪了。

三、如何建立课程体系

一个面向组织成长的培训中心需要建立实际、实用、实效的课程体系，但我们不得不面对的现实是市场上没有哪个课程是针对我们企业的问题而开发的，这就需要对不同情况进行分类化处理。

在我们企业的实践中，我主张建立以技能为中心的课程和培训体系，以技能为内核构建支撑技能转化的知识和态度，将知识、技能和态度形成一个结构紧密的“知识立方体”，关于技能的属性分类，前面已经做了介绍不再赘述。在课程体系建设上，我们需要多元并举，发挥各类资源的优势力量，快速构建起适应企业需要的课程体系；在发展方向上，我们需要走引进、消化、吸收、再创造的路线，在引进中培养自主开发能力，逐步形成以自主课程为主体的课程核心能力。

课程体系的建立需要综合考虑业务重要性、受训人员规模、市场供给、专业开发力量、资源配置、发展阶段等诸多因素，课程体系的建设方式和进度安排本身也是培训中心战略的一种反映。综合起来，针对技能的不同属性，课程体系的建设方式主要有外采、内化、改造和开发四种。

方式一：外采，适用于简单技能。

课程外部采购在培训中心建立初期最为常用，外部采购可以极大地节约对培训中心有限资源的挤占，将有限的资源投入更具战略价值的工作上。

适用于简单技能的外部课程市场规模巨大，课程供给充足，尤其是像办公技能、沟通表达、情绪管理、个人效能等通用类课程。

方式二：内化，适用于复杂技能。

在以前的认知里，我常常将管理、营销作为通用技能来看待，把市场上我们认为好的管理培训、营销培训拿过来实施了几年后发现效果并不理想，经过深度思考后才发现搞错了方向。

对于复杂技能的特点我们在前面已经提及，要让这类课程发挥效力，我们提出了“三分三合”的内化工作思路。“三分”指的是针对引进的课程，先将课程内容与教学活动相分离，其次是将内容与场景相分离，最后将内容的知识、技能和态度相分离，经过分离后的知识、技能和态度就具备了与我们企业特点和场景结合的基础条件。“三合”指的是重构课程的先后顺序，先将子技能按包含关系进行结合，其次将知识和态度与重构后的技能相结合，最后将组合后的知识体与本公司多变的场景相结合。整个过程可以概括为：从建构课程的角度分离课程，从分离课程的角度重构课程。

外部引进的课程经过“三分三合”的内化之后，已经褪去了原版课程的色彩，俨然成了本地物种。

方式三：改造，适用于精准技能。

每个公司都有自己的专业技术领域，对专业技术课程的开发也是培训中心最为头疼的事情，尤其是涉及多个精准专业领域的内容。我们常见的情况是专业内容讲师把课程讲得干巴巴，学员听得昏昏欲睡，而面对专业知识密度过高的内容，培训人又无从下手，面对此种情况较为合适的方法是走培训与专业相结合的改造路径。

这个过程我形象地把它类比为“双人舞”，专业领域的内容专家与培训领域的课程开发专家强强联合，共同开发，内容专家按课程专家的工具对专业内容进行重新编排，内容专家整理课程内容，课程专家匹配教学活动，内容专家编排先后顺序，课程专家匹配过程体验……经过内容专家和培训专家的一番切磋后，一场默契的“双人舞”即将登场。

方式四：开发，适用于复杂、精准、精深技能。

课程开发是一项费脑、费时、费人、费钱的系统工程，需要投入专门资源和专业力量，时间和费用对大多数国有企业都不太构成挑战，关键是缺少专业内容和课程开发人才。自主课程的开发也需要兼顾内容的成熟度，在业务发展起始阶段较为适宜复盘的工作方法，从具体实践中抽离经验；到了业务发展的初期，大家已经形成了一些方法和流程，这时较适宜经验萃取，把零散的经验结构化，把隐性的技能显性化，把不规范的程序标准化；到了业务发展的中期，工作方法和工作技能已经基本成型，借助于课程这个载体将组织智慧转化为工作技能，正是课程开发的难得契机。

2014 年我们公司开始成立独立的培训机构，通过分次引进的方式逐步积累专业讲师队伍，历时三年时间才逐步形成了门类齐全的专业讲师队伍，让专业工程师学会课程讲授、课程开发、教具开发是件及其考验耐心和功力的工作。到 2019 年我离开技能培训中心回到北京总部，总共用了六年时间，从无到有，从有到优，基本实现了当初承诺的“五个一流”，一流师资、一流课程、一流项目、一流交付、一流教具。在这六年间，我们累积开发微课程超过 200 个，专业门类课程超过 50 个，风电技能一级课程、技能二级课程、光伏技能一级课程等更是填补了行业空白。

我们在培训公司内部推广了五星教学法、课程开发工作法，团队建设法，形成了四段教学论、场景化学习项目设计方法论、教具开发五步法并取得了丰硕的成果。在艰辛的课程开发过程中，很多老师也随同培训公司一起成长，获得了集团内外很多荣誉称号，有的还出版了自己的书籍。

课程开发是一项滋养人生和心灵的工作，在成就别人的工作中成就自己，正如老子所言“既以为人，己愈有；既以与人，己愈多”。

四、课程开发方法论

课程开发能力是区分培训从业人员是否具备专业能力的分水岭，同时也是区分企业培训中心能力建设的重要标准之一。课程开发是一项极其考验开发团队专业素养的工作，在这项工作中既需要有理论、有方法还要有实践、有韧性。课程开发主要涉及了学习内容、学习目标、学习方法、学习评估和开发方法等关键技术，其中学习内容、学习目标和开发方法是我们需要格外关注的内容。

（一）课程开发的内容分类

在1956年之前，行为主义对教学影响深远，他们强调学习是一个被动的“刺激—反应”过程，我们学习的内容被统称为知识。1956年本杰明·布卢姆发表《教学目标分类学》，他认为学习是学习者主动运用大脑对内容进行加工的过程，知识不是一个统一属性的综合体，而是由不同属性构成的内容混合体，知识按照属性的不同可以进一步区分为知识、技能和态度。这就好比我们考取驾照的训练一样，科目一的交通规则、标志标识等就属于知识；科目二的倒车入库、半坡起步等就属于技能；安全第一、不疲劳驾驶等就属于态度；而科目三的路试是对知识、技能和态度的整合运用。

随着时间的推移，布卢姆的主张得到了生理心理学和神经心理学研究成果的验证，人们对知识、技能、态度的加工、处理和反应方式是不同的，甚至于它们在大脑中的载体也是不一样的。对学习内容的分类是人类学习进程上的一个里程碑事件，它大大拓展了人类对自身学习的认知，显著提高了人类学习的效率。

在布卢姆之后罗伯特·加涅对学习内容的分类提出了自己的主张，他认为内容可以进一步细分为事实性知识、概念性知识、程序性知识、动作技能、心智（智慧）技能和情感认同等，并由此提出了五类学习结果，分别是智慧技能、认知策略、言语信息、态度和动作技能。加涅的主张是对布卢姆学习内容分类学的进一步拓展，两者并不矛盾，此后的众多的教育心理学家也都是在布卢姆的教学目标分类学的基础上做的发展。

（二）课程开发的目标分类

本杰明·布卢姆在学习内容分类之外，在教学目标领域贡献依然卓著。他提出了教学目标必须围绕表现型目标展开，凡是不能表现出来的就认为没有达成既定的学习目标，所有的学习、教学和评估工作都需要围绕表现型目标展开。

布卢姆认为表现型目标是有典型的层次差异的，并提出了认知层级结构（见图8-3），按照认知难度可以分为：记忆、理解、应用、分析、评价、创造。在这六个层次里记忆和理解属于知识输入后的内化过程，其表现就是学习者“知道”了所学的内容，理解了其含义，如我们熟知的乘法，在这个层面就是知道了乘法是加法的升级版本，为了能够加快运算的速度，人们发明了乘法口诀，对学员的要求就是能够完整地背诵乘法口诀。在这六个层次里面应用和分析属于内化后的外化过程，其表现就是学习者可以运用所学，从知道变为“做到”，仍以乘法口诀为例，从应用层面这时就要求学习者能够计算 25 ×9 这个算式，因此记忆、理解、应用三个层次又被统称为低级思维，而从分析开始真正的高级思维出现了，仍以 25 ×9 为例，在分析层面我们可以发现 25 ×9 进一步分解为 25 ×(10 -1)，这样就大大降低了计算的难度，增加了计算的可靠性，能够发现或掌握这类方法的认知能力称为——分析，从这个角度上看，分析是在应用之上的高级思维活动，已经是高层次的“变形应用”了。在分析之上就会进入更高层次的创造性活动，学习从内化到外化，从外化走向创造。在评价层面不仅知其然更知其所以然，我们仍以 25 ×9 为例，在评价阶段就发现了简便算法可以通过“凑 10”和“破 10”的办法达到，于是就不仅可以解决 9 的问题，11 和 12 的问题也可以按照同样的方法解决掉，通过对方法的总结，大大拓展了应用的边界和范围。最后就是创造层面，通过对数理的深度分析形成了一套计算方法体系，如卡拉苏巴、哈维和范德霍芬等数学家通过再创造的方法形成了自己的计算方法，这就重构了乘法的计算系统。

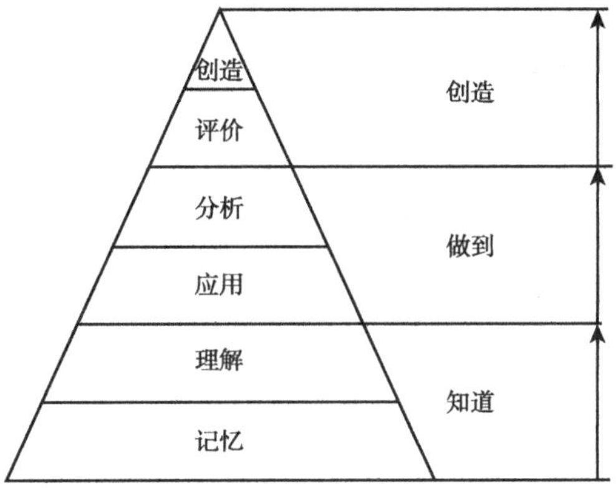

图 8 -3 认知层次结构

布卢姆主张将教学目标设计为表现型目标，这与传统的培训目标存在着巨大的差异，表现型目标需要从行为变化的结果来描述，从学员从事这项活动后的结果来描述，这也为课程评价提供了依据。例如，对问题分析与解决这门课，传统的教学目标这样写“通过本课程的学习掌握问题分析与解决的流程和方法”，而表现型目标则需要表述为“用问题分析与解决的流程和方法完成一个业务问题的过程解析”。

表现型目标描述常用的方法是 ABCD 法。A 教学对象（Audience）又可以称为学员，是对教学起点的定义；B 行为（Behavior）通过学习后能做什么，是对课程结果的定义，达到的效果是什么，学员能够表现出什么样的行为；C 条件（Condition）

学员行为改变发生的条件，包括所需要的支持型因素，包括的环境、人、设备、时间、信息等；D 标准（Degree）合格行为的最低标准，可接受的最低衡量标准，是结果评价的依据。

在布卢姆之后，众多的教育心理学家发展了教学目标分类学，典型的代表有乔纳森、马扎诺、安德森和豪恩斯坦等，其中豪恩斯坦分别从知识、技能和态度三个维度对教学目标展开分类，让课程的目标更加精准化和可衡量。

（三）课程开发方法论

课程开发是一项基于目标的系统性创造活动。因此，基于不同的目标和应用场景形成了有典型差异的课程开发方法论，其中有代表性的包括罗伯特·加涅的 ADDIE 开发模型、田俊国老师的结构开发模型、Michael Allen 为代表的 SAM 敏捷课程开发技术。

1. ADDIE 模型。

罗伯特·加涅是 20 世纪中后期著名的教育心理学家，他的学习条件理论和教学设计方法影响深远，1975 年加涅提出了教学设计的 ADDIE 模型（见图 8－4），经过几十年的发展和完善，该模型在内容上不断革新，已经成为课程开发最具影响力的方法。

加涅认为教学的目的是帮助人们学习，而教学设计的最终目的是产生有效的教学，教学设计始于一个目的，经历了一系列相互联系的阶段，这些阶段又是借助于一系列的输入、加工与输出彼此依存地形成的，这些阶段包括分析、设计、开发、实施与评价。

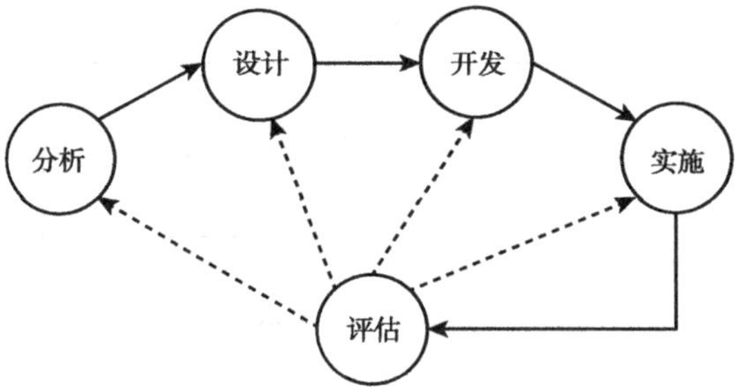

图 8－4 ADDIE 模型图

（1）分析阶段的主要内容。

确定课程开发需求，包括需求分析，需求的确认哪些问题是通过课程可以解决的；确定学员范围，包括学员人数、学员的起始条件和训练后的条件；分析学员达到训后状态所需具备的知识、技能和态度方面的目标；对工作任务进行分析，从中抽离出是哪些知识点、技能项和态度对学习进程产生影响；分析现有的资源条件和限制性因素，对初始确定的课程目标进行修正。

（2）设计阶段的主要内容。

把课程目标转换成表现性目标，并将达到表现性目标作为课程内容的主要依据；架构课程内容，并确定内容的属性和需要匹配的教学方法；依据课程目标确定各个单元的顺序；依据课程的整体目标，确定每个课程单元的目标；根据课程内容的属性确定教学活动。

（3）开发阶段的主要内容。

确定学习活动和学习材料；编写学习材料，包括学员手册、讲师手册、PPT、辅助材料等；安排对课程进行试讲；依据教学反馈对课程的内容进行修改；开发讲师的培训材料和教学活动。

（4）实施阶段的主要内容。

有计划地推广新课程；对新课程实施交付；对实施阶段的运营提供帮助和支持。

（5）评估阶段的主要内容。

选定有针对性地评估工具；分别对讲师、学生和需求方等利益相关者进行效果评价。

ADDIE 模型作为经典的课程开发模型，其结构严谨，内容充实，专业化程度高，开发结果可控，其独特的价值有以下几点。

在学员选取上，注重评估学员的起点，依据学员的起点和受训后的终点来评估课程需要达到的目标是否合理。

在课程目标上，主张使用表现性目标，根据学习者的变化来定义学习成果，课程内容和教学方法都要依据学习者的实际变化来设定。课程目标的确立，有利于任务分析，任务分析包括工作任务分析和学习任务分析，这两个过程的相互匹配为课程目标的达成打下了基础。

在课程内容上，主张根据不同的内容创设不同的内部和外部条件，促进学员对内容的吸收，因此，加涅的教学设计原理建立在内容分类的基础之上，这与同时期布卢姆的教学目标分类思想有很多的相通之处。

在教学活动上，加涅著名的“九大教学事件”发挥了作用，包括引起注意、告知目标、刺激回忆、呈现内容、提供指导、引出行为、提供反馈、评价结果、促进保持和迁移。

ADDIE 是系统化的教学设计模型，适用于有一定规模的内容开发，加之其结构严谨、需要借助大量的专业工具才能完成，这就造成了其开发周期长，对教学、学习技术的专业化水平要求高，效率相对较低。在开发流程上，ADDIE 属于线性开发程序，如图 5－4 所示，分析、开发、设计、实施、评估属于前后相连的阶段，用了实线标识，而评估需要等待实施后才能对各个环节进行改进，用虚线标识，这就决定了其较为适宜固定型的课程内容开发。课程一旦确定，二次修订和迭代同样需要经历新一轮的 ADDIE 流程，这就决定了其更新的速度也较为缓慢。该模型以内容为中心，较少考虑学习者的体验和感受，开发过程由课程设计者主导，缺少学员、需求方和内容专家的参与。这些都在一定程度上影响了该模型的推广和使用。

2. 结构开发模型。

2014 年田俊国老师出版了《精品课程是怎样炼成的》，系统地介绍了课程开发的结构化模型，田老师从构建精品课程的核心组件入手，将目标、内容、形式、逻辑、过程作为精品课程的核心组件，另辟蹊径地发明出了一套生产课程的方法论。

（1）核心组件之一：目标。

目标是课程的灵魂，是其他四个组件围绕的中心思想。目标对了，一门课程已经成功了一半了。

在目标的设定上，田老师整合了罗伯特·加涅和布鲁姆的思想，发展了表现性目标，将其拓展为外在的表现性目标和内在的成长性目标，以内在促动外在，以外在印证内在。通过课程目标的设定将教学活动设计、教学过程设计和教学效果评估整合为一体。

（2）核心组件之二：内容。

表现性目标是内容的中心思想，所有的内容设计都需要围绕目标展开。内容部分我们在前面已经做了分析，不再赘述，欲知详情请参考田老师的著作。

（3）核心组件之三：形式。

内容的演绎需要形式的包装，内容是糖果，形式是包装盒；内容是药，形式就是糖衣。内容是方的，大脑是圆的，只有将方的内容包裹在圆的形式下，大脑才能接收。

内容设计是科学，形式设计是艺术，形式可以无限创新，好的形式有五个标准，分别是激发、冲击、参与、启发、印记。

激发：好的形式可以吸引学员的眼球，激发学员的兴趣。例如，在我们的专业技术课堂上，老师拿着自制的偏航系统，可以做真实风机的各种功能，一下子吸引了学员。

冲击：好的形式总在情理之中，意料之外。这往往会给学员带来极其深刻的印象。例如，在问题解决课堂上，我们设计了竹签刺穿气球的活动，最后的结果大大出乎学员的意料之外，以至于多年以后，学员见面还提及当时的感受。

参与：好的形式可以调动学员的深度参与，乐此不疲。我们的高级技能训练营将形式替换为冲关挑战赛，各小组通过完成老师发布的学习任务来完成积分，结果是下课成了难题，每每课堂自动延续到晚上十一点以后，这样高参与的课程，连老师都大呼过瘾。

启发：再好的形式也是为内容服务的，好的形式是为了促进内容的转化，也可以说是通过形式转换内容的所有权。为了形式而形式就有买椟还珠、哗众取宠之嫌，其结果是整个课程表面很热闹，实际很无聊。

印记：好的形式如同植入大脑的一个“钩子”，遇到相同或相似的场景就可以把学到的内容提取出来，如营销课程我们采用了真实的客户拜访场景，并将技能隐藏在场景背面，多轮次的训练后，学员一旦遇到相似场景，就会出现场景启动，技能调用的功效。

（4）核心组件之四：逻辑。

逻辑是穿起内容这串珍珠的线，好的逻辑如同课程的 DNA 一样，不见其形，却无处不在。常见的组织内容的五大逻辑分别是：顺序逻辑、分类逻辑、关系逻辑、线索逻辑、结构逻辑。

（5）核心组件之五：过程。

田老师将好的课程过程比喻为“拉拉链”。一边是老师、一边是学员，而好的过程设计就是将拉链的两边严丝合缝地连在一起。好的过程设计在节奏上需要遵循人的记忆规律，也要符合人的精力曲线，在教学策略上将教学活动与人的学习规律契合起来。

田老师的结构化开发模型，将专业化的课程目标、课程内容与课程形式和课程过程进行双向匹配，将逻辑作为贯穿整个课程的主线，整个设计注重学员的体验和感受，注重内容的转化和吸收，这对于艰涩难懂的专业内容而言，无异一剂良方。

3. SAM 敏捷课程开发技术。

SAM（Successive Approximation Model）称为持续性逼近开发模型，又被称为“多次循环迭代模型”，SAM 由美国的 Michael Allen 及其团队于 2013 年完成开发并开始推广。在此之前他们一直致力于网页的培训与工具开发，为了适应互联网行业的特点，他们借鉴了互联网思维，在课程开发上不再追求一次成型，而是从最小可量化单元开始，在持续开发网络化课程中积累了丰富经验，并将其整理为 SAM 模型。

SAM 主张将课程拆分为碎片化来开发，从课程开发之初就将内容与用户的实践关联在了一起，并快速获得用户的应用反馈，随后在应用中持续迭代并最终接近最佳课程设计标准。

SAM 主张设计一个有意义、好记忆、可激励的学习体验，而学习内容来自实际工作中的挑战，为此需要从 CCAF（情境、挑战、活动、反馈）入手来提取关键技能。SAM 的开发路径共包括 3 个阶段、8 个步骤。

阶段一：准备阶段。

步骤 1：收集信息。挑选合适的人员参与课程设计是该步骤的主要工作，能够吸引哪些可以提供想法或支持，可以指引方向、富有创造力或灵感的人，并为他们分配合适的角色和任务，将有利于后续工作的开展。

步骤 2：认知启动。认知启动是 SAM 特有的称谓，可以是会议也可以是研讨活动或头脑风暴，主要工作是与会的代表们就课程的预计目标、期望的结果、约束条件、参与人员、人员职责等达成一致，核心成果是要构建出基于 CCAF 的样图设计，样图是 SAM 课程开发的主干，也是课程的主体结构，后续的迭代和升级主要围绕样图展开。

阶段二：迭代设计阶段。

步骤 3：项目规划。也可以称为设计蓝图，指的是课程的开发和设计过程的全貌进行预设计，包括预期收益、过程、范围、质量、交付物、风险等。

步骤 4：附加设计。是对样图设计的精细化过程，重跨度、轻深度，避免遗漏，建构完整内容，再通过后续迭代升级，附加设计本身就是对样图设计的迭代和升级。

阶段三：迭代开发阶段。

步骤 5：标准设计。标准设计是对课程内容的标准化设计，包括课程目标、提纲、内容和情节等，标准课程已经接近于可交付版本了。

步骤6：A版本。可以实施的初级版本，各项功能已经具备，具备达成初始目标的条件，通过实际测试，依据学员和老师的反馈进一步的完善。

步骤7：B版本。修正A版本已经识别的各项问题，如果已经完善，直接达到黄金版本的标准，如果仍需完善，退回到A版本继续测试调整。

步骤8：黄金版本。A版本、B版本属于认证周期内的阶段性产品，可根据实际情况调整其时间或周期，直到课程具备正式交付的黄金版本，黄金版本并不意味着课程开发的终止，而是新一轮迭代的开始。

SAM课程开发技术通过快速实验，提前介入评估的方法验证课程效果，具有开发成本低、开发速度快、敏捷迭代、综合效能高等突出特点，在快速、多变、高速增长的业务场景中具有典型优势。

综上所述，课程体系建设是培训中心能力建设的重要组成部分，也是培训中心最基础的工作和最基本的本领，而构成这个基础的既有我们可以感知的教材、课程、书籍，更有可以不断创造这些内容的知识和方法体系，这才是一个培训中心取之不尽用之不竭的课程来源。

第三节　课程体系建设实践

组织专家帕特里克·兰西奥尼说："大部分组织只对他们所拥有的知识、经验和智力资本进行碎片化的利用，而健康的组织几乎利用了所有这些资源。"GE前CEO杰克·韦尔奇认为："一个组织的学习能力，以及把所学迅速付诸实践的能力，是组织的终极竞争优势。"一个组织能够快速地利用已有的知识和智慧并将其迅速付诸实践这两项能力都离不开一个共同的基础，那就是课程体系建设。

课程体系是培训体系的重要组成部分，而培训体系是人力资源管理体系的重要组成部分，因此在课程体系的建设实践中需要建立起与公司人力资源管理体系的紧密对接。由于各公司人力资源管理体系建立的基础不同，课程体系赖以存在的"土壤"就会有所差异。总结起来，课程体系建设的"根基"共有三大类，分别是：以目标为基础的课程体系，以任务为基础的课程体系和以胜任力模型为基础的课程体系。下面我们就分别举例并予以介绍。

一、以目标为基础的课程体系

以目标为基础的课程体系在实践中较少运用，原因在于该类课程体系建设对教育学和心理学的专业化程度要求较高。但这并不意味着我们不会遇到这种课程体系的建设要求，如新员工、专家人才、运营高管等就是典型的以目标为基础的课程体系，原因在于我们从其他角度较难定义培训所需达到的成果。由于新员工培训更具有普遍性，下面我们就以校招新员工（以下简称：新员工）课程体系作为范本进行解析。

以目标为基础的课程体系建设通常包括四个关键步骤，分别是目标转换、目标支撑、爆点设计和内容整合。

第一步：目标转换。

新员工课程体系建设的目标通常来自公司提出的要求，我们称为业务目标。例如，经过公司领导和各相关部门讨论，对今年新员工培训提出了如下要求：

1. 完成校园人到职业人的转型；
2. 提高职业素养；
3. 进行公司企业文化和价值观教育；
4. 掌握一级（基础）岗位技能。

拿到这样的业务目标后，培训部门是难以操作和执行的，业务目标定义了方向，却没有定义具体程度，这就需要对业务目标进行转换，用培训的语言将业务目标转换为培训目标。这部分内容我们已在本章的第三部分进行了讲解，我们现在对业务目标进行转化，可以得到以下培训目标：

1. 认同企业和行业选择；
2. 价值化企业文化和价值观，并以此作为行为依据；
3. 外化职业技能并具备独立完成工作的技能条件；
4. 运用专业知识解决一级（基础）业务问题。

第二步：目标支撑。

有了新员工的培训目标，课程目标就有了依据。按照教学目标分类学，高一级的目标是低一级的目标整合后的结果，每个目标的背后都包含支撑它的基础单元。斯滕伯格称为“支架”，维果茨基称为“成分技能”，正是这些“支架”或“成分技能”，才构筑起了培训目标这个大厦。

按照教学目标分类学，我们可以进一步对新员工的培训目标进行细化，向下找到支撑培训目标的课程目标或活动目标，按照上述要求我们细化后得到本次新员工的课程目标如下。

培训目标 1：认同企业和行业选择。那么支撑该培训目标的课程目标分别为：

（1）接纳公司所处的行业及发展前景；

（2）认可公司发展历程与前景；

（3）运用职业生涯工具将个人与公司发展相整合。

培训目标 2：价值化企业文化和价值观，并以此作为行为依据。那么支撑该培训目标的课程目标为：

（4）赞许公司发展的榜样人物；

（5）认同公司的企业文化与价值观；

（6）遵守员工守则与职业规范；

（7）领会员工权益与职业安全的独特优势。

培训目标3：外化职业技能并具备独立完成工作的技能条件。那么支撑该培训目标的课程目标为：

（8）领会公司业务流程及关键价值贡献；

（9）识别岗位职责与绩效考核要求；

（10）熟练操作岗位技能清单所列技能项；

（11）认同师带徒在能力进阶中的优势与作用。

培训目标4：运用专业知识解决一级（基础）业务问题。那么支撑该培训目标的课程目标为：

（12）理解考评要求，遵守考评纪律；

（13）结业考评。

第三步：爆点设计。

传统的课程体系将课程狭隘地定义为课堂教学部分，在新员工课程体系的设计中，我们一改传统课程设计，将活动引入课程体系中，取得了很多意想不到的效果。其原因在于新员工培训的课程目标大多是情感或价值观部分的内容，传统的讲授式课程难以达到课程目标，而参与式、体验式和沉浸式的活动会扮演举足轻重的角色，经过多年的实践积累，我们发展出了“四高”的设计方法并取得了实效。

奇普·希思兄弟在《零成本改变》中通过大量的案例论证了引发个体转变的一个关键因素是场景，在个体理智上认可、情感上认同的情况下，难以采取行动的关键不是不够努力或不够勤奋，而是缺少应用的场景，场景是引发个体行为的“扳机”，我们需要改变的不是人，而是环境，看似人的问题，实则是环境的问题。而活动在新员工培训中就扮演了引发情感共鸣“扳机”的角色。马尔科姆·格拉德威尔在《引爆点》中将产品爆发流行现象归因为三种模式：个别人物法则、附着力因素及环境威力法则。我们在活动设计中成功地引入了这三个法则，并将活动设计正式命名为“爆点设计”，意在引爆知识、技能和态度的组合体。经过大家多轮次的头脑风暴和尝试后，支撑培训目标的爆点设计正式登场。

培训目标1：认同企业和行业选择。那么支撑该培训目标的活动分别为：

活动1. 开营典礼；

活动2. 新星勇敢说；

活动3. 与老员工对话；

活动4. 参观工作现场；

活动5. 一封家书。

培训目标2：价值化企业文化和价值观，并以此作为行为依据。那么支撑该培训目标的活动分别为：

活动6. 文化戏剧秀；

活动7. 安全小剧场；

活动8. 工会联谊活动；

活动9. 与总经理面对面；

活动10. 共绘蓝图。

培训目标3：外化职业技能并具备独立完成工作的技能条件。那么支撑该培训目标的活动分别为：

活动11. 拜师仪式；

活动12. 师徒秀；

活动13. 师徒成长汇。

培训目标4：运用专业知识解决一级（基础）业务问题。那么支撑该培训目标的活动分别为：

活动14. 未来挑战赛；

活动15. 出师仪式；

活动16. 结业典礼。

第四步：内容整合。

我们整合以上内容，将新员工的课程体系按演进的先后顺序进行整合，就形成了为期一年共分四个阶段的课程体系，具体内容请查看新员工课程体系（见图8-5）。

第一阶段：认识公司	第二阶段：认同文化	第三阶段：精进技能	第四阶段：考评能力
时间：入职第1~2月	时间：入职第3月	时间：入职第4~10月	时间：入职第11~12月
课程1：公司与行业介绍	课程4：榜样人物	课程8：核心业务流程与价值创造	课程12：考评规则与考评纪律
课程2：公司历程与发展规划	课程5：企业文化	课程9：岗位职责与绩效考评	课程13：结业考评
课程3：员工职业生涯规划	课程6：员工守则与职业规范	课程10：职业技能清单	
	课程7：员工权益与职业安全	课程11：师带徒与能力进阶计划	
活动1：开营典礼	活动6：文化戏剧秀	活动11：拜师仪式	活动14：未来挑战赛
活动2：新星勇敢说	活动7：安全小剧场	活动12：师徒秀	活动15：出师仪式
活动3：与老员工对话	活动8：工会联谊活动	活动13：师徒成长汇	活动16：结业典礼
活动4：参观工作现场	活动9：与总经理面对面		
活动5：一封家书	活动10：共绘蓝图		

图8-5　新员工课程体系

二、以任务为基础的课程体系

以任务为基础的课程体系是实际工作中最为常见和应用范围最为广泛的形式，原因在于它自身拥有诸多的天然的优势。首先，它较好地将培训课程体系与人力资源管理的岗位任务体系进行了贯通，从岗位到任务再到课程内容，一以贯之。其次，它强调工作任务分析在课程体系建设中的关键作用，以工作任务为基础构建课程体系，突出了以用促学、知行合一的实战化教学理念，因课程内容针对性强、转化效率高，而深受学员的喜爱，培训即工作，工作即学习是其突出特点。最后，它具有广泛的适应性，由于组织所面临的市场环境不同，一个稳定型的组织更喜欢用以岗位为基础的人力资源管理体系，而一个变动型的组织更喜欢以任务为基础的人力资源管理体系，两者构建课程体系的方法是一致的，不同之处在于任务型的组织需要根据任务的变化保持课程的迭代和更新。

以任务为基础的课程体系建设相对复杂和烦琐，因篇幅所限我们按四步法简单做一介绍，以便于大家识其全貌。这四个关键步骤分别是：分析工作任务、解构培训内容、设计课程体系，验证课程内容。下面我们以基层管理者的课程体系为例进行讲解。

第一步：分析工作任务。

分析工作任务是人力资源管理的基本功，如果公司的人力资源管理基础扎实，可以直接从人力资源部获得工作任务分析的原始数据。如果没有这些数据，就需要课程开发人员从源头访谈和提取这些数据了，具体的访谈或工作任务记录方法请参考相关著作。

我们以基层管理者的岗位和工作任务为例进行分析，分析工作任务从粗到细的分解路径（见图8－6）是：岗位、职责、任务、子任务、步骤。

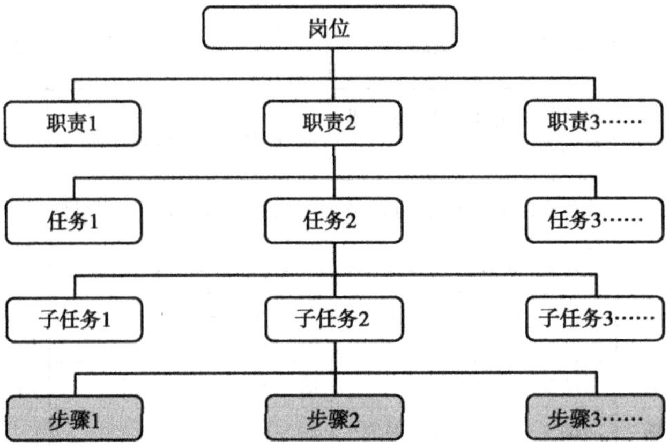

图8－6　工作任务分析路径

基层管理者主要任务之一是员工绩效管理，员工绩效管理也是较为通识的内容，我们就以员工绩效管理为例逐步展开进行分析，可以得到基层管理者员工绩效管理分析图，如图 8 -7 所示。

<table>
<tr><th>岗位</th><th>职责</th><th>任务</th><th>子任务</th><th>步骤</th></tr>
<tr><td rowspan="14">基层管理者</td><td rowspan="11">员工绩效管理</td><td rowspan="7">绩效计划制订</td><td rowspan="3">年度目标分解</td><td>目标 ABC 分类</td></tr>
<tr><td>KRA 关键职责领域</td></tr>
<tr><td>OKR 成果产出</td></tr>
<tr><td>确定衡量标准</td><td></td></tr>
<tr><td>确定考核权重</td><td></td></tr>
<tr><td>确定追踪渠道</td><td></td></tr>
<tr><td>能力发展计划</td><td></td></tr>
<tr><td>绩效计划执行</td><td></td><td></td></tr>
<tr><td>绩效面谈</td><td></td><td></td></tr>
<tr><td>绩效结果确定</td><td></td><td></td></tr>
<tr><td>绩效反馈</td><td></td><td></td></tr>
<tr><td>员工激励</td><td></td><td></td><td></td></tr>
<tr><td>员工辅导</td><td></td><td></td><td></td></tr>
<tr><td>……</td><td></td><td></td><td></td></tr>
</table>

图 8 -7 基层管理者员工绩效管理分析图

分析工作任务的目的就是要找到最小工作单元，从最小工作单元中识别出支撑其完成所需的知识、技能和态度。如图 8 -7 所示，从岗位职责员工绩效管理到任务绩效计划制定，再到子任务年度目标分解，再到具体步骤目标 ABC 分类法、KRA 关键职责领域和 OKR 成果产出，我们就找到支撑该任务完成的基础知识、技能或态度了。老子说：“天下难事，必作于易；天下大事，必做于细。”这个方法就是从易和细两个方面对复杂问题进行了详细分析，通过“解剖麻雀”的过程我们列举出了每个子任务下的每个工作步骤，从而找到了支撑该项工作任务完成的基础知识、技能和态度。

为了区分基层管理者工作任务的重要性，为课程体系的时间分布提供依据，可以使用 PED 分类法。PED 分类法是较为宽泛和简便的工作任务分类方法，P 是 Participation，指需要参与的工作，E 是 Execution，指需要执行的工作，D 是 Decision，指需要决策的工作。一般而言，需要决策的工作重要性更高，需要执行的工作重要性居中，需要参与的工作重要性最低。除了 PED 分类法外，也可以采用较为精细的工作任务优先级排序法，其操作方法是将每个工作任务按照重要性、出现频次和学习的困难度三个要素按 1 ~5 分进行赋分，并按照三要素在该项工作中的权重进行百分比赋值，这样就可以较为精准地计算出每项任务在整体工作中的相对值。

第二步：解构培训内容。

工作任务分析得越精细，培训内容的解构就越容易。通过工作任务一直到工作步骤的分析，我们就可以找到支撑完成这项工作的知识、技能和态度分别是什么。我们仍然以基层管理者的绩效管理作为案例进行解析。

通过图 8－7 的分析，我们可以识别出基层管理者绩效管理的具体内容，并用绩效管理知识结构图（见图 8－8）的形式表达出来。

绩效管理	内容属性（ASK）
一、什么是绩效管理；绩效管理的目的何在？	知识；态度
二、绩效管理流程 绩效计划制定；绩效计划执行；绩效评估	知识
三、绩效计划制订 绩效目标：目标 ABD 分类，KRA 关键职责领域；OKR 结果分析；目标衡量标准 SMART；目标衡量维度；目标的追踪渠道；目标的考核权重。 展现行为：职业价值观；员工能力；员工行为；持续改善。 发展计划：目标与能力发展相匹配；找到发展能力的途径	技能 知识；态度 知识；态度
四、绩效计划执行 绩效计划追踪：追踪渠道，数据确认，追踪能力发展的方法。 绩效反馈：反馈的原则，反馈的技巧。 员工辅导：辅导的类型，辅导的技巧。 期中调整：调整原则，调整流程	知识 技能；态度 技能；态度 知识
五、绩效评估 评估目标结果：绩效评估方法，绩效评估流程，绩效结果确认。 评估能力结果：能力评估方法，能力评估流程、能力结果确认	技能；态度 技能
六、绩效循环 绩效改善：复盘的方法，复盘的成果，复盘结果的运用。 发展循环：目标与能力的双循环	技能 技能

图 8－8　绩效管理知识结构图

通过以上的归类分析，绩效管理的内容结构已经清晰了起来，对内容属性的分类有助于在课程设计中设置有针对性的教学环节，以帮助学员提升对内容的转化效率。

第三步：设计课程体系。

设计课程体系部分主要用到的是本章第三部分课程开发方法论的内容，绩效管理的课程开发方法可以选用 ADDIE 或者田俊国老师的结构开发方法。当然也可以依据技能属性的差异采用开发、内化、外购或改造的方式，具体开发过程我们不再论述。在设计课程体系环节，需要结合我们前面的 PED 分析结果或工作任务优先级排序法的结果来确定不同课程的时长。

经过以上加工处理课程体系就已经初步成型了，基层管理者课程体系如图 8 －9 所示。

序号	课程名称	时长（H）
1	基层管理者角色转型	8
2	员工绩效管理	16
3	激励员工发展	8
4	辅导员工进步	8
5	打造成功团队	8
6	工作任务管理	4
7	会开会	8
8	向上沟通	4
9	结构化表达	8
10	基层管理优秀案例集	8

图 8 －9　基层管理者课程体系

以任务为基础构建的课程体系可以解决岗位大部分的培训需要，同时课程体系也需要结合公司要求，公司所处行业和发展阶段的需要，以及党政工团、廉洁从业等要求，予以完善。

第四步：验证课程内容。

经过上述环节完成的课程体系，还需要接受实战的考验，需要经过反复验证和完善后才能批量化交付，这类似于 ADDIE 的实施和评价环节，具体方法已经在本章第三部分进行了阐述。

验证课程内容部分尤其需要注意教学目标、教学方法、教学活动与教学内容的匹配性。我们在本章的第一部分已经阐述过，管理技能更多地属于“复杂技能”，需要依据复杂技能的特点选取适配的教学方法和教学活动。

以任务为基础的课程体系要求课程内容紧贴业务实践，具有针对性、实战型、强转化的特点，尤其适合企业的关键岗位，如技能实操、专业技术、管理、销售等岗位课程体系的搭建，在培训形式上以“训战合一”为目标的场景模拟、实操演练或沙盘模拟等较为常用。近些年随着产业升级和竞争态势的变化，以任务为基础的课程体系以其突出的特点为众多企业所采用，并逐步成为市场的主流。我们也不难发现，以任务为基础的课程体系需要企业有较好的人力资源管理基础，同时需要岗位相对稳定，从业人员相对较多，这样才有足够的样本量。

三、以胜任力模型为基础的课程体系

很多公司将人力资源管理体系建立在胜任力模型的基础之上，这也就要求公司的培训体系和课程体系围绕胜任力模型为基础进行构建。有些培训需求如高潜人才、后备干部等很难从工作任务或培训目标上去定义，从胜任力模型切入要相对容易一些。以胜任力模型为基础的课程体系构建可以说是以任务为基础的课程体系的简化版，由于胜任力模型主要是基于关键行为展开的，找到支撑关键行为背后的知识、技能和态度，课程体系的构建就容易多了。我们以中层后备干部课程体系为例进行解析，为了便于大家理解我们仍然采用四步法，分别是解析胜任模型、识别课程内容、设计课程体系、验证课程内容，其中后两步与以任务为基础的课程体系基本相同。

第一步：解析胜任模型。

关于胜任力模型的构建原理、方法和过程等，不是本书的主要内容，有需要的读者可以查阅相关文献，我们在此略过。公司人力资源部对中层后备干部胜任力模型（见图 8 - 10）做了如下描述。

能力维度	能力项	行为描述
领导技巧	建立成功团队	1. 认知自我状态和优势； 2. 识别团队成员的个性特质与能力专长； 3. 依据组织任务组合团队成员； 4. 建立团队信任，驱动团队达成目标
	愿景领导	略
	教练辅导	略
	发展他人	略
商业思维	经营思维	略
	调动资源	略
	任务管理	略
人际互动	双赢思维	略
	赢得认同	略
	建立伙伴关系	略
个人效能	积极主动	略

图 8 - 10　中层后备干部胜任力模型

胜任力模型主要包括三个部分，分别是能力维度、能力项和行为描述，对胜任力的评价主要基于行为描述展开的，抓住胜任力模型的关键就是识别出关键行为，并从关键行为中推导出支撑其实现的知识、技能和态度。

第二步：识别课程内容。

我们以中层后备干部胜任力模型中的能力项建立成功团队为例，建立关键行为与课程内容之间的关联（见图 8－11）。

关键行为	课程内容	内容属性
认知自我状态和优势	自我性格测评及解读； 自我状态识别； 自我分析与诊断	技能 态度 技能；态度
识别团队成员的个性特质与能力专长	识别团队成员的个性特质及其适用性； 认识个体优势； 培养和塑造个体专长	技能 技能 技能
依据组织任务组合团队成员	组织任务的分类； 组织结构的类型及其特点； 建立任务、组织和人的匹配	知识 知识 技能
建立团队信任，驱动团队达成目标	设立团队不同层面的目标； 解析人的需求与驱动力来源； 团队信任的来源； 如何建立团队信任	技能 知识 知识 技能

图 8－11　关键行为与课程内容之间的关联

到此，我们已经基本清楚以胜任力模型为基础的课程体系与以任务为基础的课程体系之间的联系与区别。两者的相同点在于构建的方法基本一致，不同之处在于两者建立的基础不同，以任务为基础的课程体系以实际的工作内容作为参照，易于识别、分析和排序，而以胜任力模型为基础的课程体系建立在关键行为的描述上，而关键行为描述的准确性受到了多个环节和多种因素的影响，因此较难形成有针对性、实战型、强转化的课程体系。

第三步：设计课程体系。

按图 8－11 的方法，我们对所有能力项进行关键行为的解析，并获得课程的主体内容。后面的做法与以任务为基础的课程体系相似，不再赘述。识别出课程的主体内容后依据技能属性的差异，可以采用开发、内化、改造或外采的方法。

通过整合课程资源，我就可以构建起中层后备干部的课程体系（见图 8－12）了。

第四步：验证课程内容。

该部分与以任务为基础的课程体系建设基本相同，不再论述。

总之，三种构建课程体系的方法各有其优势和不足，在实际工作中我们只需要根据自身情况选取适用的方法即可。通过以上解析我们不难发现，课程体系建设无疑是培训体系中最具技术含量和专业含量的工作之一，无论哪种课程体系的建设方法，都是建立在课程目标、课程内容、课程形式和课程评估等专业能力的基础之上的，课程体系的建设还需要综合考虑企业所处的行业特点、发展阶段、技能属性、公司要求、课程开发的专业力量等因素。相信通过不断努力，每个组织都可以建立起适合自己的课程体系。

序号	课程名称	课程来源	时长（H）
1	打造卓越团队	开发	8
2	思维创新与问题解决	内化	4
3	高效能人士的七个习惯	外采	8
4	团队教练	改造	8
5	橘子与苹果（经营思维）	外采	8
6	管理高尔夫	外采	12
7	MBTI 人格测评与解读	内化	8
8	商业画布	外采	8
9	精益化管理	内化	8
10	情商领导力	改造	8

图 8－12　中层后备干部课程体系

第九章　学习项目开发

第八章分享了学习需求诊断的三个工具和方法，学习需求诊断完成以后，我们就要进入学习价值链的第二个环节即“获得学习解决方案”。这里为什么用“获得”这个词，而不是“开发”或者“研发”呢？其实是有原因的，很多企业在设计学习培训方案的时候往往更多的是“向内看”，主要领导一旦安排要开展什么培训项目，培训管理者在第一时间想到的就是自主开发培训方案，这当然可行，但却是时间成本最高的一种选择，尤其是面临比较紧急的培训项目，如果临时开发的话，等开发好了，培训项目可能已经不需要了。因此培训项目开发的效率也非常重要，尤其是互联网、销售等行业，需要快速、敏捷。那么这种情况应该怎么办呢？除了自主开发外，培训管理者还应该多“向外看”，看看外部单位、咨询公司有没有现成的和准备实施项目类似的方案可以借鉴？内部之前有没有类似的方案可以做参考，如果有的话，就可以大大缩短我们开发的周期。那么，接下来，具体介绍一下学习项目开发的流程和步骤。

第一节　识别学习需求

一、基于胜任力模型识别学习需求

（一）定义学习目标

1. 定义岗位的期望值。

明确组织对岗位的定位，包括岗位的主要工作任务、关键绩效指标和指标值。

2. 构建岗位胜任力模型。

针对中层及以上岗位，我们一般会构建岗位素质模型，采用 BEI 行为事件访谈法或工作坊的方式构建胜任力模型，通过分析战略和业务要求、工作任务以及企业文化等，确定岗位需要具备的核心胜任能力，并对胜任力进行定义和描述（见图 9-1 和表 9-1）。

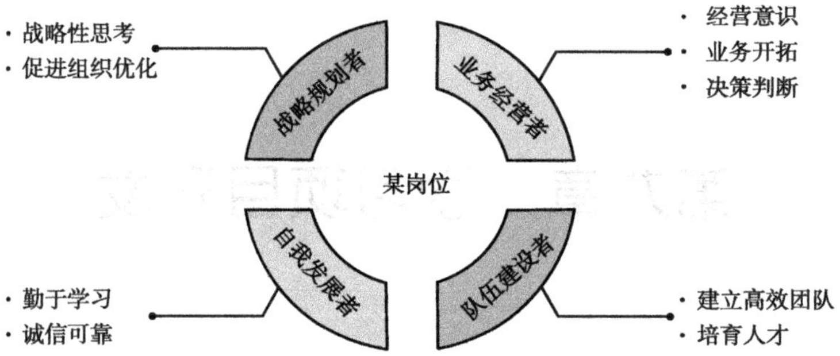

图 9-1　某岗位胜任力模型

表 9-1　核心胜任力的定义及描述

一级维度	二级维度	定义
战略规划者	战略性思考	能够理解竞争格局，解读企业所处的竞争环境，思考战略问题，把控战略重点
	促进组织优化	洞察问题，能够发现企业需改进的问题，并且触发改变，在企业内推广优化
业务经营者	经营意识	理解企业的经营模式和商业运作机制，知道关键的经营指标和财务指标，关注成本及收益的问题
	业务开拓	挖掘业务机会，把握市场风向，在关键环节运用有效的谈判和影响策略，达成合作，持续维护和经营客户
	决策判断	决策基于事实，能够分析清晰成本—收益、风险和成功概率，思考周密，当机立断，把握决策时机
队伍建设者	建立高效团队	依据业务要求和人才的特点，进行人才搭配，共识团队目标，形成团队规范，凝聚团队成员
	培育人才	相信员工能够提升和改变，对员工提出高标准严要求，定期进行直接辅导，给员工提供更多的成长发展空间
自我发展者	勤于学习	有学习愿望和探索精神，反思可改进的地方，懂得举一反三、学以致用
	诚信可靠	履行职业操守，遵守公司规章制度，在工作中以事实为依据，不夸大、虚构数据或掩盖问题，言出必行，对承诺的事情负责到底

续表

一级维度	二级维度	指标解析
战略 规划者	战略性思考	◎ 理解竞争格局 解读企业所处的竞争环境，以及行业、市场、政策动向对战略实现的影响 ◎ 思考战略问题 • 将战略落实为各部门具体的行动规划，并确定优先顺序和重点 • 对分管领域的战略实施情况做出分析，为企业战略制定提供决策参考 ◎ 把控战略重点 搁置或舍弃与当前部门的战略重点不符的工作 按照有益于战略实现的原则，协调各团队任务和资源的冲突 不断校正实际执行与战略的偏差，及时调整计划及资源的分配
	促进组织优化	◎ 洞察问题 从运营状况和员工状态中及早觉察出问题迹象 建立定期的反馈和调研机制，暴露企业隐藏的问题 对比外部环境的先进实践，发现企业需改进的问题 ◎ 触发改变 • 树立标杆，并以此为典范在企业内推广优化 • 鼓励员工从管理的各个层面上探讨和实践组织优化的想法 • 在推行优化举措受到排斥和抵抗时，力排众议推进贯彻执行
业务 经营者	经营意识	◎ 理解商业本质 • 理解企业的经营模式和商业运作的机制 • 理解关键的经营指标和财务指标，能从中掌握经营状况并发现问题 ◎ 经营视角管理 • 关注成本及收益的问题，基于投入回报最大化的目标开展工作 • 将本部门作为一个自己经营的实体，思考业务规划、人员和资源部署 • 基于市场/客户的反馈和变化，不断调整工作的重心和方法
	业务开拓	◎ 挖掘业务机会 • 把握市场风向和客户的关注热点，从中挖掘业务机会 • 基于业务的目标和特点，锚定和细分目标客户 ◎ 成功达成合作 充分展现企业品牌和产品、服务的差异化优势，激发客户兴趣 把握客户的需求，展现企业产品和服务与客户需求的契合点 在关键环节运用有效的谈判和影响策略，达成合作 ◎ 持续挖掘价值 持续维护和经营客户，进一步挖掘新的业务机会
	决策判断	◎ 理性分析 • 决策前基于事实做出分析论证，不妄下判断 • 决策前分析清晰成本—收益、风险和成功概率 ◎ 周密思考 • 决策前将不清晰或存疑的信息梳理清楚 • 决策前准备多个可行的备选方案 ◎ 当机立断 • 把握决策时机，避免反复的分析与讨论 • 敢于做出有一定风险的重要决策，并承担责任

续表

<table>
<tr><th>一级维度</th><th>二级维度</th><th>指标解析</th></tr>
<tr><td rowspan="2">队伍
建设者</td><td>建立高效团队</td><td>◎ 团队构建
• 依据业务的要求和人才的特点，进行人才搭配，实现优势互补
• 选拔与团队契合，并能带来积极影响的人才
◎ 共识目标
明确团队的宗旨和目标，强化团队成员对目标的认知
◎ 形成规范
有意识地建立和固化团队沟通、协作的规则和模式
◎ 凝聚团队
• 建立有助于团队成员分享信息和交流的团队环境
• 帮助团队成员消除分歧和偏见，有效解决冲突
• 强化团队的价值观，鼓励符合团队规范的工作行为
• 共享团队的成功与失败，强化团队的荣誉感和“同甘共苦”的体验</td></tr>
<tr><td>培育人才</td><td>◎ 正面期待
• 表达正向的期望，相信员工有提升和改变的可能
◎ 挑战现状
• 高标准严要求，挑战员工不断自我超越
◎ 直接辅导
• 安排出时间定期对重点员工或直接下属进行直接辅导
◎ 创造发展环境
• 重视职业发展通道的设计，给员工提供更多成长发展的空间
• 创造机会（特殊项目、进修、挂职轮岗等），让员工得到本职工作外的历练
• 打造学习型的组织，使企业具备良好的学习氛围，促进员工持续学习发展</td></tr>
<tr><td rowspan="2">自我
发展者</td><td>勤于学习</td><td>◎ 乐于学习
• 展现出强烈的好奇心、学习愿望和探索精神
◎ 自我认知
定期回顾自己的工作，反思需要改进的地方
主动寻求他人的反馈，了解自己存在的差距
◎ 学习有方
借鉴已有经验和做法，举一反三
注意日常工作中的点滴积累和及时总结
◎ 学以致用
把学习得到的知识、技能、方法、思路，运用到工作中
在具体的实践中不断练习和巩固所学的知识和技能</td></tr>
<tr><td>诚信可靠</td><td>◎ 履行职业操守
• 遵守公司各项规章制度，不做损公肥私的事情
• 在工作中以事实为依据，不夸大、虚构数据或掩盖问题
◎ 注重承诺
• 言出必行，不随意承诺
• 对承诺过的事情负责到底，不找借口，不推诿</td></tr>
</table>

（二）识别学习需求

1. 开发测评系统。

可以委托专门的外部咨询机构开发测评系统，另外，我们也可以采用360度调查的方式，对目标学员的上级、同事、下属进行胜任力测评。

2. 衡量学员胜任力差距。

通过测评，衡量目标学员的胜任力差距，基于差距识别需要学习的内容。

二、基于学习地图识别学习需求

（一）开发测评方案

针对中层及以下岗位我们更多会开发岗位的学习地图，基于学习地图产生的胜任标准，制作360度测评问卷，通过目标学员的上级、同事、下属，对目标学员的胜任力情况进行测评。

（二）开展胜任力测评

对其胜任情况按照新手、上手、熟手、能手、高手，五个层级进行对目标学员胜任力情况进行测评，一般1~3分代表不胜任，需要重点培训，4~5分代表胜任，可以少培训或不培训。各层级具体评定标准见表9-2。

表9-2　各层级具体评定标准

分值	类别	定义
1分	新手	掌握岗位的基本知识 能够完成岗位基本工作 需要在别人较多的指导下才能正确开展工作
2分	上手	掌握岗位基本理论知识和经验 能够较好的完成岗位基本工作，并能解决岗位存在的一些基本问题 需要在一定的指导和监督下才能正确开展工作
3分	熟手	掌握业务领域较为丰富的理论知识和经验 能够很好地完成岗位基本工作，并能及时解决岗位存在的基本问题和一些复杂问题 需要少量的指导或监督，能够“独当一面”
4分	能手	掌握业务领域丰富的理论知识和经验 能够很好地处理好岗位工作，并能够较好的解决岗位存在的各类复杂问题 独立工作，很少监督，为工作经验少的同事提供工作指导
5分	高手	业务领域的专家，能够萃取和分享岗位最佳实践 能够解决岗位复杂难题，视野开阔，并能够提出创新解决方案 独立工作，并能够指导别人，只需要的攻克难题时需要专家指导

注：每0.5分一个层级。

三、基于业务问题或绩效问题识别学习需求

1. 制订需求调查方案。

按照业务问题分析、绩效问题分析、胜任力问题分析、学习需求分析的原则开发需求调查方案。

2. 识别学习解决方案。

这一部分在第六章已经说得非常详细了，在此不再赘述。

第二节　学习解决方案开发

一、形成课程体系

学习培训要解决的就是期望的目标与现实之前的差距，根据胜任力测评或学习需求分析，我们就可以准确地识别出需要弥补的差距，从而匹配精准的课程体系，包括课程名称、课程目标、核心内容、课程时长、学习方式等内容。

二、确定师资

与业务部门沟通，确定师资。内部师资的选择一般基于三个维度：一是选择的师资必须是拟授课程领域的专家或能手；二是具有较好的表达能力；三是具有较强的分享意愿。为了确保课程质量，一门课程一般匹配 2 ~3 名内训师，并对他们进行内训师培训。对于一些综合素质课程，我们经常会选择外部师资授课，但外部师资往往讲授的都是通用的技能，如《沟通与协调》课程，外部老师无法针对企业的具体业务场景讲授沟通与协调的方法和技术，所以现在越来越多的优秀企业都采取“先引进，后内化”的方式，即挑选优秀的外部培训师，后期逐步由内部培训师进行内化，提高课程的针对性。

三、设计学习形式

学习形式设计时，需要考虑两个重要因素：一是学习质量。学习能够解决业务问题的第一步是学员能够真正“学到”，因此采用什么样的形式，能够确保学员最大化的消化和吸收，是我们首先需要考虑的问题。二是学习成本。在确保学习质量的前提下，最大限度地降低学习成本。在线上学习、线下授课、在岗学习、自学（网络自学、

线下自学）以及研讨、拓展、能力扫描、情景模拟、技能大赛、学习沙龙、读书分享、行动学习等学习形式中，选择最优的组合方式。这里需要强调的是学习成本，不仅包括经济成本，如学习期间的交通、食宿费用，需要支付的工资等，还包括时间成本、认知成本。为什么这么说？我们很多企业在举办学习项目时，都希望让尽可能多的人参加，尤其是线上的学习项目。这里给大家举个例子，我之前举办过一个新入职员工的线上专业能力提升学习项目，公司领导强烈要求入职2～3年的也一起学，虽然这个培训项目做得非常好，得到了新员工的高度认可，但是，入职2～3年的人员参与度非常低，而且对课程的评价也非常不好。为什么会出现这个问题？如果我们设计的内容对部分人员的针对性不强，而要强制他们参加的话，参加学习的时间成本也是非常高的，学习收益和时间成本不成正比，同时还会影响他们对公司举办学习培训的认知，认为学习培训可能更多的就是完成任务，不是真正在帮助他们更好更快的成长，久而久之，他们对公司培训的认可度就会越来越低。因此，在学习成本设计上，我们不仅要关注比较明显的经济成本，也要把经常容易忽略的隐形的时间成本和认知成本计算入内。

四、设计学习成果转化项目

在阐述如何设计学习成果转化项目之前，我们先来看一项研究成果。著名的学习型组织专家布林克霍夫发现，如果我们将5%的资源用到培训前的准备上，90%的资源放在培训项目的设计和交付上，5%的资源用到培训后的跟进强化上的话，我们会发现，没有使用新技能的人员占到了15%，尝试使用新技能但是失败了的占到了70%，养成并维持新行为习惯的占到了15%。这个实验说明：培训只对15%的人有效！

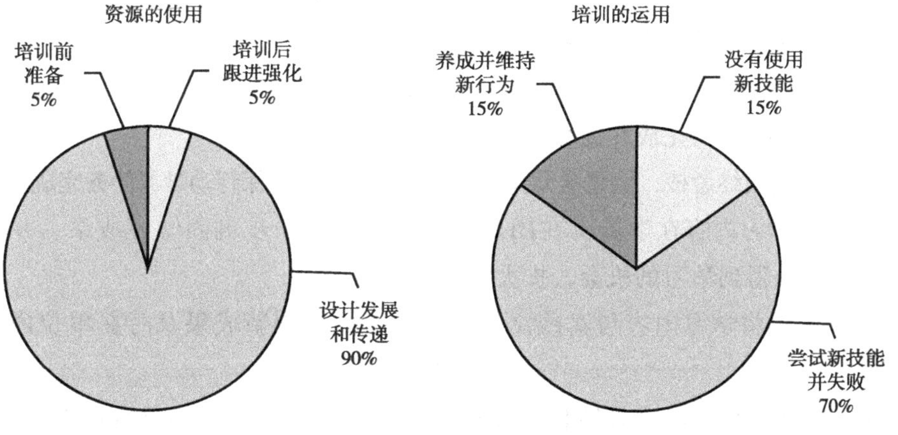

图9－2　实验示例一

然后他又进行了调整，这次他将25%的资源用到培训前准备，25%的资源用到培训项目的设计和交付上，而将50%的资源用到培训后的跟进强化上。这次发现，没有使用新技能的人员占到了5%，尝试使用新技能但是失败了的，占到了10%，养成并维持新行为习惯的占到了85%。这个实验说明：增加培训后资源投入比例，培训可以对85%的人有效！因此，培训后的跟进强化是确保学习有效的重要保障。

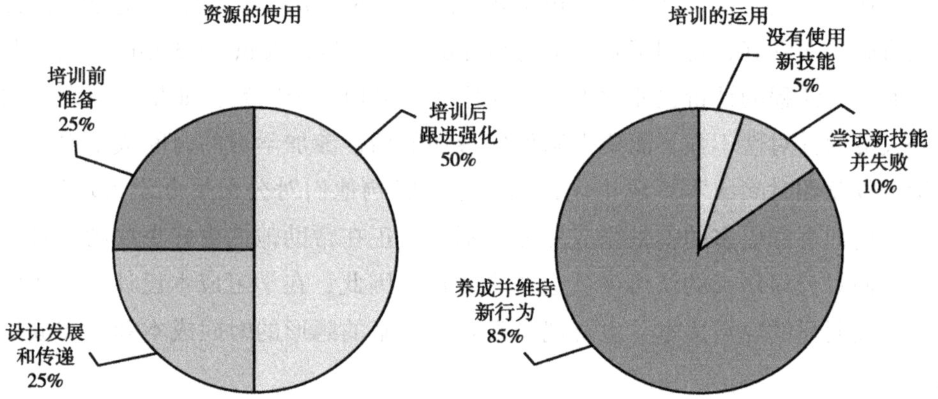

图9-3　实验示例二

我们说学习的目的就要通过提升学员的能力，改变学员的行为习惯，来解决业务或企业面临的问题，从而最终达到提升组织绩效的目的。但是从学习到绩效提升的过程中会有大量的学习损失，最大的损失就出现在学习成果转化上，我们经常说“课上激动，课下不动”，说的就是这个意思，据统计大约有90%的学习损失都出现在了学习成果转化上。因此，设计科学的学习成果转化项目，对学习项目的成功至关重要。在学习成果转化上有很多的方法，在这里向大家介绍实践中使用最多的一种方法，我们将它取名为：基于“学用会教创”五星转化法，具体包括：

1. 学：利用ORID、531等学习工具，通过每日开展学习成果复盘，帮助学员吸收、消化学习内容，做到当日学习、当日吸收。

2. 用：通过学习成果复盘或自我觉察，帮助每一位学员制订有针对性的行动学习任务，并在规定时间内完成并提交。

3. 会：通过最终考核，倒逼学员及时应用所学内容，确保行动学习任务完成的质量。

4. 教：将学习内容在学员所在团队进行转训，进一步巩固学习成果，并通过转训，让更多的人得到学习的机会，扩大学习收益。

5. 创：鼓励将学习内容与实践结合并创新，相关创新成果及时在单位内进行宣传、推广。

为了有效地管理学习成果转化，过程中，我们还需要设立一整套的跟踪、督促、辅助和审核机制，明确业务部门和学习部门的职责分工，并通过在线学习平台等方式，提升学习成果转化跟踪辅导的效率和质量。

五、选择培训评估层级，设计评估方案

针对不同的学习项目，可以选择不同的评估层级和方案，那一个培训项目到底需要做到哪个层级？采用什么样的方式和方法？鉴于现在大部分企业采用的都是柯氏四级评估法，因此接下来就以柯氏四级评估法为例，介绍培训评估层级设计的一般原则。

表 9－3 培训评估层级设计一般原则

评估层级	评估指标	主要评估内容	主要针对培训	评估方式	采用率（%）	备注
第一级（反应层面）	学习条件	学员对学习条件的反映及满意度，如学习环境、培训内容、培训方式等	所有培训项目	观察、问卷调查、随机调查等	100	
第二级（学习层面）	能力提升	通过测试学员对学习内容的掌握情况，评估学习后知识、技能、态度方面的提升，一般分为前测和后测	一般指除了行动学习、领导力提升等不易测试以外的全部培训项目	笔试、答辩、实操、提交学习总结等	80	
第三级（行为层面）	行为改变	通过培训前后数据对比，测定学员培训前后的行为的变化	企业重点培训项目，如关键岗位认证培训，重要业务提升类培训等	360 度问卷调查、焦点小组访谈、一对一访谈、行为事件访谈等	10	
第四级（结果层面）	培训绩效	测定培训产生的绩效，计算投资回报率	企业重点且有代表性项目，以及能够为其他项目提供重大参考依据的项目，如经理岗位胜任力建设与提升学习项目等	安全事故、质量事故频次降低、项目管理水平提升、项目效益提升、项目人才培养率的提升等	5	

具体评估的内容和方法，我们将在后面的章节中进行专门的介绍。

第三节 教学系统设计的十三个原则

对于培训管理者来说，最大的“痛”就是自以为设计出了实用有效的内容，但学员培训后却“一动不动”，丝毫没有改变。那怎样才能设计出满足企业需求的内容，激发学员改变，从而提升培训的效果呢？

原则一：识别真正的学习问题

这真是一个学习能够解决的问题吗

如果被拿枪指着仍不做
就可能是学习类的问题
——手枪理论

如果学员被拿枪威逼都不会做，那极可能就是学习类问题；如果学员被拿枪威逼，马上就会做，那就不是培训能解决的问题。作为组织学习者，我们经常希望从学习的角度为公司提供支持，但首先要甄别哪些是学习能真正解决或者部分解决的问题？哪些是学习解决不了的问题？也就是要做一个 Yes 或 No 的判断。

培训不能解决所有的问题，培训只能解决由胜任力不足引起的问题，如缺乏知识和技能、缺乏工具和方法。还有一类是培训部分能解决的问题，如转变员工的态度。员工胜任力问题不一定都是培训能解决的问题，有些员工实际上具备岗位胜任力，他之所以表现出不胜任，其实并不是真的不会，有可能是惰性或者其他原因导致，只要给他足够的压力（如拿枪逼着他做），他就会做，那这并不是学习的真问题，有可能是态度类问题。培训管理者要探询员工不努力工作背后的原因，是员工本身的惰性还是制度机制导致，如果是员工的惰性导致，可以通过培训去提升员工的认知，但如果是制度机制导致（不合理的制度和流程），或者是管理环境导致（如主管没有及时反馈），那就是培训无法解决的问题，需要组织去改善制度及环境或者完善激励措施来系统解决。如果在需求调研时发现了学习解决不了的问题就不要强求解决，那样风险很大，因为即使组织了培训也未必有效，而且极可能浪费时间和招致客户的不满。

原则二：需求紧迫性识别的四色码原则

学习的紧迫性-四色码原则

对学习解决方案用四色码分类		ISD方法或策略
蓝色	有充足时间、不急迫，遵循常规流程	遵循精益ISD方法论来设计和开发课程
绿色	从当前可用的学习解决方案中改变定制	应用精益ISD方法论来定制解决方案
黄色	听从高层的指示	应用精益ISD的理念，快速设计出学习课程
红色	针对业务问题非常重要且急迫	应用精益ISD的原则，设计出快速应用的学习课程

在甄别到组织的培训需求之后，首先要对组织的需求进行分类，判断这个需求的重要性与紧迫性，对不同类型的需求，解决的方法和流程也是不同的。一般情况下，我们把组织的需求分为四种类型。

第一种是 Royal Yellow 皇家黄色需求。黄色需求一般由组织高管提出，需要遵从高层指示。例如，有时高层管理者参加外部论坛、会议或讲座，发现了有用的知识或信息，就想让员工学习，并要求人力资源部来组织培训。毋庸置疑，高管要求的培训内容肯定是有益的，但不一定是员工当下最亟需的课程。如某公司 CEO 外出参加论坛听了“数字化转型和创新落地”的讲座之后特别兴奋，回来给人力资源部要求，让给基层员工普及“数字化转型”主题内容的培训。人力资源部明明知道这个需求不是员工当下最亟须的培训内容，也不敢拒绝领导。但培训经费有限，员工时间有限，需要用有限的时间学习当下最亟需的课程，这种情况下，不用按照完整流程机械组织老板要求的培训，可以应用精益 ISD 方法论来定制解决方案，快速组织一个简易的培训来代替，如发一些培训资料和知识手册，或者找一个线上公益讲座让学员自学。只要领导了解到所要求主题的培训已经组织，完成了任务，领导满意就行。

第二种是 Red Hot 红色需求。是业务部门提出的非实质性需求，即虽然是针对业务问题，非常重要且紧急的需求，但不是解决业务关键任务的需求。例如，业务部门接到临时通知，重要客户明天来考察业务质量。为了给客户留下一个好印象，需要给涉及的相关岗位做商务礼仪培训，以更好完成接待任务。业务主管非常着急，这时候，培训中心不可能按照标准流程花七天或者更长的时间来给业务部门开发课程，可以采用简单快捷的方式根据精益 ISD 的原则，设计出能快速应用的学习课程，也可以采购其他线上平台的网络课程来解决。

第三种是 Fresh Green 绿色需求。一般是现有方案升级产生的需求，如企业应用软件系统的更新或者升级，这种情况下，可以根据 ISD 理论对原有方案升级，从当前可用的学习解决方案中改变定制，可以用精益 ISD 方法论来定制解决方案，要注意避免将原有方案完全推翻，而是对现有方案的改造和升级、扬弃的过程。

第四种是 Cool Blue 蓝色需求，是组织的实质性需求，不急迫，有充足的时间来满足，可以遵循常规流程，按照精益 ISD 方法论来设计和开发课程。

四种需求用 ISD 方法论都可解决，但流程不一样。如果时间充足，可以精细化开发设计，并全流程开发；如果时间紧急，就可以简化流程迅速开发或者采购外部解决方案。

原则三：转变学习的责任主体

在培训前，我们必须要做一个判断：学习的责任主体合理吗？

传统情况下，企业大学或学习中心承担了较大的学习主体责任，如第一种工作情境，学习中心承担了 80% 的学习主体责任，员工和学员的直属上级只承担较小的部分，即 10%。如果以企业大学学习中心作为学习的主体，企业大学会将精力集中在教学过程本身的设计，很难满足学员的需求，在学习设计上就存在偏差。

转变学习的责任主体

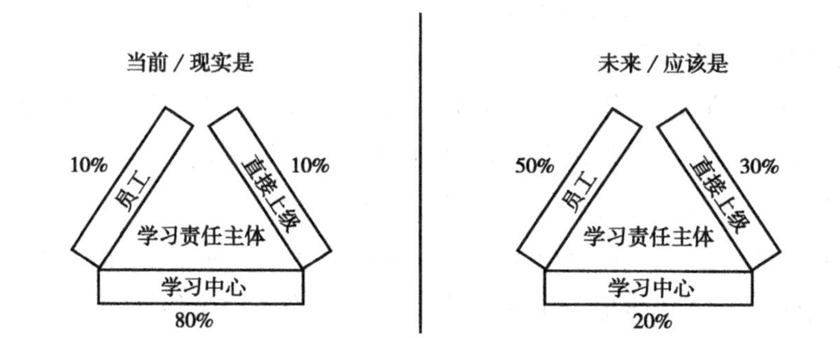

教学设计中，如何重新划分学习的主体责任？让员工感觉到这个课程对他本身的重要意义，从而来调动员工的学习积极性和主动性是非常重要的。理想的学习应该是以学员（员工）作为学习的主体，让学员感受到学习对自身成长的意义与价值，并且调动学员的积极性，在学习设计前期培训需求调研阶段，直接了解学员直属上级的需求，并且让学员的直属上级参与到需求调研和学习设计中来，转变学习的主体。将学习的主体责任转换为员工占 50%，直属上级占 30%，而企业大学学习中心只占 20%，这样才能真正做到以学员为中心，设计出符合员工需要的培训内容。

实践中惯常的做法是在培训需求调研阶段就让员工和直线上级参与进来，针对员工的问题设计有针对性的学习解决方案，并且请学员直线上级直接过问员工的学习，最好提出学习期望，最理想的情况是学员直线上级和员工共同学习；在培训结束之后，员工的直线上级可以对员工的学习事项进行跟踪，督促员工应用新的知识技能或方法工具努力改善，并且创造良好的容错环境允许员工改善，这样员工改善的动力才会更强，学习的效果才会更好。

原则四：如何让培训相关方都满意？（3F 原则）

如何让相关方都满意？–3F原则

培训过程中会涉及很多培训利益相关方，如常见的培训的客户（组织、高管和直属上级）和用户（学员），具体见“培训利益相关方分析”。

培训师在课程设计时要符合 3F 原则，让课程匹配需求，快速并且有趣。

1. FIT，匹配。

匹配指培训内容和学员工作岗位要求密切相关，针对性强，学员在学习后能马上应用到工作岗位中；针对不同的学员，设计适合学员的学习方式和培训形式，并且符合组织的需求。这里要区分的是员工个体学习需求还是组织学习需求，对于个体学习需求，只有同时符合组织需求才是培训者关注的内容，如果仅仅是员工个体的需求但对组织没有益处，那不是企业大学培训中心考虑的学习内容。

2. FAST，快速。

快速是指快速开发，快速实施，快速学会。当今组织面临的环境瞬息万变，员工的工作内容和工作要求也应随着组织环境变化而变化，培训管理者只有快速开发培训内容，快速实施培训内容，并且帮助学员快速掌握，才能匹配组织对外部环境变化的要求。如果企业大学培训中心课程开发的周期很长，有可能课程开发出来了，但组织的需求已经改变，课程内容就会因无法与时俱进而被淘汰。

3. FUN，有趣。

2018 年，“00 后”已经开始进入职场并将逐渐成长为职场的主力军，“00 后”是在互联网环境下长大的，他们从小就会玩游戏，喜欢新鲜事物、喜欢各种刺激和挑战。传统的培训方式已经很难满足他们的需求，他们不仅关注内容，还追求良好的培训体验。场景化的教学方式能贴近员工的工作实际，并且易于知识迁移，深受新生代员工的欢迎。因此，学习内容设计要考虑新生代员工的需求，尽可能好玩、有趣、有料，包含多种工作场景，通过仪式感的设计增强学员的体验感，让学员享受学习的过程。

原则五：3S 原则

3S原则

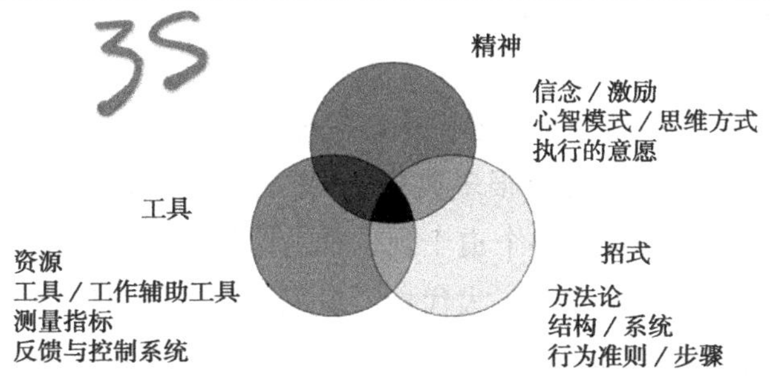

摩托罗拉大学创始人之一、亚洲企业大学联盟创始人、世界级学习型组织创建大师普瑞姆·库玛（Prim Kumay）1999 年在研究中国传统文化及考察亚洲武林大师教授弟子的训练方式之后，萃取提炼出卓越学习的 3S 模型。他认为，一个有效的培训要给学员传授三部分内容：即精神、招式和工具。精神是指信念/激励、心智模式/思维方式、执行的意愿；招式是指方法论、结构/系统、行为准则/步骤；工具指资源、工具/工作辅助工具、测量指标、反馈与控制系统。3S 模型的三个组成部分中，精神是培训设计时最容易忽略以及最难培养的部分，但是，精神尤其重要，它决定了其他两个部分的掌握和内化的程度，只有精神、招式和工具这三部分内容同时具备，学员才可能掌握老师所传授的知识和技能，做到真正的知行合一。

培训管理者或培训师在规划培训内容时，大多会将知识和技能作为主要的内容；学员来参加培训前，也主要是期望获得更多的知识和技能。但实际上，真正要掌握知识和技能，光有方法和工具是不足够的，在培养人的过程中，精神（信念、心智模式、执行意愿）与方法、工具本身一样重要。例如，很多大贪官，参与了很多的党建培训，也非常清楚国家对领导干部党风廉政建设的要求，但为什么不遵守组织的规定并贯彻执行呢？那还是因为缺乏对党的信仰和价值观在精神层面的认可，被私欲和各种诱惑冲昏了头脑，所以培训师开发课程时，最好从精神层面开始设计，也就是我们通常说的态度，包括价值观、意愿、信念。要将这部分内容设计到培训项目规划全程。尤其是国企，国企选拔任用领导干部的标准是“德能兼备，以德为先”，所以国企的领导干部培训项目，会把党的政策、方针、路线、党史的培训作为一个非常重要的组成部分，并且放到专业知识培训内容之前。

中国古代孔子曾说过：“天将降大任于斯人也，必先苦其心志，劳其筋骨，饿其体肤，空乏其身。”在中国古代，少林寺选拔培养武林弟子，在弟子刚到少林寺学习时，师傅并不是马上教给弟子精湛的武术技艺，而是让弟子“苦其心志、劳其筋骨……”挑水、担担子、砍柴火，做很多艰苦的工作。弟子刚开始也不一定理解，也会有人觉得辛苦而抱怨师傅，但随着师傅对弟子“苦其心志”的考察，弟子的精神状态和思维方式慢慢改变，逐渐在内心情感上真正接受，开始理解师傅的良苦用心。这时武林大师才开始教授弟子招式，即武术的流程、步骤、方法论等。等弟子掌握了招式，武林大师才会传授弟子剑法，即如何去应用工具习武。少林寺对弟子的培养都是经过从精神到招式、剑法的循环，只有精神、招式、剑法完全掌握，弟子才可能学到武术的精髓而最终出师。

从3S原则可以看出，培养人的过程中，精神（信念、心智模式、意愿）的培养是非常重要的，中国古代求师学艺有很多典故，“断臂红雪”讲得就是少林二宗慧可，为求得佛法、修得正果，仅完成从一个道士到少林达摩的弟子的转变，就兼备了智慧、诚心、耐心和决心，更付出了断臂的巨大代价。组织学习机构在进行培训项目设计时，不仅要教授学员方法技能和工具，更要注重学员在精神、价值观层面的培养，采用多种方法激发学员的学习意愿，只有学员从内心真正感知到所学知识技能对自身的价值和裨益，他才可能全力以赴地去学习并应用转化。当然，理想条件下，组织学习机构应选择那些有意愿学习并且渴望学习的学员来参加培训，如果学员自己没有意愿，是被组织绑架来的，那学习效果可想而知。当然，如果碰到这样的学员，组织学习机构就更要在学员精神层面的培养上下功夫，要用更多时间和多样化教学策略去改变学员的心智模式，影响学员的精神层面，否则，单纯教授工具和方法技能效果可能微乎甚微。

原则六：个人学习还是组织学习

ORGANIZATIONLEARNING组织学习

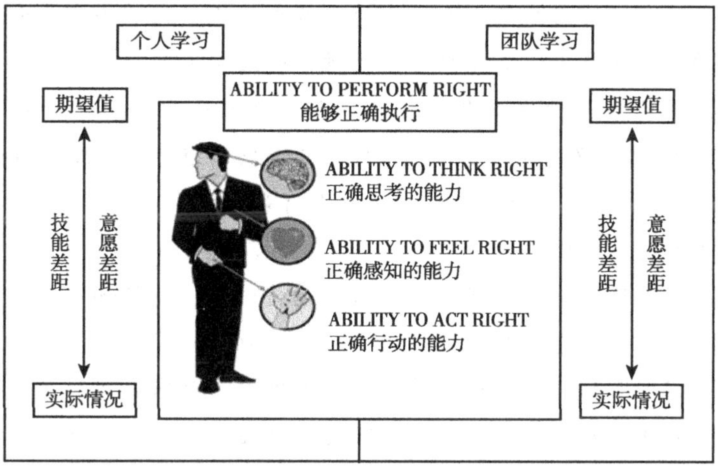

上图既是解读个人/团队学习的方法论，又是个人/团队胜任力提升的工具。

在识别个体学习能力问题还是组织学习能力问题时，首先要明确，无论团队学习还是个人学习，要达成期望的绩效，都需要具备正确思考的能力、正确感知的能力和正确行动的能力，这三种能力综合起来就是个人/团队的胜任力素质。所以需要调研个体/团队学习的需求到底是思考层面？感知层面？还是行动层面？

个人/团队的胜任力由两个维度构成："技能＋意愿/价值观"。

要提升个人/团队的胜任力素质，就需要找到个人/团队的"技能差距"和"意愿/价值观差距"，即摸清胜任力现状"AS IS"，分析期望达到的胜任力"Should Be"。胜任力现状和期望达成的胜任力之间的差距，就是组织需要对个人或者团队提升的胜任力，可根据这个差距制订能力提升的行动计划。

因此，作为组织学习技术专家，如果想要让一个人创造非常好的业绩，为组织做贡献，让他行动起来，做正确的事情，首先就必须培养他正确思考，正确感知的能力（Will 意愿/价值观）。怎么能够保证在一个培训之后，学员能够正确思考、正确感知和正确行动呢？实际上，个体和个体之间，组织和组织之间绩效的差别主要取决于在正确感知的能力上的差别，即图示中的意愿差距（Will Gap）。正确感知的差别并不指岗位技能上的差别，一般情况下，岗位技能是很容易掌握并达到平均水平的。感知的差别主要体现在意愿（精神、信念）的差别，只有一个人真正感知并接受认可组织的价值观、精神、信念，他才能更好地理解组织战略并且落地执行。

【案例9－1】

一个商场皮鞋专卖店的营业员在给客户取鞋的时候不小心拿错号了，客户回家之后发现鞋穿不了，返回商场换号，营业员给客户道歉，但客户不依不饶觉得营业员的失误导致他浪费了时间，营业员觉得已经道歉了，客户还这么得理不让人就和客户吵起来。客户很生气找到值班经理投诉，经理当客户面狠狠批评了营业员，并要求营业员再次给客户真诚道歉，营业员因为挨批感觉很委屈，只能不情愿地给客户道歉，但内心是抗拒的。在这个例子中，营业员的行动是正确的（给客户道歉了），思考也是正确的（意识到应该道歉），但感知并不是正确的（因为他觉得被经理批评很尴尬，对客户也有意见）。

假如在平行的时间里遇到同样的情景，经理选择了另一种做法，他耐心地坐下来给营业员传递公司“以客户为中心”的价值观，解释如果用错误的行为有可能会导致的影响，引导营业员换位思考，从客户的角度出发考虑问题，辅导他在碰到类似情况时如何控制自己的情绪，安抚客户，让客户不再生气，在营业员妥善处理客户投诉之后及时反馈，表扬营业员的正确行为。这之后，营业员会真诚给客户道歉，并且能够深刻理解自己控制情绪对处理客户异议的重要性，也能在今后碰到类似现象时努力友好对待顾客，让客户满意，而且坚信，这样对自己和对组织都是正确的。那么在这个情境中，营业员行动是正确的；思考是正确的；感知也是正确的。

所以从这张图及上述例子我们可以看出来，岗位技能是一个人最基本能力，是这个员工在行业内求职的入门级胜任力，但这个员工是否能够在不同的公司最大化展现他的岗位技能，在很大程度上取决于他是否真正感知理解了公司的愿景、使命、价值观及企业文化，也就是说必须是两个维度（技能 + 意愿/价值观）同时具备。只有他正确思考、正确感知，才能保证他正确行动，产出组织期望的绩效，为组织做贡献。

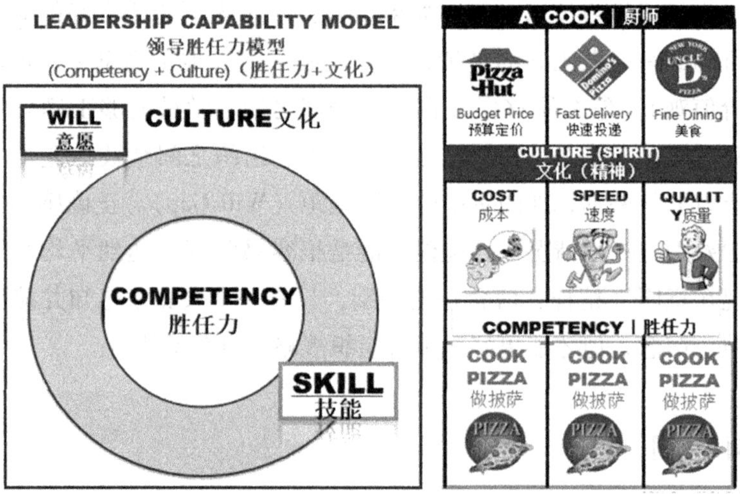

我们拿三个不同品牌经营 Pizza 的连锁公司举例，这三个公司都是为消费者提供 Pizza 产品，但不同公司的目标定位不同，分别拥有不同的业务发展战略。

Pizza Hut 公司是根据预算定价，追求最高性价比；

达美乐公司承诺快速投递，规定时间送达 Fast Delivery；

Uncle D 公司定位高端客户，追求高质量美食及用餐体验。

假如一个厨师想分别在三个公司求职，首先要满足三个公司对制作 Pizza 产品岗位技能的要求，其次要能够理解不同公司的价值观、企业精神和文化，正确感知到公司战略的要求。

对厨师 Pizza 制作技术岗位胜任力的要求，三个公司差别不会太大。但由于不同公司的定位及业务发展战略的差别，厨师在不同公司展现出的精神、意愿、信念是有差别的，这种意愿（Will）的差别会导致厨师对企业文化理解上的差别，进而影响到他的工作行为。只有具备良好的岗位胜任力（会做 Pizza），并且充分理解和认可公司的价值观和企业文化（有 Will），才可能发挥厨师技术技能的优势，满足不同公司客户的需求，为组织做出最大的贡献。

【案例 9－2】

如果厨师在 Pizza Hut 公司，他要发自内心地把降低成本，追求最佳性价比作为极致追求，在各方面控制成本，保障最佳性价比，吸引客户购买。

但在达美乐公司，厨师就得提升自己内心对速度的感知，驱动他工作的动力就是速度，要做得又快又好，这样才能保障遵守公司的承诺，将 Pizza 在规定的时间送达顾客。

如果在第三个 Uncle D 公司，厨师就得关注品质，追求高质量，给客户提供良好的客户体验。

同一个厨师岗位技能水平是一样的，但在不同的公司，厨师的内驱力、信念、心智模式都会随着组织的业务战略发生改变，厨师越认同所在公司的战略、价值观、企业精神和企业文化，越能更好发挥岗位技能的优长，生产出满足客户需求的产品。即使拥有同样的岗位技能，但意愿（Will）不同，就会产出不同的产品。

例如，新员工刚加入一个新公司，首先应该让他们了解公司，了解企业愿景、使命、价值观、企业文化及企业精神，通过企业文化的宣贯、企业实地参观、交流考察，老带新、师带徒、培养新员工在这种特有文化下的企业精神和价值观，让他们切实接受所在公司的使命、愿景和价值观，尽快融入公司的企业文化，发生心智模式的改变。只有新员工完全融入一个企业，认同企业的愿景、使命和价值观，具有企业精神并保持一致，他才可能全心全意地为组织工作，为组织做贡献。

据不完全统计，“空降兵”的失败率高达87%，几乎每18个月内会阵亡。“空降兵”死亡率高大多数都不是因为能力，而是因为换了环境，难以融合入新公司的企业文化。“空降兵”从外企跳槽到创业阶段的民企风险是巨大的，如果“空降兵”内心的意愿（Will）和加入的企业环境、企业文化有冲突，不能够很好地理解和认可所加入组织的使命、愿景和价值观，融入所在公司的企业文化，即使他纵有十八般武艺（技术技能）也无法有效施展。

因此，培养一个人，不仅要让他正确思考，正确感知非常重要，只有正确感知，他的心智模式才会发生变化，由此而引发的行动改善才是正确的行动。

原则七：清空原则

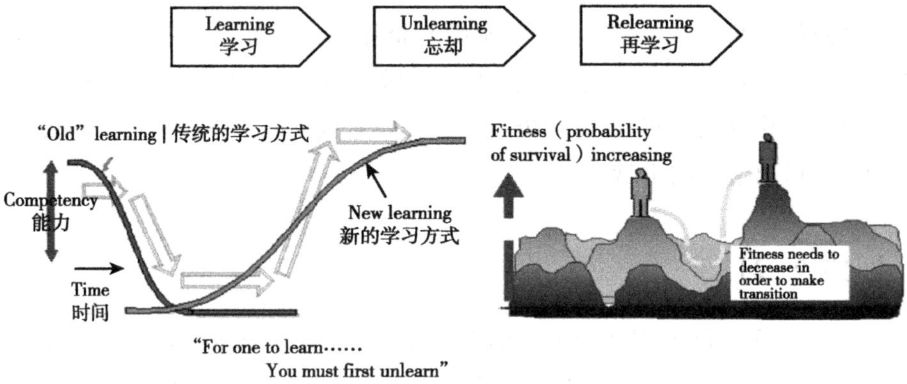

“学习的第一步是清空自己”

学习的第一步是清空自己！如果要将一杯水注入新水，首先要将原有的水倒掉，如果杯子装满了水，就无法再装入新水。空杯心态属于心理学概念，指的是学习新知的前提是先要有好心态。如果想学到更多学问，先要把自己想象成一个空着的杯子，清空原有的知识，而不是骄傲自满。

“空杯心态”用到学习上就是指：学习新知识的前提要先具备好的心态。如果要想学习更多知识，学到更多技能，就要先把自己清空，想象成“一个空的杯子”，而不是带着自大和挑剔的态度去学习。“清空”不是否定过去，而是怀着从零开始或者放空过去的一种态度来学习。对成人学员来说，“清空”是很不容易的，需要不断地挑战自我，永不满足。只有倒出你“杯子”中的水，才可以装进新的水，不至于让原来“杯子”中的水过期变质。

所以作为课程设计师要考虑，要学习新内容，首先要让学员忘却什么？需要摒弃哪些知识？需要摒弃哪些习惯？怎样引导学员摒弃旧知，从而更好地接受新知。在领导力培训中，清空原则非常重要，很多领导虽然没有经过系统学习，但都是无师自通的实践高手，如果他们不能清空自己，带着挑剔的心态来学习，那就很难接受新知，达到理想的效果，所以培训师需要根据学员的情况，设计清空的环节，颠覆学员的认知，引导学员用新知迭代旧知。

原则八：左右脑原则

左右脑是同步的吗?

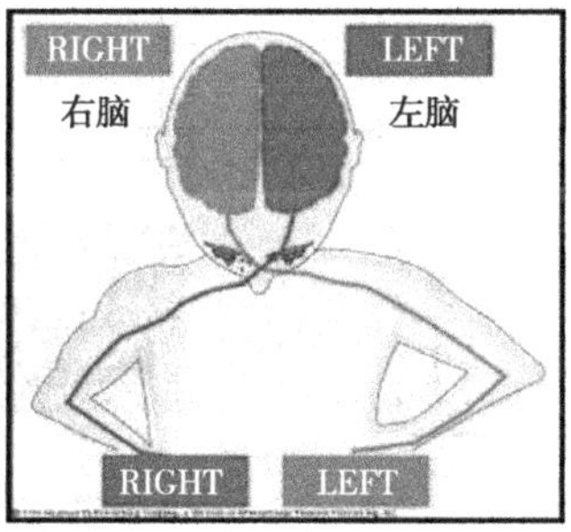

美国心理生物学家斯佩里博士证实了大脑不对称性的“左右脑分工理论”：正常人的大脑有两个半球，由胼胝体连接沟通，构成一个完整的统一体。在正常的情况下，大脑是作为一个整体来工作的，大脑两半球在机能上有分工，左半球感受并控制右边的身体，右半球感受并控制左边的身体。左半脑称作“意识脑”“学术脑”“语言脑”。主要负责逻辑、记忆、分析、判断、排列、分类、书写、推理、抑制、五感（视、听、嗅、触、味觉）等；右半脑被称为“潜意识脑”或“创造脑”，主要负责空间形象记忆、直觉、情感、视知觉、美术、音乐节奏、想象、灵感等。左右脑理论说明人们看待同一件事情，角度是不一样的，有些学员是左脑倾向，有些学员是右脑倾向，有些人是全脑倾向，设计师要通过了解学员左右脑的倾向去设计适合的学习内容。

左脑倾向的学员会比较喜欢抽象的数字和逻辑推理，如果课程中设计太多的游戏，或者故事，会搞得他们很茫然；而右脑倾向的学员就会喜欢听故事和游戏化的学习。

倾向性差别不仅会让不同的学员对同一个知识表现出不同的理解和反应，也会导致学员展现不同的学习风格，有人喜欢边吃东西边学习；有人喜欢坐着学习；有人喜欢睡梦中学习；有人喜欢运动中学习；有人喜欢边听背景音乐边学习……我们要理解各个人的不同学习方式，而不要去干扰他们。例如，小孩边听音乐边学习，很多妈妈就强烈要求孩子关掉音乐，其实，小孩听音乐时屏蔽了其他的声音，能够在更聚焦的环境中学习，关掉音乐是把孩子屏蔽的环境破坏掉了，反而是对学习的一种干扰。左右脑倾向也会导致课程设计师根据自己的喜好来设计课程内容。但设计师必须清楚不能以自己的喜好来设计课程，而要为五个利益相关方设计，尤其是为学员设计。要考虑学员的倾向是什么？探讨和识别不同人的学习风格，根据学员的倾向设计适合他们的课程内容和形式。

原则九：多元智能原则

如何使学习既有趣又有吸引力？

霍华德·加德纳

世界著名教育心理学家
“多元智能理论”之父

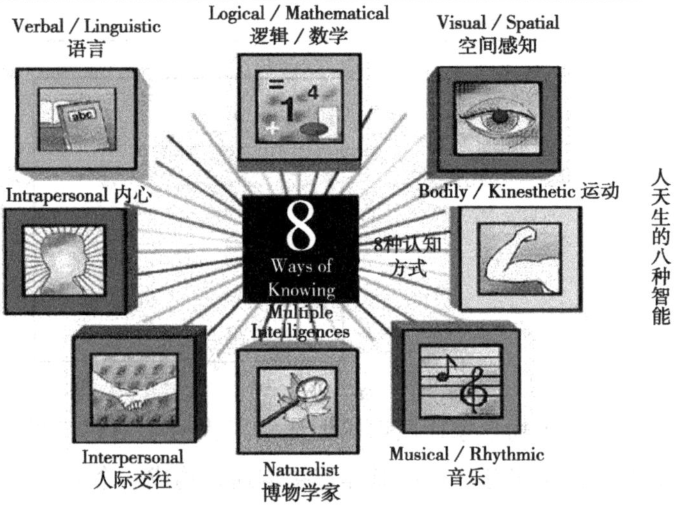

美国当代著名心理学家和教育学家加德纳于1983年提出多元智能理论，并在以后的时间多次加以发展。该理论认为，智能是解决某一问题或创造某种产品的能力，而这一问题或这种产品在某一特定文化或特定环境中是被认为有价值的。就其基本结构来说，智能是多元的，每个人身上至少存在八项智能，即语言智能、数理逻辑智能、音乐智能、空间智能、身体运动智能、人际交往智能、自我认识智能、认识自然的智能。加德纳的多元智能理论大大地拓展了人类智力的内涵，受到了人们的广泛认同，自20世纪80年代中期以来风行全球，在世界各地产生着越来越大的影响。加德纳将智力定义为：“智力是在某种社会或文化环境的价值标准下，个体用以解决自己遇到的真正难题或生产及创造出有效产品所需要的能力。”加德纳的这一定义，特别强调了智力是个体解决实际问题或生产及创造出社会需要的产品的能力。这就是说，智力并不是像传统的智力定义那样以语言能力和抽象逻辑思维能力为核心和衡量水平高低的标准，而是以能否解决现实生活中的实际问题或生产及创造出社会需要的产品的能力为核心和衡量水平高低的标准，即智力一方面是解决实际问题的能力，另一方面还是生产及创造出社会需要的产品的能力。

我们以往的所谓智力测试基本上都是集中在语言智能、数理逻辑智能这两种智力上，这两种智能在传统教育中受到了高度的重视。全世界很多学校教育也集中在这两种能力上。但加德纳指出，这使我们对我们的学习潜力产生了一种不正常的、有限的看法。尽管传统的两种能力有助于你“进入名牌大学”，但你未来的生活质量则依赖于“你对其他形式的智力拥有和使用的程度”。

原则十：学习效果更持久原则

如何使学习效果更持久？

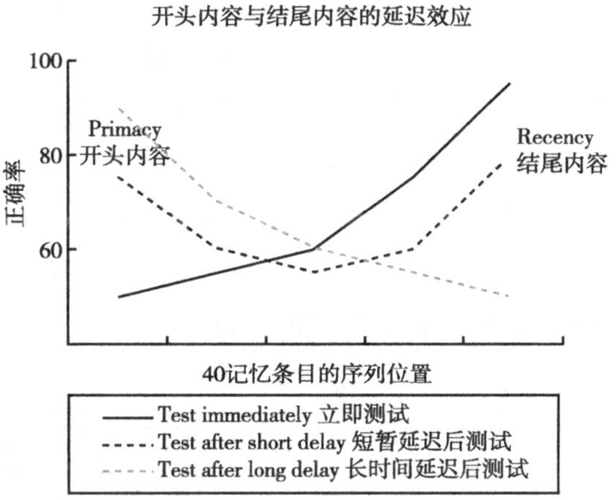

如何使学习效果更持久？这就涉及 A－Z 理论，也叫开头结尾理论。研究和试验表明，人们通常对一个清单上开头和结尾的条目记忆效果更好。因此，人们通常对一个培训课程（活动、培训）中开头和结尾的内容记忆效果最佳。有背过英文单词表的人可以回忆一下，您印象最深刻的，是不是开头以 A 打头的单词和结尾 Z 打头的单词呢？

A－Z 理论和我们熟知的首因效应和近因效应也比较对应。首因效应是指第一印象，即人们最初接触到的信息所形成的印象，对我们后期的行为活动和评价的影响最为深刻；近因效应是指当人们识记一系列事物时对末尾部分项目的记忆效果优于中间部分项目的现象。具体到我们的学习内容设计，设计师首先就要考虑如何根据开头结尾理论来对知识做结构化的设计和排序，从而帮助学员增加记忆量，更好地掌握知识。这也是为什么要把课程结构化的理论基础。例如，一上午 3 小时的课程，如果我们持续讲 3 小时，那么学员就只对一个开头和结尾印象深刻；但如果我们把上午三小时的时间拆分为几个课程单元，就可以增加记忆的量。假如每个部分用不同的方法，又设计有不同的活动，就相当于把一个课程单元又拆分为几个单元，增加了更多的开头和结尾，这样学员记忆的量就明显增加。但这并不意味着，课堂时间可以无限制拆分。研究表明，每个知识点在 20 分钟之内讲授，学员的注意力会比较集中，以 20 分钟划分一个内容主题比较合适，如果持续讲授 40 分钟，人的注意力会丧失一部分。因此，不要在一堂课中穿插太多的知识点，过多学员会记不住。有时候学员为了早点回家，就建议老师不休息及早结束，这样也是不科学的，因为休息本身对学习和知识留存是有帮助的。

另外，开头内容和结尾内容的学习有不同的学习机制。拿开头来说，人的大脑的记忆系统有足够的资源把清单最靠前的条目转化为长期记忆。而人的大脑会把排在清单最后面的条目处于短期记忆，因此结尾适合回想。设计师根据这个原理，可以把适合长期记忆的内容放在开头，适合短期记忆的内容放在结尾。

“峰终定律”也很好地印证了这个现象。“峰终定律”的研究发现，人们对一段体验的评价是由两个因素决定的，一个是过程中的最强体验，另一个是结束前的最终体验。过程中的其他体验，对人们的记忆几乎没有影响。非常典型的案例就是宜家家居出口的设计。去过的人都知道，宜家在出口的地方，设置了一个一元钱冰淇淋，让顾客有惊喜感觉，立马就能够把在宜家里面七绕八绕辛苦购物的过程忘记掉，你只会记住最后结束时吃了一个便宜美味的冰淇淋。这其实就是商家利用顾客的“峰终定律”，提升顾客对它的满意度。因此，培训管理者和培训师还可以巧妙利用“峰终定律”，在每个课程单元把最重要的内容设计成“峰值”，来提升记忆的量。通过开头结尾理论，加上“峰终定律”的科学设计，相信您的培训内容一定会在学员记忆中留存更久。

原则十一：实现高效学习（管理学习的欲望与困难）

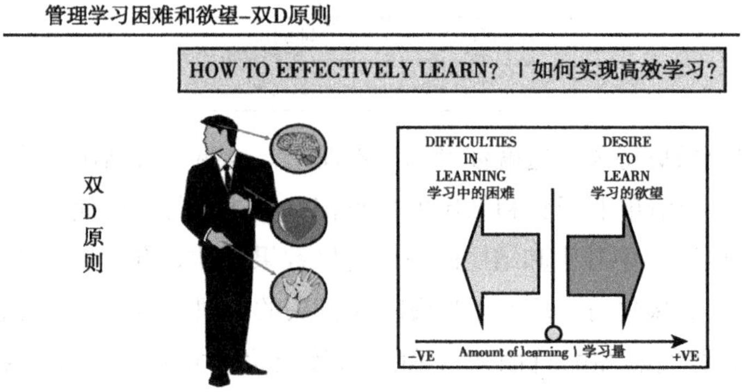

如何实现高效学习，让学员在有限的时间内学到更多？这是每一个培训管理者和培训师都要思考的问题。

组织学习理论告诉我们：个体在学习过程中存在双 D 原则，第一个 D 是 Difficulties，学习中的困难；第二个 D 是 Desire，学习的欲望。当个体的学习欲望大于个体感知到的学习困难时，个体就表现出积极的学习状态；反之，当个体的学习欲望小于个体感知到的学习困难时，个体就表现出对学习的畏难和抵触情绪。

因此，对于培训管理者，要认真考虑如何去管理和控制学习中这两个“D”的比重。一方面，可以通过专业的设计方法和技术去管理学员的学习欲望和他所感知到的困难，减少学习中的困难；另一方面，可以通过设计好玩、有趣、有料的学习内容增加学员学习的欲望，提升学习的效果。

对培训管理者来说，最重要的是要找到学员学习欲望和学习困难背后的原因，这样才可以有针对性通过学习设计去解决。假如我们能够提升学习的欲望，降低学习的难度，学员吸收到的学习量（知识或者技能）就比较多。例如，我们可以通过真实情境案例、故事和课程主题相关的视频等帮助学员理解复杂枯燥的知识；或者用科学的方法对枯燥的课程重新设计，将较难的课程拆分为几个知识点分别讲解；也可以通过企业参访、标杆学习、党建学习基地参观来增强感受体验（如某些党建课程，可以采用在党建基地边参观边授课的形式来增强学员的感受和体验），这些方法都能降低课程的难度，增加培训内容的吸引力。另外，还可以通过小组研讨、游戏化的团队积分竞赛设计、仪式感的设计，来增强学员的学习体验，提升学员的学习动力。

原则十二：721 原则

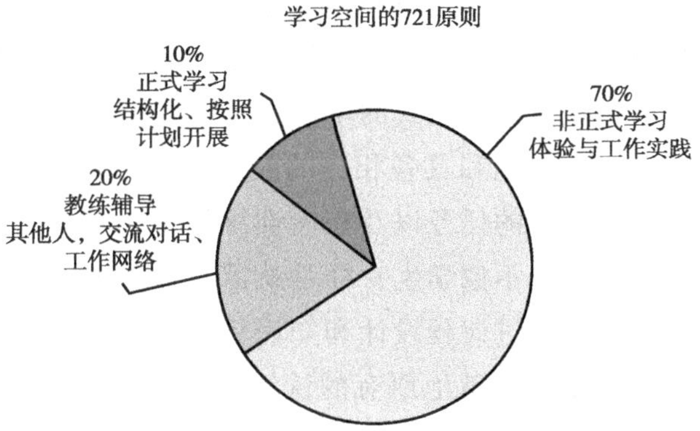

70－20－10（简称 721）学习理论是由普林斯顿大学创造领导中心的三位研究者 2000 年针对成人能力发展提出的。即对成人而言，70% 的能力是从工作中发展的，20% 的能力是与他人交流中提升的，仅 10% 的能力是通过正式培训提高的。

作为 721 学习理论的核心，员工的学习，70% 的学习与发展来源于现实生活与工作的经验、任务与问题解决；20% 来源于人与人之间正式或非正式反馈、辅导或者教练；10% 的学习与发展来源于正式的课程培训与教育。

研究者指出，这种变化源于“现代工作场所成功所需要的技能已经有了很大的变化，相应地，学习的战略也应该有所调整”，他进一步指出，在互联网时代，“吸收与保存知识，以备不时之需，已经变得不那么重要，让位于快速找到需要的知识并正确使用”。

如何有效设计培训内容并方便转化？让员工既能轻松得到 10%，又能从领导和同事身上学到 20%，通过创设良好的学习环境与氛围，提升员工在岗训练的 70%，这是每一个课程设计者需要去研究的课题。工作坊、社会交流，复盘反思、向他人学习，向上司学，向同事学，分享经验，总结教训，站在前人的肩膀上少走弯路，迅速成长。参加正式正规的在职培训能够帮助员工不断增长见识，丰富知识与技能、提高技能水平，是实现自我提升最后的 10%。

原则十三：达成企业学习的目标

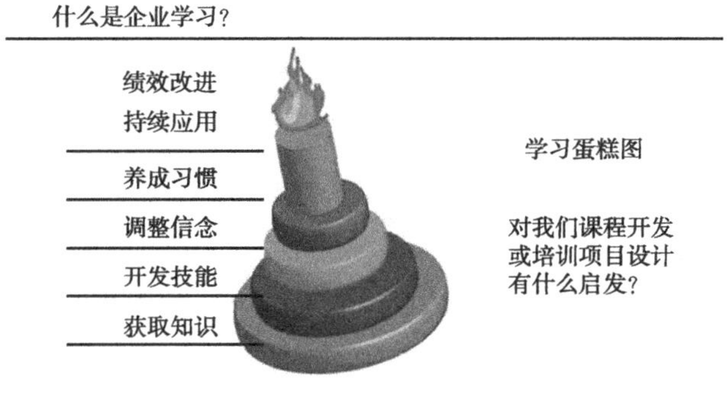

什么是企业学习？企业学习最终要解决什么问题？学员期望实现哪个层次的学习？他们期望获得什么样的知识和技能？需要调整什么样的信念？养成什么新的习惯？希望怎样在工作中去改进？达到改进绩效的目标！

有别于高校及社会上其他的职业资格认证的培训，企业培训最终的目的是要改变绩效，但是任何培训都不太可能立竿见影提升绩效，常规企业培训的第一步是从获取知识开始，通过一些正式或非正式的学习帮助学员获取知识，但获取到知识并不一定意味着学员能够真正掌握和具备相应的能力，培训师要通过给学员匹配大量课后练习、布置基于工作场景的任务以及在岗训练等来培养学员的能力。因为成人的学习都是基于既有经验，并不像学生一样是从零开始，他的固有经验和习惯会阻碍他接受新知。培训师需要通过课程设计和知识传递、能力培养去调整成人学员的信念，改变他们既有的习惯，打破他原有的认知，让学员在应用新知的过程中，逐渐发现新的方法工具给他带来的实际利益和效果。如果学员认为应用新知比之前的旧知有效，他才可能继续尝试，慢慢养成习惯，持续地应用，直到这种方法成为他潜意识中的一部分。

具体到课程开发，我们要引导培训师在课程设计时，不仅要关注知识传递，还要设计相应的实践演练或者练习，课后要通过行动学习去完成一些关键的行动任务，通过实践，包括在岗任务的开发等，让学员在实践中逐渐转变，所以说培训的过程，不仅是知识的传递过程，更要通过培训现场及培训后的持续练习，以及之后的行动任务等一整套方式，让学员在一点一滴的成就感中调整他的信念，养成习惯，持续地应用新的方法，最终才能真正达到企业学习的目的，即绩效改进或者绩效提升。

因此，培训的改变要遵循“长期主义”，需要多方努力才能达成。对于培训工作者来说，要降低自己和客户的预期，不要期望培训后立竿见影就有成效，也不要去给客户吹牛培训能包治百病。只有找到真正学习能够解决的问题，设计出实用有效的内容；转变学习的主体，增强学员的学习主动性与学习意愿；采用有效的课程设计方法，才能让学员在记忆中形成知识和技能的留存，通过实践去调整信念，改变行为，形成习惯，培训才能真正达到组织的预期，实现最终的绩效改进。

第十章　培训交付与运营

不知道大家有没有遇到过这样的情景：在学习项目设计过程中，前期的需求调查、方案设计都已经告一段落，项目马上要进入实施阶段，突然业务部门的负责人说："近期工作比较忙，培训项目时间要压缩"；上级疫情防控小组突然通知，"近期疫情防控压力增大，为避免风险，所有线下培训项目取消，线下转线上吧"。当项目报给高层领导审批时，批复道："之前在和某某大学合作的过程中，有个体验类的活动印象非常深刻，这个培训中能否增加学员体验的环节，让大家在态度理念上有真正的转变。"诸如此类，不胜枚举，项目运营人员每天要经受各种各样的挑战，既要保证项目的正常运营，又要满足外部环境不确定性下的各种要求与需求。

好的学习项目设计，不仅要从需求端找准客户和用户的需求，识别出是否是学习可以解决的问题，找到学习可以解决的问题，还要在运营端匹配适合不同层级人群的教学形式。从企业实践的角度来考虑，往往还要考虑到时间、成本、领导意志、企业文化等因素，因此，丰富的项目运营形式，是培训管理人员在面向不同客户、不同学员时的方法储备。掌握各种运营方法，并熟悉其优劣势，随需匹配，是培训管理人员的必备技能之一。

作为培训管理人员，还需要跳出培训来看培训，明晰培训的最终目的是通过人才发展达成组织目标。人才发展的形式多种多样，既包括学习类的，也包括非学习类的。大多数培训管理者通常把眼光聚焦在学习类的形式上，如线下培训、线上学习、阅读分享、标杆学习、案例学习、沙盘模拟、户外拓展等。实际上，非学习类的形式也不容忽略，它会为培训打开另一扇窗，例如，提供清单、提供模板、提供工具、给予反馈、明确目标、改进流程、改善环境、消除干扰，再如关心家庭、情绪疏导等都可以成为人才发展的手段。深入理解培训的最终目标，就能跳出培训来看培训，用多维视角为企业提供更好的学习解决方案。

本章将对常用的培训形式、培训方法进行研究及探讨，便于培训管理者熟知掌握以应对各种培训场景和挑战，达成最终培训目标。

第一节　课堂交付与学习

课堂教学是学习培训最常用的形式，无论是学历教育还是企业培训，大家总是习惯于把学习放到一个固定场所中，从而形成了一种惯例和条件反射，进入课堂，似乎也就进入了传统意义上的学习状态。作为一种使用频率最高、效果较好的教学形式，无论社会如何发展、技术如何进步，都取代不了课堂的地位。很多教学方法、教学素材、教学环境的演化和变革，都是基于课堂教学这一基本形式进行的。下面我们一起来探讨课堂交付与学习中的一些细微变化，以及这些细微变化的背后逻辑，对教学的影响和适用场景。

一、课堂交付常见布局

（一）传统式

传统式课堂，俗称为“排排座”，如图 10－1 所示，是普教、高等教育中最常见的一种课堂布局形式，也是企业培训初期最常见的一种课堂布局形式。根据教学目的，可以准备桌子，也可仅配备凳子。其优势是空间利用率高，受众多，课堂比较正式，给人以威严感；劣势是单位环境过于拥挤，讲师活动空间不足，后排学员难以照顾到，教学互动困难。适应场景：行业讲座、取证类培训、政策类教育等对教学互动要求不高的学习培训。

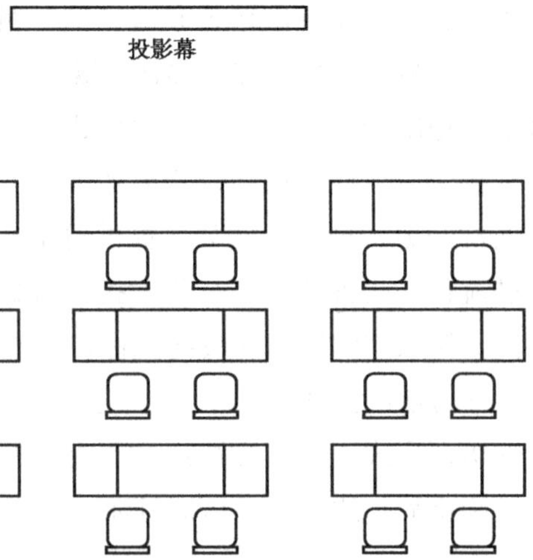

图 10－1　布局形式

注意事项：此形式人数较多，如果采用，需要强调教学纪律，最好将学员手机等通讯工具统一保管；另外，需要确保讲师授课的权威性和趣味性，保证在单项信息传播过程中，大家不会感觉枯燥感。

（二）岛式布局

岛式布局，如图 10－2 所示，是将教室划分为几个区域小组，小组的座椅集中在一起（可以是定制的圆形桌或多边形桌，也可以用传统长方形座椅拼接），以小组为单位进行课堂教学的一种形式，目前在企业中的使用频次最高。其优势是便于分组与竞赛，便于组内研讨、师生互动，便于同学之间相互认识；劣势是教室空间利用率不高，教室承载人数约为传统式布局的 2/5，教室布置相对麻烦，需要经常移动桌椅，给培训管理人员或服务保障人员增加工作负担，对桌椅的损坏也比较严重。适用场景：需要进行小组配合、研讨、竞答的培训项目，如果希望小组成员通过一段时间的学习培训，加深彼此之间的了解，在以后的工作中更加紧密配合，岛式布局也是较好的选择。

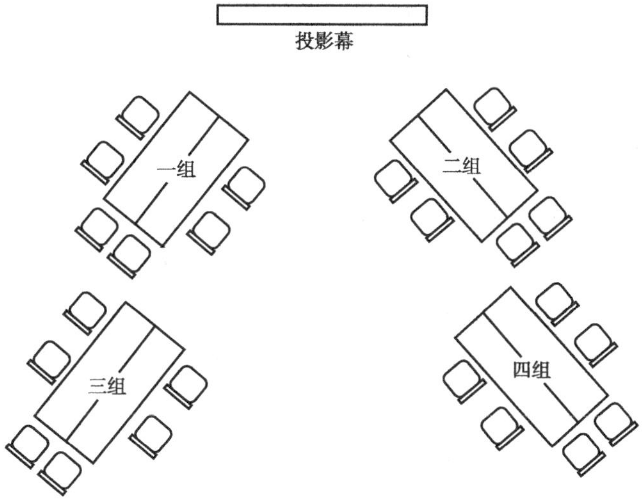

图 10－2　布局形式

注意事项：此种教学布局的优势是方便课堂互动与研讨。小组成员必须提前熟悉，如果一个培训项目开始没有设计破冰活动，培训师上课前需要设计一些小活动增进大家熟悉了解，方便后期的互动研讨；为方便管理，组内最少设组长和知识官两个角色，如有必要还可增置纪律官、业务专家等角色；手机统一管理，可有效提升教学效果。

（三）“U”形式

“U”形式课堂，如图 10－3 所示，所有参与者围成一个大组就一个主题进行学习或者研讨，可以摆桌子，也可以不摆。一般在企业内做主题研讨、阶段复盘，进行鱼缸会议时使用。其优势是主题聚焦，学员参与感强，互动性高，容易有产出；其劣势是受众学员少，空间利用率低，对讲师的控场能力、引导能力要求较高，要有丰富的经验调动大家积极参与。适用场景：主题研讨、项目复盘、群体教练等。

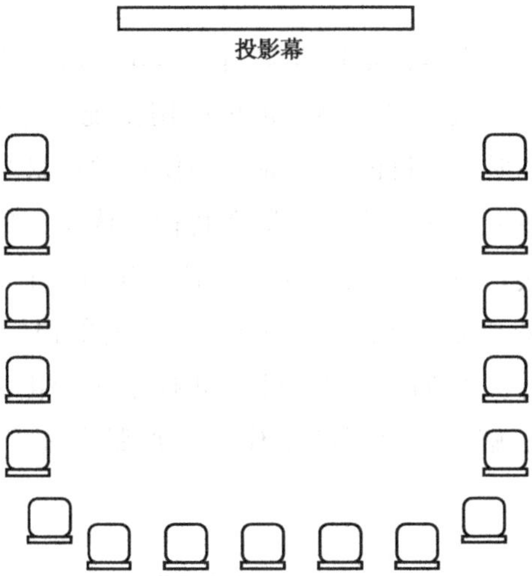

图 10－3 “U”形式布局

（四）环形布局

环形布局，如图 10－4 所示，在企业中的常用应用场景为室内拓展，室内游戏等体验式的教学内容或环节，培训师（促动师）可以在环内，也可以在环外；可以摆放凳子，也可以站着围成环形。其优势是互动性强，方便学员移动，学员参与感、体验感比较强；劣势是空间利用率不高，对培训师（促动师）的控场能力，组织能

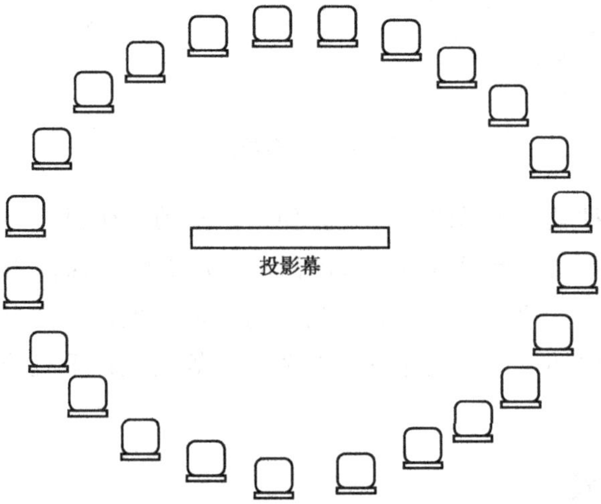

四 10－4 环形布局

力要求比较高。适用场景：训前拓展、教学体验、课间游戏、教练课程、教学冥想等。

（五）其他课堂布局形式

剧场式布局，如图 10－5 所示，一般在商学院比较常见，MBA、EMBA 课程中常使用此种布局，方便学员聚焦教学内容。

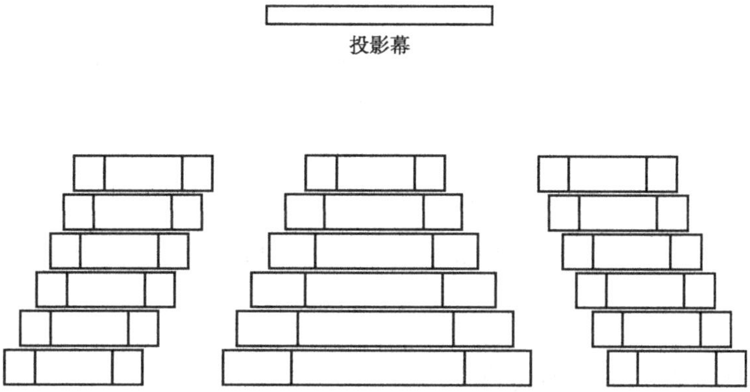

图 10－5 剧场式布局

“V”形布局，如图 10－6 所示，呈“U”形布局的一种变化的形式。

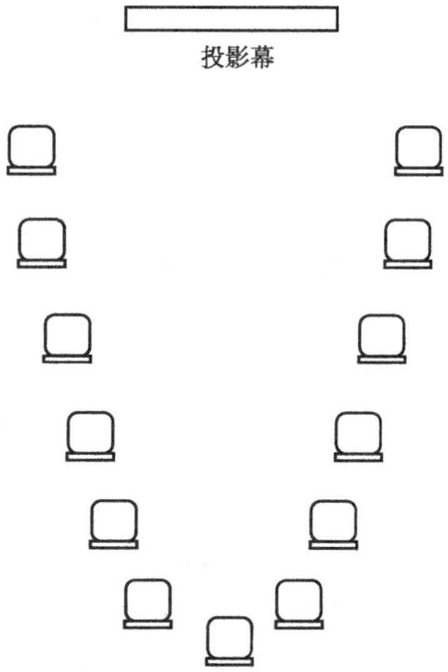

图 10－6 “V”形布局

“W”形布局，或双“U”形，如图 10－7 所示，一般聚焦一个主题，分两大组进行研讨。

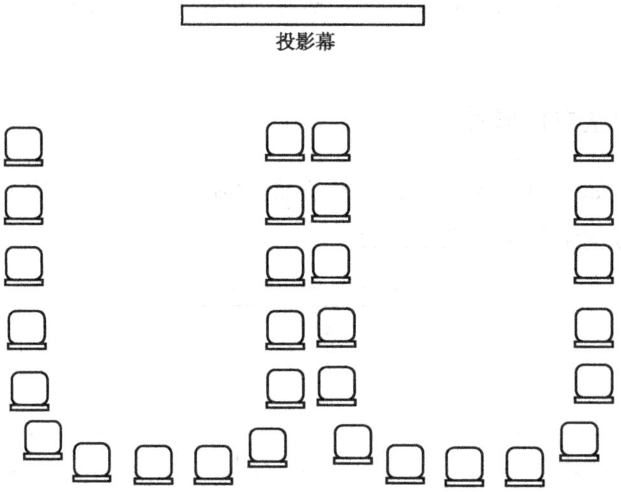

图 10－7 “W”形布局

二、课堂交付常用教学方法

课堂交付作为一种最常用的教学形式，经过普教、高等教育和国内外企业培训界的发展，演化出了非常丰富的教学方法。不同的教学方法适用于不同的教学场景，每一种教学方法也都有其利弊和使用技巧，结合企业实际情况，列举出了以下八种常用的教学方法。

（一）讲授式

讲授式教学方法是课堂教学中使用频次最高，也是最基础的方法。可以说任何课堂教学的开展，都离不开讲授式教学。这里的讲授式教学主要是指整个培训课堂以讲师为主体，以传播知识为主要目的，以讲师语言表达为主要形式的教学方法。

讲授式教学由于使用频率高、历史长、受众面广，又与播音、演讲、采访等专业领域有交叉，是被研究的比较透彻的一种教学方法，精深此方法需要很深的专业素养和个人天赋。因为上课都要开口说话，讲授式教学又是入门级的教学方法。企业培训管理者，内部培训师的核心职能是提炼企业生产经营中的经验和智慧，传播给需要的员工，以实现企业效益的最大化，对内训师在讲授式教学方法的掌握度上不宜过于严苛。近年来，企业的内训师培训更加强调前端的知识经验萃取和课程设计，对后端讲课过程中的语音、语调、肢体、形态训练逐步淡化：一是基于社会进步，内训师基本台风素养没有太多的问题；二是语言表达的训练不是一蹴而就的，个人风格的改变也比较困难，基本要求是“必须讲清楚，尽量讲生动”。

讲授式教学的优势很明显，结构性好、逻辑性强、效率高，受众面广，门槛低，但往往看似简单的事物又是复杂的，如果没掌握基本要领，知识传播的有效性将大打折扣，也很容易让受众感到枯燥。一般要求内训师在使用讲授式教学时，要有丰富的故事、示例，要设计互动，要在课件中增加可视化的素材，以提高课堂教学的效果。

讲授式教学方法在企业内部多用于宏观形势介绍、政策解读、考试辅导等纯知识类、视野开拓类的教学场景。

（二）案例教学法

案例教学有着悠久的历史，医学院的病例学习、军事学院的战例学习、法学院的判例学习都是案例教学使用比较早的场景，为人所熟知的是在商学院中的案例教学，尤其是哈佛商学院的案例教学更是闻名遐迩。案例由于其真实性、典型性、冲突性等特点，受到成人培训尤其是企业培训的欢迎。现实中，企业培训中所说的案例教学和各商学院所说的案例教学有所不同。商学院的案例教学主要是大案例教学，整门课程都是以案例教学作为承载形式；企业培训中的案例教学实际上是辅助传统教学的一种教学方法，是把案例当成一个研讨的对象或者仅仅是一个例子，案例是作为素材出现的。出现这种情况的主要原因是大型案例、典型案例开发难度非常大，需要专业团队专门研究和开发，案例教学对讲师知识储备、课堂掌控力要求非常高，企业内训师难以达到如此水平。因此，本书中的案例教学是指在教学过程中穿插案例素材，使用案例进行研讨和示例的教学方式。

进行案例教学的前提是开发具有真实性、典型性、冲突性的案例。案例可以由培训师自主开发，也可以在企业内部通过案例大赛征集，或者作为岗位晋升条件，由企业内部优秀员工提供，抑或是采购专业机构制作的案例库。但无论哪种渠道获取案例，案例本身一般都包括案例教学目标、研讨说明、案例背景介绍、案例过程及冲突、案例引发的思考或研讨问题、案例规律总结等内容。

案例教学包括案例介绍或演绎，提出研讨的问题，小组研讨，达成共识，班级分享，讲师点评等几个步骤来进行。教学过程中对讲师的引导技巧、提问技巧、课堂组织能力、控场能力、评价能力要求较高，但一般学员参与度高，现场研讨氛围热烈，知识转化率高。

（三）游戏教学法

美国学者肯·托马斯研究发现，当一种活动能让人在内心深处产生目的感、能力感、进展感和自主感时，人就会在这种活动中获得极大的满足感，并痴迷于这种体验，进入自驱状态和心流状态，并享受全情投入给自己带来身心愉悦的内在回报。游戏一般具备目标明确、规则明晰、反馈及时、自愿参与的特点，容易让人产生内部驱动力的感受。将游戏化的理念迁移到课堂中，可以让学员在沉浸和娱乐中学习转化知识，并拥有良好的体验感。

游戏教学虽有很大优势，但设计一个与教学主题相关的游戏并不容易。企业培训中采用游戏比较多的环节主要集中在课前破冰、课间活动中，课堂教学中多以小组竞赛形式，形成竞争机制，来产生竞争感，提升课堂参与度。

为让读者对游戏教学有个直观的认识，这里举一个例子说明游戏教学的设计及教学过程。

【案例 10 -1】

学习游戏的名称： 找纸币游戏
学习目的： 区分“阅读型”组织与“学习型”组织。
学习目标： 1. 明确行动并产生绩效，是学习的真正目的。 2. 识别学习的 3 个阶段。 3. 区分“理解”“做”与“知行合一”。 4. 使学员认识到，必须把学到的知识马上应用并产生结果，才是学习的真正要义。
概览： 根据提供的信息，团队成员要找到藏在某个地方的纸币，学员根据提供信息找到纸币的速度，反映了他们把学到的知识转化为工作绩效的速度。
时间：(活动 10 分钟，点评 10 分钟)
游戏教具： 1. 4 张 10 元的纸币。 2. 美纹胶。 3. 秒表。
准备： 1. 在学员进入教室之前，选择分散的两张桌子和两把椅子来隐藏纸币。 2. 用美纹胶将纸币分别粘在两张桌子和两把椅子下面。
操作说明： 1. 向学员解释人们普遍对学习的误解，引出需要重新认识学习的主题。 2. 展示 PPT：“你桌子下面有一张 10 元纸币。” 3. 记下找到纸币花费的时间。 4. 祝贺找到纸币的人，告诉他们纸币归他们了。 5. 第二轮，展示 PPT：“你的椅子下面有一张 10 元纸币。” 6. 记下找到纸币花费的时间。 7. 祝贺找到纸币的人，告诉他们纸币归他们了。

续表

观察以下几点： 1. 团队成员对PPT作出何种反应？ 2. 谁是第一个展开行动的人？用了多长时间？ 3. 其他人对那个人有何反应？ 4. 谁发现了第一张纸币？用了多长时间？ 5. 第二轮时学员有什么样的反应？ 6. 谁是第2个展开行动的人？用了多长时间？ 7. 其他人对那个人有何反应？ 8. 谁发现了第2张纸币？用了多长时间？
总结要点： 1. 计算两轮活动的用时，讨论发生这种改进的原因。 2. 分享PPT，观察学员的回应。 3. 强调相信的力量和学习必须产生绩效的观点。 4. 引出“知道、相信、行动和绩效”在学习中的不同层级，并以此指导学习项目设计。

（四）视频教学法

视频教学法是指在授课过程中穿插与教学内容相关的视频，对知识点进行诠释，以引发学员注意和思考的教学方法。由于成人的注意力时长有限（有20分钟说，有10分钟说），课堂中难以长期保持理性思考状态，而视频具有直观性和趣味性，能有效缓解教学过程中的疲劳感和乏味感，提高课程的接受度，因此视频教学法颇受成年人欢迎。采用视频教学方法应注意以下几点：

（1）视频素材需要经过剪辑处理，不宜大段播放，只需播放与教学内容有关的片段。视频剪辑需要借助相关视频剪辑软件，常见的有“剪映”“必剪”“爱剪辑”等可零基础上手的软件，或借助稍微专业一些的软件如“会声会影”“Vegas”“PR”“Edius”等，相关软件使用技巧，可自行上网查找。

（2）视频的选取要精准恰当，要与教学主题高度相关；视频教学时，需要向学员交代视频的背景，重点观看的内容，以便学员能够迅速导入视频的场景，并与所学知识点结合起来。

（3）进行视频教学时，播放重点内容应给予提示，需要时，可重复播放。

（4）用视频教学法，需要提前准备好问题，方便后期提问或研讨。

（5）授课过程中如果设计了视频教学，培训师需要提前告知班主任，并提前到场检查视频播放软件、投影和音响。

（6）视频素材的收集功夫在日常，平日里准备一个专门存储教学视频的文件夹，发现有合适的教学视频，及时收藏，分类标识，以便后期使用。

（五）情景演绎法

情境演绎法是指在教学过程中，将教学内容导入一个情景中，采用讲故事的形式将教学内容串接起来，让受众在头脑中产生画面，以记忆教学内容的方法。人脑的不同区域的记忆属性不同，有的区域负责形状、有的区域负责颜色、有的区域负责位置、有的区域负责情绪等，所以丰富的环境细节和人物心理描述更有利于大脑构建画面。情景演绎法一般将教学内容带入具有人物（人物有细节描写），有故事情节（有故事发生的时间、地点、天气、环境等细节描写），有冲突（有冲突发生时主人翁内心、面部表情等细节描写），有问题和解决方案的情景中，以丰富的细节描写来辅助大脑记忆的教学方式。

情景演绎法常用的叙事结构是 SCQA 法。S（Situation）情景，由大家都熟悉的情景、事实引入；C（Complication）冲突，实际情况往往与我们的要求有冲突；Q（Question）疑问，怎么办？A（Answer）回答，我们的解决方案是……

例如，课程导入，可用以下情景演绎法。

工程项目部经常出现这样的情况，工程款一拖好几年，钱要不回来，想通过法律途径来解决，又因时间久远，缺乏证明材料，无法维权。如何有效维护企业合法利益，防止拖欠风险？有效的档案管理便是有力的手段。××公司近期就因档案材料完善，为企业挽回了 2230 万元的工程款及附加利息 335 万元。个人也经常需要档案来为自己谋取合理利益，职工老李就因缺乏原单位 5 年的档案材料，每月的退休工资少了 1000 元。因此，档案管理日常看起来虽不起眼，无关紧要，关键时刻却异常重要。

（六）演示教学法

演示教学是指为了使培训对象达成一定的动作技能和操作技能标准而采用的讲师示范、步骤分解、练习反馈、指导重复以达成熟练掌握的教学过程。在企业中多用于行为规范、设备操作、软件操作等培训场景中。一般包括四步，即整体示范、步骤解构、练习反馈、独立操作。

（1）整体示范：讲师演示整个操作过程，让学员看到整个操作产生的结果，对操作技能的整体有感性的认识。

（2）步骤解构：讲解每个成分技能的操作步骤，解释分为相应成分技能的原因，讲解并详细展示每个成分技能在操作过程中的注意事项。

（3）练习反馈：如果操作比较简单，可以设计整体练习，并重点讲解关键步骤的注意事项，学员练习的过程中给予及时的反馈，使其充分掌握操作要领；如果操作比较复杂，每个步骤下还有子技能，就需要对每个子技能独立设计练习，并讲解注意事项，在学员练习时给予反馈，然后再把整个过程进行串接练习，反馈衔接点的注意事项。

练习反馈是演示教学中的重点，往往一位讲师难以照顾全场，此时可以将学员进行分组，由小组内先学会的人员教授其他学员，既可以缓解讲师压力，也可以让学员在交流中相互学习。

（4）独立操作：当学员能完成整个动作技能或操作技能时，可以增加干扰项或设计不同的场景，让其独立操作。在有干扰的情况下学员仍能快速、准确地完成操作，说明学员大脑已经有足够多的空间处理其他事项，相关操作已经实现“肌肉记忆”。

此种教学方法最常见的场景就是学开车、考驾照的过程，大家回想一下自己学习开车的过程，就能深刻理解这四个步骤背后设计的科学性。

（七）研讨教学法

研讨教学是指讲师在教学过程中抛出一个问题或者案例（含问题），让学员对问题进行讨论，得出自己的观点，并由讲师进行点评的教学过程。在成人学习领域中，很多问题没有标准答案，最多只有当下的最优解，尤其是工作场景极度不确定的营销岗、创新岗、领导岗等，针对这类人群进行教学，让学员研讨，达成共识，教学效果往往好于讲师直接讲授。

研讨教学，讲师更多充当的是促动师的角色，是营造场域、设定情景、抛出问题、设计流程、掌控时间、激励反馈、点评建议的角色，此时需要对教学过程进行重新设计。一般是把教学大纲改为研讨问题，把讲师讲授变为学员研讨，把参考答案改为点评建议。这三个转变，将教学主体让给学员、让学员说、让学员寻找问题的答案。从实际经验来看，设计良好的教学研讨环节，学员的获得感、满意度会大幅提升。

（八）能力扫描

能力扫描是通过模拟真实工作场景，找有经验的员工和专家扮演不同的角色，以观察参培学员在处理特定问题时的特殊表现，并根据量表进行打分的教学过程。此种教学方法具有较高的场景性，能较为真实地反映出学员的能力，准备过程也比较复杂，需要有场景问题、业务专家、干扰人员、组织人员和观察人员，过程中还需要全场摄像，必要时需要进行隐蔽拍摄，组织成本较高，一般适用于领导人员、项目经理、营销人员、投资人员等核心关键人才的培养。

例如，中铁四局项目经理培训班上就采用了此方法，操作步骤如下：

扫描准备→项目组提前拟定实战题目、专家人选、评分标准、活动流程等资料，组织召开项目组会议，明确各方分工和角色扮演，讨论活动要点和注意事项。

场景布置→提前一天根据各组实战模拟任务布置场景。其主要是布置拍摄设备、题目相应工作场景等，还需要向角色扮演专家充分沟通角色扮演的要求，确保专家按照题目规定的情景与角色，按流程实施测评。

活动实施→在高度保密的情况下，各实战场所专家、工作人员到位后，宣布活动纪律，学员上交手机，分批分发学员任务书，未领取任务的学员待在指定地点待命，完成任务的学员在另一指定地点集合，相互保持隔离。

扫描测评→扫描测评采取两种方式：一是前台角色扮演专家根据测评维度和评分标准对学员实战表现现场评分，并做出简要评语；二是成立后台评审小组，观看学员视频，综合学员全程表现，进行二次评审和打分，也做出相应评语。

素材运用→一是交流分享，学员分组观看其他小组视频素材，组织讨论，并召开全体学员座谈会，各组代表对指定的场景素材进行分享；二是专家点评，专家评委对每个场景的典型素材逐一进行详细点评，并公布评分标准；三是案例教学，把典型素材作为案例及时运用到教学活动中；四是持续改进，培训结束后，把专家与评审小组对学员的评分、点评意见和个人视频分发给学员本人，便于学员在以后的行动学习中不断自我剖析、自我发现、自我矫正，持续改进，提升绩效。

能力扫描法是一种创意突出的培训方法，可以在“本色出镜”的情景下扫描出学员的专业特长、应变能力，查找出实际工作能力的差距，让学习培训工作更有针对性和实效性。此方法还可应用于其他情景模拟教学活动中，让学员“在做中学”、学用结合，促进学员消化和运用知识，提升实战技能。

三、班级管理与服务

以上都是课堂交付过程中可能涉及的具体形式和方法，在企业培训经费压减、标准提高的情况下，培训管理者不仅要担任学习项目的设计工作，还要担任班主任的角色。班主任是负责学习项目运营和管理的人员。班主任工作具体而细碎，是对一个人耐心、细心、爱心的全方位考验，也是培训管理人员最常充当的角色。为保证班主任工作的标准化，我们往往通过制订班主任工作手册，模块化、清单化地把班主任的工作进行罗列汇总，确保不漏项。

（一）训前准备

依据公司的管理流程，班主任在训前需要收集并录入班级信息：一般包括班级名称、主办部门、教学目标、培训经费、培训形式等。

制作培训手册：包括培训目标、培训项目组成员信息、学习倡议、纪律要求、作息时间、课程安排、学员分组情况、培训师简介、培训讲义等。

后勤准备：包括将教室安排、讲师学员停车安排、多媒体检查、场地布置、食宿安排、讲师接送安排、摄影安排、茶歇安排等信息与行政部门对接。

物料准备：如电池、席卡、书袋、本笔、白板笔、龙虎榜、白纸、便利贴、美纹胶、防疫用品等。

教室检查：检查多媒体教室的设备情况、网络情况、桌椅摆放情况等。

班级管理：根据企业管理要求准备线下考勤表或线上考勤二维码，创建管理群，准备防疫提示信息，班级分组表，如需收缴手机还需制作手机席卡等。

开班准备：开班式讲话稿、讲师联系等工作。以上都需要班主任逐一梳理、确认或准备。

企业内训中，班主任老师往往还要担任训前破冰或者部分公共课的授课任务，如此，备课也是训前准备工作之一。

（二）训中管理

班主任的工作类似冰山，大量看不见的工作都在训前准备，运营阶段，往往是按部就班推进，但也有些小技巧。例如，企业培训中的受训对象都是成年人，自我管理能力较强，班级的日常管理和服务工作，可以发动学员自治。通过设定班长、学习委员、生活委员、文体委员、临时党支部书记和小组组长等角色后，进行合理分工，实现自我服务。

例如，可设置以下几个角色，并明确分工：

支部书记：协助项目组和班主任抓好学员的思想政治工作，适时开展党性教育活动，维持政治纪律，引导正向的班级言论和积极向上的班级氛围；做好表率，积极参与班级各项学习活动，按时完成课后作业。

班长：协助项目组和班主任做好班级管理服务工作。组织班委和学员介绍老师，总结课程内容，指导学员认真学习、抓好课堂纪律；及时了解掌握学员的学习、生活情况；做好表率，引导大家参与研讨，提交作业；指导各组开展分组学习讨论活动。

学习委员：协助培训师和班主任做好国学经典诵读和教学工作；了解学员学习情况，指导学员认真学习；管理学习过程中的研讨成果和知识资产；做好表率，积极参与班级各项学习活动，按时完成课后作业。

生活委员：协助项目组和班主任做好生活管理服务工作，及时征求、反馈学员对生活管理服务方面的意见和要求；协助班长、党支部书记做好班级日常管理工作；做好表率，积极参与班级各项学习活动，按时完成课后作业。

文体委员：协助项目组和班主任开展团队拓展和班级文体活动；组织学员晨练，协助开展课间活动、营造轻松活泼、健康向上的班级氛围；做好表率，积极参与班级各项学习活动，按时完成课后作业。

各组组长：指导本组人员认真参加班级学习；及时将班级的各项通知、信息传达至本组成员；及时了解并向项目组反馈学员的学习、生活情况；主持组内复盘和研讨活动，组织人员汇总研讨成果；做好表率，积极参与班级各项学习活动，按时完成课后作业。

选取班委，召开班委会，明确分工职责，发起学员自治。班主任可将重点工作放在师资上，与讲师充分对接教学目标、班级情况，以提高教学质量。另外，监控班级氛围，如果讲师授课比较沉闷，可适时准备班级活动，活跃班级氛围，如课间操、手指操、按摩师、眉目传情、萝卜蹲、抢椅子、雨点变奏曲、你比我猜、口令反转等游戏。严把班级教学质量，填写班级日志，记录讲师授课情况和学员学习情况等信息。

（三）训后整理

培训结束后，班主任联系业务部门，就培训情况进行复盘，然后撰写培训总结，整理班级数据上传管理平台或收入档案盒，并就培训费用进行汇总清算。

为了便于读者更好理解应用，下面以中铁四局人才发展院班主任工作手册为例，供读者参考。

1. 班主任职责。

（1）负责对接、筹备学习解决方案。与学习项目主办部门、培训主管部门联系，组织召开训前会议，协商学习项目解决方案的详细事宜。其内容包括：明确主办、主管、承办、协办等多方的联系人。明确课程、考试考核、学习转化、学习评估等方案，明确培训项目经费预算，明确培训师人选，明确班委会成员、学习小组分组名单及组长，明确培训师和学员食宿方案，明确学习场地、设备设施和教具方案，明确开班、结业典礼参加人员和议程，协助分管领导，落实相关筹备工作。还包括编制“学员手册”、准备管理表单、准备教室教具、填写培训流程表格、准备经费支付等。

（2）负责班级运营工作。其内容包括：负责学员报到，负责学习期间的学员管理和服务（维护管理课堂纪律和考勤、指导班委会和组长工作），处理异常情况，填写培训日志。负责培训师的教学服务，签订和执行培训师授课协议，负责组织拓展活动、课间活动，负责课程复盘，协助主办方实施考试考核方案，负责培训期间设施、设备的使用、管理工作，负责培训项目经费清算。

（3）负责实施学习质量的一级、二级评估。其内容包括：收集学习转化作业，对学习项目进行分析、总结，撰写“培训项目通报”（或培训总结）和“培训项目评估报告”。

（4）负责整理培训档案。其内容包括：培训班资料的收集、整理、统计、归档等相关工作。

2. 班主任工作总流程（例）。

一、对接学习方案	二、筹备相关事宜	三、组织开班活动	四、管理服务课堂	五、评估、结业	六、总结复盘
• 下载培训通知 • 召开项目组会议	• 召开承办方训前会 • 收集资料 • 完成培训训前流程表格 • 编印《学员手册》 • 准备相关物品 • 准备培训经费 • 布置培训环境 • 建群、发放信息 • 开班式策划	• 组织报到登记 • 开展破冰活动 • 举行开班式	• 课前相关准备 • 组织经典诵读 • 培训师介绍 • 双考勤 • 组织课间活动 • 教学支持服务 • 培训师课后服务	• 满意度调查 • 开展考试考核 • 结业准备 • 举行结业典礼	• 整理培训资料 • 召开复盘会 • 撰写通报和评估报告 • 发布通报和评估报告 • 资料归档 • 上报数据 • 收集行动学习作业

3. 办班事项及要求。

工作环节		工作项目	工作要求	执行情况（是否执行、完成时限、问题及处理等）
培训前	对接学习方案	下载培训通知	明确办班时间，确定相关方，与相关方建立联系	
		召开项目组会议	1. 明确培训目的和培训目标 2. 确定培训方案 3. 确定相关资料收集时限（课件、培训师资料、学员名单等） 4. 服务要求（包括：场地、设备、食宿、收费标准等）	
	筹备相关事宜	召开承办方训前会	1. 传达训前项目组会议精神和培训通知要求 2. 明确相关事项、人员分工，提出时限、质量等方面的要求（包括：摄影摄像、食宿安排、培训师接送、车位预留、教室布置、保洁、相关物资准备等）	
		收集资料	1. 收集课件 2. 收集学员名单（包括：分组名单和班委成员名单） 3. 收集培训师资料（包括：职务、职称和简介等）	
		完成培训训前流程表格	1. 在相关部门指导下填写“实施方案表” 2. 完成“经费预算表”，如超支需上报预算表，不超支不上报	

续表

工作环节		工作项目	工作要求	执行情况（是否执行、完成时限、问题及处理等）
培训前	筹备相关事宜	编印“学员手册”	1. 汇编手册草稿，送培训项目组主办方、承办方负责人审核 2. 修订手册，形成印刷稿 3. 明确印制数量，交付相关方印刷	
		准备相关物品	1. 结合培训班情况，列出具体清单，准备教学用品（从学员用、老师用、自己用三方去检查） 2. 准备课堂管理表单（包括：签到、考勤、座次、座位号、手机袋号、学员席卡、老师席卡、停车登记表、餐券等）	
		准备培训经费	1. 根据“培训预算表”借支培训班经费 2. 编制课酬支付单	
		环境布置	1. 布置教室（摆放桌椅、席卡，调试设备等） 2. 分发学习资料、学习用具等 3. 检查大厅、教室的流水牌、欢迎标语、LED 屏等布置情况 4. 检查调试培训设备	
		建群、发放信息	1. 组建班级学习群，报到前和首日课前向学员发送提醒信息 2. 提前 1 ~ 2 天向培训师发送提醒短信或电话联系（包括上课的时间、地点等）	
培训中	报到	报到登记	1. 学员填写签到表，督促学员入群 2. 发放教材与资料 3. 告知培训时间、地点，协助学员安排食宿 4. 组织召开班委会 5. 在中铁科技大楼办班时，填写“停车登记表”并交物业公司	
	破冰	¤室内拓展	班主任主持，项目组其他成员配合	
	开班	开班典礼	1. 播放音乐，组织学员就座 2. 记录领导开班讲话要点 3. 做好服务 ¤4. 组织合影	

续表

工作环节		工作项目	工作要求	执行情况（是否执行、完成时限、问题及处理等）
培训中	课堂管理与服务	课前准备	1. 调试设备、播放训前音乐 2. 检查茶水准备情况 3. 向培训师介绍学员情况，帮助培训师正确使用设备（提前一天做好对接） 4. 提醒学员将手机调整为静音或关机状态，放入手机袋中，并进行检查	
		* 经典诵读	督促班委组织经典诵读活动	
		培训师介绍	督促值日班委介绍当天授课培训师	
		双考勤	对学员实行人员、手机“双考勤”	
		课间活动	根据培训师授课情况和学员学习状态，由班主任指导开展	
		培训师教学支持与服务	1. 排除设备故障，协助培训师处理课堂异常情况 2. 互动中协助传递话筒、记录各小组加分成绩 3. 与培训师交流，向培训师提出建议 4. 组织学员开展课间活动 5. 填写“培训日志” ¤6. 留影	
		培训师课后服务	1. 指导督促学员谈听课感受，向培训师致谢 2. 向培训师支付课酬等 3. 安排培训师就餐、午休或返程车辆	
	评估	满意度调查	¤1. 组织召开班委会或学员座谈会，听取学员意见和建议，并做好记录 2. 发放、收集调查问卷	
		¤考试考核	培训班一般应安排考试考核，以验证培训效果，并按以下要求进行： ¤1. 按要求编辑、印制试卷（注意保密） 2. 安排监考人员 3. 布置考场（按要求布置考场，单人单桌） 4. 开考（宣布考场纪律，确认全体考生全部理解后方能开考） 5. 闭卷考试（考试结束按要求装订，将试卷交培训经理指定人员） 6. 开卷考试（除允许学员携带指定资料外，资料名称应事先列出，并向考生说明） 7. 答辩（按要求准备答辩室，调试好答辩设备）	

续表

工作环节		工作项目	工作要求	执行情况（是否执行、完成时限、问题及处理等）
培训中	结业	结业准备	1. 典型培训班（具有开创性、示范性，宣传意义大的）建议举行结业典礼，其他培训班进行培训小结 2. 按照方案（确定出席人员、主持人、发言人、会议议程等）准备 ¤3. 起草表彰决定，打印相关证书 ¤4. 安排学员代表做发言准备 ¤5. 督促相关人员制作培训视频。典型培训班建议做视频，其他培训班不做	
		*结业典礼	1. 按结业典礼方案布置会场（席卡、LED 屏、音响设备等） 2. 按议程举行结业典礼 3. 做好会场服务 4. 记录领导结业典礼讲话要点	
培训后	内业整理	整理培训资料	1. 统计“满意度调查表” 2. 统计“培训情况汇总表” 3. 整理、分析学员座谈会记录 4. 收集考试成绩、考核、论文、报告、心得体会等资料 5. 培训班结束 3 个工作日内完成“培训项目经费清算表”	
		召开复盘会	选用合适复盘工具，协调三方召开复盘会	
		撰写通报和评估报告	根据复盘会议精神，撰写通报和评估报告，并提交相关方审核	
		发布《培训项目通报》和《培训质量评估报告》	培训班结束后 10 个工作日完成	
		资料归档	按照有关规定整理、归档培训档案	
		上报数据	1. 分单位统计学员的报到率、听课率、考试考核成绩等 2. 内部培训师满意度排名表，汇总后交给相关部门 3. 清算表报相关人员	
	¤行动学习作业	收集学习转化作业	按照行动学习作业提交的时间节点收集，并发至相关部门	

注：标注*为自选动作，是否执行由培训项目组决定；未做标注的为规定动作，一般应遵照执行。

4. 培训日志。

课程名称		培训师		时 间	
听课人数		课堂纪律			

授课特点：

意见和建议：

有无意识形态方面的不当言行	

设备运转情况：

5. 领用、借用备品清单。

序号	物品	单位	数量	序号	物品	单位	数量
1	席卡纸	张		1	插座	个	
2	资料袋	只		2	筹码	盒	
3	白板笔（红）	支		3	A4 纸（白或粉）	包	
4	白板笔（蓝）	支		4	A3 纸（白或粉）	包	
5	白板笔（黑）	支		5	翻页笔	个	
6	培训计分表	张		6	笔记本电脑	台	
7	电池 5#	板		7	高清转换头	个	
8	电池 7#	板		8			
9	茶叶	袋		9			
10	纸杯	个		10			
11	胶带纸	卷		11			
12	便利贴	包		12			
13	卷纸、抽纸	卷		13			
14	笔	盒		14			
15	本	个		15			
16	大白纸	张		16			
17	信封	张		17			
18	口罩	个		18			

6. 班委职责参考清单。

✓ 每天安排 1 名班委值日，测量体温，提醒佩戴口罩

✓ 课前 2 分钟提前学员入座、上交手机

✓课前检查茶叶、纸杯等用品，提醒班主任

✓介绍培训师，欢迎老师上课

✓课间组织开展活动

✓课间提醒学员休息时间，召集学员继续上课

✓课后总结听课感受，向老师致谢

✓根据管理要求调整，合理分配至班委成员

7. 培训班资料整理存档制度。

培训班资料是指在培训过程中形成的各种文件，包括纸质文字资料、记录、图表和声像等资料的汇总，真实反映整个办班过程。规范培训班资料的存档有利于迅速、准确地检索出所需的文件资料。

（1）收集、整理工作。

每期培训班的资料整理工作，按照以下方法进行收集、整理。

档案目录

✓班主任手册

✓学员手册（含学员须知，课程表、学员名单）

✓培训项目管理流程表（含需求分析、实施方案、经费预算、经费清算表）

✓办班通知、学员报名汇总表、报到登记表、考勤表、考场记录

✓学习培训项目通报（或总结）

✓学习培训项目评估报告

✓试卷

有关要求

✓纸张大小一律采用 A4 纸

✓字体的类型及字体的大小，按照公文要求执行

✓按照目录顺序整理培训资料

（2）装订入盒。

应严格按照档案目录的先后顺序排列，排列整齐后进行装订，然后装入档案盒，档案盒的侧面应写上××培训班，且注明培训时间。

（3）分类归档。

按照一班一卷的原则归档，连续举办同类培训班的资料可组成一卷存档。

（4）统一编号。

档案编号应反映办班起止时间、培训班名称。其编号统一为：办班起止时间—［主办部门］—培训班名称。如：2019 年举办的第七期项目工程部长任职资格认证培训班，其编号为“2019－9－1/9－10［技术中心］—第七期项目工程部长任职资格认证培训班”，是指技术中心为办班主责部门，在 2019 年 9 月 1 日至 10 日举办的第七期项目工程部长任职资格认证培训班。

附件：档案目录

附件

培训班名称：202×－×－×/×－×【××部门】××培训班

卷内档案目录

✓培训项目管理流程表（需求分析、实施方案、经费预算、经费清算表）□

✓培训通知□

✓班主任工作手册□

✓学员手册（含学员须知，课程表、学员名单）□

✓签到、考勤表□

✓学习培训项目通报（或总结）□

✓学习培训项目评估报告□

本档案整理人：×××

注：如有相应资料请在目录后面方格选择打√，否则打×。

第二节　岗位交付—导师带徒

课堂交付是正式学习中最常用的一种学习方式，近年来，随着成人学习“721”理念的普及，出现了很多基于工作场景的学习方式和学习项目。传统的学习方式也找到了理论依据，发挥了更大的作用，最常见的形式就是导师带徒。

导师带徒是指由企业聘任符合条件的管理、技术或技能骨干（以下简称“师傅”）作师傅，通过签订师徒合同的形式，指导企业新进院校毕业生、劳务派遣人员，以及转岗员工和其他青年员工（以下简称“徒弟”）提高技术技能、管理水平和综合素质的人才培养方式。

导师带徒是一种传统的教学模式，起源于各种手工作坊，学徒只有经过一个阶段的学习，出师后才能有薪酬。现代工厂的技能人才培养中还大量沿用。目前很多企业实行双导师或多导师制，除了指定一名或多名技能导师外，还为学员指定职业导师，对青年员工的技能提升和职业生涯成长起到了助推作用。

一、导师带徒相互职责

一般情况下，师傅需要具备以下几个条件：忠诚企业、乐于施教，具有较强的事业心、责任心和良好的职业道德，具有丰富的工作经验和工作业绩；对职称等级和沟通能力也有一定的要求。师傅主要负责为徒弟制订可量化的阶段学习目标；对徒弟的学习、生活提供尽可能的帮助，为其树立积极向上的工作、生活态度，尽快消除陌生感，投入正常的工作状态；系统介绍行业法律法规，讲解公司文化、制度和相关规定；帮助其认识工作，熟悉工作岗位，提高岗位技能；定期与徒弟谈心谈话，了解其思想动态；定期指导检查徒弟的学习情况；及时记录并向单位反映徒弟的成长情况和思想动态。

徒弟一般为新入职员工，相应要求为：加强学习，钻研业务，尊敬导师，虚心请教，定期向导师汇报工作、学习和思想情况；在导师的指导帮助下，达到“导师带徒”培养目标及各阶段学习目标要求，保质保量地完成各项学习任务；根据阶段学习目标，制订个人学习计划，努力学习技术技能和管理知识，认真履行岗位职责；每阶段学习结束时，撰写阶段学习小结报告；逐步认知、认同企业文化，融入企业大家庭。

二、导师带徒操作流程

导师的选拔流程：1. 业务部门拟订，上报主管部门（一般为人力资源部）；2. 主管部门组织业务部门，对导师人选进行审核；3. “导师带徒”领导机构研究确定导师名单，并发文公布；4. 对导师办理聘任手续，并颁发导师证书。

公司应鼓励领导或业务经理、技术专家、内部培训师担任导师。导师和徒弟之间可以双向选择，签订导师带徒协议，约定培养期限、职业行为目标和技能培养目标。签完导师带徒合同后，导师根据培养计划安排学习和实习任务，给予反馈和考评。徒弟根据培养目标和计划完成学习和实习任务，撰写学习小结。主管部门对考核结果进行认定和分档，不同考核结果对应不同奖励标准。为营造企业“传帮带”的良好氛围，可按一定比例评选“明星师徒”，予以宣传、表彰、激励。

三、导师带徒案例分享

中铁四局昆明地铁项目部的“导师带徒”案例
“结对”帮扶助成长“导师带徒”显成效

入职培训，是企业灌输企业文化，快速融入团队，稳定企业发展，奠定企业人才基石的重要途径，同时也是员工完成角色转换，明晰职业规划，发挥自身才能的重要阶段，为了帮助新员工尤其是公司分配的见习生尽快适应工作岗位，早日成为项目发展新生力量，昆明地铁4号线4标项目部围绕局和公司青工素质工程目标，沿袭“X+1导师带徒”见习生培养模式，通过“传、帮、带”的形式，培养了一批批优秀青年员工。具体做法是：

一是“X+1”多岗轮训，培养“一专多能”新员工。

“X+1”即一主多副，也就是1名主导师，多名副导师，项目结合部门与部门之间，部门内部各岗位之间，岗位职责、工作内容、岗位胜任力各不相同的特点，有针对性地挑选各岗位能手作为副导师，根据见习期分阶段对新员工进行轮岗轮训，并注重阶段性考核，力求员工在见习阶段全面了解和掌握部门核心技能。

二是价值观引领，打造“四有”模范新员工。

项目部在“幸福项目部”创建过程中，始终践行城轨分公司“贡献者优先”企业核心价值观，激励项目赶超比拼，真抓实干，求真务实良好工作氛围，让热爱奋斗的员工成为项目的主角，引导新员工立足岗位献青春，争做“四有”模范新员工。

三是培育学习文化，培养自主学习新员工。

俗话说“师傅引进门，修行靠个人”，导师“传、帮、带”固然能帮助新员工快速成长，但更多则需要员工自我学习、自主学习，为此，项目以“创建书香项目部、培养知识型员工”活动为载体，通过坚持领导带头学习制度，举办“一季一本”读书活动，营造了“人人皆学、处处能学、时时可学”的项目良好学习氛围，使新员工养成了良好读书学习习惯，在学习的过程中提升自身综合素质和业务能力。

四是开展季度培训，提升新员工综合素质。

除了导师一对一、手把手传、帮、带，项目通过举办领导干部上讲台、部门季度培训等活动，内容涵盖了企业文化、项目工程概况、规章制度、安全教育、重点工序技术重难点、人文知识等方面的知识和内容，拓宽新员工视野，提升其综合素质。

五是搭建成长成才平台，激发新员工干事创业热情。项目部将工程建设作为一个大的人才锻炼“磨刀石”，大胆地给技术人员和新员工压担子，为“想干事、能干事、会干事”的员工搭建平台，破格提拔业绩优秀和表现突出的员工，在收入待遇、职务晋升方面，向施工一线员工倾斜，规划其职业成才通道通过正向激励，激发新员工干事创业热情，提升其工作积极性、主动性和创造性。

自2016年6月进场以来，昆明地铁4号线4标项目部先后涌现出一对对业务精湛、业绩突出的“师徒”，如项目员工朱阿人荣获中铁开投集团测量大赛团队一等奖、中国中铁“青年岗位能手”等荣誉，徒弟代凡经过9个月的“理论+实战”，以1名实习生身份参加公司第三届职工技能大赛工程测量大赛，荣获个人“二等奖”和“青年技术标兵”荣誉称号称号；多位见习生成为岗位上的业务能手和部门骨干，书写了一个个“导师带徒”的华美篇章。

第三节　基于行动的交付与学习（行动学习）

一、行动学习的起源

行动学习是西方引进的一个概念和舶来词，起源于英国瑞文斯教授在1971年出版的《发展高效管理者》一书。近年来，行动学习概念随着杰克·韦尔奇在GE铁血传奇和郭士纳在IBM的不朽神话，以及西学东进，在华润中粮缔造奇迹故事的传播和演绎，在众多企业培训管理者心中树立了高大上的形象和神秘的面纱。其学习公式 AL（行动学习）=P（结构化知识）+Q（质疑）+R（反思）+I（实践）的本质和我国先贤孔子在《中庸》中提出的“博学之，审问之，慎思之，明辨之，笃行之”的内在逻辑是一致的，同中国共产党提出的“在战争中学习战争”，毛泽东在《实践论》中提出的“实践、认识，再实践、再认识”辩证唯物论知行统一观的内核是一致的。它的神秘感主要源自西方的工业思维模式下，把它细分成很多具体的阶段、工具和表格，这些阶段的划分和工具的形态，在翻译成中文后，容易让人捉摸不透，难以真正理解，从而让它蒙上了一层神秘的面纱。

行动学习概念最核心的要义是“做中学”，如何做，如何在“做中学”，尤其是团队和组织如何在“做中学”会更加复杂。但正如行动学习的核心要义一样，如果想了解什么是行动学习，仅仅靠学习概念是无法领会的，需要去尝试，即便应用最简单的原则、流程和工具，都能加深你对行动学习概念的理解。

二、行动学习的应用场景

与其说行动学习是一种学习方式，不如说它是一种工作方式。在当今 VUCA 时代，变才是唯一不变的。目前很难找到任务一成不变的工作，现代人的工作中充斥大量的新应用和新挑战。有企业就在其大门口写上了“我们的任务是学习，工作只是练习题”的标语，充分显示了现代企业中学习工作化、工作学习化、工作学习相互融合的现状。西方工业文明产生的模块思维、流程思维、细分思维也在“行动学习”领域有了充分的展现，衍生出了行动学习众多应用场景。实际上行动学习是一种解决问题的理念，只要是组织面临的问题有高层支持，匹配精干的成员、结构化的研讨复盘流程和适当的资源，行动学习几乎可以适用于任何问题解决场景。比较常见的有：组织变革、领导力赋能、业务难题解决、团队绩效提升、商业模式转型、学习型组织创建等，有所区别的是学习目标、时间安排、人员结构、结构化知识和研讨工具会有所不同。

三、行动学习的相关流程

行动学习适用场景很多，但一般都包含选择课题（或问题）、组建小组、启动项目、导入知识、研讨问题、执行计划、复盘评估、固化推广。

选题一般由组织内高层确定，他们站位高，对组织面临的核心问题看得比较清楚，如果想对选题的科学性进行验证，可以在高层内部组织一次小型研讨，以验证假设。

组建小组：一般由高层担任召集者，组织相关业务部门骨干和促动师（可先外后内）组成行动学习团队，指定或选举出组长、知识官等角色，确定项目实施的开始、学习、行动、研讨、固化等总体周期安排。

启动项目：由召集者负责启动项目，向行动学习团队成员澄清组织问题，明确项目目标，介绍项目流程和资源配置，说明过程中可能面临的困难和项目成功后的激励等。

导入知识：项目启动后，如果是全新的课题，首先需要导入结构化知识，可聘请内部专家或外部专家传授相关内容，过程中强调学员的吸收，多采用互动式教学。

研讨问题：如果项目目标不是全新的课题，结构化知识导入可以直接忽略，直接进入研讨环节，选聘有经验的促动师开发研讨流程、说明研讨过程和注意事项，向团队成员介绍其他组织的相关案例，鼓励大家发言、碰撞思想，达成共识并形成行动计划。研讨的过程中涉及很多的工具和规则，下面会简要介绍。

执行计划：行动学习的要义在于达成共识后，工作中应用并验证效果。项目小组达成一致意见后，按照分工，在岗位上执行并验证行动计划，召集者和引导师适时进行督查和强调，保证计划得以实施。

复盘评估：组织需要通过行动学习来解决的问题都是比较棘手的问题，过程中需要多次复盘、研讨、达成共识、形成改进计划、继续实施验证，所以复盘评估可能是多阶段多次进行。复盘的过程中也会用到很多工具和规则，下面简要介绍。

固化推广：行动学习小组经过多次研讨、执行、纠偏，达成目标后，需要对过程中的阶段、流程、工具、经验进行总结固化，在组织其他团队中进行推广，以实现整个组织变革或改进。

四、行动学习的常用工具

有学者统计，行动学习的工具有一万多种，实际上，在行动学习过程中，培训管理者需要掌握两大类工具，分别是研讨工具和复盘工具。

研讨工具中，最常用的是头脑风暴、团队共创、世界咖啡和团队列名。至于这几种工具如何实施，有专门的著作给予介绍，互联网上公开的课件也很多。笔者需要向读者强调的一点是，无论用哪种工具，最核心的是“用”、经常用，这些工具的基本假设是团队力量大于个人力量，民主平等的环境中，团队的智慧大于个人智慧。无论哪种工具，需要长期使用，以在团队中形成人人贡献智慧的民主集中氛围，达到团队智慧的最大化。

复盘工具也有很多，适用于团队的有联想复盘工具（回顾目标、考察现状、分析原因、总结规律），AAR；适用于个人的有“531”“ORID”等，相关工具可上网查找相关书籍。与研讨工具一样，复盘工具一是要坚持用，二是要形成团队的文化。

五、行动学习案例分享

清华大学——中铁四局集团
中层干部领导力提升高级研修班

【培训背景】

根据中铁四局集团对中层干部培训的需求，清华大学继续教育学院为中铁四局集团特别定制“中层干部领导力提升高级研修班”。本研修班立足中铁四局集团经营管理现状和中层干部的学习需求，整合清华大学等高校的优质教育资源，设置了包含课堂学习、反思与复盘、管理经典精读、学习共同体分享、导师制行动学习、行动学习结晶报告、咨询式答辩七环节的培训体系，旨在帮助中铁四局集团的中层干部更新知识、转化观念、变革思维、调整心态、提升经营管理能力与领导力。

【培训对象】中铁四局集团中层领导干部

【培训时间】每期研修班为期一年半，每两个月集中学习一次，集中学习八次，每次学习五天，学习时间共计 40 天（320 学时）

【课程体系】

模块一：新形势与新思维 主要内容： 全球经济的挑战与机遇 中国“走出去”“一带一路”与产业发展 互联网思维与“互联网+”落地 智能制造、中国制造 2025、德国工业 4.0 与 美国工业互联网 国企改革方向与国有企业转型发展	模块二：企业变革与创新 主要内容： 全球互联时代的企业创新 大数据与企业信息化战略 基于数据、信息与知识的管理 社会化网络和社会化媒体对管理的挑战 企业变革管理 创新思维与创新管理 商业模式创新
模块三：战略落地与执行 主要内容： 企业文化与战略执行 战略执行与精细化管理 战略落地与知识管理 组织执行力与战略执行 企业经营风险体系构建 经营风险评估 企业法律风险防范 企业危机与风险管理	模块四：品牌与市场 主要内容： 如何通过战略品牌管理　赢得持久竞争优势 战略品牌管理最佳实践 市场结构与竞争对手分析 用定位塑造竞争优势 新营销理念与消费者行为 客户关系管理 营销危机的应急处理

续表

模块五：组织与人力资源 主要内容： 企业战略与人力资源管理 现代企业如何识人、用人、留人 绩效管理 员工持股与薪酬设计 人才梯队建设与继任计划 企业文化塑造与价值观 从战略地图到学习地图	模块六：金融与财务 主要内容： 企业战略与价值管理 企业财务的布局与控制 财务报表解读 成本控制与成本管理 资本市场与资本运营 投融资决策与管理 并购、重组与海外投资 公私合营模式（PPP） 互联网金融 企业财务与金融风险管理
模块七：领导力发展 主要内容： 重塑管理者、提升领导力 领导与领导力 非权力影响力 用人的艺术 激励的艺术 冲突管理 教练式领导力 管理心理学 领导者言语表达艺术 压力管理与身心调适	模块八：国学智慧与领导 主要内容： 中华文明的价值观与世界观 中华传统价值观的传承和发展 儒家思想与当代社会 仁者境界：领导素质 君子风范：领导艺术 中庸之道：工作方法 领导的层次 领导的修炼
模块九：领导作风与修养 主要内容： 革命传统与党性修养 党风廉政建设 哲学素养与工作作风 重走引兵井冈之路 长征精神与理想信念 井冈山精神与领导作风建设 领导者的职业操守 领导者的时间管理 领导者的商务礼仪	模块十：行动学习 主要内容： 反思与复盘 管理经典精读 学习共同体分享 行动学习日志 导师制行动学习 现场教学 标杆企业学习 拓展培训 行动学习结晶报告 咨询式答辩

【行动学习体系】

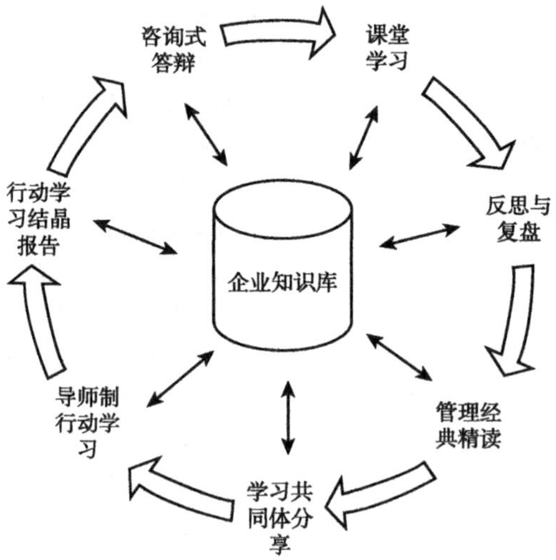

本学习体系以企业知识管理为核心、以课堂学习为基础，课堂学习后进行反思与复盘、管理经典精读、学习共同体分享、导师制行动学习，最终完成行动学习结晶报告，并通过咨询式答辩，切实帮助学员实现“学、问、思、辨、行”的渐进和提升，保障学员学有所获、学以致用。

【导师制行动学习过程】

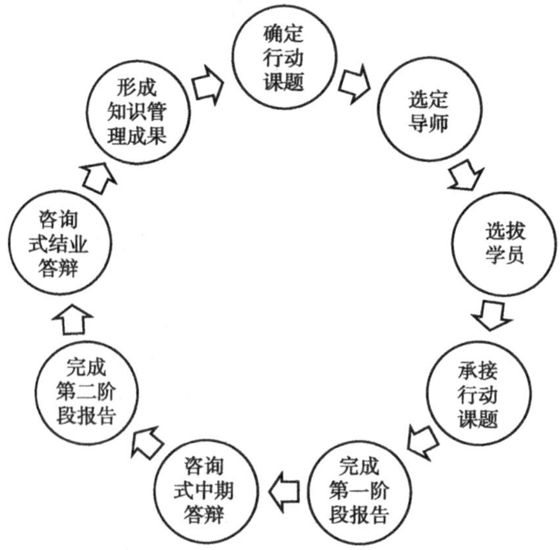

第一步：基于中铁四局集团的发展战略确定十个企业经营管理课题难题；

第二步：从集团高层中选择十位导师，每位导师负责指导一个行动课题；

第三步：基于中铁四局集团的发展战略和人才规划选拔、面试学员；

第四步：按照学员的意愿与状态进行分组，选出组长，每组承接一个课题；

第五步：组长带领学员开展行动课题的学习与探讨，导师进行全程指导；

第六步：组长带领学员在第四次上课后完成第一阶段行动课题结晶报告；
第七步：在第五次上课期间分组进行咨询式中期答辩，请集团领导出席；
第八步：组长带领学员在第七次上课后完成第二阶段行动课题结晶报告；
第九步：在第八次上课期间分组进行咨询式结业答辩，请集团领导出席；
第十步：将各小组的行动课题结晶报告集结成册，形成知识管理的成果。

第四节　其他交付方式

以上介绍的是国有企业线下培训中常用的一些交付形式，自从2020年新冠肺炎疫情暴发以来，线上学习蓬勃发展。尤其是成本低廉、互动性好的直播教学颇受企业欢迎。关于线上教学的设计第十三章会有专门的篇幅介绍，本节着重介绍国有企业中其他常见的线下交付形式。

一、沙盘演练

1. 定义及应用场景。

沙盘演练又称沙盘推演、沙盘教学，常见于军队院校高级指挥人员培养，近年来多用于企业管理人才的培养。它以一套沙盘教具为载体，以沙盘游戏规则（模拟商业逻辑）为依托，将学员分为不同的角色，以培训师作为引导师和裁判，通过团队研讨、学习完成相关任务，获得激励或惩罚，达成教学目的的教学形式。

沙盘演练教学复杂度高，一个沙盘项目的研发成本和周期较长，需要多位开发者和实战派专家密切配合，多次试运行后才能投入使用。目前企业中自主开发的沙盘演练教学项目不是很多，多是采购外部成熟产品。沙盘演练参与高，对学员的主动性和基础知识储备要求较高，教学周期长，一般适用于企业中层干部。笔者接触过的行业中，使用沙盘演练的有：商业地产开发及周边配套园区的运营，政府部门商业（工业）园区的开发，建筑施工单位特定专业项目的实施，团队共建（常见的如沙漠掘金）、党建人才培养的沙盘等。

2. 优势及不足。

沙盘演练优势和不足都非常突出。优势是学员参与度高、体验感强、交互性强，不足是开发周期长、成本高，企业自主研发困难。沙盘演练需要选取商业模式比较固定的业务且工作内容比较固定人群来开发，在目前快速迭代变化的环境中很难确定选题。此外，开发沙盘项目，还需要时刻关注新的科技、政策、法规的变化，需要快速迭代，非专业团队难以胜任。

二、户外拓展

户外拓展又称体验式培训，一般是以户外（野外）为教学场地，带有体验或体验加探险性质的活动项目或项目群。户外拓展起源于第二次世界大战中为了提高水兵生存概率的项目，是对真实战场环境的模拟，找出造成水兵死亡率比较高的关键环节进行训练，以提高其生存技巧和意志力。现多应用于企业员工入职破冰、团队建设和企业中、高层团建及团队凝聚力建设上。

户外拓展项目在企业中的应用相对广泛，国有企业培训工作者接触比较多的如信任背摔、高空抓杠、盲人攀岩、电网、逃生墙、雷区取水、真人 CS 等，此外各类高端户外拓展加探险项目也层出不穷。作为企业培训管理者，也是培训领域的专业从业人员，有时需要掌握一些简单易操作的户外拓展活动。通过学习、准备、组织、迭代几项户外拓展项目，给学员不一样的体验感和收获，培训管理人员的地位和影响力也会逐步提升。

下面向大家重点介绍企业培训管理者自己组织户外拓展项目需要做的准备。

户外拓展项目分为器材类和非器材类，场地要求也不同。如果户外拓展的目的是破冰和团建，以消除学习过程中的熟悉度问题，可以由培训管理者自己组织户外拓展项目。此类拓展项目，首先需要考虑受众对象年龄结构和性别结构，选取比较合适的拓展项目。例如，培训对象年龄结构比较年轻，男女混搭，可以设计有挑战性，有肢体接触类的活动，让大家觉得有挑战性并建立亲和关系；如果是面向中年群体，可以设计一些对肢体动作要求不高的活动，或者安排团队智力活动。其次是对接培训地点，根据活动要求，与培训基地对接，选择场地。再次是采购器材，根据学员数量，分组情况网上采购，注意采购合适的器材余量。最后是现场考察，提前准备，如果可能，可与同事一起进行简单演练，先深度体验一次。需要提醒的是，户外拓展，一般作为培训项目中学员活跃度比较高的学习环节，是学员充分展现自我风采的时间段，一般需要策划好拍照和摄像环节，高质量的影像记录会让学员有满满的获得感。对培训管理者来说，户外拓展的难点在对拓展活动意义的总结。这里可以采取一个小策略：把你说改为学员说，把你想表达的核心内容，作为补充点评，这样节省了备课量，学员的参与度和收获感也比较强。

以下以中铁四局人才发展院常用的训前拓展破冰活动举例说明。

【案例 10－2】开心热场——青蛙跳水

目的：留意别人的说话及反应，热场。

时间：10 分钟

规则：每组派一名代表，先做自我介绍，然后开始游戏。

内容：

1. 站一排，第一人开始说："一只青蛙"，第二人："一张嘴"，第三人："两只眼睛"，第四人："四条腿"，第五人："扑通！一声"，第六人："跳下水"。

2. 继续下一位组员便要说："两只青蛙""两张嘴""四只眼睛""八条腿""扑通！扑通！两声""跳下水"。

3. 出错或停留超过3秒的退出，剩下最后一位是得胜者，所在小组加5分。

【案例10－3】大胃王

目的：热场，欢乐，营造融洽气氛。

时间：10分钟。

内容：

1. 组员围坐成圈，一人开始说："昨天我吃了1碗饭"，第二位接下去："昨天我吃了一碗饭、2个蛋"，第3位："昨天我吃了一碗饭、2个蛋、3块牛肉"。如此类推。

2. 最后会是："昨天我吃了一碗饭、2个蛋、3块牛肉、4只鸭脚、5片饼干、6粒花生、7根甘蔗、8个橘子、9个苹果、10颗胃痛丸。"

3. 接不下去的组员要退出，剩下最后一位是得胜者。

【案例10－4】一圈到底

参与人数：全体人员（9人）

说明：队员手牵手围成圆圈，将一个呼啦圈套在手上，在最短的时间内让呼啦圈穿过所有人，并回到起始位置。

规则：手不能松开。

计时。

道具：呼啦圈、秒表。

人员：计时监督

【案例10－5】不倒森林

参与人数：小组成员（选6～8人）。

说明：队员在使PVC管不倒的情况下换位到旁边人的位置，抓住旁边人的PVC管，逆时针连续移动，回到原始位置。

规则：PVC管不能倒下。

计时。

道具：PVC管。

人员：计时、违规监督人员。

【案例10－6】巧接彩珠

参与人数：2人。

说明：一队员分别将球抛在标记点上，另一队员用PVC管把球接住，接住8～10个。

规则：必须站在标记线之后；球必须砸在标记点上。

全程计时，计数。

【案例10-7】珠行万里

参与人数：全组。

说明：全组队员协助，通过拼接“管道”让彩珠安全从起止点到目的地。

规则：球不能掉落，掉落重来。

计时，分组进行。

时长：15分钟练习时间。

常见户外拓展游戏花样繁多，游戏道具的采购也比较容易，读者可根据企业需要结合网络资源，独立探索实施。

三、标杆学习

标杆学习是将自己的业绩、文化、理念、流程和标准与行业一流公司进行对比来查找差距和改进方向，并将标杆企业的好的做法引入本组织的一种学习方式。标杆学习是西方术语，在国有企业中常用“考察交流”来描述。作为一种直观高效、体验性较强的学习方式，标杆学习在国有企业中的应用比较广泛，但有效的标杆学习需要大量准备和后续总结、复盘、反思及整理工作。

一是明确学习目标。标杆学习一定要找准组织问题，是企业战略、组织模式、薪酬分配、干部管理、管理流程、科技创新、文化宣传还是组织学习等，只有明确了问题和差距，才能找准改进方向和对标企业。

二是选择对标的组织。一个优秀的组织一般是全方位的优秀，但也会有自己鲜明的特征。组织对标学习，需要向多家优秀企业对标，选取优秀企业，分析每家企业的核心优势，明确对标重点。或找到一家标杆企业，明确自己需要对标的主要方面，把需要对标的主要内容罗列成清单，然后开展对标学习。

三是组织对标。国有企业中，一般先口头沟通、书面去函、选择人员、组织实施。这里需要说明一点，在国有企业环境中，官方对标往往难以学得“真本领”，若让对标单位拿出“真经”，参访单位也需要准备一些自己的经验材料分享给被对标单位，让对方有收获感，作为管理经验和智慧的交换，获取真实信息的概率会高很多。另外，给对方准备企业特色礼品（如具有纪念意义的企业特色产品或有企业 LOGO 标识的小礼品）也是对标过程中需要注意的细节。

四是对标复盘。由于每个人关注的要点不同，对标过程中的信息量也比较大，很难全部消化，牵头人应组织对标参与者，对整个对标过程进行复盘（可用 ORID 焦点呈现法：看到的、感受到的、启示或想法、想做的），最大限度地还原对标过程中的信息和启发，以引发整个团队思考，形成行动计划后向高层领导汇报。

【案例 10－8】专项对标提升对房屋建筑企业管理能力建设的作用

概述：某建筑公司经过多年发展，生产经营规模日趋庞大，企业本部的管理效能出现下降趋势。如何激励区域一线单位管理人员活力、提升区域生产经营管理自主性，成了企业发展进程中必须破解的难题。通过专项对标集团内部先进单位，该建筑公司结合自身特点，探索、出台了相应区域管理新制度，提升了企业管理能力。

正文：

2020 年初，春寒料峭，可樊科长的却感觉到燥热难安。樊科长是某大型国资建筑施工企业的规划部门负责人，该企业经过长期的发展，生产经营规模均取得了长足的进步，正在向成为国内知名企业的战略目标大步迈进。看着上年度末财务报表中一个个向上、向好的财务指标，樊科长的心中喜忧参半。喜的是：企业发展前景持续改善，各区域、各专业生产经营一线捷报频传，企业上一个五年规划中提出的各项主要经济指标全面超额完成；忧的是：企业发展势头如此迅猛，远远超过了五年前的战略预判。五年来企业管理水平和业务能力虽然也有所提升，但和如此强劲的发展趋势比较起来，明显觉得失色不少，难以满足日新月异的形势变化需要。特别是在区域管理方面，随着企业越来越深入全国其他非传统地域、非传统领域，管理数据链越拉越长，公司本部的管理效能也在逐渐下降。基层一线纷纷反映：某些业务流程冗长，耗时众多；个别申请事项决策手续复杂。与此同时，企业本部职能部门也开始纷纷抱怨各自的委屈：企业在全国各个区域四面开花，生产经营硕果累累，管理战线越拉越长。职能部门去现场一线搞一次检查、开一次会、组织一场调研，动辄奔波上千公里，几乎有一半以上的时间要花在路上。有的项目“山高皇帝远”，对公司的制度文件选择性执行，公司本部人手紧张，有时实在是鞭长莫及……

一线和本部各执一词，渐渐产生了意见分歧。一方认为：应扩大末端的授权范围，放手让基层大展拳脚；一方认为：应强化枢纽的管控力量，扩充本部管理人员队伍。双方的意见都有各自的道理，问题的核心逐渐聚焦到“如何平衡、协调本部统一管理和区域自主管理”上面。作为规划部门负责人，樊科长感觉到肩上的责任和压力正在一天天的增加。

为了更好地解决这个问题，在公司领导的支持下，樊科长组织相关业务部门负责人，集体到集团公司内部先进单位进行对标调研，学习兄弟公司在区域化管理方面的先进经验。经过细致、周密的安排，对标活动圆满成功，通过复盘总结，大家的思想进一步解放、格局进一步开拓。随后，对标团队又结合自身实际情况，理顺区域化管理思路，明确重点工作环节，划分部门职责范围，制订阶段推进目标。该公司的区域化管理工作有了显著推进，原先的各种管理痼疾也开始松动，向着积极的方向转化。

1. 案例背景。

A. 经典经济学理论认为，企业生产经营规模快速扩张的根本动力来源，在于企业本身建立起比市场更有效率的调节机制。企业扩张越快，管理成本就越会递增，当集约化发展带来的市场交易费用红利等于增加的组织成本时，企业的最大规模也就被决定了，企业规模发展达到了静态均衡。而该建筑公司的国有属性，决定其必须在中长期时间跨度上，稳定地保持一定规模的增长，以实现国有资本保值增值、职工队伍基本稳定并适度增长的目标。这就要求企业必须不断地压缩管理成本，提高各环节管理效能。

通俗地讲，实行区域化管理就是要解决“在控制成本上，企业本部管不够本”的问题。

B. 从信息传导角度看，企业的扩张是团队效率在市场价值增加上的反映，有现代经济学家认为，规模扩张的冲动可以归结于信息的不可逆性，即：“有效信息能够以任意的规模在生产中加以运用，从而激励人们不断扩大企业规模”。他们认为，信息时代的市场变化和技术进步迅速改变着整个经济结构，环境迫使企业对能力存量不断进行质的改变，从而构成了产业动态性的驱动力。以此为背景，企业在面对快速变化的市场环境时，能否快速整合、建立和重构其内外部资源、技能和能力，迅速形成新的竞争优势，逐渐成为拉动企业增长的主要因素。因此，对企业管理中枢的边界划分，也就成为管理创新过程中的必然选择。

通俗地讲，实行区域化管理就是要解决“在控制范围内，企业本部管不过来”的问题。

C. 传统国有企业本部权责过大、过于集中，在生产规模日益增大的情况下，容易出现局部区域或项目部制度执行不到位的情况。公司的制度被写在纸上、贴在墙上、锁在抽屉里，检查监督不及时，制度就成了“纸老虎”，无法释放其本身所蕴含的治理效能。更为严重的是，制度得不到有效执行，会使人们逐渐丧失对制度的尊重和服从，损害制度的权威性。必须找到有效途径，将制度优势转化为治理效能，要加强制度执行力建设。

反过来看，因为各区域项目情况千差万别，如果制度本身设计存在缺陷或不足，那么在执行过程中就会暴露无遗，并使制度无法有效执行。一些制度得不到本地化、明确化、具体化和操作化，导致制度在执行时模糊不清、抽象笼统、难以落地。一些政策采取“一刀切”的方式，简单粗暴地分解指标任务，而不顾及各区域和各项目部的现实情况，出现“赶鸭子上架”的问题，使制度执行出现偏差。因此必须找到适宜的范式，解决制度统一性和差异化的问题。

通俗地讲，实行区域化管理就是要解决“在控制范围内，企业本部管不下去”的问题。

2. 案例发生的过程及冲突。

在明确了解决思路之后，樊科长做的第一件工作，就是起草了一份详尽的《区域化管理建议报告》。《区域化管理建议报告》从运营模式、资源配置、绩效考核、效能管理四个方面，充分论证了区域化管理的必要性、紧迫性和可行性。《区域化管理建议报告》还建议：积极探索区域化生产经营和管理新模式。在强化公司本部监管检查的同时，在条件成熟的行政片区，整合各类生产和经营资源，从项目管理流程、组织管理架构、生产监管机制、片区考核方法等四方面研究建立服务本区域所有项目部的区域分公司；调整优化关键资源的分配、使用与管理机制，在资源使用上促进对区域的事权下放，在资源分配和使用效果上加强归口管理、监控和评估，建立终端闭合管理流程；积极研究、探索符合客观需求的区域经营新定位、运营新模式、经营新职能、作业新流程、岗位新职责和考核新要求，从根本上提升区域化经营的积极性、能动性、科学性、精准性。这些意见和建议，得到了公司领导的高度认可，并指示相关部门配合进行调研工作。

得到领导层支持以后，樊科长做的第二件事就是与其他业务职能部门达成共识。营销部、生产部、物机部、财务部，他一个部门、一个部门地去协调、磋商，一个难点、一个难点地去研究、解决。最终，在公司职能部门内部形成了“实施区域化管理势在必行”的理念共识。大家一致认为：优化公司本部与区域管理单位、一线生产单位之间的职责分工、配合与管理流程，是在新形势下继续推动企业高质量发展的必由之路。区域化管理的关键在于提高企业生产要素在区域化分配和使用过程中的规范性和有效性，将适宜区域内的生产要素集中起来，从单一系统管理向多维度综合管理转变，可以有效地提升企业的管理水平，有利于企业整体集约化、模块化发展。

有了统一的思想基础，接下来就是要选择参考对象、制定改革目标。经过慎重考虑，樊科长把目光投向集团内部另一家先进单位。这家公司在集团内部排名连续多年名列前茅，一直是各子分公司对标、学习的示范单位。特别是近年来，该公司在区域管理建设方面，探索总结出一套行之有效的项目组织管理模式，具有很强的借鉴价值。

在专项对标之前，樊科长制定了详尽的对标提纲和进程规划。把整个对标内容划分为：职能定位、组织架构与权责划分、业务管理、薪酬分配与绩效考核四个大的框架体系，每个框架下面又分成若干具体业务重难点。例如，在大家最关心的“区域管理单位薪酬分配与绩效考核”课题上，就细分成：区域分公司领导班子基本薪酬如何确定；区域分公司所管辖的项目部领导班子基本薪酬及绩效薪酬如何确定；人员绩效如何考核、考核指标如何确定；项目部超额利润如何考核；考核流程如何设计；超额利润奖励如何在区域分公司本部和项目部分配等具有显著实操性的业务问题。提纲列好后，还多次征求相关职能部门的意见和建议，在各部门反馈信息的基础上，反复修改、打磨，力争做到既全面覆盖所有重要环节，又简明扼要易于交流学习。

在专项对标过程中，樊科长不仅自己严格对照对标提纲，清晰、完整、准确地完成对标课题，还主动与对标团队成员一起，积极分享对标对象介绍的经验总结和实战案例，从现象入手深挖背后的管理精髓和文化本质，认真思考本公司与对标对象之间的相同点以及不同点，力争在分享现场就对对标成果进行初步的分析总结，寻找到下一步重点学习的方向。

例如，在对标对象介绍其分公司成本管理经验时，提及“公司本部直接对分公司下达成本考核任务和要求”，樊科长和队友们敏锐地觉察到这是一条宝贵的经验，于是深入咨询相关细节：“只在分公司层级配备一名总经济师和一名劳资管理员，各个项目部配备一名工经部长，原则上项目部不设总经济师”“各项目可外聘配备一名劳资专管员负责农民工日常管理并与分公司劳资管理员对接工作，以减少公司专业人员不足的压力”等许多技术操作细节。在这些技术细节的基础上展开热烈讨论：“标前由分公司充分了解工程施工内容进行标前测算，确定投标价或降造比例，避免投标亏损”“责任成本仍由公司本部成本管理部测算下达，分公司进行过程控制，审核过程纠偏”“劳务招标均由分公司工经部组织，随机抽取分公司内项目部相关人员组成评标委员会，不采用最低价中标，避免恶意竞争”等前后关联性很强的技术配套措施。再针对这些配套技术措施进一步深入研究，又挖掘出了：“分公司组织各项目人员集思广益，定目标定人员搞好二次经营，过程中实时更新进度，制定措施。奖励政策按公司本部管理办法执行，分公司暂不参与变更奖励的分成”“双清工作仍由各项目部人员自行负责，管理人员在分公司内统一办公，分公司定目标和时间，起帮扶和监督作用”等幕后关键性政策支撑。

就这样剥丝抽茧、层层递进，从点到面、由表及里分析清楚了对标对象区域化管理的各层面架构，学到了“真经”。

专项对标活动完成后，樊科长趁热打铁，及时组织对标团队总结、整理《专项对标提升活动报告》。先是总结了在组织管理、生产管理、营销及物资管理等7个方面的对标活动内容，继而分析了对标对象的实战经验给本公司带来的“精准定位、适宜授权、多元激励”三条重要启示，最后提出了：加速成立区域管理分公司、变更生产组织模式、提升项目经济效益等5条可以立即实施的具体工作建议。

该《报告》得到了公司管理层的高度重视，多次组织专题会议进行讨论研究。最终，经过公司党委会前置研究及总经理办公会集体决策，该公司正式决定：在条件成熟区域组建区域分公司，积极试点区域化管理新模式，认真总结试点过程中的得失利弊，选择适当时机在全公司范围内予以推广，助推企业新经济形势下的高质量发展！

3. 得到的经验教训。

A. 管理创新是企业发展的不竭动力，在选择创新方向上，一定要突出一个“实”字。要立足于自身实际情况，认真研究问题的原因由来、客观局面以及发展趋势，抓住企业发展中的痛点、难点进行深入思考。如此方能确保管理创新活动踩得实、抓得实、用得实。

B. 从广义范围上看，管理创新活动也是企业质量管理体系活动之一，必然遵守其自身原则，而“领导作用与承诺”，就是其中具有基础性作用的原则之一。充分发挥领导作用，可以增强员工的意识、积极性和参与程度，确保建立、实施和保持一个有效的创新体系促进实现活动目标。

C. 团队共识是一切管理活动取得成功的关键因素。在此次专项对标提升活动中，各部门对改革管理模式的认知都会存在自己的理解。持续的沟通和强调可以让大家在对共识形成统一认知并强化其传播，消除认知中的先入为主和模糊地带。

D. 周密策划是管理活动成功的强力保障。对标案例是前期策划过程中进行分析、定位、布局的辅助工具，是具有借鉴意义的建议，而不是策划本身。在对标策划过程中，一定要尽可能地掌握对标对象基本情况，并与自身实际情况做对比，制订切实可行的清单提纲。

案例引发的思考题及答案：

- 如何明确企业管理能力的提升方向？
- 如何选择满足提升管理能力要求的手段和方法？
- 如何有效地实施上述手段和方法？

四、读书会

读书会是指学习小组就某个主题的相关书籍或者不限主题的书籍，共同阅读一本或一类书籍，分享读书所获和感受，以共同消化作者观点，共同获取进步的一种学习方式。读书会是企业非正式学习中比较容易组织的学习活动，前提是组织的学习氛围比较浓厚，组织领导支持。

读书会的组织需要一名组长，最好能选一名专家作为导师，大家共读一本书，由阅读者整理书中主要观点，向小组其他成员分享。

国有企业中，除了规定要求的党组织（党委、支部）外，一般还有团委、工会等组织，这些组织的职能包含思想教育，因而可以同党组织、工会、团委一起组织读书活动。此外，读书会还可以作为培训后的作业，布置给学员，在学习的下一阶段分享读书所得。

五、其他学习形式

私董会是源于美国的一项专业服务，主要服务于快速成长阶段的企业家，他们以“身份共鸣、非利益冲突、私密性”为基本原则，每十几位组成一个“私人董事会小组”，并聘请一位资深人士作为教练，每一段时间就其中某位成员现实工作中的重要问题展开讨论，深入剖析问题核心。小组成员彼此信任，相互提出极具价值的建议，分享来之不易的教训与创意，共同寻找解决方案并持续改进。此种学习形式多存在于私有企业一把手中，目前属于小众学习形式。目前国家对意识形态方面控制的逐步加强，此种学习方式一般只准讨论企业经营中的商业问题。

随着科技的进步，各种虚拟现实、增强现实、混合现实式的学习形式也逐步丰富，尤其是在航天、医疗、新材料等高端人才培养上，为降低学习成本，降低安全风险，做了有益的尝试。

第五节　培训经理最重要的三张表格

培训经理工作中需要填写很多的表单，其中有三张表尤为重要，那就是培训预算表、年度培训规划表、项目运营控制表。规划制作好这三张表，就能保障全年的培训重点工作顺利进行。

一、培训预算表

对实施全面预算管理的公司，做培训项目前一定要先申请预算。按照先有预算、再立项、再实施、最后支付的流程依次进行。做培训项目设计之前，首先要去查看项目预算，查看预算是否充足。

（一）培训预算表

一般来说，公司每年都会编制下一年度的预算经费，预算编制中也会包括培训费用，培训预算的金额直接制约了下一年能产出多少培训成果。所以年底在做培训预算时一定要通盘考虑，慎重决策，尽可能留有余量，常用的预算编制表格式如下：

序号	类别	培训项目名称	预算金额（万元）	计划使用时间	费用科目	申请部门	预算编制说明
1	管理类	某某培训第 1 期	70	6 月	培训费	部门 A	/
2	专业技术类	某某项目第 5 期	100	2 ~ 6 月	培训费	部门 B	/
3	技能类	某某训练营	50	3 ~ 4 月	培训费	部门 C	/
合计：							

（二）培训预算表编制过程中需要考虑的因素

培训预算表，反映的是组织能拿出多少资源用于未来的人才培养项目。在编制培训预算表时需要考虑两个因素：一是培训项目内容，二是培训项目的金额。

1. 培训项目内容。

培训项目内容是根据组织外部环境和战略要求、岗位胜任能力要求和员工自身发展要求来决定的。在企业运作中，培训工作是按照分层分级的原则去开展的，不同的培训经理负责不同的培训项目。有人负责转型培训（包括新员工、新晋升的基层干部、中层干部、高层干部培训）；有人负责在任管理干部培训（包括在任的基层后备干部、基层干部、中层后备干部、中层干部培训）；有人负责专业知识培训（包括合同商务培训、资产管理培训、电力营销培训、人力资源培训、财务管理培训等职能培训）、有人负责技能类培训（包括安全、风机/输变电高级技能培训等）、有人负责通用和职业发展能力培训（主要是面向全体员工）。

培训经理根据各自的工作安排，首先通过电话调研、现场访谈等培训需求诊断技术，梳理出组织、部门以及个人的培训重点，然后根据培训诊断结果，设计不同的培训解决方案（集中面授、在线学习、教练辅导、沙盘模拟、行动学习、跨界交流、体验式教学、团队拓展、书籍阅读等多种形式）满足培训需求，最后对培训项目从态度、知识以及技能等方面进行评估。

2. 培训项目金额。

在做培训预算时，会涉及要估算培训项目金额。一般而言，培训项目金额主要由培训费、差旅费、宣传费、培训当地交通费、场地费、教务费、教材费、图书费和其他九项组成。

①培训费，是指支付给供应商或师资为企业授课的费用，在培训预算中所占金额较大。在估算培训费时主要根据讲授内容、授课对象、授课准备的复杂程度、是否是品牌课程等来与供应商进行议价。

②差旅费，是指学员集中培训所产生的交通费用和食宿费用。有的公司是要求培训学员食宿、交通等差旅相关费用由学员自行支付后返回所在单位报销，有的是由培训归口部门统一承担，年底时再进行分摊。在估算差旅费时主要考虑学员数量、住宿单价和用餐金额。

③宣传费，是指为做好项目营销，而进行相关海报设计、宣传片制作、摄影、个性化定制的项目宣传品所产生的费用。一般包括海报、横幅、易拉宝/展架、文化衫、徽章、定制品（手提包、笔等）、知行录、积分板（积分海报）等。

④培训当地交通费用，是指在培训当地安排车辆从机场/火车站接送学员所产生的交通费用，在估算交通费用时主要考虑接送站、培训期间中途领导、学员用车情况等。

⑤场地费，是指租用教室或场地发生的费用。

⑥教务费，该费用主要是指购买学员茶歇及教学用品的费用，包括不限于饮用水、咖啡、茶叶、搅拌棒、纸巾、白板纸、白板笔、水彩笔、A4 纸 、万能黏土、美纹胶、白板夹等。

⑦教材费，该费用主要是指印刷培训课件、培训指南、打印桌签的费用。

⑧图书费，该费用一般是为了配合培训内容安排，提前为学员购置相应的书籍而产生的费用。

⑨其他，该费用一般是多做出来的富余预算，用于应付在培训项目过程中因考虑不全而产生的额外费用，估算时可以按照总金额的 10% ~15% 进行估算。

综合考虑以上九个方面的培训大类后，我们估算一个培训项目的具体金额就会变得相对清楚。以某培训项目为例，费用预算表如下：

序号	大类	子类	明细	单价	数量	合计	备注
1	培训费	课程	红色学习				
2			卓有成效的管理者				
3			4D 管理团队				
4			党课				
5			思维创新与问题解决				
6			目标管理				

续表

序号	大类	子类	明细	单价	数量	合计	备注
7	差旅费	住宿费	住宿费				
8		餐费	餐费				
9	宣传费	物料费	承诺墙				
10			横幅				
11			班旗				
12			海报设计与制作费				
13			易拉宝/展架				
14			知行录				
15			场地指引牌				
16			徽章				
17			文化衫				
18			结业证书（打印＋封皮）				
19			纪念册设计费				
20			纪念册印刷费				
21		宣传片	宣传片				
22	培训当地交通费	交通	机场/火车站接送				
23			外出体验式课程交通费用				
24	场地费	/	培训教室				
25	教务费	/	学员茶歇及教学用品				
26	教材费	教材	教材费				
27	图书费	图书	书籍购买费				
28	其他	/	其他				
合计							

以上就是在制作培训预算表时要考虑的重点，有了这份表格，我们在后续的立项和项目实施过程中就能进行及时比照，更好地控制培训费用的支出。

二、年度培训规划表

前面介绍了培训预算表，实际上，制作好培训预算表之后，第二年的工作重点就全部呈现出来，接下来培训经理要做的事情就是按照工作节奏，把各个项目的实施月份和时间确定下来，然后进行师资邀请，锁定关键资源。

在做年度培训规划表时需要考虑的几个原则：

1. 避开节假日。

在做培训规划前，要了解国家的全年假期安排，这样才不会造成员工正常国家法定假期与培训的时间冲突。

2. 避开7~8月暑假时间。

在做培训安排时尽量避开每年的暑假，因为这段时间员工大部分都要休假，陪同家人和孩子，为了避免出现学员大规模请假的现象，还是避开这个时间为好。

3. 避开业务繁忙期。

每个公司业务繁忙期都是不同的，在做需求调研时，可以询问相关分管领导的建议，选择相对合适的时间安排培训。

4. 避开年头和年尾。

年头是指春节前这段时间，一般不安排培训，这段时间大部分员工都会回家过春节，还有就是12月尽量不安排培训，年底有很多的工作总结、工作规划、KPI考核等工作要开展，不适合安排培训。

5. 避开国家重大政治事件。

如果培训地点在北京，要尽量避开国家的重大会议和政治事件，如“两会”“奥运会”等，这些培训时间会受到外部环境不确定性影响。

常用的年度规划表格式如下：

序号	课程名称	培训形式	培训时间（月份）	培训地点	培训对象	培训课时（H）	培训人数	实施部门
1	战略地图应用	外培	4月	北京	二级公司经营线人员	12	20	培训部门
2	企业风险管理	外培	5月	深圳	二级公司监察审计部成员	7	35	培训部门
3	公司法等公司治理相关法律法规培训	外培	5月	上海	董事会、总经理部成员、各部门总经理助理及以上人员、法律事务部人员	12	30	培训部门
4	党务知识培训	外培	6月	深圳	二级单位党务工作专兼职人员	8	40	党群综合部
5	宣传工作培训	内培	6月	深圳	二级单位宣传工作人员	8	20	
6	保密联络员培训	内培	9月	南京	二级单位联络员	4	40	安全科技部
7	商务合同采购制度	内培	9月	内蒙古	二级公司商务人员	4	40	投资经营部
8	人力资源管理提升培训	外培	10月	天津	二级公司人力资源人员	8	50	人力资源部

三、项目运营控制表

对培训经理来说，通过培训预算表，可以明晰有多少预算可以投入培训项目中；通过年度培训规划表，可以把握每个月份要做的工作重点；而项目运营控制表，将具体的项目进行工作分解，可以更好地对关键节点进行控制，确保培训工作高质量完成。

按照培训实施时间的先后顺序，培训项目可以分成项目筹备、项目实施、项目收尾三个阶段，每个阶段又可以细分出很多的工作内容，接下来我们一起梳理一下项目运营的关键流程。

（一）项目筹备阶段

1. 项目沟通会：项目启动前，一定要召开启动会议。启动会可以调动集体的智慧，群策群力，更好地做好项目的具体工作跟进。

2. 财务立项：前面有提到过培训预算表和项目费用明细表，一般做财务立项需要把这两份表格作为附件，方便获得快捷的审批。

3. OA 通知发布：根据项目要求、内容、安排进行培训通知撰写并发布，发布 OA 通知的时间，建议在培训实施前一个月左右进行，方便学员调整工作安排，按时参训，同时也为培训组织者争取足够的时间，做好前期的准备工作。

4. 培训课程商务采购：按照公司规定的商务流程进行课程采购，各家公司的商务采购规定不同，如有的单位是这样规定的：如果金额小于 1 万元，可以进行无立项无合同采购流程；如果金额大于 1 万元小于 5 万元，需要进行有立项无合同采购流程；如果金额大于 5 万元，需要进行合同采购流程。如果运用合同采购流程，比选方式可以采用单一来源采购、竞争性谈判采购、询价采购等。

5. 内部师资邀约：与外部课程不同的是，内部师资不会涉及对外支付费用，一般都是授课结束完毕后，发放授课津贴。

6. 培训食宿行安排：这是培训组织比较关键的一个环节，需要安排学员的餐饮、住宿和交通。餐饮需要确定是采用自助餐还是桌餐等，需要确认学员“民族”及口味特殊要求，桌餐最好提前确认好菜单；住宿需要确定酒店，酒店一般选择新一些酒店，会有更好的住宿体验；交通根据领导、学员的不同行程来进行安排，如果只是接送学员，可以采用固定地点发车方式，在固定的时间和地点统一发车。

7. 培训物资准备：根据培训日程安排，准备培训物资。包括不限于教材、推荐阅读书籍、白板、白板纸、白板笔、签字笔、美纹纸、便利贴、彩纸、纸巾、咖啡、矿泉水等。

（二）项目实施阶段

1. 培训场地布置：根据课程内容，对场地进行布置，主要关注教室布置方式、设施设备检测、了解环境、桌面布置。

（1）教室布置方式，主要是指培训现场采用什么样的教室布置方式，是圆桌型？是鱼骨型？排排坐？还是U形？需要提前一天布置好。

（2）设施设备检查，主要是指检查投影设备、话筒、音响、签到桌、茶歇台、空调、灯光、大白板等，确认设备是否正常工作。注意事项：培训前一天必须用教学备用的电脑链接测试投影、音响等设备确认可以使用并及时调试，如果遇到第二天老师电脑不能使用的情况，可以启用备用电脑。另外一定要检查是否有外设音响，确保电脑在插入投影转接头之后音频可以正常播放。关于教室灯管，尤其要关注投影仪附近前排灯光开关的位置，老师播放视频时及时将灯光调暗。大白板要检查是否有白板擦。

（3）了解环境，要知道灯光及空调的开关位置、吸烟处、食堂、卫生间位置等，便于培训时及时给学员指引。

（4）桌面布置，是指摆放讲义、席卡、矿泉水、文具等，要提前将讲义、文具等整齐地摆放在桌面上。

2. 开班式演练：根据开班式议程，对开班式进行流程演练，确保项目能够有个完美的开局，给学员打造良好的学习体验。在做开班式时要关注开班议程引导PPT、开班议程表（Word/PDF）打印、主持稿、领导讲话稿、暖场音乐、领导席卡。

3. 破冰：一般以学员认识融合、分小组、选班委、鼓舞士气为目的，团建时长以30分钟至2个小时为主。做团建过程中，需要注意以下内容的收集：学员互动现场状态积极的照片，小组形成之后团队展示照片，提前准备好白板纸2张和红黑蓝白板笔各一支（每组一份），记录小组名称、组员、组长姓名、班委姓名、小组比赛得分等内容，以做后续计分板、摆放席卡等工作。

4. 讲师行程信息确认：这个也是很关键的一个动作，需要提前拿到老师的交通行程，之前出现过由于老师记错日期，工作人员也未跟进讲师行程，结果出现“开天窗”严重教学事故。

5. 过程跟进：在培训实施过程中，现场工作人员要控制整体节奏，组织学员签到，协助老师完成教学内容，了解学员学习状态，及时反馈调整学习内容。

6. 摄影拍照：每一个培训项目一定要做好照片拍摄采集工作，这个是非常关键的内容，好的照片可以为培训项目增添光彩，也可以给后续的各种培训总结、宣传报道、宣传片制作、杂志制作等提供素材。拍摄分两种：一种是只拍大合影，需要提前找好拍照大合影的场地，确定时间、关注天气情况，提前和摄影师沟通，还需要注意第一排领导是坐椅子上还是站着，如果坐椅子，需要提前协调场地摆放，并提前考虑好领导座次；另一种是开班典礼、团建等照片视频采集，需要提前告知拍摄人员需要的照片素材，尤其需要领导讲话特写、教室前方后方大全景、学员认真听讲记录的特写、学员互动热烈特写等。如果需要制作宣传片，需要提前考虑好视频的框架内容和脚本，提前写好并做好沟通，有侧重点地拍摄素材。

7. 培训评估：评估一般采用阶段性评估和总结性评估两种方式。以管理类培训为例，可采用让学员每天坚持写200字培训心得的阶段性评估，再外加课程结束时的考试和填写培训评估表方式。

（三）项目收尾

1. 课后作业：好的习惯一定是长期实践出来的，培训的结束只是工作岗位实践的开始，每次培训结束后要安排相应的课后转化实践。

2. 资料归档：整理相应的签到表、培训评估数据、照片、学习过程成果、学员的作业、小组讨论成果、感悟心得等。

3. 费用报销：按照培训支出对培训费用进行报销，建议报销时收集所有的发票后，一次性进行支付。

以上就是在做培训项目运营时要考虑的一些要点，不同的培训项目在本质上都是有共同的根本遵循，只是在细节处略有不同。举例：某公司基层管理干部培训为例，培训计划在8月24～27日举办，提前一个月培训准备工作就逐步展开，相应的项目运营控制节点如下：

序号	项目阶段	阶段内容	工作细节及要求	阶段产出物	完成时间	负责人	备注
1	项目筹备	召开第一次项目启动会	明确项目相关人员的工作分工和完成时间节点等	项目实施进度推进表（初稿）	7月27日	王丽	
2		项目实施进度推进表	根据第一次沟通会结果，修改项目实施进度推进表并发送给相关负责人	项目实施进度推进表（定稿）	7月27日	王丽	
3		发出邮件通知	根据最新方案内容，向学员发送培训邮件通知	邮件通知	7月28日	肖晓	
4		财务立项	根据培训采购情况，进行财务立项	无合同立项流程	8月7日	张三	
5		外部课程采购	按照某某公司有立项无合同采购流程进行课程采购。	采购过程文件	8月20日	张三	可采用有立项无合同采购
6		内部讲师邀约	根据培训安排，预约内部老师时间，发送授课邀请函	授课邀请函	8月3日	薛一	

续表

序号	项目阶段	阶段内容	工作细节及要求	阶段产出物	完成时间	负责人	备注
7	项目筹备	内部讲师课件	跟进内部讲师课件（某老师）	课件/试卷	8月19日	薛一	
8		培训教室确认	锁定培训教室资源	邮件确认	7月28日	薛一	
9		酒店房间、用餐预订	与酒店预订房间以及午餐	协议	待定	肖晓	培训通知下发后2天内预定
10		培训基地用餐预定	培训期间，与基地食堂确认用餐时间及大致用餐人数（晚间有课的晚餐安排在基地，其余时间在酒店用早、午餐）		8月6日	肖晓	
11		车辆预定	预订酒店至培训教室之间的往返车辆	协议或预定记录	8月7日	肖晓	
12		拍摄重点	领相机，拍摄培训有关照片		—	肖晓	
13		教材与试卷等材料打印	打印内外部讲师教材、考试试卷、参训人员及老师桌签、分组牌、签到表	打印材料	8月21日	肖晓	
14		培训教具	征集某老师复盘及行动学习课程需要的教具，提前安排好各个班次教具	教具	8月10日	张三 薛一 肖晓	
15		培训实施物资采买和领用	领用相机、白板、白板纸、白板笔、签字笔、美纹纸、便利贴、彩纸、纸巾、咖啡、矿泉水等培训物资	物资	8月21日	肖晓	
16	项目实施	盘点物资	对培训项目物资进行盘点	物资	8月23日	肖晓	
17		布置场地	根据分组名单，进行培训场地布置，调试电脑、话筒等设备	布场照片	8月23日	肖晓	
18		签到表	每日更新培训签到表并督促学员签到	签到表	培训每天	肖晓	
19		外部老师信息收集	外部老师以及助教人员名单、联系方式、预定酒店信息收集	信息	8月20日	张三	

续表

序号	项目阶段	阶段内容	工作细节及要求	阶段产出物	完成时间	负责人	备注
20	项目实施	外部老师时间确认	与外部老师（某某老师）再次确认授课时间、授课地点信息	沟通记录	授课前3天	肖晓	提醒并确认在规定时间内到达
21		内部老师时间与行程确认	跟进确认内部老师（某老师）行程安排	行程	授课前3天	薛一	授课前两天询问行程信息
22		内外部老师接送站、预定酒店安排	根据讲师行程安排，预定酒店，预约用车接送站息	预定信息	授课前3天	肖晓	视行程时间而定
23		群内提醒	培训前一天，在学员群内发布培训提示，明确明日培训需要注意的各种事项（培训地点、上车时间、上车地点、车辆信息、司机信息等）	群内提示	8月23日	肖晓	开班前1天
24		开班仪式	开班仪式PPT制作	PPT	8月20日	薛一	增加防疫安全要求
25			邀请开班式讲话领导	邀请函	开班式前15天	薛一	
26			开班仪式出席的领导时间再次确认，电话沟通并发送微信提醒		8月24日	薛一	
27			组织并跟进开班仪式（调试设备、邀请开班讲话领导到场、组织学员签署承诺书、组织学员有序开课等）		8月24日	薛一 肖晓	
28		学习心得	提醒学员发送学习心得并整理，于次日发布在学习微信群中	学习心得	培训每天	肖晓	
29		照片	领导照片：培训开班时的照片	领导照片	培训现场	肖晓	
30			讲师照片：有远景、有近照	讲师照片	培训现场	肖晓	
31			学员照片：认真学习的场景	学员照片	培训现场	肖晓	

续表

序号	项目阶段	阶段内容	工作细节及要求	阶段产出物	完成时间	负责人	备注
32	项目实施	考试	发放试卷并组织实施考试，监考	考试试卷	8月26日	薛一 肖晓	
33		评估	制作培训评估电子链接，提醒学员培训结束后两天内对培训进行评估	评估结果	8月28日	肖晓	
34	项目收尾	发送项目作业收集通知	通过内部邮件发送项目结业作业收集通知，并在微信群内提醒各位学员按时提交作业。	邮件通知	8月31日	尤雪	
35		收集项目作业	收集学员作业并分期次、分类别整理	作业	10月30日	尤雪	
36		数据录入	根据培训信息，录入学员培训学时和内部讲师授课积分	系统数据	培训结束后两周内	尤雪	
37		项目费用结算	报销各种费用		9月25日	肖晓	

培训预算表、年度培训规划表、项目运营控制表，这三个表格能帮助我们从宏观到微观去解构一个培训项目，循序渐进地去开展相应的培训工作。理解应用好这三个表格，可以确保培训工作基本无遗漏，当然，如果要胜任培训岗位工作，将每个培训项目运营得更加精彩，还需要在很多细节方面下功夫，不断完善，精益求精。

第十一章　培训效果评估

2019年培训杂志年会上，有一位学员问华为大学的分享嘉宾"听说华为大学从来不做培训评估，是这样吗?"当时华为的分享嘉宾是这么回答的："华为不会为了证明培训效果而刻意做培训评估，不过华为的每一个学习项目在培训前都会清晰地界定期望达到的成果和收益，学习项目结束一段时间内，会对学员的上级进行访谈，了解学员的变化情况"。这位分享嘉宾的回答非常巧妙，华为不会为了评估而评估，虽然说他们没有正式开展各种评估活动，但其实他们所做的这两项工作就是我们在柯氏四级评估里面对应的三级、四级评估。在培训需求分析与诊断那章，我们就强调，培训项目开发遵循"以终为始"的原则，在培训开始之前就要明确培训项目期望解决的问题以及希望获得的收益。因此，培训评估的目标在培训需求调查和方案设计的时候就已经确定了，而不是等培训项目开展以后或者说结束以后，我们再去考虑如何进行评估。

作为培训管理人员，即使高层暂时没有过问培训取得了什么样的收益，我们也要时常反思：这个培训到底能够帮助企业或业务解决什么问题？能够取得什么收益？培训项目结束后收益达成了没有？培训项目期望给学员带来什么样的改变？学习的内容在实际工作中有没有得到应用？学员的行为是否得到了改善？学习内容掌握的程度如何？学员对学习项目满意吗？我们有没有给学员创造最好的学习环境？等等。这些问题是我们培训人应该时时刻刻思考的问题，并围绕这些问题来不断改进和提升每一个培训项目，只有这样才能真正做好学习培训工作。

第一节　培训效果评估概述

当前对培训评估进行系统总结的模型中，占主导地位的仍然是柯氏四级评估法(52.4%——数据来源于安迪曼咨询《2017～2018年中国培训行业研究报告》)。其他相关的模型还包括：考夫曼五层次评估法、CIRO评估法、CIPP模型、菲力普斯投资回报率评估模型等等。

一、培训效果评估方法

（一）柯氏四层次评估法

柯氏四级培训评估法由国际著名学者威斯康星大学教授唐纳德·L. 柯克帕特里克于 1959 年提出，是世界上最早、应用最广泛的培训评估工具，在培训评估领域具有难以撼动的地位，柯氏四层次评估法，简称“4R”，其主要内容是：

1. 一级评估：反应评估，评估被培训者的满意程度。

反应评估是指受训人员对培训项目的印象如何，包括对讲师和培训科目、设施、方法、内容、自己收获的大小等方面的看法。反应层评估主要是在培训项目结束时，通过问卷调查来收集受训人员对于培训项目的效果和有用性的反应。这个层次的评估可以作为改进培训内容、培训方式、教学进度等方面的建议或综合评估的参考，但不能作为评估的最终结果。

2. 二级评估：学习评估，测定被培训者的学习获得程度。

学习评估是目前最常见、也是最常用到的一种评价方式。它是测量受训人员对知识、技能、态度等培训内容的理解和掌握程度。学习层评估可以采用笔试、实地操作和工作模拟等方法来考查。培训组织者可以通过书面考试、操作测试等方法来了解受训人员在培训前后知识以及技能的掌握方面有多大程度的提高。

3. 三级评估：行为评估，考察被培训者的知识运用程度。

行为的评估指在培训结束后的一段时间里，由受训人员的上级、同事、下属或者客户观察他们的行为在培训前后是否发生变化，是否在工作中运用了培训中学到的知识。这个层次的评估可以包括受训人员的主观感觉、下属和同事对其培训前后行为变化的对比，以及受训人员本人的自评。这通常需要借助于一系列的评估表来考察受训人员培训后在实际工作中行为的变化，以判断所学知识、技能对实际工作的影响。行为层是考查培训效果的最重要的指标。

4. 四级评估：结果评估，计算培训创造的经济效益。

结果的评估即判断培训是否能给企业的经营成果带来具体而直接的贡献，这一层次的评估上升到了组织的高度。结果层评估可以通过一系列指标来衡量，如事故率、生产率、员工离职率、次品率、员工士气以及客户满意度等。通过对这些指标的分析，管理层能够了解培训所带来的直观收益。

柯克帕特里克的四层次评估法从反应、学习、行为、结果四个层面上进行了论述，是目前应用最广泛的评估模型，它简单、全面，有很强的系统性和操作性。本章也是采用柯氏四级的方法进行培训效果评估。

（二）考夫曼五级评估法

考夫曼扩展了柯克帕特里克的四层次模型，他认为培训能否成功，培训前的各种资源的获得是至关重要的，因而应该在模型中加上这一层次的评估。并且培训所产生的效果不应该仅仅对本组织有益，它最终会作用于组织所处的环境，从而给组织带来效益。因而他加上了第五个层次，即评估社会和客户的反应。

（三）CIRO 评估法

CIRO 评估方法是一个由沃尔、伯德和雷克汉姆发明的四级评估方法。这种方法描述了四个基本的评估级别，是由情境（Contextual）、投入（Input）、反应（Reaction）和结果（Outcome）的首字母组成的。这种方法认为评估必须从情境、投入、反应和结果四个方面进行。

1. 情境评估：实际上是进行培训需求分析。在此过程中，需要评估三种目标：最终目标（组织可以通过培训克服或消除的特别薄弱的地方）、中间目标（最终目标所要求的员工工作行为的改变）和直接目标（为达到中间目标，员工必须获取的新知识、技能和态度）。

2. 投入评估：是指获取和使用可能的培训资源来确定培训方法。这种评估涉及分析可用的内部资源和外部资源，确定如何开发这些资源，以便有最大的可能性来达到预定目标。

3. 反应评估：是指获取和使用参与者的反应来提高培训过程。这个评估过程的典型特征是依赖于学员的主观信息。如果用系统和客观的方法对这样的信息进行收集和利用，他们的观点将会非常有用。

4. 结果评估：是指收集和使用培训结果的信息。该评估被认为是评估最重要的一个部分。它包括四个阶段：界定趋势目标、选择或构建这些目标的测量方法、在合适的时间进行测量及评估结果以改善以后的培训。

（四）CIPP 模型

CIPP 模型与 CIRO 相似，是由情境（Contextual）、投入（Input）、过程（Process）和成果（Product）的首字母组成的。这种方法认为评估必须从情境、投入、反应和结果四个方面进行。这种方法与 CIRO 评估模型不同之处包括以下两点：一是过程评估认为应该监控可能的失败来源或给预先的决策提供信息，以为培训评估做准备；二是成果评估中除了要对培训目标结果进行测量和解释外，还包括对预定目标和非预定目标进行衡量和解释，这个级别的评估既可以发生在培训之中，又可以发生在培训之后。

（五）菲力普斯投资回报率评估模型（ROI）

该模型由培训与绩效评估领域最主要的权威人士之一，人力资源管理领域经验丰富的作者和专家杰克·菲利普斯博士（Jack Phillips）提出。该模型主要是针对培训发展的投入进行评估的一种评估模型。ROI 过程在柯克帕特里克的四层次模型上加入了第五个层次：投资回报率，即要用财务绩效来计算培训效果。它是从反应和已经计划的行动、学习、工作应用、组织结果和投资回报率五个层次进行评估的。

评估目的必须在评估计划之前考虑，因为评估目的常常决定了评估的范围，评估工具的类型和所收集的数据类型。例如，ROI 分析中有一个评估目的是比较培训项目的成本和收益。这就要求收集的数据是硬数据，数据收集的类型是绩效监控，分析的类型是全面分析，结果的报告方法是提交正式的评估报告。最常见的几种收集数据的工具是调查、问卷、访谈、测试、观察和绩效记录等。选用何种工具收集数据取决于组织的文化对它们的熟悉程度以及是否符合情境和评估要求。

以上介绍了五种现有的培训效果评估模型。柯氏模型、考夫曼模型和菲力普斯模型主要是用来对受训者的评估，其中柯氏模型是基础，其他培训评估模型中都有着柯克帕特里克经典培训评估模型的影子。目前国际上还没有一套科学的、统一的方案来衡量第五层的培训效果，进行投资回报率的计算，企业必须有基础数据和专业人员，基础数据包括量化的培训目标、直接培训成本、间接成本、培训效果评估周期、受益人群和受益时间等，专业人员则需要有人力资源管理和财务管理方面的经验，尤其是需要有心理测评、成本预算等方面的丰富经验。

二、培训效果评估的意义与价值

（一）实施培训评估，是检测和提升培训效果的需要

中国知名研究报告提供商——智研咨询发布的《2016～2022 年中国企业培训市场发展态势及投资战略咨询报告》显示，据统计：2009 年我国企业培训行业市场规模为 1850 亿元，2015 年培训行业市场规模达 3120 亿元，年平均增长率达 11.4%。以后这一增长率还将不断攀升。培训企业的员工正逐渐成为企业人力资源管理当中一项非常重要的工作，很多企业也认识到了企业职工培训的重要性，加大了投资力度，强化了培训的职能。那么，针对每年实施的大量培训项目，学员的反馈如何？学习的内容有没有满足他们的需求？有没有很好地消化和吸收？学员有没有将学习的内容应用到实际工作中？通过学习培训，是否解决了企业管理中存在的问题，企业的绩效是否真正得到了提升等，这一系列的问题都要通过培训评估来回答，尤其是深层次的行为改变和绩效的评估。因此，通过培训评估检测培训的效果，发现存在的问题与不足，才能

不断地改进和提升培训质量。

（二）实施培训评估，是改进和完善培训体系的需要

优秀的学习项目都会遵循从“需求诊断、方案开发、项目实施、成果转化、效果评估”的“学习价值链”管理原则。但目前很多企业在培训管理中存在很多问题：一是重培训过程，轻方案开发和效果评估，导致过程很热闹，但培训到底是不是奔着问题解决去的，培训结束后有没有很好地帮助解决问题，这一切都无法找到答案。二是学习项目仅开展了反应和学习层评估，无行为和结果层评估。詹姆斯·唐纳德·柯克帕特里克在对运用柯氏四级评估的500多个学习项目进行分析时发现“一级和二级评估结果之间以及三级和四级评估结果之间有着明显的线性关系，但是二级与三级中间并无关系”这意味着：即使学员对学习项目非常满意，考核成绩也较好，但是不一定会带来行为的改变，至于产生绩效就更无从谈起了，这个结果让很多人非常诧异。目前我们大量的学习项目还停留在一级、二级，即学员满意度和学习内容掌握两个方面的评估，对于学习结束后有没有将学习内容应用到实际工作中，其行为有没有改变，有没有产生绩效，这两个培训最重要最关键的环节，还未开展过评估。宏碁集团创办人施振荣先生在1992年为“再造宏碁”提出了著名的“微笑曲线（Smiling Curve）”理论。微笑曲线的核心是对于企业来说，中间是制造，左边是研发，右边是营销，研发与营销的附加价值要远远高于制造，企业体只有不断往附加价值高的区块移动与定位，才能持续发展与永续经营。

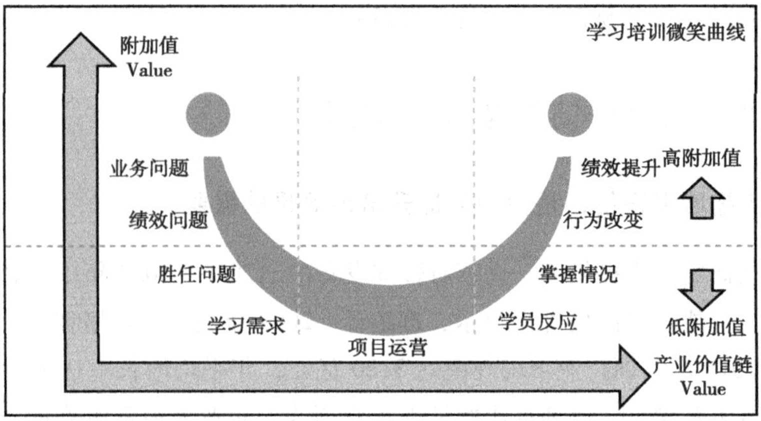

其实对于学习培训来说，也存在一个微笑曲线。即学习解决方案开发是从“业务问题—绩效问题—胜任力问题—学习需求”这样一步步挖掘的，确定方案以后我们开始运营学习项目，运营以后我们要评估学习的效果，就要按照从“学员反应—掌握情况—行为改变—绩效提升”这样进行一步步评估。很明显，对于培训是否真的有用？是否真的解决了问题？一二级评估是很难回答的，只有实施三四级行为和绩效层的评估才能真正回答这个问题，从而从根本上解决培训面临的问题和挑战。三是培训评估

尤其是三四级评估的技术和方法以及相关的管制制度和职责方面还存在很多不足。目前很多企业大学在评估的专业技术上掌握的还不够，没有形成针对企业的一套评估技术和方法，在评估管理的职责和分工上，还没有明确，到底评估的责任主体是谁？谁对评估的结果负责？谁负责学习项目最终的改进和完善等方面，还没有清晰的界定。以上这些，都需要我们通过对重点学习项目进行深度评估，全面打通“学习价值链”，并最终探索出一套适合企业的学习效果评估体系和方法。

第二节 如何开展培训效果评估

一、培训评估的流程和步骤

本书主要基于柯氏四级培训评估方法论，结合企业实际学习培训中的大量经验，从反应层、学习层、行为层和结果层四个层级进行评估。在实际评估的过程中，要结合所在项目类型、需要开展评估的层级进行适当调整和优化，具体流程步骤如下。

（一）成立评估小组

评估小组一般由业务方、人力资源部门和学习培训人员共同组成，具体人员组成及职责分工如下。

序号	人员	人员组成	主要职责
1	领导层/管理层	母公司和子分公司相关领导	审核和批准评估方案，支持和调动培训评估所需要的各项资源
2	主管部门	一般为人力资源部	参与评估方案设计，审核培训评估方案，拟发培训评估通知，并进行过程的跟踪和指导
3	主办部门	对应业务部门的相关领导及具体责任人	主持评估方案的设计，遴选培训评估对象，组织开展各类成果转化资料以及培训评估报告的审核，并参与实施培训评估的全过程管理
4	承办部门	一般为学习培训部门，如企业大学本部	负责培训评估方案的设计、实施、过程数据收集、整理、汇总与分析，撰写培训评估报告
5	评估对象	即目标学员	积极参与各项学习培训活动，按时高质量完成学习成果转化任务，以一个积极的心态参与和配合培训评估工作

续表

序号	人员	人员组成	主要职责
6	其他关联方	相关培训师和内容专家	参与开发对应课程方面培训评估内容设计
7		子分公司人力资源部门	参与培训评估对象的遴选和过程管理
8		受训者的相关上级	督促下属完成行动学习作业，并提供必要的辅导与支持
9		其他参与评估人员	为培训评估提供真实的信息

（二）制订评估计划

培训评估方案是在培训方案开发时就应该确定的，同样，培训评估的准备也要从培训实施前就应该开始筹备，具体各阶段主要工作、工作内容及时长如下：

序号	主要工作	具体内容	时长
1	评估前准备	1. 设计评估方案；2. 成立培训评估小组；3. 确定评估对象；4. 评估前数据采集	1个月
2	学习过程管理	1. 明确培训评估对象及职责；2. 帮助评估对象制订科学的学习成果转化任务	根据项目实际确定
3	学习成果转化跟踪与管理	1. 督促完成各类学习成果转化任务；2. 定期收集各类成果转化资料；3. 审核转化成果的质量并给予反馈	3~6个月
4	培训后评估	1. 开展培训后评估工作；2. 收集各类佐证资料	1个月
5	撰写评估报告	1. 汇总和分析培训评估数据，确定培训收益；3. 提出培训方案改进与优化建议	1个月
6	召开项目总结会	1. 评审培训评估报告；2. 改进和优化培训方案	1天

（三）开展培训评估

1. 四级评估。又称为结果层评估，即评估培训方案界定的业务问题（绩效问题）是否得到了解决，或者说在多大程度上得到了解决，并取得了哪些成果。

（1）评估内容：业务结果、领先指标。

a. 业务结果：即培训期望解决的最终问题是什么，常见的业务结果包括营销额、营业额、利润率、市场份额（占有率）、安全事故发生率、质量事故发生率、客户满意度、员工离职率等。

b. 领先指标：由于业务结果往往产出的非常晚，且会受到多种因素的影响，为了及时高效地衡量培训结果，我们往往设定一些领先指标，通过领先指标的达成情况，来衡量培训的结果。所以领先指标是指一个短期的、与预期业务结果保持正相关、可以在评估期内观察到的衡量标准，如项目存在问题解决率、客户的投诉率、进度提升率、收入增长率、成本减低率、缺勤率、员工的成长率以及行动任务产生的直接收益等。

业务结果（期望解决的问题或收益）	
指标（衡量的标准）	方法（获得数据/信息的工具或方法）
领先指标（有时候和业务结果是一个指标）	
标准	方法

（2）评估方式：观察、查看资料、访谈等。

（3）评估时间：培训结束后3个月至1年。

（4）评估对象：参训学员以及学员的上级、同事、下属等。

（5）遵循原则：

a. 要遵循“以终为始”的理念，四级评估的结果和领先指标在培训方案设计时就已经制定了，所有的业务结果和领先指标都不是培训部门提出来的，而是业务部门提出来的，并且评估结果或指标要尽量量化。

b. 如果条件具备，借助对照组进行分析，去除导致变化发生的非培训因素。

c. 尽量预留充足的时间，促成培训业务结果的实现。周期一般不少于3个月，因为工程项目施工周期相对较多，再加上其他影响因素，评估周期一般最多也不要超过1年。

d. 如果可能，在培训项目前后进行评估或在规定时间内进行多次评估，提高评估数据的准确性。

e. 比较评估成本与评估收益，确定是否实施第四级评估。评估行为改变和业务结果需要投入很多的成本，所以并不是所有的培训项目都需要开展四级评估，一般只会选择对业务影响大或人数占比高的培训项目开展第四级评估，评估的比例一般不超过总培训项目的5%。

2. 三级评估。又称为行为层评估，即评估学员学习后其行为是否或在多大程度上发生了改变，并由此可以判断学员在多大程度上将学到的知识、技能和态度应用到实际工作中。

（1）评估内容：关键行为，即工作中与预期结果密切联系的特定行为或活动。

业务结果/领先指标	关键行为
1.	1. 1.
	1. 2.
	……
2.	2. 1.
	2. 2.
	……

（2）评估方式：360 度测评、访谈、问卷调查等。

（3）评估时间：培训结束后 3 ~6 个月。

（4）评估对象：参训学员以及学员的上级、同事、下属等。

（5）遵循原则：

a. 尽量留出充足的时间，促使行为改变。学员参加学习后不一定能够马上应用到所学的内容，要留出充足的时间，一般 3 ~6 个月是比较合适的。

b. 如果可能，尽量在培训项目前后都进行评估。通过前后行为变化的对比，可以精准界定行为的改变。如果条件不允许时，在访谈时，直接调查学员培训后有哪些与培训前表现不同。

c. 一定要选择了解并且经常接触（尤其在评估期内）参训学员的人员进行调查或访谈。包括学员的上级、本人、同事和下属等。

d. 评估的内容必须通过采用“行为化”的语言进行描述，确保评估人员能够快速并真正领悟评估的内容。如“领导尊重下属”应该分解为日常工作的具体行为“领导能够让我充分表达自己在项目安全、质量、成本、效益等方面的看法或思路，不论正确与否。”

e. 通过必要的引导、说明、激励，打消或减少参与评估人员的疑虑，确保评估数据的客观真实。

f. 如果条件具备，借助对照组进行分析，去除导致变化发生的非培训因素。

g. 如果可能，在培训项目前后进行评估或在规定时间内进行多次评估，提高评估数据的准确性。

h. 比较评估成本与评估收益，确定是否实施第三级评估。第三级评估是极为重要的，它决定了培训能够带来多大程度的行为改变，在很大程度上决定了产生的业务结果和收益，但是第三级评估花费的时间成本也是最高的，所以一般也只会选择对业务影响大或人数占比高的培训项目开展第三级评估，评估的比例一般不超过总培训项目的 10%。

3. 二级评估。又称为学习层评估，即评估学员对于学习内容的掌握程度。其包括学到了哪些知识，掌握或提升了哪些技能，哪些态度上发生了转变。

（1）评估内容：培训的知识点、技能点和态度点。

（2）评估方式：笔试、答辩、实操、情景模拟、撰写总结和心得体会、问卷调查等。

（3）评估时间：培训后或行动学习后。

（4）评估对象：目标学员。

（5）遵循原则：

a. 在培训前后对知识、技能和态度进行评估（如果培训内容属于新知识，可以不进行培训前测试）。通过前侧和后侧进行对比，检验学习内容的掌握情况。

b. 针对不同的内容采用恰当的措施进行评估。对于知识类内容往往通常采用笔试、答辩的方式进行；对于技能类方面的内容可以通过答辩、实操、情景模拟等方式进行；对于态度类方面的内容可以通过撰写总结和心得体会、问卷调查等方式进行。

c. 评估的时间可以放在培训后立即进行，也可以放在行动学习后进行，尤其是技能和态度类方面的内容，需要在工作中进行实践和体验后才能达到掌握的程度。

d. 学习层面的评估是非常重要的，不经过这一环节，学员就不会在行为方面发生转变。“有学必有考”“以考促学”，所以第二级评估的比例一般为100%。

4. 一级评估。又称为反应层评估，学员对培训的参与度、喜好程度以及培训的相关性（课程内容和学员岗位要求之间直接相关的程度）的评估。

（1）评估内容：学习的参与性、相关性、客户满意度。

具体内容如下：

学员满意度评估样表（适用于课程）
尊敬的学员： 为了全面真实的掌握《×××》课程的授课情况，改进培训效果，以便于我们为您提供更加有效的培训服务，请根据您的感受，如实填写此表。十分感谢您的支持与配合！
一、封闭性问题
按照1~5分评分层级，选出您对各项陈述的同意程度。 1=非常不同意；2=不同意；3=基本同意；4=同意；5=非常同意。
1. 课程的针对性和实用性很强，对我的实际工作非常有帮助。 2. 老师讲授的工具和方法，能够有效地帮助我解决实际工作中存在的问题。 3. 老师深刻理解并清晰教授了课程的内容。 4. 老师的授课生动有趣，能够让我始终保持非常高的注意力。 5. 老师设计的各项活动非常有利于我理解和消化学习内容。 6. 老师课程的节奏把握得非常好，既不太慢也不太快。 7. 课程的时长对我来说非常合适。 8. 整体来说我对课程是满意的。 9. 我相信学习的内容能够很好的应用到我的实际工作中。 10. 我非常愿意把这个课程推荐给与我工作相似的人。
二、开放性问题
1. 通过本课程学习，我最大的收获是什么？ 2. 针对课程内容和授课方式，我还有哪些意见建议？

学员满意度评估样表（适用于培训项目）

尊敬的学员：

为了全面真实掌握本次培训情况，改进培训效果，以便于我们为您提供更加有效的培训服务，请根据您的感受，如实填写此表。十分感谢您的支持与配合！

一、培训满意度调查

按照1～5分评分层级，选出您对各项陈述的同意程度。
1＝非常不同意；2＝不同意；3＝基本同意；4＝同意；5＝非常同意。

1. 我感觉本次培训圆满的实现的培训的目标。
2. 我感觉本次培训课程的设置非常的合理且全面。
3. 我认为培训内容的针对性和实用性很强。
4. 我认为本次培训时长安排得非常合适。
5. 我认为培训师授课整体情况非常好。
6. 培训场地设备设施运转情况良好。
7. 学习过程中工作人员的管理水平和服务态度非常好。
8. 我对这次培训的整体效果非常满意。

二、培训师授课情况调查

	项目	衡量标准	20	16	12	8	4
课程名称（培训师）	观点	准确、精辟独到，启发性强					
	内容	贴合主题，无原则性错误，完整、连贯，案例引用丰富，对工作有指导；课件演示形式多样，可视性强					
	演绎	故事、游戏、视频等多种培训形式运用灵活；控场能力强；组织互动适时、有效					
	结构	开场有吸引力，讲授过程条理清晰，逻辑鲜明。时间分配合理，有归纳复述					
	仪态	临场自然、站姿稳健，语言清楚、眼神自然，肢体语言恰当，有亲和力					

三、对本次培训的意见和建议

1. 在课程设置方面，您认为什么地方需要改进？
2. 在培训师授课方面，您认为哪些方面需要改善？
3. 在培训的组织、管理和服务方面，您认为哪些工作需要改进？

（2）评估方式：观察、问卷调查、访谈、总结会/复盘会等。

（3）评估时间：培训结束后、回到工作岗位后一段时间（一般1个月以内）。

（4）评估对象：目标学员。

（5）遵循原则：

a. 问题设计要以“学员为中心”，同时设计一份能够量化学员反应的表格，便于清晰地界定培训质量。

b. 为确保学员的填写质量，填表的时间一般控制在 5 分钟以内，问题总数一般不超过 15 个，其中封闭性问题一般不超过 12 个，开放性问题一般不超过 3 个。

c. 试验班以及后期调整的培训师最好对每一名培训师开展满意度调查，便于全面真实的掌握老师的授课情况，并采取恰当的方式给予反馈，常规（循环）班可以只针对培训项目开展需求调查。

d. 问卷调查得到的信息往往比较有限，针对学员反馈的问题无法深挖，可以通过过程中调查、阶段复盘，以及结束后召开复盘会等方式，全面真实地掌握学员的满意度情况。

e. 对于学员反应的评估是非常重要的，也是很容易做到的，所以培训项目第一级评估的比例均为 100%。

二、撰写评估报告

根据培训评估结果撰写培训评估报告，各方评估数据权重占比一般按照 4∶3∶3（上级、同事、下属）进行设计，个人评估数据可以作为参考项。

通过对评估数据的收集和整理，形成纵向和横向对比报告，检测培训质量，同时对我们培训的目标进行校核，培训是否达到了界定的目标，如果没有，如何进行改进，删减不必要的学习环节，减少无效学习成本。

三、评估注意事项

1. 重视问卷质量。

问卷质量关系评估项目的成败，要与员工的岗位胜任力及培训内容紧密相关。问卷力求行为化，通俗易懂；封闭性问题各选项要相互独立，确保问卷填写人员有比较清晰的区分界限。

2. 做好评估前后交底工作。

做好评估前参评人员的交底工作，让其充分了解评估的目的和意义，确保提供真实有效的数据。

3. 学习效果评估结果一般不与评估对象的绩效或晋升挂钩。

学习效果评估目的是检测培训的质量，改进和优化培训方案，如与个人绩效或晋升挂钩会严重影响评估的真实性，不建议与个人绩效或晋升挂钩。

4. 做好评估结果的保密工作。

要想得到真实的评估结果，必须要参评人员和被测评人员真实表达自己的想法，评估部分结果仅对其本人或高层参考，其他人员未经允许不得使用，参与评估人员必须做好评估资料的保密工作。

5. 参与评估人员要求。

参与评估人员尤其是开放性问题评估人员，要具备比较强的引导能力和倾听技巧，确保捕捉信息的质量。同时，确保人员相对稳定，前测和后测人员一般为同一人员。

第三篇

国有企业组织学习信息知识管理平台建设

第十二章　国企大学信息和知识管理体系建设

企业大学的标志是企业知识的创造、讲授和传播。企业大学的知识管理分为三个层次，第一层次以企业培训为目的，其目标是员工个人知识、技能和管理能力的提升与行为的改变。第二层次以知识的创造和知识的讲授为主，注重知识管理与知识领导力的研究，打造学习型组织。第三层次以企业知识为载体，对社会进行传播和影响，形成企业核心竞争力。

判断是否是企业大学的标准，并不是占地多大，图书馆有多少，牌子挂了没有，有多少人，而是在于有多少特有的知识（包括企业文化的知识、企业工作流程、操作技能和管理案例等）创造，特有知识的创造是否形成体系，在企业内部和产业链范围内得到讲授。

第一节　企业大学知识库

一、知识的含义

知识是对某个主题确信的认识，并且这些认识拥有潜在的能力，为特定目的而使用。知识指透过经验或联想，而能够熟悉进而了解某件事情；这种事实或状态就称为知识，它包括认识或了解某种科学、艺术或技巧。此外，知识还指透过调查、研究、观察或经验而获得的一整套知识或一系列资讯。

要精确地定义知识是非常困难的，不论什么事物，想要被定义为知识，它必须是真的，并且必须被相信是真的。知识是“用以制定决策的事实、模式、基模、概念、意见及直觉的集合体。从人类活动中所获取的真理、原则、思想及信息。

数据是对客观事物记录下来的、可以鉴别的符号，这些符号不仅指数字，而且包括字符、文字、图形等；数据经过处理仍然是数据。处理数据是为了便于更好地解释，只有经过解释，数据才有意义，才成为信息；可以说信息是经过加工以后并对客观世界产生影响的数据。

信息是对客观世界各种事物的特征的反映，是关于客观事实的可通讯的知识。信息是一条条的，碎片式的，所以要收集信息。

知识是反映各种事物的信息进入人们大脑，对神经细胞产生作用后留下的痕迹。知识是由信息形成的，是有价值观基础的、逻辑化、结构化的信息，知识把信息收集起来，分析总结归纳，以形成系统的成体系的理论知识，供分享和学习。

知识与信息的区别如表 12－1 所示：

表 12－1　　知识与信息的区别

信息	知识
经过处理的数据	可用于行动的信息
只提供事实	有助于预测、建立临时关系或对要做的事情做出预测性判断
清楚、明晰、结构化和简单	混乱、模糊、部分未被结构化
易于以书面方式表达	直接的，很难交流或用语言描述或表达
通过数据关联和计算得到	存在于联系、人际对话、经常性直觉和解决问题的能力
缺乏所有者依存性	存在于所有者的大脑中
信息系统可以很好处理	还需要非正式渠道
理解大量数据含义的关键资源	智能决策、预测、设计、规划、诊断、分析、评估和直觉判断的关键资源
从数据演变而来，以数据库、书籍、手册和文件的形式存储	产生于个人和集体的头脑，并为之分享；随着时间的推移，从经验、成功、失败和学习中产生
被形式化、获取和显性化，易于包装为可再用的形式	多形成于人的头脑，从经验中得来

二、隐性知识和显性知识

根据知识能否清晰地表述和有效的转移，可以把知识分为显性知识和隐性知识。显性知识是能够被人类以一定符码系统（最典型的是语言，也包括数学公式、各类图表、盲文、手势语、旗语等符号形式）加以完整表述的知识。隐性知识和显性知识相对，是指那种我们知道但难以言述的知识。

显性知识是指可以用文字、数字、图形或其他象征物清楚地表达出来的知识，如手册、书本以及知识库系统中记录的知识。

隐性知识和显性知识的区别如表 12－2 所示。

表 12－2　　隐性知识和显性知识的区别

特征	隐性知识	显性知识
性质	个人的、特定的隐含结构	可编辑的、可表达的
形式	非结构化、难以记录、难以编码、难以语言表达	结构化，可以用语言或文字进行口头和书面表达
开发过程	在实践中搜索，在错误中尝试	阐述理性知识，理解和解释信息
存在地点	存在于人的大脑、心灵深处	存在于文件、数据库、网页、电子邮件、书籍、图表中
转换过程	通过比喻和类推的形象化的方法将隐性知识转化为显性知识	通过理解、消化、吸收，将显性知识转化为隐性知识
信息技术支持	难以用信息技术进行管理、共享和支持	可以用现有的信息技术支持
需要的媒介	需要丰富的、多媒介的渠道进行沟通和传递	通过传统的电子渠道传递

隐性知识是高度个性化的，只可意会，难以形式化、记录、编码或表述的知识，隐性知识的组成要素包括直觉、经验、真理、判断、价值、假设、信仰和智能等。隐性知识往往是个人或者组织经过长期积累而拥有的知识，难以言传，如技术高超的厨师或艺术家的高水平知识。

从技能和认识角度可将企业隐性知识划分为技能类和认识类两类，技能类隐性知识包括那些非正式的、难以表达的技能、技巧、经验和诀窍等；认识类隐性知识包括洞察力、直觉、感悟、价值观、心智模式、团队的默契和组织文化等。

从企业隐性知识可编码程度可划分为可编码的隐性知识、不易编码的隐性知识和（在一定时期不具备条件）不能编码的隐性知识。由于企业隐性知识的隐含性和复杂性，一般而言，可编码化或显性化的隐性知识仅占小部分，大部分不易编码或不能编码。正确分类有助于我们对隐性知识识别、流动、转化与创新等采取不同的策略。

三、知识管理

企业的知识管理指企业为了提高生存能力和竞争优势，建立技术和组织体系，对存在于企业内部的个人、群组或团队内的有价值的知识，进行系统的定义、获取、存储、分享、转移、利用和评估等，确保企业成员能够随时随地获取正确的知识，以便采取正确的行动。

企业隐性知识管理的核心是隐性知识的显性化，隐性知识的价值必须通过与显性知识的转化来实现，企业内的知识正是通过这种循环转化而形成了一个螺旋形上升的知识创新过程。隐性知识与显性知识转化历经四个循环阶段。

1. 社会化阶段，社会化阶段是指从个体的隐性知识到另一个体隐性知识的传播过程。这是人类知识传播最古老也是最有效的方式。在知识管理的过程中，我们不遗余力地将隐性知识通过信息技术显性化，但总有部分有价值的隐性知识难以实现转化，通过隐性知识的社会化阶段将隐性知识进行传递、共享及创新，增强组织的竞争能力，已成为企业知识管理中非常重要的环节。

2. 外化阶段，外化阶段是通过类比、隐喻、假设、倾听和深度谈话等方式将隐性知识转化为容易理解和接受的形式。将隐性知识转化为显性知识是典型的知识创新过程。人们将自己的经验、知识转化为语言可以描述的内容，是从感性知识提升为理性知识，将经验转变为概念的过程。知识显性化的目的在于知识的共享，通常情况下，只有那些具体的、操作性强的或常规的知识才可以进行传播，深层次的知识则不易为他人获得。因此，实施知识管理首先要采集和加工可以显性化的隐性知识。

3. 组合阶段，该阶段是隐性知识到显性知识的转化，是一个建立重复利用知识体系的过程。它重点强调的是信息采集、组织、管理、分析和传播。在这一过程中，信息是在不断聚合过程中产生新的理念。他人在接受信息后，要对其进行深入感知、理解和内化，然后才能形成自己的新知识。企业将从个体员工收集到的显性知识通过加工整理，形成一般的显性知识，最终浓缩为企业的核心知识，员工可以方便地吸收和使用，以实现组织的正常运营。

4. 内化阶段，内化意味着新创造的显性知识又转化为组织中其他成员的隐性知识。显性知识隐性化的目的在于实现知识的应用与创新。知识的创新与应用是知识管理的终极目标，组织能否在竞争中占有优势取决于组织能否充分利用组织的知识，能否不断地创造出新的知识，进行知识的更新。经过内化阶段，组织竞争力得到提高，知识管理完成一个基本循环。

在上述四种转化过程中，隐性知识向显性知识的转化是核心，是知识生产的最直接和最有效的途径。员工个人的隐性知识，是企业新知识生产的核心。如何有效地激发个体的隐性知识，避免转化过程中的障碍，增加四种转化方式的互动作用，将影响公司的新知识产生水平。

四、企业大学知识库

在企业中，知识是无限的，它意味着要建立知识体系架构，梳理各岗位工作所产生的知识、员工所需求的知识、专家知识、员工的工作经验和总结等知识内容。如何把企业资深员工的隐性知识变成显性知识？有员工离职时，如何保证能将他们的核心价值沉淀下来？如何针对个案的发展来做知识传递分享，使经验变成更有价值的知识？

解决以上问题，需要建立企业大学知识库，完善企业的课程体系、师资体系、培训管理体系、培训实施体系、员工学习地图等，满足企业的知识需求，将知识管理与企业大学有机结合起来。

企业大学知识库包括案例、课程、教材及经验等。企业大学知识库建设与知识资产导向的知识管理建设结合紧密，专家网络及知识问答属于实践社区导向，学习地图等课程的设计属于员工成长导向，知识管理系统的应用属于整合应用导向的，还包括流程导向，通过对企业大学业务流程识别和梳理，实现流程导向的知识沉淀和应用，以及创新及机制驱动导向，战略导向的核心能力识别，构建企业能力中心和创新平台，同时建立企业大学知识管理激励制度，如图 12－1 所示。

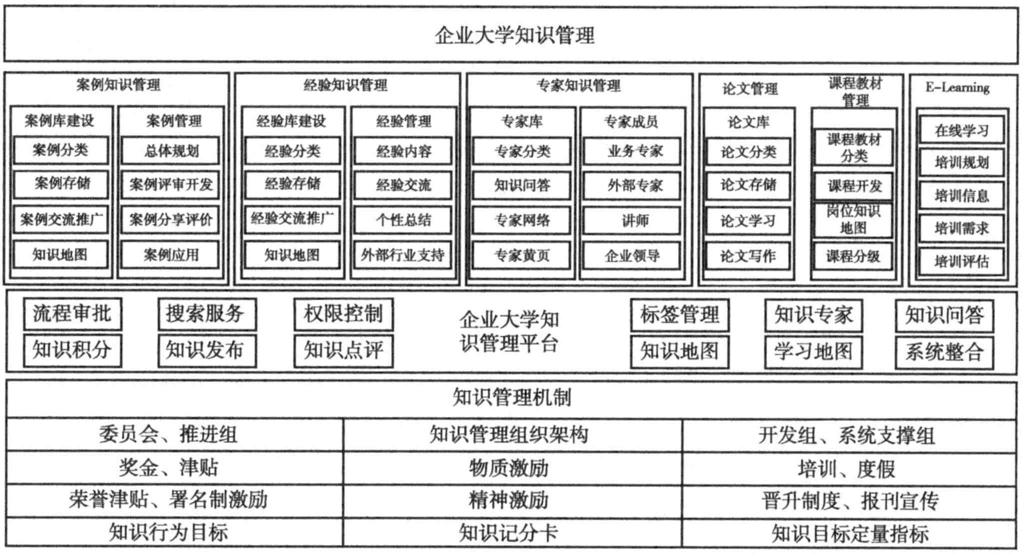

图 12－1　企业大学知识管理

第二节　企业大学知识管理

一、企业大学知识管理建设

（一）组织经验萃取

人才是企业可持续发展的重要因素之一，随着知识经济时代的到来，企业之间的竞争归根结底是人才的竞争，人才是企业的第一资源，而员工自身在企业中积累的经验是最值得沉淀的知识资源。

企业中常常出现这样的现象：公司资深员工的离职意味着其所积累的经验和教训

也都被带走，新进的员工到岗后要从头再来；一个部门的经验没有汇总整理，每个人都要从头成长，好经验没有得到有效推广；工作中出现的问题重复多次培训，但没有梳理出来，不能在过去的经验积累上持续成长，导致资源浪费。

通常情况下，组织经验萃取步骤分为三步，分别是聚焦问题、内容萃取和知识呈现。

1. 聚焦问题。

找到对的问题比解决问题更重要，只有明确了场景、成功标准才能准确找到业务场景中的组织痛点，形成对组织问题的精准聚焦，从而有针对性地挖掘专家经验，萃取成果才有价值。

找到问题后，需要根据问题确定经验萃取的目的和主题。萃取目的是沉淀组织经验、传承优秀工作方法，但由于企业遇到的问题各不相同，因而在具体实施时就需要首先确定公司开展这项工作的最终目的是什么，进而采取有针对性的步骤和方法。确定组织经验萃取的主题主要是为了将工作内容聚焦，即明确企业最迫切需要解决的问题或最值得沉淀的经验是什么，只有先明确萃取主题才能将后面的工作进行细化并推行。

2. 内容萃取。

组织萃取的问题确定之后，由业务领导或培训部门共同确定选题方向，并围绕这个中心点进行内容的搜集和整理。

首先，通过内外部资料收集和研读，了解所萃取主题工作的整体框架和基础知识。只有熟悉所萃取岗位的工作内容，才能用对方熟悉的行业语言进行沟通，抓住关键的信息，挖掘有价值的经验。其中，内部资料主要来自企业内部专家在工作过程中所产生的成果汇报文件、案例、经验总结等，需要项目组人员进行全面收集和整理。

其次，开展专家一对一的访谈或小组访谈，挖掘专家的“知识地图”，收集典型案例、分析任务挑战、提取流程步骤、整理方法工具等，获取全面的专家经验信息。

最后，结合理论知识和实践案例，将获得的专家经验进行整理和提炼，形成可以复制的工具和方法，这是组织经验萃取的关键点也是难点，具体成果内容包括工作流程、任务场景、挑战点、具体工作方法、技巧、话术等。

3. 知识呈现。

知识呈现，即将萃取的内容整理后形成可供相关知识需求者传阅学习的文件，如培训课件、岗位带教手册和项目案例等。

俗话说“文不如表，表不如图，图不如实物”。为了更好地将专家经验呈现给学习者，帮助其快速获得整体逻辑、理解方法内涵，经过系统化梳理的知识需要进一步做可视化处理——将文字内容转化为直观的图形、表格等。

文件内容需要与业务专家进行多次沟通和确认，验证所提取知识点的准确性、是否具有针对性和概括性、是否需要进行深度挖掘等问题，只有通过评估的知识才能作为最终产出对外使用，并及时跟进其应用情况，进一步评估知识的有效性和适用性，便于后期更新迭代，实现组织经验的升华。

（二）案例知识管理

企业大学案例既是员工学习的资料，也对企业大学的教学管理起支撑作用，案例贴近员工工作实际。同时对员工本身也是一种激励，在全公司范围内将先进案例进行传播有助于员工的自身品牌建设。案例库能对案例进行储存，对入库案例进行及时更新，使入库案例具有良好的覆盖性和系统性，形成大量的企业素材积累，以便更方便地使用案例和企业研究。

案例知识管理的建设由一系列紧密衔接的工作环节组成，这些环节包括总体规划、案例开发与评审、案例分享与评价和案例应用四个阶段。总体规划即由企业大学负责，根据公司管理战略规划与培训任务，配合课程体系与教材库的建设计划及企业大学需求，完成案例建设规划。案例开发与评审：为保证高质量案例的同时，又充分满足教学与研究的要求，案例开发可分为专职团队开发、与第三方合作开发、内部员工征集、培训学员案例作业提交及外部引进五种方式。开发的案例须由内外部专家进行评审，评审后统一进入案例库。案例学习与评价：通过管理案例库知识平台，允许全体员工对案例进行检索、学习与评价，推动案例库不断完善。案例可应用到教学研究，员工案例的学习与研究，博士后培养等方面。

（三）经验知识管理

经验是指员工在开展业务活动的过程中，从企业内部的多次实践中获得的、能够指导员工工作的知识或技能。经验主要包括：员工提炼出来的工作经验和最佳实践；工作过程中产生的、交流过程中产生及获取的；是个性方面的经验总结和案例。

经验库将企业内部的经验整合在一起，提供了员工学习和交流的平台，使员工能够便捷地在既有经验的基础上不断总结使用前人的经验和智慧，增长业务技能，提高工作效率。资深的员工能够从经验中发现新问题，从而提出新的解决方案。

（四）课程教材体系知识管理建设

建立企业的培训课程体系，形成企业自己的知识积累和内部培训教材，已成了越来越多企业的选择。企业大学课程体系包括企业大量的培训课程，包括管理类课程、供应链课程、专业培训课程、新员工培训课程及学历课程等。企业的课程来自自身的经验教训，员工从实践中摸索提炼出来的智慧总结。

一套完善的课程体系是企业大学知识工作的核心。培训对象分层次和培训课程分类别是课程体系设计的原则。课程体系的设计首先需要根据企业战略发展方向、业务、岗位胜任力模型及绩效指标等判断所需的员工学习能力，这主要通过讨论会的形式进行。讨论会一般由人力资源部、知识管理负责人员主持，项目小组人员及部门领导和业务专家一起研讨，大家针对某岗位需要的知识进行头脑风暴，相互补充完善，逐步成稿。如某企业为实现其5年战略目标，评估了企业员工的现有能力，将其与实现战略目标、胜任力模型及绩效所必须具备的能力进行对比，以此识别出企业未来需提升的员工的岗位能力，员工要具备这些能力需要具备哪些知识，对这些知识进行梳理，结合内外部专家的建议将这些知识分成目录汇编成课程，随着员工能力的提升不断地进行课程的更新。

（五）学习地图建设

将业务发展要求与员工职业发展需要结合起来，还可编制员工学习地图，将岗位能力的提升进一步落实到员工个人的学习和发展计划中。岗位知识梳理主要是从知识的维度来对岗位进行分析，知识维度分析的意义在于对岗位上知识的输入、支撑、输出等知识流动处理的过程梳理清楚，了解不同岗位的知识来源及获取难易程度，以理顺岗位知识的获取渠道与管理方式。岗位知识体系梳理的成果通常体现为岗位知识地图。

通过学习地图，员工可以找到其从一名最底层的新员工进入企业开始，直至成为公司最高领导人的学习发展路径。学习地图的绘制方法包括四个步骤：工作分析、能力建模、课程设计以及体系建立，防止出现偏差。能力模型是所绘制学习地图的基石。能力建模包括能力识别、能力分类以及能力分级三部分。所建立的能力模型应当是可被衡量或可通过员工工作绩效、行为予以观察的，否则无法为其设计学习课程，并评估其学习效果。内容设计阶段是学习地图建立的核心阶段，基本步骤依然有三步：学习内容获取、学习内容分类以及学习内容分级。体系建立是指汇总所有的学习内容，根据员工不同职业发展路径的要求，将学习内容分为新员工学习内容、普通员工学习内容、管理路径学习内容、专业路径学习内容，并按照职业发展路径形成相应的晋级包，依据岗位核心工作要点形成轮岗包。至此，可形成清晰完整的企业学习地图。

（六）论文、专家知识管理

企业大学论文管理将各个业务条线相关的经典论文整合到一起，包括学术经典论文及企业资深员工对某个观点发表的论文，员工能在前人的经典理论中总结创新出与实践结合的新理论和新方法，员工的知识素质及实践智慧都会得到不同程度的提高。建立论文库能将企业的相关论文都整合到知识平台上，从而方便员工对论文的搜索、学习及分享。

专家包括企业资深员工、管理人员及企业内外部讲师，专家知识管理可建立实践社区导向的知识管理建设，企业的实践社区包括专家网络及知识问答等，专家通过实践社区来传递自己的知识和经验，员工对自己工作过程中遇到的疑惑及业务知识在实践社区里提问或交流，专家通过实践社区进行解答，传递自身知识帮助员工答疑解惑。

二、企业大学知识管理平台建设

企业大学的知识管理需要建立知识管理系统平台，将知识存储到系统中，通过多维分类、流程审批、文档权限控制、标签聚合、评价及积分管理等功能，提供知识从撰写、审批、发布、检索、阅读、评价、归档的完整的生命周期管理。

知识门户是知识平台的统一入口，以简洁、易用为设计原则，用户登录后能够方便地进行知识检索和浏览，以及知识创建，并能够及时了解自己及其他同事的知识积分。知识管理系统包括全文检索、知识导航、知识排行等功能。

知识平台中知识库建设需要注意以下几个原则：员工是知识管理的贡献者、分享者；对知识要进行严格的评审筛选；知识要能迅速地复制用于指导实践；建立用户反馈机制；知识库要有计划地定期进行更新，提高知识质量。

知识库中的知识要有条理就必须对知识库进行合理的知识分类，对知识进行分类，方便员工知识的使用及查找。知识分类一般以开展业务活动为主线，遵循“业务优先、多维分类、多重反映”等理念为原则。例如，案例库可从三个维度：“业务活动维度”“案例开发方式维度”和“案例表现形式维度”进行分类；经验库可以业务活动为主维度，根据企业的实际需要进行其他维度的分类。课程体系可分成管理类课程、供应链课程、专业培训课程、新员工课程、学历课程等角度进行分类。论文库可根据业务、学科等进行分类，专家库及 E－learning 库的分类可根据培训规划及需求进行分类。

三、企业大学知识管理机制建设

为了更好地推进企业大学知识管理的建设，需要建立知识管理虚拟组织，包括知识管理委员会、知识推进组、知识开发组和系统支撑组四部分。组织结构中的职位需要不同部门的不同员工担任。

知识管理委员会是知识管理组织的决策机构，负责对知识管理的工作进行规划，对下属组制定的管理方针政策进行最终的审核决策。知识管理推进组负责知识管理的全面组织、协调及评选等工作。知识开发组负责知识的创建工作，包括企业的全部员工。其主要职责是积极参与知识的征集活动，沉淀、共享、学习、应用及创新知识，对知识管理制度及知识管理系统提出改进性建议。系统支撑组主要负责知识库的功能规划、需求分析与日常维护，确保知识库的稳定运行与持续更新。

为了持续推动企业大学知识管理的建设，鼓励全体员工积极参与到知识的开发和提炼中，企业大学以知识管理评价办法为基础，以知识积分作为主要的计算方式，制定知识管理激励机制，通过物质激励和精神激励相结合的原则对有贡献的员工进行激励。

此外，还可采用 KSC（知识计分卡）的绩效评价体系将知识管理贡献纳入部门和个人的绩效考核体系中，占公司总绩效指标体系一定的百分比，从而督促员工将知识管理贯彻到日常工作中。积分定量指标和行为能力定性指标可以作为绩效考核的评价指标。

第十三章　国企大学网络平台建设

第一节　网络平台建设的基本原则

网络培训是教育培训观念和培训机制的创新，要寻找其建设的基本原则，就必须深入理解网络培训的本身，要从企业和个人两个角度来探讨。

首先，从企业的需求来看，现代化企业建设要求数量多、质量好的创新型人才。企业要培养创新人才，必须对传统教育体制进行改革：不仅需要学院式教育和集中式培训，也需要网络式教育培训；不仅需要阶段性培训，更需要持续性和开放性教育。

其次，从个人的需求来看，网络教育培训坚持了“活到老，学到老”的精神。现代终生教育理论认为，人的一生就是学习的一生，它把“从摇篮到坟墓”都规定为学习期间，我国古代教育学大家庄周说过“吾生也有涯，而知也无涯”，这一论断证明了终身学习的必要性。网络培训是个人实现终生教育的一个重要组成部分。

网络培训是一个创新型的培训模式，网络培训工作既要符合培训教育工作的一般性原则，又要根据自身的特点去把握一些新的不可或缺的原则。下面我们结合国外网络教育培训的一些做法和实际情况来探讨网络平台建设基本原则。

一、整合资源、共建共享

国外网络教育都无一例外地提出了促进整合——强调资金和资源的整合的概念。以美国为例，在美国，由于许多教育团体、公司、高等院校都有资金、技术、人力开展网络教育培训，为了避免资金、资源和技术的无谓重复和浪费，在美国国家及地方的网络教育培训政策中都强调各级政府、各类办学机构、社会团体以及商业机构要统一协调，将各自的经费和资源统一规划，有计划、有目的地相互配合来进行网络教育，从而避免不必要的重复和浪费。

其中最普遍的是教育机构间的合作。例如，加利福尼亚的虚拟大学，其2000多门在线课程分别来自加利福尼亚虚拟社区的学院、加利福尼亚州立大学各校区和加州内的其他独立大学和学院。学生通过网络注册成为虚拟大学的学员后，就可以选择这些课程进行学习。这样既避免了同一课程由不同教育机构反复设计、制作、进行教学的情况，又可以发挥每个教育机构教育资源的优势。

对于大型企业，各级企业都在多年的人力资源培训工作中积累了很多教育培训经验和培训师资，这些培训资源呈分散式状态，在质量上参差不齐，而且部分资源内容重复。网络平台建设工作，就是要充分整合利用各级各个部门现有的基础设施、教学资源、管理队伍、师资力量、站点场所、技术和资金等资源，特别是要充分发挥各级企业的积极性，统一规划，共同建设，以实现资源的多方共享，避免重复性建设和开发。

二、因地制宜、稳步推进

在发展规划上，网络培训平台建设要坚持实事求是，从实际出发，区分不同情况，量力而行，逐步推进，要把工作的力度、推进的速度与企业自身的经济发展水平和财政承受能力统一起来，不增加企业和员工个人的负担。

在稳步推进网络教育方面，国外还强调逐步实施技术多样化——发挥各种技术和媒体的优势。由于科技的发展日新月异，再加上长期以来已经在网络教育中使用的各种技术手段，当前可用于进行网络教育的技术方法和手段可谓多种多样，而且各有所长。因此，美国国家及州的网络教育策略中，都强调合理运用各种不同的媒体和技术为网络教育服务，提高网络教育的质量，同时也鼓励学习者善于利用不同类型的技术和资源，如互联网、CD－ROM、教育电视节目等，从而最大限度地利用各种技术和媒体的优势。美国网络教育杂志的一篇文章写道："我们可以利用的技术不但有卫星广播技术，还有其他很多的通讯技术，如互联网、CD－ROM和闭路电视等，这些技术让教育者、学习者和其他职业人员在全国及全世界的范围内联系起来。"

中国现阶段的国情决定了中国网络教育培训与国际网络教育的差异性和各地区教育培训的不平衡性，因此，在包括技术手段在内的网络培训规划和策略上都要从现实和实际情况出发，因地制宜，善于运用多种技术手段和教育方法，以满足各级各类企业的教育培训需求。

三、因材施教、循序渐进

网络教育培训工作，要针对不同层次学员的特点，把握不同的学习需求，搞好因材施教。要依据不同的培训班和培训对象制订不同的培训计划，制作不同侧重点的课件内容，对学历高的企业员工，在培训的内容把握上要注重岗位技能培训，要注重培训的实用性和实效性；对低学历的企业员工，要先从普及一些基础性的知识入手，注重培训内容的普及性；新员工培训要注重岗位培训，学用结合，学以致用；老员工培训要注重知识普及和技能的提高。

要针对培训学员学习相关培训内容具备的知识基础和接受能力不同，制定、安排合理的培训学习进度和培训教学内容，按照循序渐进原则，在网络培训中一步一个脚印，针对培训对象的不同有的放矢开展培训，制订灵活机动的培训模式和方案，推出真正符合企业发展需求的优质培训项目，使广大员工在培训学习中各取所需，学有所成，学有所悟，学有所用；同时，网络培训还要充分考虑企业的忙闲时间，在教学内容上要按季节编排培训基层急需的科技知识和岗位技能，使教学内容具有时效性。要根据企业的现状，适时地制订培训计划、掌握培训进度和安排培训内容。

在国外，网络教育建设时的复杂程序并不亚于传统教学，网络教育机构的分工也像日校一样明确，甚至还多了一个独立的监督和评估机构，如美国网络教育的质量评估就是由专门的机构来完成的。很显然，明确的分工有利于网络培训各项工作的有序开展。

四、以人为本、务求实效

现代网络教育培训带来了教学模式的变化，把传统的以“教”为主的教学形式，改变为以“学”为主的形式。针对每一个学习者，按照有效的个人化原则来组织学习，注重培养学习者的独立自主的学习能力，在教学过程中，管理员要及时反馈和调整学习内容，体现因材施教、因人而异的教学模式，按有效的个性化原则来设计教学资源，组织教学活动。网络培训本质上是围绕个人展开的教育工作，因此要充分考虑实际培训工作中的人，即受教育者的感受，不能“一刀切”，要坚持以人为本，充分重视广大企业员工的个性化需求，从平台设计和内容组织等方面入手，切实调动学员个人的学习主动性，才能达到培训目标，使培训学员真正学有所获。

在国外，网络教育培训通常都十分注重教育质量——注重对网络教育机构进行持续性的资格鉴定。在美国，提供网络教育的机构可能是各级各类大学、教育机构和商业机构，他们开展网络教育的最终目的是不同的，有的是赢利性的，有的是公益性的，所以无论从学习者的利益，还是从社会的利益来考虑，保证教学质量至关重要。除在开办网络教育培训时对开办机构进行资格评定以外，还定时对这些机构的办学质量进行评估，以防止网络教育进行过程中那些经过了资格鉴定的教育机构的教学质量发生变化。

五、建管结合、学用结合

网络培训平台的建设和管理是一个统一的过程，不能割裂，只有把教学平台建设、终端站点建设、课件资源开发与培训组织管理结合起来，才能达到既定的培训目标和培训效果。在实际的培训工作中，还要注意把教育培训与实际运用结合起来，不能脱离企业的工作实际，这样培训才能落到实处，才能确保网络培训平台发挥最大效益。

有一点需要注意，相对于传统的教育教学复杂的组织管理机构和众多的管理人员队伍，国内网络教育培训的特点是管理职能的重叠和人员身份的不明确性。例如，对于某一个特定的管理人员，他是分管网络教育工作的管理员，有时候很难分清他到底是网络培训的组织者、监督者还是具体项目的实施者，也许他还是一个技术人员。

六、倡导自主学习

在今天的网络教育培训领域，“以学习者为中心”已经达成共识，各项研究与探索也越来越多地考虑到学习者这一核心要素。网络学习者的自主学习能力问题是当前网络教育界普遍关注的焦点问题，也是在探讨提升网络教育质量时必然要涉及的一个重要问题，或许可以说，培养网络学习者自主学习能力既是网络教育质量提升的一个目标，同时也是检验质量提升的一个标准。

英国开放大学教授 Richard Allen 认为，对于任何一个学科而言，都需要进行知识的传播，都需要有一个宏大的叙事过程，网络教育培训也不例外，也需要对知识有一个宏大的叙事过程，但这个宏大叙事会束缚人。因此，我们常说的要让学员学会学习，其实就是要让学员学会对这个叙事过程进行管理。同时必须认识到，同任何方式的学习一样，网络学习也存在一个学习的等级体系，而且这个体系是一个开放的体系，这样才可能在这个体系中为任一水平的学员提供合适他们的位置，学员也才可能主动表达自己的观点，而不是只知道被动地接受别人的观点。他认为，真正意义上的自主学习者，就是能够在进入网上大学时，将自己准确定位为：从事研究工作的学习者，即像研究者做研究那样去从事自己的学习活动，具体而言就是要在自己今后的学习中不断质疑旧知识、产生新知识，能够向他人呈现自己的研究发现。

网络教育培训能否把学生培养成真正意义上的自主学习者？Richard Allen 的回答是肯定的。他认为，同传统面授教育相比，网络教育由于运用了新的信息技术，因而使学员在学习方式上占有很多优势，学员在网络教育中采用的这些学习方式有助于使他们成为有研究潜力的学习者，能够促成学生高效成功的学习。网络教育也确实应该做到：让学员获得某一学科专长，知道怎样获取新知识，怎样将知识展示、传播给别人，这对于学员成为学习管理中的一员、成为“从事研究工作的学习者”是十分重要的。

如何才能将学员培养成这样的自主学习者？Richard Allen 的建议是：重视新技术在网络培训工作中的应用，通过技术促进学员的反思及与他人的沟通；重视网络学习小组，教师在学员开始进行网络学习时就向学员介绍学习小组，允许学员在小组中扮演多种角色，让学员在学习小组中表现自己的亮点与强项，通过学习小组自由讨论、互相沟通、挑战权威知识等。

七、保护知识产权

国外的网络教育，大多注重对网络教育教学资源及所用技术进行管理和保护。对于教学资源及各项技术的保护实际上是对知识产权的保护。在美国，对知识产权进行保护的意识已较深入人心，相关的政策、法规和法律条款较齐全。

在有关网络教育的宏观政策中，也不断地对此加以强调，并制定出一系列的方法和措施来保护网络教育的教学资源和技术。由美国版权办公室 1999 年 5 月制定的《知识产权及数字化远程教育的报告》中，对在数字化网络教育中可能出现的版权问题进行了研究并提出了一系列的解决方法。其中这段文字就表述了对知识产权保护的重视："教育机构正在努力采用和执行适当的方法维护网络教育中的知识产权。这些努力包括发布有关规定、就相关事宜培训教职员工、对学生进行知识产权法的教育等。"

在我国，网络教育的资源和技术保护如同盗版软件和盗版影碟一样不容乐观，网上流传的课件资源比比皆是，如某英语培训学校的英语培训课件，尽管采取了各种保护技术，但仍被有针对性的播放软件所破获。虽然课件资源的"免费宴会"有可能让更多的人参与到学习中来，但这大大打击了课件开发者的积极性，从长期来看，不利更多的培训课件的开发。

第二节　国企大学网络平台的学习服务

一、直播培训

直播培训是指教师和学员在同一时间、不同地点通过计算机网络进行音视频授课、会话和研讨等教学活动。利用计算机网络和实时交流软件进行教学，教师在主播端授课、学员在接收端听课，教学信息和反馈信息及时得到传播。

直播培训可以让分布在不同地点的教师和学员同时上网共同完成培训，教师在网络授课教室中用直观演示、口头讲解、文字阅读等形式，通过计算机网络向学员传递教学信息。学员在不同的网络学习教室，通过观察感知、理解练习、领会运用等过程接受学习，学员和教师也可以通过网络进行实时互动。

1. 直播培训的系统构成。

直播培训系统的构成主要有：主播端、服务器端、控制端、接收端四部分。主播端由教师、直播客户端软件、主播机、辅助设备（耳麦、电子白板、实物投影、摄像机或摄像头）和网络构成；服务器端由系统管理员、直播服务器软件、服务器和网络构成；控制端由控制端值机员、直播客户端软件、监控机、辅助设备（耳麦、摄像头）和网络构成；接收端由接收端值机员、直播客户端软件、接收机、辅助设备（音箱、摄像头、麦克风、投影机）和网络构成。

2. 直播培训系统的主要功能。

①现场实时授课：系统实时转播教室现场音视频环境，给学员以身临其境的感受。学员在本机上观察的教学素材信息，都是通过网络实时获取，让学员跟随着教师的教学思路同步学习。

②教学板书同步演示：学员机器上显示教师授课时的实时板书，充分发挥板书这一传统工具优势，也弥补了普通电教手段的不足。

③电脑桌面直播：系统可以向远端学员机器直播教师端电脑的桌面操作情况。教师通过这一功能，可以向学员进行详细的演示性教学。

④电子教鞭：教师在展示各种 Word 文档、图片、PPT、网页以及电子白板的板书资源时，可以切换到屏幕标注状态，根据学员反馈的信息对学员不甚了解的部分或需要重点讲解的部分进行电子标注。系统在学员端自动直播标注过程，提高了授课效率。

3. 直播培训的特征。

①实时性：主播端的教师的多媒体授课信息可以及时传输到异地的听课教室中，分布在不同地域的师生如同身处一地同一教室，并可实时交流。

②交互性：主播端的教师可以及时了解各个网络教室中学员的听课情况，可以提问学员，学员可以通过电子举手请求老师的解答帮助。

③共享性：教师与学员双方的“声音”“视频”“屏幕”经过网络传送，包括应用软件的操作、电子白板也可实时分享。

④情景性：教师的讲义可以通过网络传送到学员接收端，教师与学员双方可在距离遥远的不同地理位置，通过网络互相沟通。学员和教师仿佛身处于同一教学环境之中，课堂情景性较好。

4. 直播培训的技术特点。

直播系统由编码工具、流媒体数据、服务器、网络、播放器等元素组成，直播培训就是通过直播系统将实时性高、交互性强的课程内容通过直播课堂系统传递到学员身边，也可以召开一些网络在线会议，方便企业管理部门和学员的沟通和交流。

直播系统可以为教师和学员提供实时直播与交互服务。直播和交互的形式包括屏幕、PPT、视频、音频、白板、文字等。通过配置相应级别的网络带宽和调整系统的技术参数，直播可以提供流畅的视频语音、灵敏的响应速度、清晰的语音音质，以达到教学或会议的实时性要求；直播系统还应支持桌面共享，主持人可以选择将交互一方的电脑桌面直播到全网，为学员提供实时桌面演示操作成为教学内容；实时白板功能支持多人操作，提供矢量图形插入和其他操作，可以实现实时书写、画图，白板的内容作为课件的一部分可以保存为文件；直播系统支持图片上传演示，可以在教学示例图片上作批注，批注相关属性可配置，做批注后的图片可以保存，作为教学课件的一部分。此外，直播系统可以通过多媒体直播将流媒体教学素材或教学课件（包括Wmv、asf、flv或Web课件等多种格式）在线实时播放给学员，通过流技术为用户提供直播服务。

直播系统可以提供课件录制服务。系统服务端可以自动录制教师讲课内容，并自动、快速生成标准课件，并自动提供下载页面，供管理员、教师和学员下载，录制的格式应支持Wmv等流媒体或Web课件格式等。录制并生成的标准课件可以直接上传至点播系统，作为常规培训班的点播课件。同时，在直播的过程中，管理员、教师、学员均可以在线实时录制讲课视频，自行录制的课件内容存放在本地磁盘中，录制的格式应支持Wmv等流媒体或Web课件格式等，直播结束后，管理员、教师、学员可以随时播放录制的课件内容。

直播系统可以支持文件共享和及时通信服务。系统应支持点对点文件互传、文件共享。在直播过程中，学员和教师之间、学员之间可以互传文件；直播结束后，学员可以上传作业文件，教师可以分享课件文件。直播课堂系统应及时通讯服务。学员在听课的同时可以通过即时文字消息单独向老师提问，老师也可通过此即时文字方式向特定学员或全体学员进行交流。

直播课堂系统应支持多种接入方式。在传统计算机平台中，应支持通过Web网页，在不安装任何客户端情况下，能实现实时音视频、数据和文字等实时交互。除了传统的计算机外，还应支持用户使用智能手机、平板电脑等移动终端（包括Android、IOS两大平台）接受直播视频、音频、白板、文字等信息，并可以进行视频、音频、白板、文字交互。

直播课堂系统应提供完善的管理功能。超级管理员能够指定其他管理员，并分配管理权限给其他管理员。当用户登录后台管理时，只显示为其分配权限的模块。管理员可以强制某个学员退出系统，并可以锁定直播教室。系统应支持显示多路网络视频画面，并可根据要求，以纯视频的方式显示多个客户端的视频状态，并实现交互用户的自动轮巡。

直播课堂系统应提供会议直播相关的其他功能。例如，系统支持会议签到（点名）、投票、问卷调查、会议结果统计分析等功能，系统支持视讯窗口的横幅、跑马灯字幕功能，用户可以在自己的视讯窗口中添加横幅和跑马灯字幕，系统支持邮件、短信平台的会议通知。

二、点播培训

点播培训指学员利用互联网自主调用存放于课件服务器中的课件进行课程的学习。非实时教学模式的教学内容是以超文本文档和互动式网络课件的形式呈现的，课程页面是根据课程的教学设计，将图像、声音、文字加以集成，以一种生动形象的形式呈现的电子课件。学员不仅可以在学习点教室，而且可以在单位、家庭进行点播学习，满足学员通过局域网或互联网随时上网学习、浏览课件、网上答疑、提交作业等需求。

1. 点播培训的系统构成。

点播培训包括四个部分：课件制作端、服务器端、维护管理端、点播端。

①课件制作端：由教师、课件制作人员、课件制作系统和服务器组成。

②服务器端：服务器端由系统管理员、网络培训管理系统、服务器和网络构成。

③维护管理端：维护管理端由系统管理员、监控机和网络构成。

④点播端：点播端由学员、点播机、辅助设备（音箱）和网络构成。

2. 点播培训的功能。

点播培训通常包含以下功能：

①课件点播：将教师的授课过程和讲稿等多媒体信息合成录制后，以流媒体课件的形式发布在网站上，学生根据自己的权限，自由选择相应的音视频课件进行点播学习。在带宽保证的情况下，音视频服务器支持多路并发用户，多路之间互不干扰。系统支持 rm、asf 等流媒体格式，并且格式之间可以转换。

②在线答疑：系统提供在线答疑功能，学生通过登录网络教育平台以文字的方式提问，系统根据所提问题的关键字自动在常见问题库中寻找可能匹配的回答，如果匹配不成功，问题将进入未回答问题库中，教师通过登录网络教育平台手工回答问题，回答完毕以后，该问题与答案将同时进入常见问题库中，下次如果有其他提问者提出类似的问题，系统马上就能够匹配出该问题的回答。同时，学生可以在聊天室（BBS）系统内相互进行讨论、交流，也可以利用电子邮件（Email）与教师进行询问和交流。

③在线作业：系统能够提供在线作业的平台，教师通过登录网络教育平台布置和批改作业，学生通过登录网络教育平台上交作业。教师批改作业后能自动地将信息反馈给学生。

④在线测验：根据课程特点，试卷可通过试题编辑工具制作，或从教学资源试题库中选取。试卷中的客观题可以直接由系统自动批改，主观题由教师登录系统后批改，成绩和批改情况可以反馈给相应的学生。

⑤消息发布：教师将课程教学的相关事项通知给学生，如作业、论文的上交时间及考试时间等。

3. 点播培训的技术特点。

随着互联网及宽带数据通信网络等信息基础设施的不断发展，以及多媒体通信技术的飞速进步，点播技术（简称 VOD）利用网络和视频技术的优势，在图书馆、媒体娱乐、教育培训等各行各业得到越来越多的应用。广泛应用于网络教育培训的课程点播技术集动态影视图像、静态图片、声音、文字等信息为一体，可为培训学员提供实时、交互、按需点播的便捷服务。与传统的直播技术相比，课程点播可以不局限于时间、地点，按学员的需求自主选择需要观看的课程，可实现多人同时、不同进度观看同一课件资源，点播具有重复性、可间断性、可拖拽、可下载等特点。

①点播培训应用系统充分利用企业资源，结合企业培训的特定需求，为学员提供流畅、高效的课程点播服务，使学员能够随时、随地点播需要学习的点播课程，实现即时响应的拖动效果。

②点播培训课程点播系统兼容多种课件类型，包括文本、图片、Flash、超文本、Powerpoint 文件、Web 课件等多种，可支持各种国际标准和国际主流的视频音频格式 MPEG1、AVI、MPEG2、DVD、MPG、MPEG4、DIVX、ASF、CSF、WMV、RM、MP3、CD、MIDI、WAV、RA、AU 等。

③点播培训系统采用客户端/服务器模式，多台点播服务器在服务端存储课件资源，支持学员在客户端播放课件。点播系统基于软件实现了资源的分布式存储，将点播服务器分散到多个节点，确保了学员访问时可就近获取资源，保证在大访问量时将流量分流到不同的点播服务器，实现负载均衡，保证系统压力平衡，确保点播网络的安全稳定。

④课程点播培训系统具有专门开发的点播客户端，点播课程可通过 Web 页面方式和客户端两种方式实现。通过本地点播客户端，可实现本地视频的缓存处理，实现边下载边播放；可实现学习时长及学习次数等信息的本地暂存，一旦网络断开，可将上述信息暂时存放在客户端本地磁盘，网络连接后即时传送到服务端；同时可实现优秀课程推送，按学员专业、岗位推送相关视频等业务功能。

⑤课程点播系统具有独有的文件加密技术和 DRM 保护机制，以保证点播课程内容的版权安全，实现了下载到本地的课件文件不经认证也无法播放。

⑥课程点播系统实现防挂课、防拖拽功能。防挂课功能避免学员通过技术手段恶意挂课来获得额外的学习时长，系统一旦发现挂课行为，将终止课件的播放，并取消挂课产生的学习记录。防拖拽功能避免学员通过拖拽获得额外的学习时长，拖拽行为产生的学习时长将不被记录。

⑦点播培训系统兼容各种网络带宽，多码流自适应设计使系统可以根据学员本地不同的网络带宽情况自动选择不同码流播放，方便网络情况一般的学员能够获得流畅的视频效果，同时网络情况较好的学员能够获得更清晰的视频效果。

三、混成式培训

混成式培训就是把传统培训的优势和网络培训的优势结合起来，既发挥教师引导、启发、监控教学过程的主导作用，又充分体现学员作为学习过程主体的主动性、积极性与创造性。混成式培训是学习理念的一种提升，这种提升使学员的认知方式，教师的教学模式、教学策略、角色都发生改变。这种改变不仅只是形式的改变，而是在分析学员需要、教学内容、实际教学环境的基础上，充分利用在线教学和课堂教学的优势互补来更好地实现整体培训教学目标。混成式培训强调的是通过不同学习方式与不同学习技术的综合运用来达到最佳的学习效果。

1. 混成式培训的系统构成。

混成式培训由地面集中培训系统和网上培训系统两大部分组成。地面集中培训系统由培训运行组织实施、培训后勤保障、培训教师和培训学员组成，网上培训系统与非直播培训模式系统相同。

首先，培训组织者在网络教育培训网上公布混成式培训方案，包括培训目标、培训课程安排、培训组织实施方法、培训计划、培训进度和考核等内容，学员根据安排进行网上自学和集中培训前的准备，即学员首先在网上学习课程的基本内容，然后到指定地点报到，在培训教室根据所学内容通过教师授课、小组讨论、角色扮演等活动来巩固所学的知识技能。尤其是当培训内容是关于团队协作、沟通技巧、领导技能时，面对面的学习方式是十分必要的。

网络培训并不是对传统培训的替代，而是不断与传统培训相互碰撞，在碰撞中逐步融合，在融合中不断补充和完善，形成切实有效可行的信息网络技术环境下的培训教学方法体系。

网络培训教学与传统培训教学优势互补的混合式教学模式并不是一种全新的教学方法或理论，而是随着网络教育培训的不断深入，人们的培训思想观念按螺旋方式上升的一种体现。

2. 混成式培训的技术特点。

混成式的概念是基于这样一种认识：那就是学习并不是一蹴而就的行为，它是一个持续的过程，采用混成式培训比采用单一培训方式能带来以下三方面的优势：

①混成式培训带来的学习成效是显而易见的。混成式培训不但能使培训更有效率，而且能使培训更有效果。混成式培训比仅仅采用传统的课堂面授或单纯利用网络培训来得更有效。混成式培训解决了企业提供的培训方式和员工需求之间存在差距的问题，集中培训便于组织，而学员希望增强互动与反馈，希望成立各种交流社区。网络学习的方式整合满足了这些需求，混成式培训模式层次如图 13 - 1 所示。

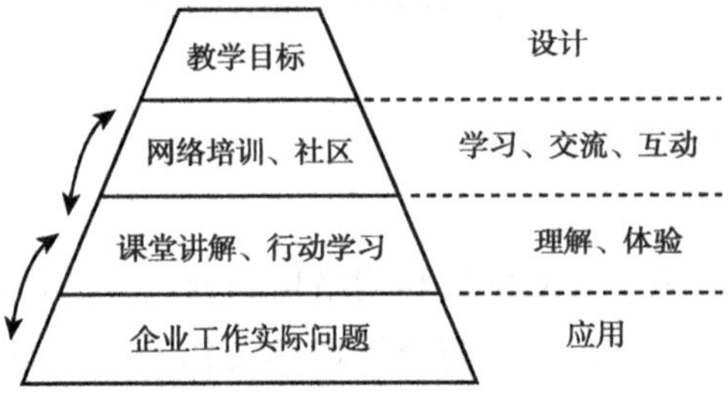

图 13 - 1　混成式培训模式层次

②混成式培训能优化培训开发和实施的时间与成本。不同的培训模式有各自不同的优点和缺点，不能相互完全替代。网络培训可以适当节约时间和节省场地、差旅等费用，解决工学矛盾。但课件开发成本、开发时间和组织实施的时间周期也不同，如果一味注重课件的媒体表现，从费用和时间等综合考量性价比并不一定合适，而适当地辅以教材、PowerPoint、课堂讲授等较低成本、较快开发的培训形式会更有效率和效果。

③混成式培训扩大了学习的覆盖面，使更多的人员参加培训，某种单一的培训方式到达的目标群体有一定的局限性，如直播培训扩大了学员学习的地域范围，使学员可以和更多的不同地区的员工进行交流互动；非直播培训使学员反复学习成为可能，对于在课堂上没有掌握知识的学员可以反复学习教师的课件，直到学懂为止。

四、移动学习

移动学习（Mobile - learning）是数字化学习（E - learning）的延伸，是由于地理空间流动性和弹性学习需求的增加而使用移动终端设备进行学习的一种新型学习方式，是移动计算技术和数字化学习的结合。通过移动教学学习平台，学员可以随时随地使用智能移动终端登录掌上网院，实现掌上学习。

1. 移动学习的功能。

移动教学可以为学员提供浏览资讯、微课学习、资源查阅、交流互动、信息订阅、二维码快速定位等多种服务。学员可以通过智能移动终端浏览网院新闻、通知公告、短信资讯等；还可以通过智能移动终端点播微课课件进行学习，学完某课程后可以进行随课练习，并可以对课件或课程进行评价；学员通过智能移动终端查阅知识库、查看业务知识、查阅科技情报等；学员可以通过智能移动终端进行在线交流，包括论坛交流、语音直播互动和文字直播互动；学员可以通过智能移动终端订阅网院的短信、新闻资讯、知识资源。当学员所关注的短信频道、资讯类型、知识资源类型对应的内容有变动时，移动学习系统将在第一时间将新内容推送到学员的移动终端上；学员可以通过智能移动终端的摄像头扫描二维码图像，通过识别二维码对应的内容，快速定位到相关的主题，该主题可以是新闻资讯、微课课件、知识资源、在线交流频道或应用程序插件等内容。

2. 移动教学模式的业务架构。

移动教学掌上学院的模式架构应包括三层，如图 13 - 2 所示。移动教学掌上学院的三层模式架构包括基础信息管理层、业务管理层、用户接口层。基础信息管理层主要包括系统管理，在数据库平台的基础之上为整个系统建立的基础通信体系与数据体系，主要内容为掌上学院系统管理。业务管理层主要完成业务管理功能，包括学习中心管理、资讯中心管理、交流中心管理、知识中心管理、订阅中心管理、用户中心管理等。用户接口层：用户接口层为学员、教师等提供界面。学员利用移动终端进行学习活动，教师通过移动终端可以查看教学评估并与学员进行交流。

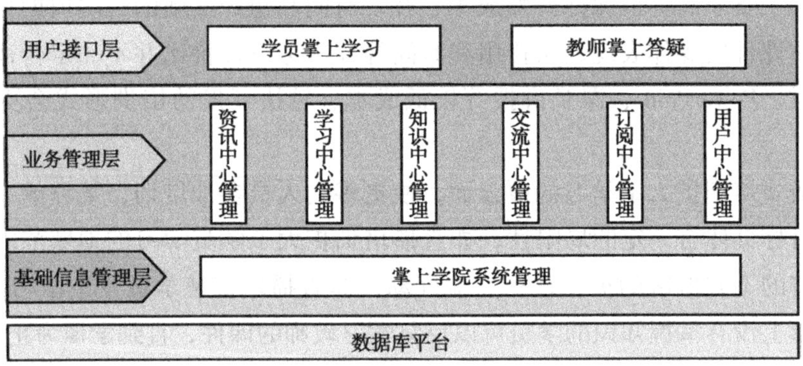

图 13－2　移动学习掌上学院模式架构

移动教学掌上学院学习平台主要为系统管理用户、业务管理员、学员、教师提供服务。系统管理员具有系统管理权限，对系统底层运行环境进行管理；业务管理员可以进行学习中心管理、资讯中心管理、交流中心管理、知识中心管理、订阅中心管理、用户中心管理等活动；学员可以通过移动智能终端登录掌上学院进行微课学习、资讯浏览、查阅知识资源、交流互动、订阅信息、使用学习帮助等活动；教师可以通过移动智能终端登录掌上学院对所授课程进行答疑、作业布置及批阅、教学评估浏览等活动。

移动学习业务流程描述如图 13－3 所示。

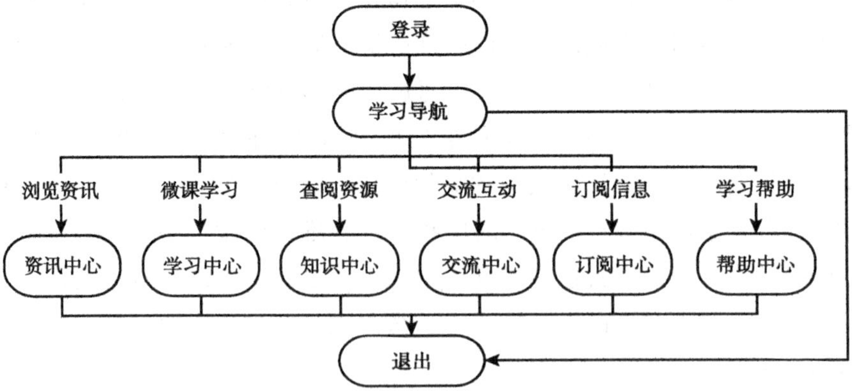

图 13－3　移动教学掌上学院学习业务模型

学员通过智能移动终端打开掌上网院客户端，输入用户名和口令进行登录；学习导航：登录成功后，学员可以看到掌上学院的欢迎页面，首页中包含六大中心的导航按钮，并有动画演示链接和帮助提示信息；学员根据需要，选择六大中心的某个导航链接，进入相应的学习或交互中心；进行学习或交互：在进入某个中心后，则可以进行微课学习、资讯浏览、查阅资源、交流互动、订阅信息等学习活动，也可以进入帮助中心查看帮助信息；如果学员要结束本次学习活动，则可以选择退出链接按钮，退出掌上学院客户端程序。

3. 移动学习的技术特点。

移动学习是一种新兴的学习形式，依托目前比较成熟的无线移动网络、国际互联网以及多媒体技术，能够为学习者带来一种随时随地学习的体验。移动学习除具备了数字化学习的所有特征之外，还有它独一无二的特性，即学习者不再被限制在电脑桌前，可以自由自在、随时随地进行不同目的、不同方式的学习，学习环境是移动的。

移动学习实现的技术基础是移动计算技术和互联网技术，即移动互连技术；实现的工具是小型化的移动计算设备。移动学习实现的设备具有三大特征，一是可携带性（portability），即设备形状小、重量轻，便于随身携带；二是无线性（wireless），即设备无须连线；三是移动性（mobility），指使用者在移动中也可以很好地使用。

移动学习系统旨在充分发挥手机、平板电脑等便携式移动设备终端便捷、易用和灵活的特点，为广大员工搭建“随时、随地、随身”学习、交流的环境和平台，充分利用员工碎片时间，实现方便快捷的户外学习、快速学习和无压力学习，使员工在全时空学习环境下形成知识的无意识记忆和逐步积累；同时，建成企业与最基层学员顺畅的沟通渠道，传播企业文化，倾听基层建议，实现企业与员工个人的共同发展。

五、体验式学习

体验式教学指的是根据学习者的认知特点和规律，创造实际或重复经历的情境和机会，呈现或再现、还原教学内容的教学观和教学形式，使学习者在亲历的过程中理解并建构知识、发展能力、产生情感、生成意义。在设计培训项目的过程中，根据企业培训课程的特殊性，将游戏化、虚拟化的体验式教学融入教育培训过程中，通过寓教于乐的方式帮助学员有效将培训内容内化为自身能力。

1. 游戏化学习。

游戏化学习（Learn through play），又称为学习游戏化，是目前比较流行的教学理论和教育实践，就是采用游戏化的方式进行学习，有些学者又称其为“玩学习”，其特点是互动性、启发性、寓教于乐、情景性。游戏化学习的表现形式主要有两种方式：线下和线上。线下是指学习者面对面的游戏，线上是指学习者通过虚拟的媒介不用面对面就可以开始互动的游戏。教育培训行业选取的游戏化学习方式多采用线上的方式。

将游戏融入网络培训学习，具有形式新颖、寓教于乐的优势，可充分激发学员的学习兴趣。在充分利用游戏化学习提高学员积极性的同时，注意把握好游戏的比例，游戏太多，则分散了学员对知识点的注意力；同时注意把握好游戏的难度，设置不同级别的游戏关卡，为多种知识结构的学员提供多种选择，帮助其在最短时间快速掌握知识。

2. 虚拟化学习。

虚拟教学是利用虚拟现实技术把教学过程做成动画的形式，但是比动画多了更多的互动性和真实性，可以达到完全模拟的程度。

虚拟教学有互动性强、真实感强的特点，将教学、实验内容设计成虚拟课程或增加虚拟教学环节，使学员可以通过计算机模拟现场教学或现场实验的效果，快速掌握现场感强、实践性强的知识和技能。同时，在培训中将虚拟教学与实操培训相结合，提高了实操培训的效果；将虚拟教学与游戏化学习相结合，提高了学员的学习兴趣，最终提高学员的学习效果。

虚拟化教学具有模拟性、灵活性、互动性等优势，可使学员在身临其境中实现技术水平的提高。在虚拟化教学设计中掌握选材适度的原则，选择适合虚拟教学的教学内容和实验制作成虚拟教学课程，对于不具有实践性和现场感的一般教学内容，则选用其他的教学方式。

第四篇

实战篇

第十四章　实战经验分享

企业大学创建之初需要搭建培训体系吗？

曾向英

很多企业大学在创建之初就大张旗鼓地要搭建完整的培训体系，似乎这样才能系统全面地帮助企业做人才梯队培养。现实中，这也是很多初创时期的企业大学必将面临的尴尬窘境，因为很多业务部门不知道企业大学成立的意义，企业大学为了能够在内部树立威信，外部扩大宣传，必然提供一些证明自身实力的证据，培训体系就是看起来不错的选择。另外，当企业大学的人员还不了解业务又不能给业务部门提供专业的学习解决方案时，对方也希望企业大学能提供一个培训体系供其选择。因此就催生了企业大学必须建立培训体系的焦虑。

那企业大学是否应该在创建之初搭建培训体系呢？这个不能一概而论，要根据企业培训的成熟度、企业大学专家团队的实力来做权衡。但必须厘清的是：企业大学搭建人才培养体系的目的是什么？是为了给客户做宣传？还是为了应付业务部门的选课难题？或是为了切实提升企业的人才培养质量？显然，前两者不是企业大学人才发展部门的初衷，如果是后者，那就要考虑这个人才培养体系是否真正适合企业，是否真正能够助力企业的人才培养和人才发展。

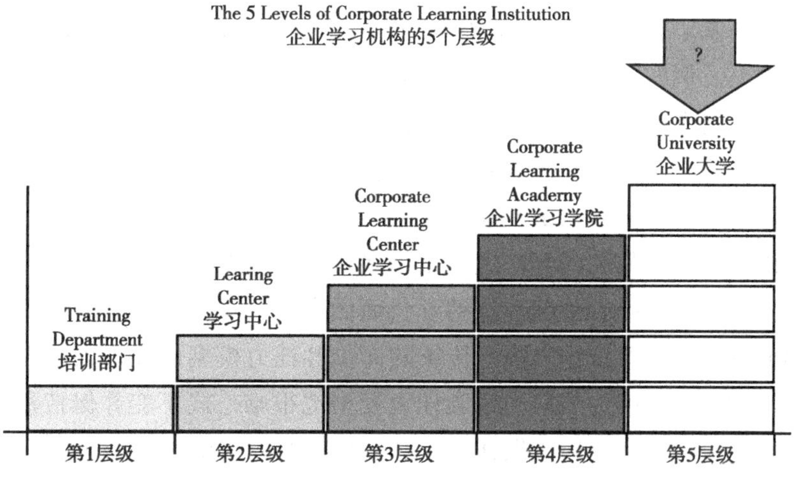

对于人才培养基础比较好的第五阶段的企业大学，即在建立企业大学之前已经历了培训部、学习中心、企业学习中心、企业学习学院四个发展阶段，培训成熟度较高，有前期积累的培训数据及经验做基础，的确可以根据以往培训的实践，结合企业的实际情况去尝试总结提炼完整的培训体系，然后在后期的培训实践中不断加以调整和修正。

但对于那些从“0”到“1”初建或者起步阶段的企业大学，笔者不建议在企业大学创建初期就搭建完整的大而全的培训体系，当然不排除可以预先谋划和设计。毋庸置疑，企业大学创立之初，需要快速证明自身存在的意义与价值，需要让企业业务关键序列的关键角色感受到企业大学在人才培养中的积极作用，因此，企业大学可以针对特定业务关键群体的培养能力及相应的阶段性成果和业务伙伴合作设计适合的阶段性培训体系，如可以理性设计针对某关键人群（中层干部或者后备干部）或共性问题（新任经理的角色认知不明晰）的阶段性课程体系，但切忌贪大求全。如果在设立之初就不计成本全面建设，往往结果空而不当，华而不实，反遭人诟病。

每个企业都有自己的独特性以及适合自身的人才培养体系。当企业大学对企业业务不了解、岗位要求不明晰的情况下，即使搭建培训体系，也大多是照抄照搬别的企业大学或培训中心的经验，很难适用于自己的企业。搭建一个不适合的培训体系就是“陷阱”。体系搭建好了，业务部门必然会依照上面的内容选课，如果仅仅有体系而没有相应的课程和师资资源做支撑，那只能让企业大学陷入更尴尬的境地。换句话说，即使找到了师资资源，草草应付了课程，但不符合业务实际的标准化课程也难以产出让业务部门满意的结果，这样企业大学不仅会砸了品牌，“赔了夫人又折兵”，吃力不讨好，而且还会失去业务部门的信任，让未来的发展陷入更糟糕的困境。

以我所在的企业大学为例，我们并没有在成立初期就开始建立领导力模型，搭建培训体系。因为在对企业不了解的情况下，即便建立了一个体系，也未必对企业有用。在一个不断重组、快速转型的企业中，与其花时间建立课程体系，倒不如直接聚焦战略转型中存在的问题对企业更有价值，实用才是硬道理。企业大学目前已有的课程体系都是在实践中基于企业的真实问题一门课、一门课积累，回过头来再对课程梳理，自然形成了体系。例如，不同公司的关键岗位培养体系，都是根据实际工作中的问题摸索出来，并且动态持续调整，不断迭代更新。有效的培训体系应该不仅能根据环境的变化、企业和员工个人成长的需要不断调整培训内容，给员工持续赋能，而且能够提升学员学习力，更好应对未来不确定性挑战。

另外，随着企业面临的外部环境越来越多样化和复杂化，企业经营的不确定性也逐步增大，组织不得不随着外部环境的变化而做变革和调整，组织中的个体也会随着组织的调整而变化岗位及工作内容。传统的岗位胜任力模型已经不太适合身处不确定性环境变化下的企业。因为当前岗位胜任力模型也很难一成不变并保持稳定。以我所了解的国有企业来说，每个岗位做什么，的确有相对固定的工作要求，但更多的是根据组织及领导临时分派任务来随机应对，VUCA 时代，组织面临各种各样的变化和挑战，员工变动工作部分的比例也会越来越高。因此，对于初创的企业大学，只有在实践中针对企业实际工作中的问题提供有针对性解决方案，一门课、一门课来摸索、积累和梳理，并根据环境和组织的变化动态调整搭建起来的培训体系才可能适用于企业，得到业务部门的认可，发挥对组织人才培养和发展的重要作用。

企业大学的终极价值是要发挥“上接战略，下接绩效”的作用，通过长期战略能力培养，上接战略；通过满足业务当前需求，下接绩效。企业大学需要肩负长期战略能力建设，既与业务线条关注眼前做互补，又尽可能保持战略能力建设的持续性。业务部门对培训的需求主要是解决眼前的问题，满足短期需求，不会考虑长期利益。而企业大学成长为战略部门之后，除了要配合业务部门当前的培训需求外，还需要兼顾长期的培养目标，以应对企业长期发展、业务扩展以及战略转型的需要。企业大学培训体系的建设，并不完全是各个业务条线课程体系的简单堆砌，而是一个既兼顾宏观战略又充分满足业务部门人才培养路径的系统、科学、前瞻的培训体系。它高瞻远瞩，起于业务，但高于业务，引领公司人才队伍的发展，并形成一个良性循环。因此，建立完整的培训体系是一种理想的追求状态，不是一日之功，需要在企业大学发展过程中根据企业战略及环境的变化不断去调整。

企业大学更擅长做哪些类型的人才培养？

曾向英

企业大学是以学习型组织建设为理论依据，以“上接战略、下接绩效”为目标，以“问题导向、目标导向”为出发点，以企业人才发展及人才培养为己任，通过整合企业内外部培训资源，萃取行业和企业最佳实践经验，采用正式和非正式、线上加线下相结合的学习方式，定制开发内化培训课程，进行系统的人才培养与知识管理，进而传承企业文化，携带和传承企业成功基因与商业思想、提升企业组织学习力与打造企业的核心竞争力。

企业大学是推动企业战略落地、文化传承、组织发展、品牌传播的重要力量，也是企业员工职业教育和终身学习成长的平台，如海尔大学、华为大学、惠普商学院等。除了企业自主创建的企业大学模式之外，随着近年来国家对职业教育的日益重视，产教融合背景下校企合作创建企业大学的模式也非常常见，如很多高职和职业院校与企业合作创办的企业大学或产业学院。另外，也有政企合作的企业大学模式，如百度营销大学。

相比高等学历教育的体系驱动型学习——以既定的知识体系和模块来给学生教授知识，企业大学更侧重基于企业实际问题出发的应用驱动型学习，一般都是基于企业实践，紧密联系业务，以问题导向、目标导向为出发点来根据企业实践中问题，有针对性地开发课程，设计培训内容，以提升员工的岗位胜任力和综合素质，着重培养员工的工作技能。

一、企业大学适合培养什么技能？

原用友大学校长、著名培训专家田俊国老师在“赋能型企业大学校长高研班”中用一张图清晰地将人们的工作技能分为三大类，素质技能、方法技能和岗位技能。

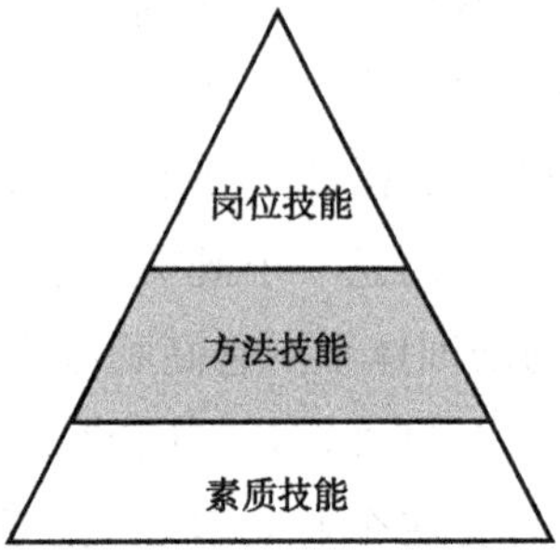

在人们的日常工作和生活中，素质技能是一个人的基础技能，非常重要，体现一个人的基本素养。素质技能和工作情境没有太多关联，可以解决多类问题，容易迁移到其他场景。例如，一个人的基本素养，包括价值观、积极的态度、职业精神、内驱力、语言表达、逻辑思维、学习能力、创新能力、判断能力、沟通能力、写作能力等，是个体在职场晋阶中厚积薄发的重要通用能力，不受工作轮换的影响，也是企业识别高潜人才的重要指标。但素质技能培养周期长，最难培养、需要较长时间的学习积累和专业训练。我们从小到大接受的学历教育，包括中小学、大学、研究生、博士等学历教育体系都是在培养素质技能。当然，个体的素质技能也可以在后天的自我完善和修炼中不断提升。

第二类是方法技能，处于素质技能和岗位技能的中间，是可以解决一类问题的流程工具的集合。相比素质技能，方法技能可以通过短期的学习获得，稍好培养；相比岗位技能，方法技能和工作情境做了一定的抽离，弱相关，稍难迁移。工作中的顶尖高手最重要的特质就是自己能够提炼总结相应工作的方法论，能将实践中解决问题的能力提炼成方法论，包括模板、技巧、流程、规则、框架、模型等，不仅能够知道为什么干，还知道工作任务背后的逻辑，并且能用自己提炼总结出的方法论指导他人工作。方法技能构成一个人独特的能力。

第三类是岗位技能，一般是为了解决某一个工作场景的问题。相比素质技能和方法技能，岗位技能占比最少，最容易学习和培养，与情境紧密相关，较难迁移。如果换一个工作场景，岗位技能就有可能失效。例如，一个对烘焙技术“零”基础的汽车维修工想到面包房烤面包，维修技术就派不上用场了，需要重新学习烘焙技术。另外，岗位技能也需要素质技能做基础，如果一个4S店汽车修理工学会了汽车维修技术，是不是就胜任岗位了呢？也不一定！如果这个修理工仅仅会修车，但不擅长和客户沟通，不能够遵守4S店的制度规定，也无法做到让客户满意。我们经常从网上看到新闻曝光：有4S店的修理工擅自使用客户车辆被发现，招致客户索赔，损害了4S店的品牌信誉。另外，大量的事实表明，很多高技能人才即使拥有顶尖的岗位技能、高超的方法技能，依然不能走向高层管理岗位的主要原因，就是缺乏人际沟通、社交、协调等素质技能。这就说明，一个人如果仅仅具有岗位技能，素质技能不过关，岗位技能也无法有效发挥作用。

顶尖高手一般都具有非常好的素质技能，总结提炼问题的方法技能，尤其是方法技能，岗位技能的占比反而很小。德国的职业教育就把大多数时间放到方法技能的培养上。方法论掌握得越多，工作的能力就越强，轮岗时也更适应。依然拿眼镜验光师举例，具备基本的岗位技能就能胜任工作；掌握方法技能就可以独当一面，努力做到优秀；但只有具有较高的素质技能，具有追求卓越、精益求精的精神，高度的责任心和使命感，能够持之以恒、不断突破创新、刻苦钻研，才能攻克配镜过程中各种形形色色的疑难杂症，积累经验，提炼总结方法论成为顶尖专家和大国工匠。

二、企业大学培养什么最出成果?

对企业大学来说，选择什么技能培训可以产出更好的结果呢?

素质技能和工作场景关联不大，比较通用，但培养周期长，见效慢，由一个人的基础教育决定，不太适合企业大学短周期培训的节奏。除非企业特别要求指定要做，一般也不是企业大学的培训重点。但某些态度类及高端的素质技能，需要与工作实践结合，趋向方法技能，学历教育阶段很难实现，可以通过企业大学培养，如职业素养、职业精神、商务礼仪、客户关系管理，高效沟通等。另外，对于某些党员领导干部培训项目，素质技能的培训也必不可少。例如，国家对国企党员、领导干部都规定每年要参与必修学时的党建、党史培训教育并纳入考核，就是要通过党中央精神、文件宣贯及党史学习教育，增强党员领导干部的政治意识，不断提高他们的政治判断力、政治领悟力和政治执行力。

方法技能是企业大学培训的重点，也是组织智慧的核心。企业大学要致力于成为企业内部的问题解决专家和方法论提炼专家。互联网时代，外部公共知识泛滥，人们最不缺的就是知识，真正适合各类组织应用的知识，是那些经过内部验证，并能够与企业的具体战略，目标和场景结合起来的知识，这些知识都是组织内部的高手通过学习，解决问题和反思总结提炼出来的。对于个人而言，真正构成核心竞争优势的不是外部知识，而是通过实践（解决各类复杂困难问题）和深入思考产生的适合每个人工作场景的独特知识。

企业大学应该肩负起提炼总结企业方法论的重任，可以通过经验萃取，总结提炼企业最佳的行业实践和成功案例，将企业顶尖高手或高技能人才的个人隐性经验转化为组织的显性经验，并不断优化、复制和推广，让更多的员工掌握顶尖高手的方法论，提升企业人才的核心竞争力水平。例如，很多企业大学对后备干部和中层干部管理能力提升项目的培训，通过系统输入管理者角色认知、管理自我、管理他人、管理团队等管理的基本理念、方法论和工具，帮助学员完成从不胜任到胜任，从胜任到优秀的蜕变；对高潜管理者领导力项目的培训，通过实战案例的解析、复杂问题的分析，培养高潜管理者面对复杂挑战，突破思维，预见未来，拥抱变化的能力。方法论掌握得越多，工作的能力就越强，轮岗时也越适应。很多从世界五百强企业出来的 CEO 或职业经理人，即使后来从事非相关行业，都能够运筹帷幄，决胜千里，就是 CEO 或职业经理人都掌握了一整套解决问题的方法论，可以以不变应万变。

岗位技能和工作情境强相关，岗位不同，技能不同，水平越高的岗位技能要求的技术就越专、深，越难迁移，如果由企业大学分别培养，被培训受众少，还需要因岗而异，投入性价比不高，效果也未必好。而且高端岗位技能的培养需要谙熟业务，培训师本身就应该或达到高技能大师的水平，否则无法胜任，所以岗位技能一般是由企业通过在岗培训，由高技能人才通过“师带徒”的培养方式来完成。例如，眼镜验光技术，学习 600 度以下的普通验光技术，参加行业通用的眼镜验光技术培训就能掌握；但学习较高难度的验光，如遇到 1200 度的高度近视，600 度的重度散光客户并交叉眼部疾病，必须由高技能人才或大国工匠手把手地来教学。当然，在这个过程中，企业大学可以帮助企业高技能人才完成从专家到内训师的蜕变，通过萃取高技能人才个体经验，开发内训课程、掌握培训的方法技巧，提升高技能人才“师带徒”及企业内训的能力。有些基础的岗位通用技能，如销售技巧，标准话术，培训受众多，内容深度要求不高，可以由企业大学组织策划培养。

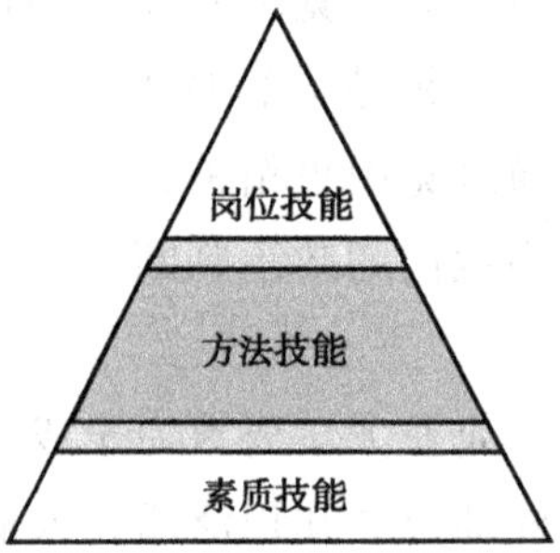

综上所述，对企业大学来说，投入产出效果比较好的培训类别是深色区域。企业大学最适合做的主要是学员的方法技能，其次是高端的素质技能（偏方法技能的素质技能）及态度类的素质技能，再次是通用的岗位技能。如果条件具备的情况下，专深的岗位技能还是建议由企业业务部门通过在岗辅导或“师带徒”的方式培养。因为素质技能需要较长的培养周期，所以不是企业大学培训的重点，但对于某些党员领导干部政治素养、政治能力的培训，普通员工职业精神，职业素养的培训，素质技能的培训也不可或缺。

企业大学可以成为利润中心吗？

曾向英

企业大学可以成为利润中心吗？

这个话题很容易让人联想到 20 世纪 90 年代在中国出现的教育“产业化”的争论，“教育产业化”泛指利用市场手段扩大教育资源、利用市场机制“经营”教育的各种举措。理论界关于教育产业化的争论长达十多年，反对者主要从教育的公益性出发，在价值层面质疑产业化、市场化的主张；支持者强调教育所具有的产业性质，认为在市场经济环境下，教育产业的发展是无可争辩的基本事实。不过从2004年初起，教育部负责人就开始严词否定教育产业化的提法，一再强调教育产业化会毁掉教育事业。从实践发展来看，“教育产业化”已成为享有骂名的负面词汇。饱受凄苦的老百姓和社会舆论对教育现实中学校营利创收、乱收费，乃至钱权交易等种种乱象有切肤之痛，纷纷声讨。随着2021年“双减”政策的尘埃落定，教育产业化的争论也不辩自明。

教育产业化最大的问题就是破坏了教育普惠公平的原则，有钱成为享受优质教育资源的前提，“阶层”越来越难以突破。更严重的是，教育产业化导致了人们对教育的认识越来越功利，过度考虑投入产出，将教育作为赚钱的工具去追求“短期见效”的教育，降低了教育的质量和成本，从而造成恶性循环。这已经违背了教育的初衷，更不利于国家的长远发展。

教育是长期投资，着眼于人的未来发展及社会效益；盈利是短期目标，着眼于当前利益。如果是以教育作为初心，那就不能以挣钱和盈利作为唯一的目的。要考虑人的长期发展性，如组织和个人的成长性目标，还要兼顾社会效益。企业大学是企业员工终身教育成长的学习平台，企业大学的初心是人才的教育与培养。如果以人才培养为目标，那就得考虑如何解决企业员工实际工作中的问题，引导员工以应用驱动型学习去提升岗位胜任力，弥补能力短板，助力企业的成长；如果要以利润为出发点，那就得考虑怎样做投资回报率最大？什么培训项目盈利水平高就做什么？怎样能节省成本？而不是从组织和人的成长的全面发展角度考虑问题了。这是两个不同的思维视角，必然带来两个完全不同的操作结果。

从企业经营运作现实来看，所有部门都成为利润中心也不现实。企业是个系统，各个职能部门就像人的各个功能器官一样，协同配合实现整体效益。市场及销售部负责拿订单，冲业绩，保障企业的生存；财务、人力等职能部门提供支持服务；战略、研发部门负责长期规划，运筹帷幄，把控企业的未来。企业不仅要用当期利润解决当下的“苟且”，生存的问题，还必须有谋划“诗与远方”的战略部门及研发部门，立足现实、展望未来。不仅为今天做好今天的事，还要为明天做好今天的事；不仅从今天的机会把握明天的市场，还要从明天的市场选择今天的机会，去储备组织面向未来的人才资源、组织能力、新产品及服务。企业大学的终极目标是要做到“上接战略，下接绩效”，是为企业的未来培养和储备人才的战略部门，所以就更要聚焦组织发展和个体成长，从企业基业长青，可持续发展的角度系统全面地去规划企业人才发展学习地图，规划和培养企业未来的人才发展梯队学习路径，盈利就不能成为第一目标。

另外，从现实中“实现盈利”的企业大学的实际情况来看，基本上都是依靠企业自身在供应链中的强势地位对所谓的生态圈“外部企业客户”（实际上是其供应链的供应商或伙伴企业）进行资格认证类或者提供产品服务的培训。其盈利前提也是企业给外部客户创造了价值，培训是企业给客户提供的一个附加产品。教育培训的组织者是不能以盈利为唯一目的的，妄想让整个企业大学成为盈利中心将会成为一个“陷阱”。当然不排除培训的供应商（师资机构）可以，但培训组织者如果以盈利为第一目标，追逐利润的过程中必然会偏离人才发展的正确航道，导致事与愿违。

当然，企业大学成长到一定程度，企业大学的人才培养能力和影响力自然而然地出现外溢现象，可能会带来一定的收益，但不能作为每个企业大学的硬性评价指标。但不排除当企业大学发展到一定的阶段，有非常成熟的标准化产品和服务时，也可以考虑通过多种方式实现一定的盈利。但那也是成熟的企业大学才具有的能力，不能苛责所有的企业大学都以此为目标。

标杆企业大学可以通过对生态圈赋能，尤其是对客户赋能的方式传播企业文化，为企业做隐形的宣传，增加与客户合作与交流的机会，提高客户黏性，传播企业文化，扩大品牌影响力，在为客户创造价值的同时实现社会效益、经济效益双丰收。例如，惠普商学院在20世纪80年代刚进入中国时积极参与了原国家经贸委主办的1000家大型国有企业高管班的教学工作，把惠普的先进管理经验与国内企业家和经理人分享。后来这项工作演变成了惠普商学院成立之后的常规学习项目，为国内各行各业的企业和个人提供培训和咨询服务。在这个过程中，参与者不仅学习掌握了国际化公司的管理方法和工具，也理解认同了惠普的品牌和文化，促进了惠普在中国市场占有率的稳步提升。目前国内很多知名公司，如海尔、华为、腾讯等公司都通过标杆企业学习的方式向外部客户及社会公众开放，通过标杆学习，跨界参访，体验式参观，输出企业文化，宣传企业，增进社会公众对企业的了解与认同。

另外，比较成熟的企业大学，如果有行业非常完善的培训体系和标准化课程，也可以尝试切分小单元通过内部孵化成立专门的培训公司或SBU。通过市场化竞争，不断提升孵化公司自身的实力，在实现盈利的同时，更好地为母公司和行业赋能。例如，中南高科企业大学就通过内部孵化石弘咨询公司，来承接内外部人才培养项目，借以打造石弘公司的市场化运作能力。

总之，企业大学的终极目标是通过企业人力资源核心竞争力打造企业的人才梯队的建设和培养来实现企业的战略目标。盈利不是企业大学的最终目的，也不应该成为企业大学的第一目标。

国企大学为什么重视党建方面的培训

杨志强　曾向英

国有企业是中国特色社会主义的重要物质基础、群众基础和政治基础，是中国共产党执政兴国的重要支柱和依靠力量。国有企业大学是国有企业人才培养的主渠道和主阵地，加强国有企业党建培训，是党和国家赋予国企大学的重要使命与责任担当。当前国际国内环境纷繁复杂，意识形态领域斗争异常尖锐，通过党史党建学习，既能促使国企干部员工更加认同党的主张、认同党的立场，牢固树立社会主义核心价值观，始终拥护和坚持党的领导，也能让广大干部员工更加坚定理想信念，保持政治定力，提高政治能力，主动适应经济新常态、转型升级、高质量发展的要求，将党的政治优势有效转化为企业的发展优势，为做强做优做大国有企业提供根本思想动力和坚强政治保证。

一、党建学习之必须——国企大学职责所在

国企大学既是国企的教育培训单位，同时兼具企业党校功能，是企业党性教育的主阵地、党员领导干部培训的主渠道。国有企业党校是国有企业党委的一个重要工作部门，承担着为国有企业党员领导干部补钙壮骨、立根固本的重要任务，承载着增强国有企业党员领导干部思想理论水平和党性观念的重要使命。党性教育是党的思想建设中的永恒主题，是党的干部教育的永恒主题，也是党校教育的永恒主题。党建培训是国企大学的应尽职责、重要任务。

一切工作服从于、服务于国有企业是国企大学办学的根本宗旨。国有企业的性质决定了国企大学教育培训的定位。国企大学以建设高素质干部队伍为目标。主要任务是着眼于提升党员领导干部的政治理论水平和党性修养，增强各级领导干部用科学理论武装头脑、指导实践、推动工作等执行落实能力。首先，要加强党的领导，主动适应新常态国企发展要求，深化宣传教育，增强国企员工的认同感和归属感，把党的理想信念，通过企业价值理念建设转化为企业的凝聚力；把党组织政治核心作用，通过企业党建工作创新转化为企业的领导力；把党的执政为民理念，通过强化企业员工主人翁地位转化为企业主体发展的创造力。其次，要加强国企文化的宣传教育和建设实践工作。国企文化建设的本质就是在国有企业培育和践行社会主义核心价值观，要重视培育国企领导层的企业文化意识，强化国企治理中党的领导作用，引导各级干部和员工认真开展企业文化建设。

二、党建学习之必然——独特优势转化的内在要求

坚持党的领导、加强党的建设是我国国有企业的独特优势。国有企业的性质和地位决定了必须坚持党的领导、加强党的建设，坚持党的领导、加强党的建设是我国国有企业的“根”和“魂”。

从政治上看，国有企业是中国特色社会主义的重要政治基础。“国有企业党组织和

党员队伍是我们党的重要组成部分，国有企业也是产业工人最集中的地方，国有企业党组织没有战斗力、党员队伍没有先进性，对于党的形象、党的威信、党的执政基础有着重要的影响。”“国有企业及其广大党员干部职工是关键时刻听指挥、拉得出，危急关头冲得上、打得赢的基本队伍。”（2016 年全国国有企业党的建设工作会议）中国共产党是执政党，是中国特色社会主义事业的领导核心，在国有企业中体现执政党的意志是必然要求。因此，国有企业天然肩负着巩固党的执政地位、实现党领导国家治理体系的重要使命，无论经营体制和管理机制如何变化调整，都必须始终坚持党对国有企业的绝对领导，始终确保国有企业沿着社会主义方向做强做优做大。

从经济上看，国有企业是中国特色社会主义的重要物质基础。国有企业特别是中央企业在关系国家安全和国民经济命脉的重要行业和关键领域居于主导地位，在国民经济发展中地位重要、作用关键，是中国特色社会主义经济的“顶梁柱”“主力军”，是党和国家最可信赖的依靠力量。以高质量党建引领国有企业高质量发展是国有企业基层党组织的重要政治职责。

从中国特色社会主义的本质特征看，国有企业的产权属性是公有制，全体人民是国有资产的终极所有者和出资人，因此国有企业公司治理结构依法履行职权的目标就是维护国家和人民的利益。而中国共产党作为执政党和全国最广大人民群众根本利益的忠实代表，在国有企业中主要是通过党组织发挥作用来实现和维护人民的根本利益。

从我国国有企业发展的历程看，党建强，则企业强；党建弱，则企业衰。只有坚持培“根”守“魂”不动摇，坚持服务生产经营不偏离，国有企业才能始终沿着正确方向前进并取得重大成就。党建工作始终是国有企业的独特政治优势，是企业核心竞争力的有机组成部分。问题的关键在于如何将竞争优势有效转化成发展胜势。

党建工作的独特优势主要包括方针政策优势、组织网络优势、党员队伍优势、群众工作优势和作风纪律优势。开展党建工作，就是要把这些优势通过企业价值理念、企业规划实施、企业行为规范、企业形象塑造、企业党建创新等运行载体，切实推进党建工作与生产经营相融互促，共同聚焦企业核心竞争力提升，促进企业的持续健康发展。在日常工作中，就是通过贯彻落实党的理论和路线方针政策来把准企业改革发展的正确方向，通过党管干部、党管人才来建强企业领导班子和职工队伍，通过发挥基层党组织战斗堡垒作用和党员先锋模范作用来凝聚职工群众、推动各项任务落实，通过加强党风廉政建设来正风肃纪、防范风险，从而使党的领导和党的建设为国企注入创业动力、创新活力、创造实力。

建立中国特色现代企业制度就是把国有企业党组织的政治优势与现代企业制度的体制优势有机结合。企业党建和生产经营是“一体两面”的关系。所谓“一体”是指，党建工作和生产经营都属企业这个整体中不可或缺的组成部分，是“车之两轮、鸟之两翼”。它们的方向、目标是一致的，都是为了把企业做强做优做大，发展国民经济，巩固党的执政基础；所谓“两面”是指，党建工作和生产经营发挥作用的途径和方法不一样。生产经营活动是靠计划、组织、指挥、协调和控制等这些管理方式来促进企业发展；而党建工作主要是从政治、组织和文化角度做人的工作，通过“提高人”和“凝聚人”来提升人员素质和企业创新能力，以推动企业的建设和发展。

三、党建学习之必要——明确党建价值所在

通过党建方面的培训，增强党员干部的政治意识，助力党员干部掌握党建工作的规律、途径和方法，积极推动党建优势的有效转化。

国有企业建设和发展对国企大学教育培训的现实要求，迫切需要国企大学认真履行“阵地”“熔炉”功能，充分发挥“教育”“教化”作用，切实担负起党建培训的重任。

通过党建方面的培训，助力国企的普通员工深刻认识作为“基本队伍”组成部分的神圣使命和责任，深刻理解把国有企业做强做优的重大社会意义、政治意义和时代意义，增强工作的主动性和积极性，自觉落实“六个成为”、对照一流标准、打造过硬队伍。

通过党建方面的培训，助力国企的党员同志不断强化角色意识、本色意识、责任意识和担当意识，自觉践行在党言党、在党爱党、在党为党、在党护党、在党忧党。特别是国有企业的党员领导干部，能够不断增强党的意识，时刻铭记自己是党在经济领域的执政骨干，牢记自己的第一身份是共产党员，第一职责是为党工作，做到忠诚于组织，任何时候都与党同心同德。突出政治功能，着力提升基层党组织的政治领导力、组织覆盖力、群众凝聚力、社会号召力、推动发展力和自我革新力，切实把基层党组织建设成为宣传党的主张、贯彻党的决定、领导基层治理、团结动员群众、推动改革发展的坚强战斗堡垒。

通过党建方面的培训，助力国企党政领导干部认真贯彻“三个有利于”原则，始终坚持两个“一以贯之”方针，切实落实党对国有企业的领导方式，准确把握党建工作的基本规律和方法，学习先进经验，不断提升持续推动基层党建与生产经营深度融合的能力，不忘初心强党建、政治建设有高度、充分发挥党建引领力，突出核心抓党建、工作推进有力度、充分凸显党建作用力，围绕中心促党建、品牌强企有亮度、充分彰显党建影响力，凝聚人心活党建、联系群众有温度、充分发挥党建凝聚力，以高质量党建引领企业高质量发展。

习近平总书记曾指出，理想信念就是共产党人精神上的“钙”，没有理想信念，理想信念不坚定，精神上就会“缺钙”，就会得“软骨病”。国企大学重视党建培训之“必须、必然、必要”三大特性，是职责之所在、党建之要求、企业之需求。“必须”是职责所在、责任担当；“必然”是内在要求，理所应当；“必要”是能力提升、价值体现。三大特性有机统一、相辅相成。

国企大学开展“培训项目思政”的实施策略

曾向英

2018 年 11 月中共中央印发的《2018～2022 年全国干部教育培训规划》着重强调：“坚持把学习贯彻习近平新时代中国特色社会主义思想摆在干部教育培训最突出的位置”“突出政治训练、政治历练，把提高政治觉悟、政治能力贯穿全过程”“各级党校（行政学院）、干部学院的主体班次都要设置党性教育课程”“落实意识形态工作责任制，把讲政治贯穿教学、科研、管理全过程，严以治校、严以治教、严以治学”“着眼培养造就对党忠诚、勇于创新、治企有方、清正廉洁的国有企业家队伍”。

当前，在建党百年这个新的历史背景下，党中央明确了对国有企业领导干部教育培训工作新要求。提升企业领导干部政治素质、政治能力已经成为国有企业转型升级、创新发展的迫切需要。作为国有企业大学，在培训项目中要旗帜鲜明讲政治，责无旁贷地把党性教育放在首位。

一、培训项目思政的概念与实施目的

“培训项目思政”指以构建全员、全程、全课程育人格局的形式将培训内容与思想政治理论建设同向同行，形成协同效应，实现党的政治思想在组织业务中的落地转化，通过“立德树人”达到增进学员政治认同、思想认同、情感认同，统一思想，凝聚力量的一种培训项目运作方式。

国企大学可以通过“培训项目思政”的建设实现党建和业务培训的深度融合，确保国企大学的办学方向，彰显国企大学的使命和担当；通过培训的主渠道，守住思想政治宣传的主阵地；提升国企领导干部党政业务深度融合的本领，积极推进党的政治优势转化为企业的核心竞争力。

北京祥龙企业大学基于多年“培训项目思政”的实践研究，萃取总结“培训项目思政”实践的成功经验，提炼出“培训项目思政”的具体实施策略，希望为国有企业（以下简称国企）人才培养中增强党员领导干部的思想政治建设提供可资借鉴的工作思路。

二、“培训项目思政”的具体实施策略

祥龙企业大学通过多年的实践，根据国企的需求，按照研究型培训的流程，业已总结提炼出全程、全员、全场域的“培训项目思政”策略，通过全程系统规划设计

"思政"测评指标、全员"思政"标准选拔及纪律要求、全程培训内容（包括培训内容及团建活动）"思政"元素植入、全场域及环境"思政"氛围打造来提升企业培训中党员领导干部的政治素质和政治能力。具体实施策略如下。

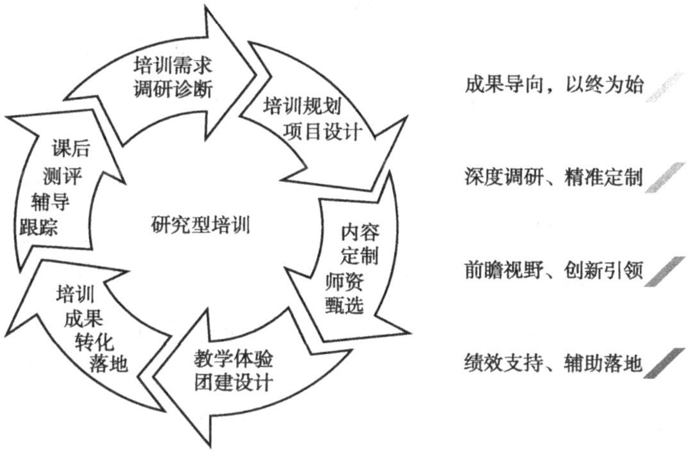

（一）全程系统规划设计"培训项目思政"测评指标体系

实施"培训项目思政"，就要遵循"以终为始"的原则，事先在培训目标设计、培训环境布置、培训内容安排、培训师资选择、团建设计、评估标准等和培训有关的环节设计"思政"标准及要求，全程系统规划设计"思政"测评指标体系。

培训测评指标是一种行为导向。一般的培训测评指标体系的设计，都是基于授课教师及培训组织满意度的设计，培训师和培训组织者倾向关注学员的感受，力争得到较高的满意度评价，少有主动设计"思政"的内容；"培训项目思政"需要提前在培训测评指标体系中体现"思政"教育的要求，并且作为关键指标，例如，培训内容是否融入"思政"元素和"思政"教育；团建活动是否设计"思政"内涵；培训成果中是否有"思政"体现；老师课堂用语是否规范、行为举止是否得当等。这样引导培训管理者倾向选择"思政"意识和"思政"能力双高的培训师；倾向设计蕴含"思政"元素的团建活动；倾向引导学员将"思政"教育在培训成果中体现；倾向引导培训师主动在课程中植入"思政"内容，以达到"思政教育"的功能。

只有经过培训前系统规划设计，才能达到预期的培训效果。如果在培训目标及课程评价指标体系中忽略设计"思政"元素做引导，仅仅依赖于培训管理者和培训师个体的自主选择，"思政"融入培训行为就具有偶然性和不确定性，那"思政"内容有可能是零散、随意、不规范、不成体系的，很难达到培训组织者的预期目标。

（二）选择党建和业务相融合的"培训项目思政"模式

党建工作应围绕中心、服务大局，与业务工作相辅相成。习近平总书记指出："党建工作始终是国有企业的独特政治优势，是企业核心竞争力的有机组成部分，是实现企业科学发展的关键因素，也是建立中国特色现代企业制度的一个本质特征。”而国有企业党建政治优势的转化要靠国有企业各级党员领导干部、管理干部以及广大党员的作用发挥才能实现。推进“培训项目思政”建设，就是要与企业领导干部的专业能力、岗位能力建设密切结合，深度调研了解领导干部在企业党建及思想政治工作中存在的问题、难点及痛点，基于工作场景开发培训项目，提升企业领导干部党建和业务深度融合的本领。

国企大学应围绕各企业业务工作，开发一系列基于工作场景的党建与业务相融合的培训内容，帮助领导干部掌握有效工作的方式方法，赢得人心，提升组织的向心力和凝聚力。例如，以“以史为鉴，开创未来”课程，用中国共产党发展史、改革开放史的洗礼，来坚定领导干部的理想信念，鉴证中国和企业的未来；以“哲学思维与七个能力”课程，帮助年轻骨干确立正确的思维方式与能力架构；以党史微课、党建知识嵌入贯穿培训全程的团建活动中，潜移默化地吸引学员主动靠近、乐于接受，逐渐吸收；以“党支部书记谈心谈话”等系列党建和业务深度融合的课程开发，帮助领导干部掌握科学的管理工具，提高谈话效率和质量，以促进业务绩效的提升。

培训是意识形态宣传的主阵地和主战场，通过“培训项目思政”的设计，让党的创新理论走进课堂，春风化雨、润物无声。应坚持在培训中理念引导，把社会主义核心价值观的要求内化于心、外化于行，成为全体学员的价值追求；应坚持弘扬主旋律、传播正能量，学会在潜移默化、润物无声中将党的理念植入培训群体，化为他们的自觉行动和高度认同，更好发挥基层党组织战斗堡垒作用，实现党建和业务的深度融合，积极推进党的政治优势转化为企业的核心竞争力。

（三）全员“思政”标准甄选及严格纪律要求

培训过程中学员接触到的所有人、事、物共同构成学员的完整体验。在这个过程中，任何人不职业的表现，都会给培训组织者和组织机构带来负面影响。因此，作为国企大学，要有全员“思政”标准和严格纪律要求。

优选“思政”意识与“思政”能力双高的培训师。培训组织者在做培训师资甄选时，一般首先要考虑满足企业的需求。但如果做“培训项目思政”，或者给国企做培训，除了满足企业需求这个单一标准外，还要鉴别老师的政治素质是否过硬，这个是一票否决项。即老师的价值观是否和社会主义核心价值观，和党中央、和国家一致，是否符合服务企业的文化和价值观，是否能够传播正能量。只有老师的政治素质过硬，才能培养出符合国企要求的员工干部队伍。

对培训师和培训组织者严格政治纪律及政治教育。为了避免风险，培训前要认真考核培训师及组织人员的政治素质并提出相应要求：首先，不能在课堂上讲出格的话。学术研究无禁区、课堂讲授有纪律、言论行为有底线。其次，不能在课堂上传递负能量。这两条是铁律，最佳做法是严格培训从业者政治考核，在培训前和培训师签订承诺书，请老师做出书面承诺，增强培训师的自律意识以及对国企课堂的敬畏感。另外，要培养授课教师和培训工作人员的职业认同感和爱岗敬业的精神。很多社会上的培训师对党的政治理论和社会主义核心价值观缺乏理论认同、政治认同和情感认同，如果老师的价值观和社会主义核心价值观或企业价值观不一致，就有可能出现意识形态问题，混淆学员的试听，造成潜在的政治风险。

培训项目“思政”不是向学员灌输“思政”理论，而是通过“思政”教育形式来引导成人学员树立正确的人生观和价值观，实现思想价值引领。“培训项目思政”实施过程中最大的困难是，教师要发自内心地认为：教学最重要的目的不仅是知识传授，还有价值塑造和能力培养。教师的最大价值，不是把知识正确地讲出来，而是在教学过程中通过言传身教、知行合一来育人。实际上，教师对待教学、课程和课堂的态度，既是潜移默化的课程思政，更是最直接的课程思政。教师以身作则，教师育人的所思所想、言行举止等，都是一种无声的教育，无言的示范，这些动作和微行为都会潜移默化影响学员的行为和价值取向。学员学习的主动性与教师对待课程的态度是正相关的。如果教师本身是一个德艺双馨的老师，那他的言行举止对学员就会产生良好的示范和影响，反之亦然。国有企业尤其重视对老师的政治素质考察及培训内容的政治审核。培训组织者要深度考察老师的价值观、政治品格和专业能力，优选“思政”意识与能力双高的培训师，严格“思政”要求及纪律，保障“培训项目思政”目标的实现及降低课堂的政治风险。

（四）选择恰当的培训“思政”元素及内容并有效自然切入

为专业课老师提供“思政”交流研讨的平台。培训师是企业培训中学员知识获取的“单一来源”及“优质”教育资源提供者，也是培训内容的主要创造者。培训部门要引导培训师分析和梳理课程知识点、培训目标，找到课程内容和“思政”元素的切入点。国企大学要参考“思政”课程、“思政”教育的教育教学目标，要为专业课老师提供和“思政”课老师交流研讨的平台，获得“思政”课老师的指导。培训思政和教书育人相比，更加强调政治要求、意识形态斗争需要，践行内涵丰富的社会主义核心价值观的需要，需要培训师将“小我”与“大我”相结合；“培训思政”不能等同于一般性的品德要求和素质教育，课堂上要杜绝偷换概念，尤其是要杜绝“高级红，低级黑”；特别强调提高政治站位，实现“思政”课引领，以“培训思政”为抓手创新干部培养手段，提高教师的政治意识和政治能力；以“思政”课为核心引领“培训思政”教育，立足办学特色拓展企业培训通识课程的“思政”内涵。

探索挖掘专业知识点和“思政”教育的融入点。要立足学科优势挖掘成人专业培训课程“思政”资源，研究党建和专业课程如何融入、融合来挖掘“思政”点，从培养专业技术技能人才角度出发，挖掘不同专业中蕴含的育人要素，引导教师巧妙植入

“思政元素”，潜移默化传递正能量。通过给老师们推荐必读书目，引导培训师围绕习近平新时代中国特色社会主义思想、党的历史、宪法法律、中华优秀传统文化等设定课程模块，开发系列课程。并且将习近平关于教育的重要论述作为“课程思政”工作的根本指南，规范老师及班主任课堂用语，要求老师们要提高政治站位，将社会主义核心价值观的要求，中华传统文化、实现民族复兴的理想和责任融入课程内容及培训班管理过程中。

将“思政”元素有效自然切入培训内容而不至于突兀生硬。培训师是培训内容的主要设计者，所以要实行“培训项目思政”，首先要与优选的培训师进行充分沟通，让老师对“培训思政”的内容及设计有个全面的了解，如果可能，最好给老师们做统一培训与指导。另外，在引导专业课教师实施“培训项目思政”时，要遵循以下原则：

一是坚持专业教学内容为主，不“喧宾夺主”。不为“思政”而“思政”，巧妙融入“思政”元素，不矫揉造作，不偏离主题。例如，在企业创新课程中，设计劳模分享创新故事环节，通过劳模以身示范创新精神和体会，潜移默化弘扬劳模精神和工匠精神，让大家真切感受到创新精神、创新意识对企业发展的重要性，引导学员培养创新精神，从身边创新，推动企业与时俱进与发展。

二是“思政”的植入坚持少而精，恰到好处。精心挑选优质“思政”素材和课程资源，切忌过分嫁接“思政”内容而偏离授课主题。“思政”的植入坚持少而精，起到画龙点睛的作用，让学员看不到，但是能感悟到，像撒点“盐”，领会到培训中浓浓的“思政”味道。例如，《手机摄影技巧》课程，老师选取的摄影素材都来自脱贫攻坚和乡村振兴的主题，老师在讲解和赏析摄影作品时，就潜移默化地让（生活在城市中的）学员领略到了我国乡村振兴政策带给农民的最直接的利益和变化，增强了学员对国家扶贫政策的理解、拥护和支持。

三是体现中国特色，传播中国声音。用好中国故事，中国博大精深的传统文化中有很多值得传承的“思政”资源，要以习近平总书记系列讲话精神为指导，针对新生代员工的需求，选择内容贴近时代，贴近行业，贴近专业，与课程主题相关，充满正能量的时政热点、“网红”素材，用鲜活的时代案例对学员进行价值塑造、能力培养和知识传授。例如，以正在热播的电影《长津湖》为课程资源来讲授领导力和执行力，激发学员的爱国热情，深刻感悟志愿军指战员的钢铁意志、无私奉献与家国责任。

四是场景化教学，启发式引导。成人学员的固有思维及认知不易被改变，老师要针对成人学生的特点，转变平铺直叙的教学方法，转换为场景再现的启发式教学内容，课程中可以设计更多的启发、引导，通过提出好问题，激发学员深度思考，达成共识。例如，党支部书记谈心谈话课程中，通过教练式辅导的方法论和工具学习，让党支部书记了解员工心理，提升管理沟通、辅导下属、复杂问题和冲突解决能力，提高谈话效率和质量，以促进业务绩效的提升。

运用嵌入式的宣传方式，“培训项目思政”可以做到既有理论深度，以情动人，以理服人，把理论蕴涵的道理通过故事化的情节表现出来，蕴含民生温度，又可以把中国的发展成就、发展道路、发展理念融入培训内容、融入活动中，有效增强意识形态领域的主导权和话语权，统一思想、凝聚力量，让主旋律更加响亮，正能量更加强劲，文化自信得到彰显。

（五）将“思政”元素嵌入教学团建活动，创建积极学习场域

培训内容很重要，培训形式也同样重要。不是所有人都天生热爱学习，人的学习效果会受到多种因素的影响，包括预期目标、学习态度、以往经验、个人天分以及情绪状态。而学员的情绪状态对学习效果的影响非常关键。好的培训体验能充分调动学员的情感因素，增加学员学习动力，使培训效果达到投资者预期。如果学员曾经有过非常难忘的学习体验，他们就会怀着积极的心态去参加学习。相反，负面的学习体验会带来更深远长久的影响，学员会对这之后参与的学习非常抗拒，所以培训管理者要精心设计每一次学习项目，不忽略每个细微的环节。

良好的学习场域对学习效果起到积极正向的促进作用。处在积极学习场域中，学习环境和人会相互影响相互感染，大家都能够感受到积极、开放的能量流动，对培训效果的呈现及转化起到正向的作用。积极的学习场域不仅能促进老师展现最佳授课状态，保证培训效果；也能促进学员相互激发，深度思考，班级内积极能量的相互传递，促进后续学习转化发生，促进学习效果的最大化呈现；对培训班主任来说，通过营造积极学习场域和体验，便于班级管理，建立和学员之间的良好信任关系，促进个体成长。

设计蕴含党建元素的团建活动，潜移默化“思政”。围绕课程主题，可以设计丰富多彩的团建活动，在活动中潜移默化地将主流价值观，文化导向和意识形态融入进去。例如，班主任在课前破冰、温故知新活动中，设计了党史、中国传统文化、时事政治等竞赛题目，深受学员的欢迎，获胜小组赢得阵阵掌声，坚定了学员的学习热情，也激发了其他同学赶超的斗志，这就是通过“思政”团建悄然无声影响学员行为的例子。好的学习项目都会通过仪式感的设计来增强学员的学习体验，如开营、闭营仪式、小组竞赛、汇报展示等，通过跌宕起伏的情感线设计，强化学员在整个学习过程中积极正向的情感体验，提升学习项目的效果与价值。

通过团队积分竞赛，传递正确价值导向。团队积分竞赛设计是通过社会学习提升学员的学习体验。通过学员感性的调动（痛、爱、兴奋度、成就感）及设计配合情感线的知识传授，提升学员学习的主动性，增加培训过程中的愉悦感和成就感，让学员印象深刻，记忆持久。培训管理者要在学习及小组积分竞赛规则的设计上融入“思政”价值导向，体现积极正向引导。例如，鼓励学员上课积极踊跃回答问题（分享心得体会）；鼓励学员在晨会“温故知新”抢答环节积极抢答；鼓励每天培训结束整理小组桌面及内务；鼓励上课手机静音……在积分竞赛规则中，可以体现中华博大精深的传统文化和积极价值导向，对积极正向的行为通过加分进行鼓励，对负面的行为通

过给其他组加分来变相惩罚，引导大家为班级做好事，积极踊跃回答问题，从而强化主流的价值观和意识形态，也间接传播了中华优秀传统文化。

（六）在学习环境与场域的设计上要体现“思政”元素的植入

有效的培训是通过营造良好的环境氛围、机制，推动人的内在发生改变，激发人的学习内驱力。在短期培训中，学习环境和人构成了学习场域，会对学员的行为产生影响。学习环境是指教室硬件、教室环境布置、学习资料等。人指的是培训师、培训班主任、其他培训辅助者和学员。学习环境和人之间相互影响、相互作用，从而影响着学习效果的呈现和转化。

在学习相关的硬件环境的设计上体现“思政”元素的植入。校园室外环境可以用文化墙、标语、长廊及宣传栏宣传党的最新理论、方针、政策；党校在老师讲台背景布置党旗党徽，增强了肃穆感也传播了党校文化；在教室墙面及学习区也可以设计相关的“思政”元素，同时围绕学习理念，在打印的学员手册、学习资料、桌牌等位置进行强调，这些都会增强学员的学习动力，创建积极的学习场域，加强正能量的流动。例如，步入中央党校，无论是在校园，还是在教学楼，随处可以潜移默化感受到浓浓的党建氛围和党校文化，被积极的环境元素赋能。教室的选择也会影响学员的学习感受。例如，某机构党史课程的教室就选取在赵家楼饭店——著名的五四运动遗址，当年“火烧赵家楼”事件拉开了中国新民主主义革命的序幕。在这样蕴含红色基因的环境中听老师讲党史，讲五四运动和新民主主义运动，就特别容易让学员触景生情，形成深刻印象，也能激发起大家的爱国热情。

在学习相关的软环境设计上巧妙植入“思政”元素。例如，开营仪式及闭营仪式中会场布置的领导座次要充分考虑礼仪及企业文化，体现对客户的尊重；班主任会在授课老师桌签背面打印：“老师辛苦了”等温馨的话语，用中华礼仪让授课老师体会组织方的良苦用心与人文关怀；教室桌椅的摆放尽量采用“鱼骨图”的岛式设计，可以体现尊重、增强学员的融入感，也便于学员和老师、学员和学员之间建立链接，互动交流。除了桌牌、座次、桌椅摆放外，红色主题及红色元素的学习材料也能带给学员积极的正能量，如课程主题：“勇往直前!”体现了先辈们大无畏的精神，也会给学员传递满满的正能量。

培训是意识形态宣传的主阵地和主战场，如何利用好成人培训这个舞台，把坚持党的领导、加强党的建设作为统领改革发展的“定盘星”和“压舱石”，促进国有企业党建和业务深度融合，为做强、做优、做大国有企业提供动力和保证，为企业培养出更多“政治素质过硬，业务能力精湛”的高素质干部队伍，是一个需要持续研究的课题。“培训项目思政”是一个新鲜事物，还有很大的研究发展空间，需要集聚各方研究智慧，群策群力去继续拓展和深化研究，积极推进党的政治优势转化为企业的核心竞争力，助力国有企业的转型升级和创新发展。

如何让培训满足培训利益相关方的需求

曾向英

我们经常说培训要满足企业需求，一般通常指满足学员需求。但一个高效的培训仅仅满足学员的需求是远远不够的，而是要尽量满足所有培训利益相关方的需求。那培训的利益相关方包括什么呢？

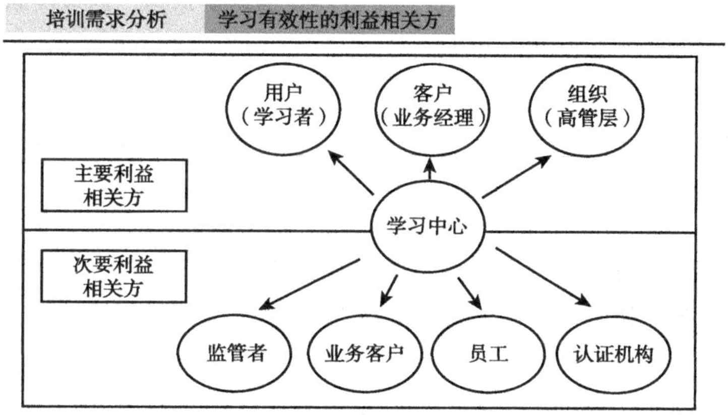

培训的利益相关方即培训中涉及的组织和个人。图示是一个常见培训中的利益相关方。一般情况下，培训的主要利益相关方包括：

用户：即学员，是培训的学习者和实际使用者。

客户：是培训的投资者，一般指企业的高管及学员直属上级。

次要利益相关方是培训的间接利益相关方，包括：

监管者：如培训企业的上级公司或政府监管机构。

业务客户：企业的客户或者合作伙伴。

员工：是企业内部客户，培训的结果也会直接间接地影响员工的利益。

认证机构：认证机构是指对培训产品、服务、管理体系和技术规范要求进行合格评定活动的经营机构。如果是取证的培训，利益相关方还包括认证机构。

因此，培训的利益相关方不仅包括用户、客户、组织的高层管理者，还包括和企业学习中心有关联的监管者、业务客户、企业员工，有时还包括培训认证机构。我们在做培训需求调研和访谈时，往往会发现培训利益相关方的需求经常是不一致的，如培训最重要的两个利益相关方，培训的用户（指学员）和客户（一般指组织高管层及学员直接上级，统称组织管理层），因为站位不同，看问题的角度不同，往往会提出不同的需求，那当两者需求不一致时，我们是满足学员的需求还是满足组织管理层的要求呢？下面我就用一个实例来说明一下如何协调不同利益相关方的需求。

有一次我们去某企业做培训需求访谈，企业领导一见面就说："学员的执行力差，给他们开提高执行力的课程吧。"但经过深入访谈，我们了解到学员执行力不强是表象，背后的原因很复杂。培训目标学员都是一线管理者，他们非常听话，也会严格按照上级领导的指示去完成工作，但因为他们大多都是从基层提拔上来的，所以更关注业务，没掌握和员工管理沟通的方法，给员工布置工作时简单粗暴，比较强势，遇到问题员工或者意见领袖，往往就执行不下去，有时候甚至发生冲突。一来二去，威信下降，任务就更难布置，他们也越来越发憷给员工分派任务，接到任务只能自己干，自己干不完被挨批也很委屈。这些学员表面上看是执行力不强的问题，实际上是不会沟通，缺乏团队管理能力导致。后续我们又和领导深入分析执行力不强的真实原因，达成共识。最终，我们为这批学员设计了《高效沟通》和《团队管理》的课程，通过沟通技巧的培训和团队管理技术提升这些学员的沟通和管理的能力，来解决他们表现出来的执行力差的问题。当然在这个过程中，培训管理者也要充分尊重领导，反复和领导确认问题表现，说服领导关注问题背后的原因，最终和领导达成共识，认同所设计的培训规划。

从以上案例可以看出，做培训需求访谈时，经常会遇到学员真实需求和培训利益相关方要求不一致的情况，所以要注意避免以下误区。

一、投资者的要求不一定等于培训需求

毋庸置疑，投资者（高管和学员直线上级）更了解学员和企业的业务，但投资者不熟悉我们的教学内容，他们提出的要求有可能是学员的表象，但培训需求分析要由表及里，像剥洋葱一样层层剥到学员的核心需求，需要更专业的培训需求分析和诊断技术。培训管理者对上什么课、什么样的内容能够解决学员的痛点和难点更清楚，在课程内容选择上，培训管理者更专业，更有发言权。投资者和培训管理者的最终目标一致，都是为了通过培训让学员能力得到提升，高管和学员直线上级都非常智慧，培训管理者要勇于、擅于和他们做专业分析，就能很快和投资者达成共识，挖掘出学员的真实培训需求。

二、学员的个体需求不一定等于组织需求

首先要看学员的需求是符合组织发展的需求还是单纯的个体需求，如果学员的需求是单纯个体的需求而非普遍性需求，那一般不在统一培训中予以考虑。

例如，我们在培训访谈时就碰到过个别孕期的学员想学习婴幼儿养育相关知识，还有些学员出于个人兴趣，想学插花、中国画等和业务不相关的技能，而且是小众需求。

这种情况下，组织不能满足学员自身的个体需求，但不排除可以给学员推荐一些

课程资源（如微课或网课）或者其他解决方案让学员去自学。

假如学员的个体需求是普遍性的需求，在员工中占较大比例，可以根据具体情况加以满足。

例如，女性员工感觉工作生活压力比较大，想学习情绪压力管理；很多员工在新冠肺炎疫情肆虐期间想学习防护知识，而且员工因为解决不了情绪波动和工作防护问题有可能导致工作积极性下降，工作效率偏低。

这种情况下培训方可以根据大多数学员的个体需求，和组织管理层商量是否需要组织类似内容的培训。实践中，可以协调企业的工会合作完成相关主题培训。

三、培训利益相关方的需求有冲突或不一致

假如学员的需求是符合组织发展和个人职业生涯发展需要的需求，与组织的要求有所冲突，或者优先级不一致，这时候我们可以首先考虑学员的需求，再分析组织的需求或者直线上级的需求背后的最终需求是什么，来协调平衡。因为培训之后的评价和反馈主要是由学员完成的，如果学员不满意，直线领导和组织肯定也不满意。但学员满意了，领导和组织就满意了吗？那不一定，所以好的培训规划设计都是既满足领导和组织的需求也要满足学员的需求，作为培训管理者，在培训需求访谈时，不仅要准确诊断培训需求，还要肩负协调不同利益相关方需求的重任，因为只有这样，才能让培训在满足大多数利益相关方的需求同时也让大家都满意。

四、培训利益相关方是动态变化的

需要注意的一点是，培训的利益相关方并不是一成不变的，有时候会相互转化。例如，我们在组织首都素质工程项目的企业培训时，培训的主要利益相关方包括企业高管、业务经理、学员。次要利益相关方包括监管者和企业员工。但素质工程项目享受的政府补贴是由总工会职大（培训的监管及发证单位）投资各个培训机构，服务各个企业培训，所以总工会职大不仅是监管机构也是投资者，它就由培训的次要利益相关方转变为主要利益相关方。另外，领导力项目的培训员工一般是培训的次要利益相关方，但如果是以员工为授课对象的培训，员工就是客户，那他就变为培训的主要利益相关方了。

五、培训需求不等于解决方案

培训需求是客户有能力支付并且驱动客户购买培训的动力，一般是客户为了解

决问题（管理的培训），避免风险（安全类的培训）、回避责任（党建类的培训）等动机驱使下选择培训行为的内在动力。而解决方案是企业大学或者培训机构为了满足客户需求而提出的一揽子解决方法及策略。单个培训需求可以有多个解决方案，但客户最终只能选择其中最适合的解决方案。如管理的培训，解决中层干部管理能力不足的问题可以有多种解决方案，可以通过讲授领导力系列课程，也可以通过对标学习、标杆企业参访，还可以找一对一教练来辅导，面对同一种需求，可以有多种解决方案。

在厘清了培训需求调研的误区之后，怎样才能做好培训需求调研呢？

首先，要注重积累，培养自己的专业度。

作为培训管理者，只有具有足够的专业积累，才可能识别出学员真实的需求，才可能说服投资者认同我们的课程设计，也才有能力和培训师沟通，帮助培训师设计更满足学员需求的培训内容。给企业量身定制培训规划是我们的专业体现，也是我们的价值所在，所以平时要注重学习和积累，获取多方面的知识和技能，提升自身专业领域的深度和知识的广度。

其次，要学会换位思考，尊重每一个人。

培训投资者因为站位不同，考虑问题的角度自然也不同于常人，我们要学会换位思考，具有同理心，进一步了解对方为什么会这么说？背后的原因是什么？尽可能去理解对方并给足投资者面子，我们应该相信，投资者和我们的目标是一致的，都是希望培训取得最好效果，通过有效沟通，我们可以和投资者一起努力去达成目标。

再次，在培训需求调研时，最好采用面谈的方式。

做培训需求调研的方式很多，有问卷、电话访谈、微信访谈、面谈等，但实践中最简单易用并且效果较好的方式是面谈方式。通过面谈沟通，我们可以清楚地看到对方的表情、动作以及身体语言，可以灵活运用教练技术探寻到企业培训中问题的背景和根源，为我们进一步解决问题找到充分的依据。

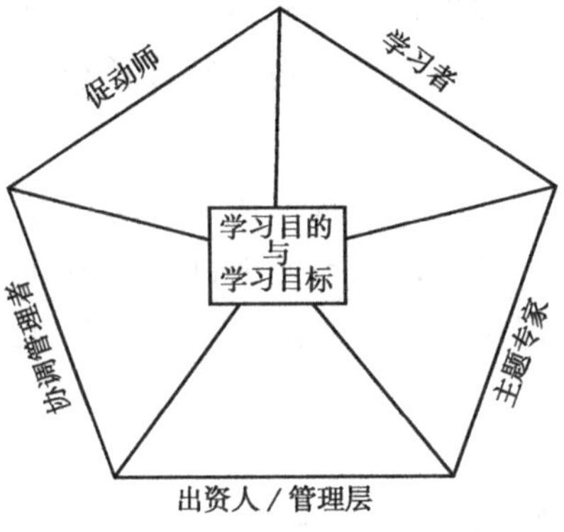

最后，用调研案例辅助培训的规划和推广。

通过前期调研和访谈我们可以搜集到企业的真实案例，用案例来说明问题比空洞的说教更有说服力。

有一次我们去一个服装连锁企业做培训需求调研，刚好人力资源部楼下就有个他们的服装连锁店，去调研前，我们特意去连锁店做了暗访，当时服务员对我们非常不礼貌，主要原因可能是我们一行人都穿得非常随意（这也是我们事先的特意安排），通过和他们的对话我看出来他们并不单纯是不了解商务礼仪知识所致，而是他们凭衣冠取人，缺乏沟通技巧，说话太直接。当人力资源负责人给我们抱怨，他们已经给员工培训了很多次商务礼仪但员工服务质量还没得到提高时，我们就明白店员的实际痛点是客户意识不强，沟通能力也欠缺，这导致他们对客户招待不周，造成客户流失。即使员工经过数次培训学会了商务礼仪，但因为没有客户意识，内心不愿也不会和客户良好沟通，结果依然不会让客户满意。之后我们和人力资源负责人详细分析了暗访中店员行为表现以及背后的原因，人力资源部负责人很快认可了我们的规划和设计，我们也成功定制了解决店员痛点的课程。

通过以上的分析，大家看看是不是能更好地解决我们培训需求访谈的痛点：用户（学员）和客户（学员上级）需求不一致的问题呢！基于彼此尊重，专业分析、判断，通过真实案例有效沟通，培训需求不一致的问题很快就会迎刃而解，与培训利益相关方达成目标共识指日可待！

培训教学系统设计中的五个关键利益相关方

曾向英

培训教学系统设计中的利益相关方，是指培训的最终结果有可能影响到的相关方面，主要包括培训投资者、学习者、培训师、主题专家、培训协调者等五个角色。因为培训的最终结果会影响到他们的直接利益，所以他们对培训非常关注。

在我刚进入培训领域时，碰到过几个至今仍记忆犹新的事情，有一次企业培训，班主任设计了一个“吸管造船”的团建活动，要求小组在15分钟内通过团队共创用吸管和扑克牌做出一只船，活动的最后需要将所有小组的“船”放到水面测试，哪个小组制作的“船”能在水面坚持时间最长即为获胜组。活动设计得非常好玩有趣，学员们也全情投入创意迭出。因为培训地点在企业，班主任提前一天让培训对接人准备一个大盆（至少能放下六个组做的“船”），但可能当时双方没有确认清楚，导致企业对接人没理解活动的意图，培训当天活动还有10分钟就快开始时，培训协调者才拿来了一个洗脸盆，而且最多只能放进去一只船，导致活动无法按计划进行，班主任只能临时调整活动方案，搞得特别狼狈。

还有一次，我们在某个酒店给一个企业组织创新工作坊，学员需要在墙上粘贴老师布置的商业画布，但酒店服务员硬是不让学员在墙面粘贴，说墙面是新装修的，担心损坏墙面，不允许粘贴任何东西。班主任反复解释用美纹纸不会破坏墙面，但服务员特别刻板依旧不同意粘贴，直到最终找到酒店负责人协调才同意。

另外，课程开发过程中，主题专家和培训师的观点不一致的情况也屡屡常见。

有一次，培训师不认可主题专家设计的内容，觉得太枯燥，为了增加学员学习兴趣，培训师（设计师）就对内容做了较大的修改和调整，增加了一些活动。但主题专家复审时觉得活动画蛇添足，太“小儿科”，影响专业度，大发雷霆，导致双方不愉快。

从以上可以看出，如果我们在教学系统设计中忽略任何一个利益相关方需求，没有在培训前达成共识，就会导致一些冲突或者尴尬的现象。那怎样做才能设计出学员满意，利益相关方满意的课程呢？首先，就要了解教学系统设计有哪些最重要的利益相关方以及他们有什么样的需求。

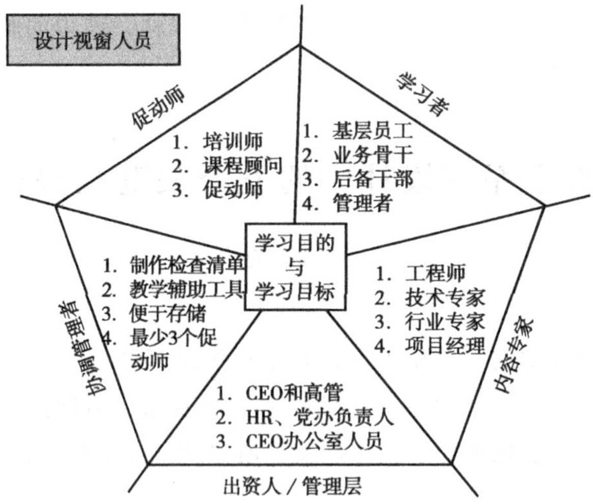

培训教学系统设计中的重要利益相关方包括培训投资者、学习者、培训师、主题专家、培训协调者等五个角色。在培训教学系统设计时我们必须关注他们，提前采集他们的需求，并且尽量满足。设计视窗分析的主要目的就是与培训的教学系统设计各利益相关方探讨相关的需求，管理他们的期望，通过谈判沟通达成共识。

学习视窗上最终呈现的结果，应该是设计师和每个利益相关方充分沟通，达成一致，可实现的课程要求，是基于培训前设计师对利益相关方需求的搜集、提炼、总结，为了实现培训目标而达成的共同要求。

下面，我们就学习视窗上呈现出的五个重要的培训利益相关方做以下分析。

一、高层管理者

高层管理者是培训的投资者和客户，也是课程设计时最重要的利益相关方。在国企一般指企业党委书记、总经理、人力资源及党办的负责人。不合理的培训设计会浪费企业的资源，导致高层管理者受挫而影响培训后续的投资。只有课程设计满足高管层需求并达到良好预期，培训的后续资金才有保障。

具体来说，培训设计师要与管理层探讨和澄清以下问题：

培训有可能会给组织带来的影响及收益（投资回报率）；培训能够解决什么问题；需要花费多少时间和成本（这点在国企尤其重要，因为国企一般用工作日培训，除培训本身的成本之外，管理层还要考虑培训的时间机会成本）；培训的价值怎么体现；是否有特殊的培训需求。如有的企业有外埠公司，由于疫情，外埠人员不能到培训现场培训，管理层有可能希望能够将现场课录像，以便外埠学员通过看课程回放来学习。

作为培训的设计者，培训前务必和管理层深度探讨需求，达成共识。即使由于种种原因不能满足管理层的需求，也要管理他们的培训期望。向他们解释培训不能达到期望的合理原因，存在什么样的困难，有没有更好的替代解决方案，争取得到管理层的理解与支持。

二、促动师

促动师包括培训师及课程顾问。培训师是培训的知识技能传授者，也是培训内容的讲授者和实施者。大多数时候设计师本身就是培训师，但也有企业做内部课程开发时，设计师未必是培训师，所以设计师要了解培训师的需求。培训师更关注内容是否易于交付，教学形式是否生动，教学活动是否有趣，是否有案例及素材，以及相应的教学用具及工具是否齐全。

培训设计者必须充分考虑培训师的需求，如果把课程设计师比作导演，那讲师就像演员。如果课程设计得很好，但培训师无法按照既定流程及要求来讲授，就像有了好剧本但演员演技太差，再好的课程设计也会成为“空中楼阁”。所以课程设计时要根据培训师的特点及水平来个性化设计。即使是标准化课程，每个培训师在讲的时候也要根据个人的讲课风格和特点做一些微调，以保证最佳授课效果。

三、学习者

学习者即用户，在国有企业培训，学习者一般有新员工、基层员工、业务骨干、后备干部（高潜管理者）、中层干部、高层领导这几类。他们是课程设计时必须关注的对象，同样的课程主题，针对不同年龄、不同行业、不同层级的学员，内容设计理应不同。学员喜欢有趣、有用、有效、实用、简单易学的课程，所以课程设计者要围绕学员需求的不同维度去设计。另外，还要考虑学员的左右脑用脑习惯、学员的学习风格，甚至还要根据学员年龄及业务领域，考虑如何分组及安排座次。对某些特殊课程更要考虑学员的要求，让学员参与设计。例如，有一次我们给企业开设创新工作坊，很多学员担心主管参与会让他们紧张，发言会有顾虑，因此设计师就建议主管不参与，保证学员在放松的环境中畅所欲言，以便产生更多的创新思路和创意。

四、主题专家

主题专家一般是相关业务领域的专业人士，也被称为培训的内容专家，包括业务领域的工程师、技术骨干、行业领域专家及项目经理。他们会就相关培训主题提供专业领域的内容支持，所以他们要对培训内容负责，如果培训内容设计不合理，或者阐述不正确的信息，专家就要承担相应的责任。设计师可以是内容专家，但内容专家不一定是设计师，设计师可以考虑用户、客户的需求，辅助内容专家挖掘经验。设计师要把内容专家大脑中的知识重新萃取出来，加入课程内容中，内容要符合管理层和学员的期望，另外，还要设计标准化模板及讲师手册以便其他的讲师能够胜任这个课程。所以设计师要与主题专家探讨以下内容：

绩效目标：通过课程设计拟达到的绩效目标；

关键内容：也就是本次课程必须学习的内容；

必备工具：课程需要给学员提供哪些工具和方法；

应用规程：学习后如何转化？通过什么方式转化？即如何做？怎么做的问题，以及应用过程中有哪些注意事项；

测试方法：设计师要和主题专家探讨如何测试学习成果？怎么测试？这些要提前设计到培训中；

学习资源：主题专家可以给学员提供什么样的课程资源？

设计师萃取内容专家大脑中的知识点，将知识点重新组合放到一个课件中，而且内容还要符合管理层和学员的需求。例如，内容专家的内容是适合左脑型的学员，设计师认为学员是右脑型，这个内容不适合，那就得将适合左脑型学员的内容转化为易于学员接受的右脑型。另外，如果组织还需要培养其他的讲师，就可以根据组织的需求调整成适合不同讲师讲授的内容。

五、培训的协调者

培训协调者在培训中的作用也不可忽视。包括学习助理（班主任）、打印供应商、工具箱提供商、服务保障人员等为培训提供辅助支持的人员。有效的培训设计需要培训协调者的支持和配合。培训的设计者在设计时要考虑到培训协调者准备工作的难易程度，在培训协调者可行的范围内来做培训设计，即要考虑培训协调者是否有能力匹配这个课程设计工作。就像一个建筑设计师不能完全从唯美的角度去设计图纸，还要考虑建筑施工的难度及技术上实现的可行性。

培训的协调者会关注：课程是否易于准备，教室是否易于布置，是否有人及时反馈信息，协调资源，是否方便做市场推广活动。

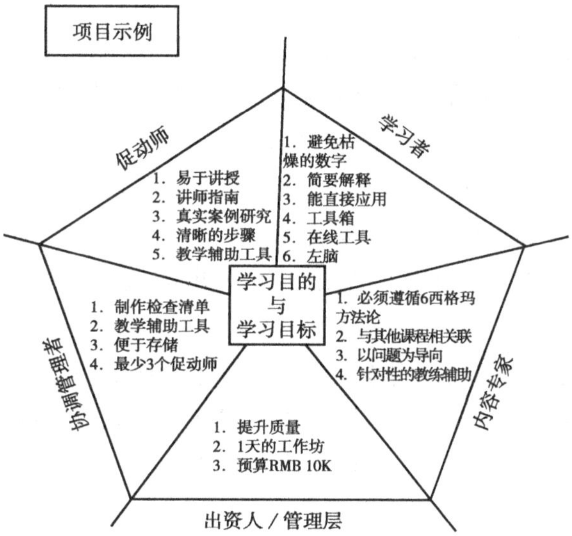

我们拿一个真实的培训项目利益相关方举例。在培训前，我们要了解及分析培训教学设计五个重要利益相关方的需求，通过教学设计视窗分析，我们可以了解到五个主要利益相关方的需求。通过与各个利益相关方沟通、协调来达成共识，然后根据达成的需求共识来设计相应的课程及活动。这样不仅能够保障培训的顺利实施，也能获得更高的培训满意度和好评。

如何正确应用柯氏四级评估？

曾向英

一、培训评估——柯氏四级评估

广义的培训评估，是指对培训项目、培训过程和效果进行评价，包括培训前评估、培训中评估及培训后评估。狭义的培训评估仅指培训后评估，即对培训的最终效果进行评价，是培训评估中最为重要的部分。其目的在于使企业高层管理者明确培训项目选择的优劣，了解培训预期目标实现的程度，为后续培训计划、培训项目投资等提供有益的参考与佐证。

随着企业对培训效果评估的日益重视，柯氏评估模型已成为企业培训效果评估的主要标准。柯氏四级培训评估模型由国际著名学者威斯康星大学教授唐纳德·L. 柯克帕特里克于1959年提出，也是世界上应用最广泛的培训评估工具，主要内容包括：

第一级评估：反应层评估（Reaction）：评估被培训者对于学习条件的反应及满意度评级；

第二级评估：学习层评估（Learning）：测定被培训者的学习获得程度，即参加完课程后在知识、技能和态度方面的提升；

第三级评估：行为层评估（Behavior）：考察被培训者知识转化能力，即被培训者在工作环境中应用所学知识技能的运用程度；

第四级评估：结果层评估（Result）：考察学习对被培训者个体绩效的影响以及对组织的影响，即计算培训产出的经济效益。

后来的学者又在第四级评估的基础上发展出第五级评估，即投资报酬率评估（ROI）。

柯氏四级评估的四个层级，实施程度从易到难，评估费用从低到高。实践中企业大学或培训机构最常用的测评是反应层及学习层评估，而最有用的数据是培训对个体及组织的影响与作用。众所周知，目前柯氏四级评估在培训领域得到广泛应用，已具有难以撼动的地位，那是不是所有的项目都需要做柯氏四级评估呢?

二、所有的培训项目都适合柯氏四级评估吗

虽然柯氏四级评估模型在提高培训的效果和论证培训活动的有效性方面具有重要的作用，但柯氏四级中第三、第四级，即行为层及结果层评估会花费企业大量的时间与金钱，而且还需要企业业务人员的高度配合，在现实操作中困难重重，所以很少有企业去尝试，使这些作用被“隐藏起来”，限制了这些作用的发挥。那到底应该怎样正确看待和应用柯氏四级评估呢?

从实用主义的角度，如果不是咨询公司做公益支持，很多企业都会认为，与其花大量的时间和金钱去做评估，如果解决问题的成本有可能大于问题本身，那还不如做几场有价值的培训。这是柯氏四级评估作用被“隐藏”的表面原因。而更深层次的原因是：柯氏一级和二级评估所需的信息可以在培训项目实施前后的客观数据中得到支撑，所以实施起来相对容易。从柯氏第三级评估开始，就需要从业务端得到数据支持，如果业务部门的各个级别管理者能够把人才发展作为自己份内的工作，愿意花大力气观察评估员工的变化与成长，并及时与人才发展部门互通有无，第三级评估还存在运作的可能性。然而，现实中业务部门经理都身处一线，面临强大的市场压力，工作极

其繁忙，他们自己的事情都忙不过来，期望他们拿出一定的时间来观察员工的变化并且和培训部门及时交流并不现实。至于第四级评估（衡量公司的业绩变化），难度更超乎想象。

当今，企业面临的外部环境的不确定性越来越大，影响公司业绩变化的因素也越来越复杂。国际国内环境扑朔迷离、国家的宏观经济政策、企业所处的行业市场、竞争对手的举措、企业的经营策略，甚至疫情变化等都会影响到企业业绩的变化，培训只是公司业绩变化诸多因素中的一个，而且还是间接因素，几乎难以准确地将培训引发的变化单独摘出来用以衡量其中作用大小。

传统的柯氏四级评估等西方培训理念，主要是建立在金融、保险行业，如银行、保险公司等服务性窗口类行业等较为简单的技术技能服务岗位，类似加油站员工，超市收银员或者银行柜台服务人员等。其实金融行业的培训体系主要还是集中在一线员工的基本行为规范上，这一类岗位的工作特点就是工作流程相对固化，较容易制定行为标准和话术。对于这些窗口类的服务岗位，一旦采用标准话术和标准行为后，就能明显提高部门绩效。但是对于稍微复杂一些的复合类岗位，如管理岗位，培训效果的转化受到多种因素影响，无法量化，柯氏四级评估就很难适用。虽然柯克帕特里克在其原著里指出，设计这个四层次评估模型是为了更好地评估针对管理人员的培训项目。培训更多的是基于战略开展的，因此对企业的培训效果的评估也需要最终服务企业战略发展需要，但由于执行的难度及投入产出的限制，很少有企业将其应用于管理等非技术技能培训项目，即使做，也仅限于前两个层级。

实践中，由于存在着执行难度的原因，大多数企业对柯氏四级评估模型的使用，都只是进行到了反应层和学习层，很少企业能够推进到行为层和效果层。也就是说，对于培训后续效果的评估非常有限。包括全球财富500强在内的企业都没有将隐藏在这一模型背后的真正功能发挥出来，没有对培训的效果层评估进行有益的尝试。而且大多数企业对柯氏评估模型仅仅应用于一般的培训课程和项目的评估。最容易被应用于评估的培训类别是基础技术技能，工具、方法类培训，而某些难以精确测量或者定量测量的培训，实践中由于测评的复杂性和投入成本太大几乎很少得到应用。

因此，在实践中，是否应用柯氏四级评估？评估到第几个层级合适？应根据企业的预算要求及培训的重要性决定，主要取决于企业的实力，测评结果对企业的重要程度，获取正确测评信息的难易程度，不能一概而论。

三、什么时候开始做柯氏四级评估

在进行学习目标设计时，要“以终为始”，先确定通过培训要达到什么样的预期效果，根据预期效果来做设计，而不是事后追加评估。

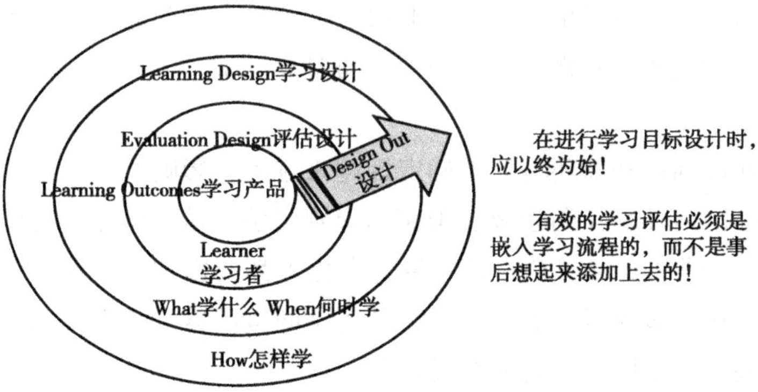

很多培训机构在培训快结束了才想起来设计培训测评，有效的学习评估必须是嵌入学习流程的，而不是事后想起来加上去的。学习目标设计“以终为始”，意味着要根据学习产出的结果来做培训测评设计；根据预期要达到的结果，来决定学什么？何时学？怎样学？做全面系统的培训规划。无论内容的设计、师资的筛选，还是培训形式的选择，抑或是对团建破冰活动的设计，都需要根据要达到的预期成果倒推出来。因此，正确的培训评估一定是在培训前根据培训预期目标预先设计，“以终为始”，这样才能更好地检测培训效果。

四、如何做柯氏四级评估分级

培训评估分级是培训需求调研中不可忽视的重要环节。在培训需求调研过程中，除了要搜集需求信息及相关案例，还需要对培训项目做柯氏四级的分级，根据培训预期成果的级次来规划培训内容及成果产出的方式。

在设计学习评估时，到底培训项目做到第几级，一般是根据需求来确定评级，再根据评级来确定项目的资源和投入。长周期的项目既需要最后的整体呈现，还要有阶段性产出，这两者是相辅相成的。每一级评估都是在完成前一级评估基础之上的。具体要考虑以下几点：

首先，要看培训需求方期望。如果领导期望达到柯氏四级评估的第三或者第四级的效果，而且能够给予评估预算支持，那就得按照这个标准去做培训设计。

其次，看培训项目的性质。如果是针对业务问题而设计的临时性的培训，因为培训的时间、效果及企业的投入有限，一般评估设定到柯氏一级、二级就可以了。如果是企业战略转型和公司变革的业务，一方面企业领导通常会比较重视；另一方面项目的周期长，一般至少设定柯氏三级或以上评估。因为柯氏三级及以上的评估需要追踪学员行为改变的过程，这不仅需要培训部门的持续投入，更需要公司高层的重视以及企业业务部门在时间、精力上的大力配合。只有评估对结果有重要意义的培训，企业才有可能倾向去配合。

再次，要看时间的跨度。培训是个长期投资，如果培训时间短，一两天或两三天的培训，不太可能达到柯氏三级或者四级的效果。只有培训时间在两三个月以上的培训，才可能看到持续的结果，做柯氏三级以上评估才有可能。

最后，要看经费的高低。培训不可能立刻见效，除非是专业技能的培训。评估本身是需要成本的，要想让培训效果达到柯氏评估的三级以上，那就必须有较大经费的投入。

此外，我们可以将培训需求进行分类，根据不同类别的培训需求特点来确定柯氏评估的分级。TCL 大学领导力学院将企业培训中常见的培训需求分为五种：

第一，战略需求：先要了解公司的愿景及战略目标是什么？基于公司战略及未来的业务发展，对组织能力提出了什么新要求？公司未来组织变革的方向是什么？

例如，战略解码工作坊将公司的战略拆解为各个业务部门的目标，然后各个业务部门再制订落地计划，针对期望的目标和现状之间的差距，就会产生很多培训需求。

第二，业务需求：公司今年的业务绩效目标是什么？要实现期望的绩效，公司面临哪些困难和挑战？公司期望的绩效和现有绩效之间的差距是什么？

第三，绩效需求：要达到期望的业务目标，需要学员的哪些关键能力和关键行为？需要学员做出什么贡献？要解决业务关键工作问题的绩效表现是什么？

第四，环境需求：面临新的环境，公司将如何优化流程和工作系统？公司将出台哪些新的应对措施和激励机制？

第五，能力需求：为实现业务目标，公司希望员工具备哪些核心能力？基于未来的业务发展战略，员工需要具备哪些能力？

根据以上的分类，如果培训是解决能力层面的需求，那一般对应的培训评估级别是柯氏二级评估；如果是解决绩效层面的培训需求，那一般对应的培训评估级别最多是柯氏三级评估；如果是解决业务层面的培训需求，那一般对应的培训评估级别是柯氏四级评估。当然具体培训评估做到第几级，需要企业根据培训项目的复杂度、重要性、培训预算及企业的综合实力权衡决定。

五、培训评估对培训行业发展的意义

培训评估能为有效的培训提供强有力的佐证。好的培训评估，不仅能够体现培训工作的价值，增强培训工作者的工作动力，而且也能坚定企业高管持续投资培训的信心，让企业的员工干部能够得到系统化的规划和培养，产生良性循环。一个培训是否有效，是否有价值，不是单纯靠培训工作者自卖自夸别人就会信服，而是要得到企业领导和学员及第三方的高度认可。但培训不可能一蹴而就，立杆见效，培训效果大多数是隐性的，怎样让隐性的效果成为显性的证据，这是关系到培训行业生存和发展的问题，也值得我们每一个培训工作者去研究和探索。

以经典的柯氏四级评估为基础，亚洲企业大学联合会库玛老师又把学习评估划分为六个层次，名为六环评估。也就是将经典的柯氏四级评估的第四级按照培训效果的由低到高，划分为三个小层级：工作影响、部门绩效改变、投资回报率。

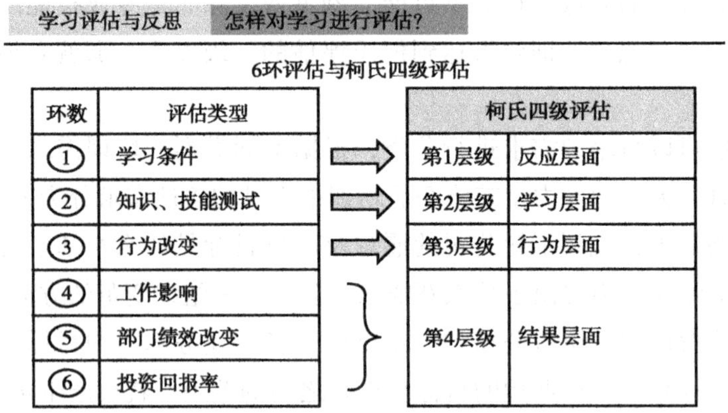

六环评估按照评估由易到难的程度，对柯氏第四层级——结果层评估进行了进一步的细分，这样就把原本抽象不可及的结果层拆分为三个递进的小层级，为测评培训的结果层提供了可行性依据。例如，如果在实践中测评企业培训量比较大、难度也较大的管理、领导力等非技术技能领域，我们可以做一些工作影响层评估的测评探索。拿新任经理的培训项目举例，培训前就可以协调学员的直线经理，在学员厘清了基本的管理理念，掌握了管理的基本逻辑、方法论和工具之后，企业大学就可以在直线经理支持下，去测评这个被培训者是否行为有所改变？他改变之后的行为是否对工作产生了积极的影响。当然实践中，这还仅限于定性的层面，定量层面的测量需要较大的人力物力的投入，技术上的可行性和经费预算是否允许还有待研究。但对管理等非技术技能培训，即使在结果层能做到定性层面的一点点衡量，对培训的后续推动也意义非凡。

六环评估对培训工作者的意义在于：让柯氏四级评估第四层级评估不再“遥不可及”。企业投资者看到学员经过培训之后行为发生改变，对工作产生了影响，我们就能够说服企业的投资者持续投入。实际上，企业投资者期待培训能立竿见影地解决企业实际工作问题，最好是一剂“猛药”。如果仅仅让培训的评估停留在学习层和反应层，企业投资者就会觉得培训是“保健品”，但不是“良药”，更不是他们期待的“猛药”，因此对培训的重视程度就大打折扣，难以形成良性循环。培训注重的是长期效益，只有企业领导重视并认可培训的效果，持续投资，培训才可能最终见效，做到“上接战略、下接绩效”，培训行业才可能健康发展。

培训需求调研中必须厘清的几个概念

曾向英

在培训需求调研中，有几个非常关键的概念，需要（need）、欲望（want）、赢

（win）、解决方案（solution），只有充分理解和明晰这几个概念，才可能为成功的培训需求调研奠定基础。

需要，是指没有得到某些满足的感受状态，是人们为了生存而产生的对衣、食、住、行、安全、归属、受人尊重、自我实现等需要的动力。当期望的未来和现实之间产生差距时，就会产生需要。Need 是人的基本需求，是冰山之下的部分，存在于人的生理和受限于自我条件当中，是驱动人产生心理或生理不舒服感觉的内生动力。

例如，年轻员工想实现自我价值从而得到外界尊重和认可的渴望；老员工被轮岗时担心不能胜任岗位而被淘汰掉的恐惧等。

欲望，是指人们想得到某些基本需要的具体满足物时的愿望。Want 主要是指心理上的渴望，人的需要不是很多，欲望却是无止境的，环境、各种社会力量和各种社会机构及企业营销刺激都会激发人们的欲望。例如，培训机构、家庭和商业公司不断创造新概念，激发人类形成和再形成种种欲望。欲望是具有明确指向的“需要”，不一定是现实能满足的，欲望有可能很多，但是没有一定经济基础无法成为现实。

例如，某女员工生完孩子，重返职场后想改善现状，提升自己以得到认可和尊重，迸发出很多学习欲望，包括职业能力提升、家庭生活幸福、母婴和亲子教育，她不仅希望学习到知识，还对上课的环境、餐饮有很高的要求，觉得越贵越好……这些都是这个女员工的欲望，她底层的需要就是学习知识技能本身，至于环境条件，得看她的支付能力，有支付能力的需要才是培训机构要满足她的需求。

解决方案，是指为了满足需求而设计的一整套解决方法和思路，包括行动计划。满足同样的需求，解决方案可以有多个。

例如，提升中层干部管理能力的培训，针对中层干部不会带团队的问题，在培训经费充足的情况下，可以组织学员上《4D 高绩效团队》《教练式辅导》等课程，也可以做团建拓展，还可以做团队共创问题解决工作坊，还可以采用一对一或一对多教练式辅导……有多种形式都可以达到企业的培训目标。

Want－想要；Need－需要；Win－赢得（代指长期的利益或回报）。Want（想要）在领导力的语境里通常指对他人言行举止的具体要求，在提出 Want 的人看来，Want 是实现目的或解决问题的解决方案。Need（需求），通常是要实现的目的或者需要解决的问题，也是引发 Want 的根本原因。Win（赢得），则是指当目的被实现或问题得到解决后，能够赢得什么或者获得什么样的收益。简单地说：

Need（需要），能为我实现什么目的，解决什么问题？

Want（想要），是指实现这个目的，能给我带来什么好处？给企业经营上能带来什么收益？

Win（赢），站在满足深层次的需求和赢的基础上来与对方在行动和策略上达成一致。

下面，我们选择两个常见的培训案例来分析：

【案例 14－1】

某企业想在四月去郊区开半天的季度总结会并且顺便进行一天的户外拓展，目标学员是50个总监（中层干部），企业预算是每人每天500元，包括一天住宿、一天半的餐饮和半天的会议室租赁费用。企业HR委托某培训机构来完成这个任务。通过调研，培训机构了解到企业领导想做拓展的主要原因是：总监们平时工作压力大，各自为政，通过拓展活动一方面让大家减压，增进感情；另一方面，也可以为大家提供一个增进了解和交流的平台，解决跨部门沟通协同不畅的问题。在半天的总结会上，领导希望大家能畅所欲言，认真复盘，分析问题，找出应对策略，为未来下一季度工作的落实开展提供新的思路。

培训公司精心规划，设计了两天的会议及培训行程，确定第一天全天拓展，第二天上午开会，中午返京，并提供了多种拓展解决方案：

1. 棒球项目拓展；
2. 飞盘项目拓展；
3. 丛林布雷；
4. 徒步加创意摄影竞赛；
5. 多米诺骨牌项目。

……

这个案例中，企业的需要是什么？企业的欲望是什么？企业的需求是什么？这件事背后的“赢”又是什么？培训公司的解决方案是什么呢？

在这个案例中，企业想去郊区做一个户外拓展，这是Want（想要）；

企业想通过拓展做一个团建，提升员工的凝聚力，增进大家的感情，从而提高团队精神和协作效率，这是Need（需要）；

通过拓展，最终提升企业的绩效和营收，这是win（赢得）；

同时，对培训公司，通过组织策划拓展活动获得好评和收益，与客户建立良好关系，期待未来再次合作，这是Double Win（双赢）；

这个案例中，培训机构提供的选课清单可以算solution（解决方案）的组成部分。对于只在人才培养领域做培训的企业来说，选课清单几乎等同于解决方案。

在 Want－Need－Win 的思考中，必须考虑的是：已经提出的 Want（想要），是否能够满足 Need（需要）；Need（需要）被满足和实现后，是否能够真的达成 Win（赢）。有时候为了更好地达成 Win（赢），可以放弃眼下的 Need（需要）；为了更好地满足 Need（需要），可以放弃已经提出的 Want（想要）。有了更好地达成 Win 的新 Need（需要），Want（想要）也会随之改变。

如以前面的案例为基础展开，假如可以优化企业业务流程并制订针对性激励方案，比提高团队凝聚力更能提高企业的绩效和营收（提高凝聚力更有利于稳定而不是显著提高业绩），因此，可以放弃通过组织团队拓展提高凝聚力，转而通过咨询或者工作坊来配合流程优化和激励方案制定。这就是体现 Need 和 Want 反向制约的案例。

再以某企业领导力培训项目举例。

【案例 14－2】

某企业高层领导对新任经理非常不满，主要是因为大部分新任经理总是用个人能力来解决部门的问题，导致员工能力得不到提高。于是要求人力资源委托培训机构组织一个培训来解决这个问题。培训人数是 50 人，培训预算是 2 万元。培训机构提供的解决方案是：

1. 策划组织《新任经理角色认知》课程；
2. 设计组织管理者角色认知的团建体验活动；
3. 策划组织《教练式辅导》课程；
4. 请教练来为学员做一对一辅导；
5. 请咨询公司来咨询。

……

在这个案例中：

欲望（Want）是：企业想做一个新任经理人员的培训。
需要（Need）是：想解决新任经理总是用个人能力解决部门问题的现象。
赢（Win）是：根除团队效能“瓶颈”，提升团队业绩。
解决方案（Solution）是：培训机构提供的选课清单。

在企业培训需求调研阶段，企业被访谈者经常提出的问题表象是想要（Want），而不是客户内心真正要解决的需要（Need），作为培训管理者，我们只有挖掘到企业的深层需要，即 Need，才可能寻找到多种解决方案（Solution）。如果把访谈中客户表面的想要（Want）当需要（Need），那就很难真正满足企业深层次的（Need），让客户满意。只有真正理解这几个概念的关系，才能更好地提出适合企业的解决方案。

有效的培训需求调研该怎么做?

曾向英

培训是“保健品”，还是“药品”？培训到底有没有价值？很多培训经理都困惑于如何面对业务部门及企业领导对培训的质疑。如果一直用“培训是长期投资，不可能立竿见影”来给自己找借口，那是不足以让业务部门和企业领导信服的，那怎样基于业务的实际问题去设计培训内容？怎样设计出贴近业务的培训？怎样让业务对培训上瘾？归根结底是要让培训解决业务亟须的问题。最关键就是要在需求调研阶段找到业务的真正需求，基于“问题导向、目标导向”去量身定制培训内容，这样才会解决业务的痛点，“药到病除”，培训才会受到业务单元的欢迎。

大多数组织学习机构都会在培训之前做简单的需求调研，但很少有机构能静下心来，躬身入局，基于业务的实际问题及痛点、难点，反复多次深挖需求，直到找到业务的真正需求。如果调研很仓促，需求找不精准，内容自然不聚焦，所以就会出现培训组织了，但没有明显效果，业务部门大呼上当，觉得浪费了时间和精力，后面再追加订单就无人问津。那么，如何厘清培训需求调研中那些误区，通过培训需求调研诊断到业务欢迎的培训主题？让培训订单纷至沓来呢？

一、培训需求调研就是诊断需求吗

场景1：某企业想做员工干部培训，找到企业大学培训负责人说：“你们先给我们做个培训规划，我们看看行不行再说。”企业大学培训负责人提出要先调研，对方以忙为借口拒绝了，企业大学的培训人员只能凭感觉做规划，没想到对方看了培训规划以后非常满意，培训就这么草率地进行了……

场景2：某某培训机构拿到企业订单之后，就给企业推荐课程清单，企业选择好课程主题之后，培训机构就找能讲授相应主题的老师去授课，在上课之前供需双方甚至连面都没见过，更别提老师对企业及行业的了解了。

在企业培训中，类似的场景很常见，很多企业在培训前找到企业大学或者培训机构，都会要求负责培训的部门提供选课清单，希望通过选课的方式来确定培训内容，培训部门根据企业选择的课程主题来寻找老师，组织相应培训。还有的企业大学在培训前，也会做培训需求调研，但一般就是找几个业务人员问问他们想学什么？需要提升哪些方面的知识或者技能？这种方式其实与前一种方式类似，是变相的选课模式。还有的培训机构甚至用一个培训规划，相同的课程来组织不同企业的培训，根本就没有调研的意识或者懒得调研。看起来似乎不进行调研也能组织培训，那到底培训需求调研有没有必要呢？拿企业培训中最常反馈的“执行力不强”的问题来分析，表象都是员工“执行力不强”，用一个培训解决方案就可以“包治百病”吗？

很多企业中层干部和员工执行力不强，要求组织“高效执行力”的培训。但实际上，导致执行力不强的原因很多：第一种，员工能力有限，不会干。这种情况下，培训应该针对员工能力短板去补能力；第二种，员工没有意愿，虽然会干但不想干，那就应该找到员工不愿意干的背后原因，选择培训能解决的问题来解决；第三种，员工想干也会干，但不好好干，那就要挖掘员工态度不好的根源，看看培训是否能够解决？不同的“病因”设计不同的内容。如果培训管理者不通过调研去了解员工执行力不强的背后原因，就去盲目选择执行力的课程，那很难达到理想的效果。

例如，拿企业中最常见的“老带新”技术传承来举例。企业要求老员工给新员工传授经验和技术，老员工执行力不强。如果是第一种情况，不会干。那就要调查有没有可能是老员工自己会做但不会教，如果是，就要设计《初、中、高级 TTT》系列课程，通过学习教学教法帮助老员工掌握教学和分享的技巧和方法；如果是第二种情况，会干但不愿意干。要了解老员工不愿意传承的原因，如常见的可能是担心“教会了徒弟饿死了师傅!”那就要从企业的激励机制上去设计，说服企业领导给予“老带新”一定的激励（当然这个是培训无法解决但能影响的问题）。培训能解决的是通过“经验萃取工作坊”，将老员工个人经验变成组织经验，找意愿高的员工去传承，通过环境和氛围打造，引领更多的人来做分享；如果是第三种情况，老员工愿意教，也会教，就是不好好教，那就要找到老员工态度不好的原因，如有可能是代际差异，老员工拿传统的思想来要求新员工，看不惯新员工，那就应该设计《新生代员工管理》《教练式辅导》等课程，让老员工了解新生代员工的特点，学会新的方法工具去教学。

因此，同样是执行力不强的表象，我们需要去查找表象背后的原因，设计不同的课程去解决问题。如果就拿着《高效执行力》这门课去“包治百病”是行不通的。

培训需求调研是企业培训中比较容易忽略的环节，需求调研的最终目的是找到企业当前的真正需求，为培训内容的定制提供案例素材和依据。需求调研做正确了，才能“有的放矢”，保障培训的正确方向和培训的针对性，需求调研的重要性体现在：

1. 查找业务问题，寻找业务痛点。通过培训需求调研和访谈，可以了解不同层次的员工需求，了解到员工现有能力和组织期望的岗位胜任力之间的差距，找到业务的痛点和难点。有针对性地规划培训内容，提升培训的效率和效果。

2. 管理培训期望，达成目标共识。大多数企业在初次培训前一般并不真正了解培训，有的人是为了完成任务而培训；有的人则对培训期望值过高，认为培训“包治百病”，期望通过培训解决所有的问题。在培训管理者进行需求调研时，首先要筛选和识别出哪些是培训能解决的问题，并且对培训不能解决的问题予以明确告知，与企业就此次培训要解决的问题、培训目标以及培训评估标准达成共识，这样企业就不会对培训有不切实际的期望，在成果验收环节企业大学和业务部门也更容易达成共识。

3. 寻找培训资源，争取培训支持。真正有效的培训规划是培训管理者和业务部门共同制定的，在培训需求访谈时，我们可以有机会发现那些对培训感兴趣，希望参与培训设计的领导或者学员，一方面，他们可以帮助我们获得更深入的培训信息，延续需求调研的时间和空间维度，搜集相关的培训案例和教学素材；另一方面，我们可以从中发现和挖掘企业的“内训师”，为培训提供有深度的师资资源。

4. 建立品牌信任，适时培训营销。培训需求调研的过程也是建立品牌信任的过程，在需求访谈的过程中，可以增进培训部门与业务部门的了解，也能厘清业务部门对培训的一些误解与不切实际的期望。企业大学也可以充分展示自己的专业度与实力，通过以往相关行业成功案例的介绍，可以增进企业对培训的了解，帮助培训管理者设计出更满足业务需求的培训内容。

二、选课清单能代替培训需求调研吗

场景3：某企业想做员工干部培训，企业HR找到企业大学培训负责人，对方建议先做个需求调研，HR说：“现在业务部门都挺忙的，召集人调研难度比较大，我了解需求，别做调研了，你们有没有培训清单啊？我们来选课就行了。”企业大学培训负责人无奈只能提供培训清单……

更常见的场景是：企业人力资源或党办负责人直接给企业大学培训负责人说：“今年我们想做几场培训，你们帮我们想想做哪些培训吧？”企业大学就根据经验提供培训清单或者规划，和对方确认，如果预算允许，培训就按规划开展；如果预算不允许，就砍掉几个项目按照预算要求开展。

为什么给培训清单不能代替需求调研呢？

有效的培训一定是要满足企业需求。首先要厘清什么是需求（Need）。需求就是期望的未来和现实之间的差距，也就是企业要解决的问题所在，是培训的真正动力。调研是为了获得需求诊断所需的信息，调研是手段而不是目的，最终是为了查找到企业的问题之所在，了解企业真正的需求（Need）。调研中企业提供的信息往往是表象（Want），培训管理人员要通过专业判断，由表及里，挖掘到问题背后的根源，从而去制订科学的学习解决方案。调研诊断的过程有点类似医生给病人看病。

假如病人肚子疼去医院看病，有经验的大夫不会马上给病人开药，而是先要对病人望闻问切，了解病人有哪些症状？或者开化验单让病人去化验，根据问诊及分析化验结果来诊断，摸清病人肚子疼的真实原因？肚子疼是表面的症状，相同的症状下有可能是不同的病因，是吃了不洁的食物导致？还是胃部炎症？抑或是肿瘤？甚至有的时候心脏病也会引发肚子疼……，医生要根据病人的病因做分析诊断，从而给病人开药或进行后续的治疗。假如病人肚子疼去找医生，大夫拿个药品清单让病人选择，病人有能力选吗？如果每个病人都知道吃什么药，那去药店买药就行，还要那么多医院和医生吗？

什么是需要（需求）？

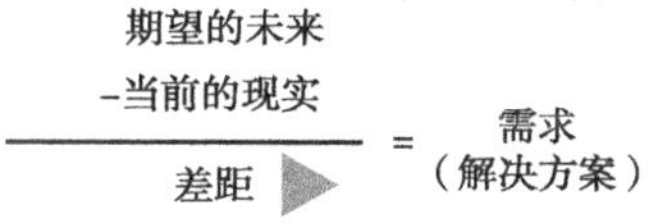

同样的道理，企业想通过培训去提升绩效，在没有对企业需求进行诊断之前，培训机构或者企业大学就提供课程清单——解决方案，这不就类似病人去医院看病，医生让病人自己依据药品清单来选择解决方案吗？病人在不了解自己的病因和药品的属性之前，是没法正确地判断自己应该吃什么药？应该做什么治疗的？也无法做出正确的选择。真正有效的培训是不能通过选课来实现的，一方面，给客户推销不需要的培训内容，不仅浪费企业有限的培训经费，也会浪费学员的时间；另一方面，大多数企业人员对培训并不专业，他们不了解课程的内容和自己需求背后的真实原因，是无法做出正确的选择的。有效的培训，首先要通过调研找到客户需求表象背后问题根源，针对问题的根源去选择合适的问题解决方案。如果诊断不到真实的需求，那就无法保证培训内容的针对性和实效性，培训效果自然可想而知。

另外，要分清什么是需要，即需求？什么是欲望，即想要？需求是指没有得到某些满足的感受状态，是人们做出选择的深层次驱动力。欲望是指人们想得到某些深层次满足物时的愿望。欲望是无止境的，可以是当下的需求，也可以是超出现实的未来的需要，还可以是未来都无法实现的理想需求。在做培训需求调研时，经常会遇到培训对象的需求很多，想解决的问题和弥补的短板很多，这多半是把“欲望”当成了“需要”。“欲望”不一定是当前的迫切“需要”（请详见本章“培训需求调研中必须厘清的几个概念”）

如果拿选课清单让学员（客户）去选择培训内容，客户经常会把“欲望”当成了“需求”，根据课程名称去盲选课程，如果选了想要的“欲望”而不是“需要”的培训，就像有些家长让一个智商一般的三年级小学生选择了初中和高中的课程，即听不懂白花钱，打击学习积极性，还事与愿违，浪费了孩子本应打基础的宝贵时间。另外，企业培训现实中还存在这样的现象，让普通员工选课，员工往往会根据课程名称是否吸引人，有没有良好的授课环境和课程体验来选择，如同样的培训内容，如果在旅游景点或风景名胜举办，报名人数会比在普通的教室举办多得多。那就是很多学员将欲望当成了需要。

有些企业培训时喜欢学员混杂，美其名曰提高培训普及率，实则是为了节省经费或时间。如做中层干部的管理能力提升培训，本来参与的学员应该是中层管理者或管理骨干，但企业要求普通员工也一起听课，更有甚者，高管、中层、基层员工都一个班，老师无法满足所有层级的需求，这种培训不仅给老师课程讲授和内容安排带来困难。另外，普通员工没有做过管理，没带过团队，学员自然对内容不感兴趣，老师讲授的管理内容解决不了基层员工的问题，也就不太可能获得好评，更不可能有效果。企业原本想省钱，实际却浪费了培训经费和时间，还未达到预期。这个就是企业将普通员工“想要”的未来“需求”当成了当下的“需要”的案例。

培训需要系统规划，同样的课程，即使面对同样的学员，在不同的时间，员工成长的不同阶段学习，效果迥然不同；只有针对合适的学员，选择合适的课程并且在合适的时间让他们来学习，才会达到理想的效果。

培训需求调研需要专业的技术和经验的积累，需求调研做好了，才能“有的放矢”，保障培训的正确方向和培训的针对性。虽然随着竞争的加剧及培训市场的逐渐规范，大多数培训机构和培训师也会在培训前进行简单的需求调研，但有效的培训需求调研，并不是在培训前和企业 HR 打个电话随便聊两句，而是一个全面系统、逐层深入探寻的过程。那怎样做培训需求调研才能够找到真正的培训需求呢？

三、如何搜集有效的培训需求信息

培训需求调研的目的就是了解业务的需求。培训需求调研是搜集培训需求的重要手段，但不是唯一的手段。最好的做法是将搜集培训需求作为一种习惯，在日常点滴中去搜集，只有平时和业务部门加强沟通和互动，增进感情，建立良好的关系，业务部门才可能将真实的需求和案例提供给我们。理想情况下，如果培训部门能够在日常工作和生活中和业务部门打成一片，那就可以将培训需求调研作为确认需求的补充方式，没有必要再去企业单独做调研。

日常搜集培训需求信息的渠道有四种。

1. 从企业战略中寻找。新的市场环境会催生组织战略的新需求；组织战略发展的新领域也会催生需求；组织战略转型的新主张会催生需求。

例如，2020 年疫情之后，很多传统行业转型互联网，想通过新媒体运营及营销来提升销量。这就属于公司战略转型产生的新需求，传统行业的员工现有能力和公司新战略发展要求存在很大差距，为了尽快弥补销售人员在新媒体运营方面的能力短板，企业大学就可以给他们设计《新零售时代下传统企业营销模式转型升级》《互联网短视频营销》《私域流量品牌直播销售与互动技巧》《大数据精准营销》等新媒体运营的主题课程。来提升企业管理者及销售人员能力以迎接线上运营的挑战。同样，北京证券交易所成立之后，激发了很多北京公司的上市期望，也会催生很多新的培训需求。

2. 从业务而来。业务发展新举措、业务运作新问题、业务人员面临的新挑战都会催生新需求。

例如，2021 年 3 月底华为深度参与的 AITO 问界 M5 试乘试驾活动在某汽车经销商集团汽车销售园区开展，这是华为今年首次在市场上投放的增程式的电动汽车。企业大学人员作为旁观者全程 3 个多小时参与了整个活动并了解到：当天来参与试乘试驾的消费者有 90% 都是华为品牌的爱好者或粉丝，并且都从多种渠道，如华为商城论坛 App 深度了解了本车的功能，最吸引客户购买的是问界 M5 这款车的“智能驾驶，智慧座舱，万物互联”，但遗憾的是，因为 4S 店刚成立，准备比较仓促，临时抽调了奔驰店的销售来服务客户，很多销售之前没有新能源汽车销售经验，只是简单了解这款车的功能，还在用奔驰车主的用户画像，卖奔驰车的销售话术和客户交流，对这款新车甚至还没有当天的潜在客户了解得多，不能精准解答客户关心的痛点问题，导致大部分客户心存疑虑延迟了购车行为，错过了非常好的销售时机。在这个过程中，企业大学不仅观察和访谈到这个 4S 店在组织试乘试驾活动的短板，而且也诊断出了 4S 店销售亟须提升的素质能力。当活动结束企业大学负责人同 4S 店店长交流时，得到店长的高度认可，也为未来他们做试乘试驾活动预热培训打下了一个良好的基础。

因此，有效的培训需求调研都来自平时一点一滴的积累，没有深入业务一线的观察，也得不到真实的需求信息。

3. 从 HR 的工作中来。例行的员工培训需求；新岗位催生的培训需求；新任及高潜管理者的培训需求。

例如，国企有固定的培训预算，每年都会组织一些例行的培训。常见的有新员工入职培训、新任干部及后备干部的培训、中层干部培训等，这些都属于依据企业惯例的培训。另外，传统线下门店转型互联网线上销售，必然要培养及招聘一些熟悉互联网运营的员工来应对线上运营的挑战，也会产生很多相应的新需求。

4. 从日常良好关系而来。培训需求调研的最高境界是深入业务，功在平时。通过专业特长或者共同的兴趣与公司业务伙伴建立良好关系，在日常的交往中透过良好的交情来发现需求。

我们企业大学培训的很多需求都来自学员，例如，有一次我带朋友去集团所属的眼镜店配眼镜，店长就给我讲他们希望能提升商品陈列的技巧，通过橱窗的布置和陈列的变化来吸引潜在的消费者，了解到这个需求之后，我调研了其他门店，发现很多店长在做商品陈列时都有困惑，他们都是单纯依据个体经验来陈列，没有经过专门的学习和训练，我通过人力资源将这个需求反映到公司领导，很快和领导达成共识，组织了商品陈列方法和策略的培训。

假如日常交往中能与学员加强互动交流，增进了解，学员就会主动将工作和生活中的困难、困惑、痛点、难点告诉我们。有经验的企业大学培训管理者都是用这样的方式去搜集学员工作场景案例和素材，在潜移默化中挖掘培训需求。

四、培训需求调研的关键环节

培训需求调研的第一步就是要确定调研对象，并且要在有限的时间内选对调研对象。

【案例 14－3】

某一年，有个生产猫粮的知名公司推出了一款新产品，他们的研发总监和营养师在产品上市前经过反复的修改和测试，设计出一款自认为非常完美的猫粮，新产品刚上市销量非常好，但一周之后销量就开始持续下降。老板大失所望，责罚研发总监和营养师改进，但改进之后销量还是持续走低。老板无奈，就邀请了一个行业内经验非常丰富的专家来查找原因。那个专家的水平的确很高，他只问了老板一个问题，大家就豁然开朗，这个问题是："产品设计之前，你们问猫了吗?"原来，这个产品研发总监和营养师是根据自己的想象来设计他们认为好吃的猫粮，并没有让产品的实际使用者——猫去品尝和测试。产品上市后，猫主人买回去猫并不喜欢吃，当然猫主人就不买账了，因此销量不断下滑。

这个故事看起来很滑稽，但却折射出非常深刻的道理。我们做培训需求调研，一定要找到对本次培训结果最关注的人，也就是培训的最大利益相关方。因为只有培训的结果影响到他们的利益，他们才会投入比较多的时间和精力来配合调研，也愿意提供真实的信息。

因此，做培训需求调研的第一步，是要找到培训关键利益相关方。

【案例 14－4】

某企业大学接到一个培训订单，有个规模1000人左右的快销行业A公司希望利用春节之后的淡季给公司业务主管们组织培训以提升他们带团队的能力，从而提升企业业绩。企业大学和HR预约了培训需求调研，但企业业务繁忙，人员时间有限，只答应配合半天调研时间，可能接受调研的对象有党委书记、总经理、销售总监、运营总监、人力资源总监、财务总监，还有七八个有代表性的基层员工，您认为采用什么方式调研？调研哪些人最可能获得真实的培训需求信息呢？

这是培训部门经常面临的工作场景，在有限的时间里，怎么样能够获得对培训有效的信息？因此，为了提高访谈的效率和效果，调研前一定要选择确定关键访谈人。选择关键访谈对象的原则是：访谈者和被培训对象利益相关性越强越好！因为只有培训对象和访谈者有利害关系，访谈者平时才可能更关注到对方，了解对方，这样才有可能调研到对培训有价值、真实的需求信息。

另外，访谈的人越多越好吗？从理论上来说，访谈的人越多，得到真实需求信息的可能性越大。但从实践上讲，访谈人越多，调研的成本越高。评价访谈效果的最终标准是访谈的价值而不是信息量的多少，所以最关键的是要找到能提供有价值信息的被访谈人。如果访谈对象不能提供足够真实有效的信息，访谈的人数越多，访谈的性价比反而越低。一般来说，访谈对象应占到学员比例30%左右。

上述案例中培训的对象是主管级干部，所以在以上的被访谈对象中，最直接的利益相关人就是主管们的直接上级——总监们，即如果要给销售主管培训，访谈销售总监最能得到真实的需求信息；同理，如果给财务主管培训，访谈财务总监最有效。当然，高层（党委书记和总经理）也是重要的访谈对象，我们需要通过访谈高管了解公司的战略以及对干部的要求。在规模比较大的公司里，总经理和党委书记日常工作中和主管接触不多（总经理和主管级差比较大），所以对这个层级的情况了解有限，他们主要通过主管的直线经理去获取下属的工作情况信息。至于基层员工，如果有时间可以找几个比较有代表性的，了解一下他们对主管的期待，可以搜集他们日常和主管工作中的典型案例，不作为访谈的主要对象。因为人性的本质是“趋利避害”，越是基层的员工，一般越容易把成功归之于内，失败归之于外，通过访谈员工去了解主管，一对多“访谈会”很容易变成“吐槽会”，所以要用访谈技术加以引导以免访谈内容偏离主题。另外，还要把握好访谈时间，三个层级的访谈时间比例最好控制在：高层占10%；总监占80%；基层员工占10%。

在选择好调研的关键对象之后，为了能够在有限的时间调研到更多有价值的信息，我们还要选择相应的调研形式。

第二步，确定培训需求调研的形式。

培训需求调研的形式很多，有需求访谈、需求座谈会、问卷调查、焦点小组、对标考察、神秘顾客暗访等多种方式。

在国有企业实践中，我们采用最多的是培训需求访谈＋问卷确认。也就是通过培训需求访谈搜集和培训相关的需求信息，剔除那些培训解决不了的问题（如由环境或者企业的制度、机制导致问题），甄别到培训的真正需求，然后制作问卷，让企业按照培训需求的重要紧急情况做优先级排序。最后根据企业的排序来挑选本次培训要解决的问题。

例如，在国企的培训中，针对中基层管理干部的培训比重较大，一般会达到70%～80%。在调研时间有限的情况下，主要有两种比较有效的调研方式，一种是访谈；另一种是座谈。访谈又分为一对一访谈、一对多访谈和多对多访谈，效果最好的是一对一访谈。问卷调研受制于被访谈人的时间精力限制，又缺少人际互动交流，实践中不被作为主要的调研方式，一般主要用于需求确认，作为访谈调研的补充。一对一访谈因为私密性好，被访谈者会感觉很安全，容易说真话，所以是首选调研方式。如果时间有限，不能采用一对一访谈的方式，那最好采用分层分类访谈或分组座谈的方式，切忌不能将不同层级的被调研者放到一个组访谈。例如，如果让总经理、党委书记和总监或者基层员工同时访谈，那员工受到领导和权威发言的影响，通常不敢畅所欲言，这样就很难达到预期的访谈效果。

一般情况下，访谈分为三个层次：

高层访谈：企业大学是辅助企业战略落地、文化传承的。访谈高层，可以了解企业的战略，高层管理者对学员的要求与期望，以及学员在日常工作中存在的短板，找到培训的依据。

学员的直属上级：学员的上级领导最了解学员以及工作岗位要求，知道学员的优势与劣势，学员现有的能力与岗位期望的胜任力之间的差距。通过调研学员的直属上级，也可以采集到一些真实案例。

学员代表访谈：培训需求访谈中，我们也会找几个学员代表，了解他们在工作中的痛点和难点，工作场景中存在的问题与真实案例，以及他们期望的培训形式等。

第三步，要选择科学的方法和流程去做访谈。

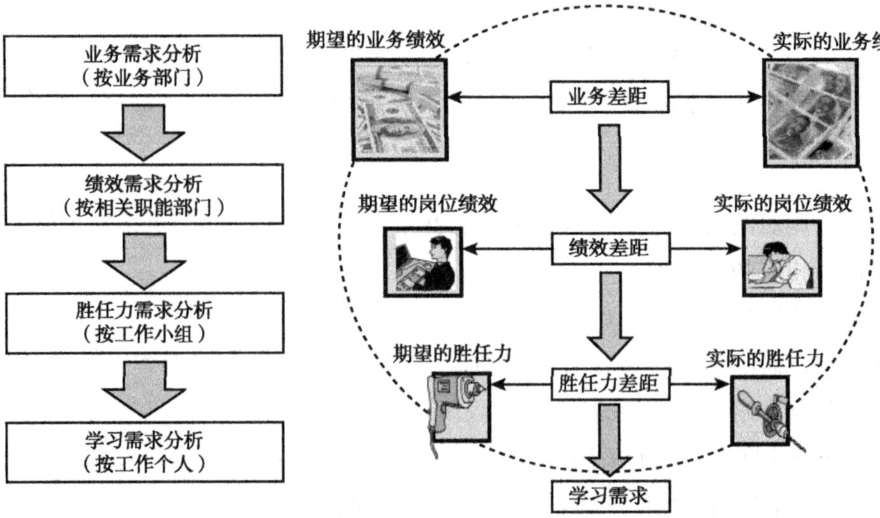

基于绩效改进的培训需求分析流程是这样的，

第一，调研业务部门，查找业务部门工作中存在什么样的问题，有什么样的业务需求？找到现有的业务绩效和期望的业务绩效之间的差距。

第二，培训需求挖掘。调研业务相关职能部门的负责人或者团队，去了解期望的岗位绩效和现有的岗位绩效之间的绩效差距，是什么原因导致了绩效差距？筛选出那些通过学习能够解决的问题。调研的出发点是询问业务部门的问题，通过寻找业务绩效差距，发现产生绩效差距的原因，再逐渐抽丝剥茧，寻找胜任力需求，聚焦到学习有关的方面，找到真正的教学需求。

第三，做教学需求分析，将绩效导致的需求进一步细分，筛选出哪些是缺乏知识的需求？哪些是需要提升技能的需求？哪些是信念和态度导致的需求？

第四步，通过调查问卷去验证，确认这个教学需求是不是全公司或大部分人普遍存在的需求？剔除极少数人的个性化需求，选择能满足全公司大部分人需求的内容去制作解决方案。

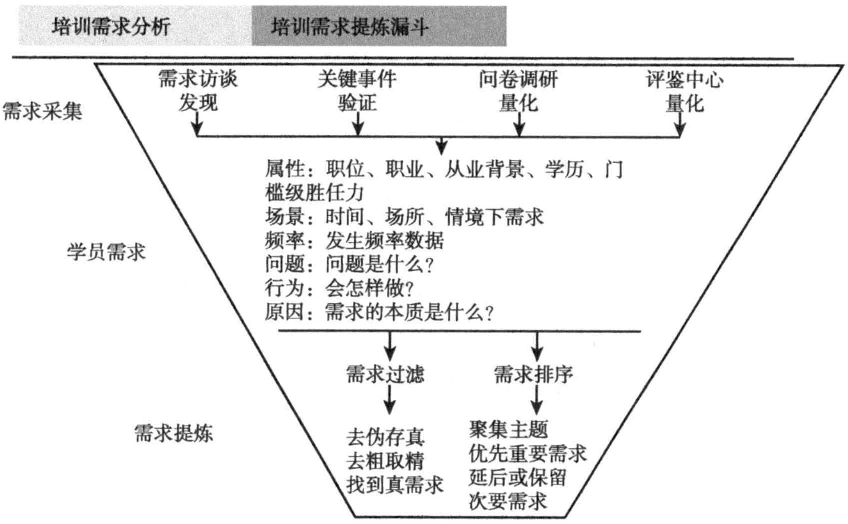

以大客户销售的陌生拜访工作场景举例，培训前进行需求调研时，某企业大客户销售代表反馈陌生拜访难，搞不定 Coach（内线），导致他频频丢单，访谈人员就要深挖这个销售代表丢单的真正原因是什么？我们来看一个访谈范例：

访谈者：你在陌生拜访时面临什么样的困难？

销售代表：建立信任难，搞不定 Coach 丢单。（是事实，不是需求）

访谈者：你去拜访时，对方是什么样的表现呢？对公司是怎么评价的？对您个人是怎么评价的？

（黄金静默）

销售代表：他们觉得咱们的公司品牌不如 AA 公司，对我公事公办，说的都是官话和套话，缺乏诚意。

访谈者：那你做了哪些努力？

销售代表：我又去了两三次，情况还是这样，后来听说对方已经和竞争对手合作了……

访谈者：那你做不下去时没有想过寻求公司帮助吗？

（黄金静默）

销售代表面露难色：我担心公司觉得我能力不行不胜任岗位。

（黄金静默）

访谈者：还有呢？

销售代表：我好不容易联系到这个客户，希望通过自己个人能力完成（提成高）。

访谈者：你分析一下出现这种现象有没有个人的原因？

（黄金静默）

销售代表：我比较内向，很怵与陌生人打交道；沟通水平有限，无法在短时间内让对方客户对我产生信任感。（这是需求，是销售代表需要解决的问题）

访谈者：还有吗？

销售代表：我的努力程度不够；客户资料准备不充分；解决方案可能没有竞争对手完善……（这是需求，是销售代表需要解决的问题）

上例中，访谈者需要识别出哪些问题是被访谈者的客观原因，即销售代表通过个人能力、态度改善解决不了的问题？如客户对企业的品牌信任度低。哪些是主观原因，即由于销售代表不努力，能力欠缺，态度不积极，合作意识差导致的原因？

培训需求调研的基本指导思想就是寻找差距，找到培训能解决的问题。访谈中主要是询问现状，询问期望，询问需要弥补的差距，或者询问实际工作中存在的问题，具体的案例、故事或者工作场景，通过表象寻找问题本质，找到问题原因，剔除由于制度机制等培训不能解决的问题，按照培训的优先级排序（这个环节可以通过制作调研问卷来筛选），选择本次培训要解决的问题。

因此访谈者首先通过横向扩展提问来查找原因，接着，访谈者又通过纵深穷尽的需求挖掘方法来剖析问题的根源，识别哪些是培训能解决的问题，哪些是培训无法解决的问题。最后，根据查找到的需求，来有针对性地设计提升销售代表态度、能力的解决方案。

如何面对培训“无用论”者的挑战

曾向英

培训需求访谈时，我们经常会碰到访谈对象对培训不理解、不认可、不接受，甚至非常抵制的现象。尤其是在第一次到企业做调研，企业之前还没体验过有价值的培训时，这种现象屡见不鲜。

【案例14－5】

有一次，我们去某公司调研，采用座谈会的方式征询大家对培训的建议，企业大学主持人问："请大家都谈谈平时工作中哪些困惑？比如业务中有哪些关键环节？关键环节中有哪些常见的工作场景？工作场景中的行为有没有进一步优化或提升的可能性和可行性？……"，刚开始的几个被访谈人显然对培训充满期待，有备而来，就目前工作场景中存在的问题，需要改善的建议畅所欲言，正当大家热烈交流时，突然有个小伙子冷不丁地说："我确实有不少需要改进和提高的地方，但我觉得跟培训没什么关系，我自己学就行，培训根本就没什么用，解决不了我什么问题。"一下子，全场的热烈气氛降到冰点，大家都面面相觑，那个对培训持反对意见的学员还自顾自面无表情地说着，丝毫没有感觉到座谈会场域的变化……

面对这样的窘境，作为培训管理者的我们，应该怎么办呢？如果和这个有异议的学员辩论，显然很难在短时间内说服他。但如果不"接招"应对，企业其他的被访谈者会认为我们心虚，明显也不太合适。那具体应该如何做呢？

第一，厘清认知，换位思考。首先，作为培训管理者，要对培训有个清晰的认知，培训不是"包治百病"，不可能解决所有的问题；培训注重长期回报，不可能一蹴而就。我们不能因为自己热爱培训工作就盲目自信地认为培训无所不能。如果做了一个不切实际的承诺，那就有点像给自己"挖坑、埋雷"，结果注定是"自取其辱"。其次，不要妄自菲薄，要坚信培训是有价值的，可以在有限的范围内解决企业的问题。另外，培训有多重功能，除了学习知识技能本身外，培训还是一个增进理解、建立链接的平台，给参与者创造了交流和沟通的机会。

我们来看一下案例14－5中的主持人后续是怎么做的。

主持人等有异议的学员阐述完自己的观点，接过话友好地说："您说得对，培训的确是作用有限，不可能立竿见影，而且培训不能解决所有的问题，如果是企业制度、机制导致的问题，培训是解决不了的。"先给予了对方认同，接着说"培训要产生良好效果，需要很多条件同时具备，好老师、好内容、好组织、好环境，这些条件缺一不可"（这个过程中主持人逐渐潜移默化地宣传培训的价值……），进而委婉地暗示"您看到的培训没有效果，不一定是培训本身的原因，有可能是其他因素不具备导致"。

另外，针对挑战者所说"不用培训，自学就可以"，主持人也非常认同，"对于像您这样学习能力及自觉性非常强的人来说，自学是一种非常好的学习提升方式，很多成功人士都是通过自学实现了自己的梦想。但学习是艰苦的，大多数人都有惰性，当面临岗位技能不足或本领恐慌时，参加培训学习相当于‘走捷径’，是最高效的学习方式。培训师既有理论经验，又有实战经验，帮我们提炼总结了很多行业企业的方法论，通过参与短期培训，大家可以迅速掌握这些用之四海而皆准的方法，效率非常高，是自学的补充。有的知识技能自学可能要摸索很长时间，但通过培训很快就知道了，当然不可否认的是，自己摸索出来的印象更深刻……”

在这个案例中，培训管理者先给予对方认同，然后循序渐进阐述自己的观点，引导对方看到个体视角之外的认知，系统全面看问题，最终达成了共识，取得了非常好的谈话成效。

第二，先处理情绪，再处理事情。

当培训“无用论”者沉浸在自己的认知中，滔滔不绝地反对我们时，我们如果和对方辩论，访谈会就变成了“辩论会”，而且在短时间内很难说服对方，那只能是让其他人看笑话。所以我们可以充分理解、尊重对方，让对方先表达不满，把负面情绪发泄出来。我们也可以因此找到对方对培训不满的真实原因，澄清我们的观点。

【案例14－6】

某个企业大学校长向我介绍过他亲身经历的一个访谈事件：一次在与集团商务条线主要管理人员讨论商务条线的学习地图开发和系统人才培养的工作时，集团商务条线的负责人一见面就对培训特别反感，强调培训没有用！使这个企业大学校长非常尴尬，当时这个企业大学校长并没有第一时间和对方争论或探讨“培训有没有用”，而是首先感谢了对方对企业大学及团队成员的信任，感谢对方能够开诚布公谈论个人对学习培训的真实感受，在创建了良好交流场域之后，他接下来询问了对方几个问题“为什么感觉培训没有用？之前在集团参加了哪些培训？都有什么感受……”，当时那个商务条线的负责人非常气愤地给企业大学校长讲述了他之前参加过的两个体验糟糕的培训。在商务条线负责人介绍过程中，企业大学校长逐渐发现了问题的症结：第一个培训是由于参训人员没有分层级，整个条线所有人员全部参加，培训人数众多且针对性极差，培训效果可想而知；另一个是培训对象定位不精准，让很少实操的业务条线负责人参加岗位操作技能的培训。这位企业大学校长在摸清问题之后，和商务条线的负责人说“您刚才提出的这个问题非常好，就是我们这次来与在座的各位想要解决的问题”，于是企业大学校长针对这两个培训的情况予以详细分析，一方面，让商务条线的负责人了解到导致他之前体验糟糕的培训真正的原因是什么，厘清了他对培训的误解；另一方面，通过企业大学校长的专业分析，商务条线的负责人也更加理解企业大学这次要做学习地图和系统的人才培养规划的最终意图，就是要有针对性地去对每个条线不同层级的人设计和实施精准的人才培养项目，已达到更好效果。分析完以后，整个会议的氛围马上就发生了改变，大家共同围绕如何做好条线人员系统培养进行了热烈的研讨，这次访谈以后，商务条线主要岗位学习地图和系统人才培养方案很快就设计完成了，在后续的人才培养过程中，也得到了这位负责人的大力支持。

培训需求访谈本身就有教育市场的功能，当学员没有经历和体验过有价值的培训，抑或是之前体验过糟糕的培训，你怎么说他都不会相信培训是有效的。所以可以策略地先认同对方，抓住这个教育市场的机会，通过提问去了解他之前有什么样的经历？发生过什么事情？为什么会得出培训无效的结论，找到这个人产生培训误解的真正原因和症结，予以针对性分析和澄清，这个过程中也可以找到机会去宣传我们的培训产品，建立信任，让其他参与访谈的人更深入理解培训的价值。

第三，争取达成部分共识。根据经验，异议方一般只是对培训的效果产生怀疑，但对“培训是交流平台，可以让大家增进了解”上都会认可。只要能与异议方在部分观点上达成共识，也就间接证明了：培训无用论是片面的。

在案例 14 –5 中，当主持人提到培训是交流的平台，可以让大家迅速建立链接，那个反对培训的员工一直在点头，可以看出来他对这点是非常认同的。他甚至还补充到，企业现在工作非常忙，大家平时在工作中很少有机会交流，通过培训的确可以增进跨部门的沟通与协作。

第四，寻找培训支持者，让支持者来帮助你说服反对者。如果在访谈中发现有培训的支持者，可以让大家都谈谈对这个问题的看法，在这个过程中找机会澄清，这样比培训方“单兵作战”去辩解更有效。

【案例 14 –7】

有一次去一个传统企业访谈，企业要求我们策划传统行业向互联网转型的新媒体运营的内容。当时参与需求座谈的有将近 10 个中层干部，有个在企业工作 30 多年非常资深的中层干部，非常反对学习新媒体营销技术，他说：“我们这个行业有特殊性，客户群稳定，一直就是采用这种口碑相传的方式在销售，学这些东西有什么用啊？何况我年龄大了，还有一两年就快退休了，学了也没意义！”当这个老同志提出质疑时，旁边还有两个岁数大的同志马上附和，交流陷入僵局。主持人先是了解了一下老同志的工作年限，与老同志拉了拉家常，创建了一个良好的开场氛围，接着微笑着问了个问题“您在这个企业工作了这么多年，对企业一定很有感情吧，假如您退休之后和老朋友在一起聚会，您是希望听到咱公司被时代淘汰了呢？还想希望听到咱们公司越来越好？”……看到老同志沉默不语，主持人又接着问：“我相信您肯定是希望这个企业越来越好，当别人提起时，您可以很骄傲地说您曾经工作过，为之做过贡献吧？”当主持人说到这里时，那几个老同志显然被触动了，情绪都有点激动，陆续答道：“是啊，那肯定的啊，我们当然希望企业好!”接着，主持人转向几个年轻的干部，问他们：“你们觉得如果我们固守传统的营销模式，企业还能与时俱进，不断发展吗?”年轻干部们碍于老同志在场，虽然不好意思用言语直接反对，但也都频频摇头，用身体语言表达了对主持人的认同。那几个老干部也陷入了沉思，主持人接着对老同志说：“一个企业要发展，肯定是要拥抱未来，拥抱变化的，你们可以不拥抱变化，但不能阻止年轻人拥抱变化啊……”当时，主持人也看出这些老同志对学习新技术有畏难情绪，就半开玩笑地打消他们的顾虑：“你们都这么资深了，不用费太大精力来学习新技术，让您那些徒弟，让年轻人学，但你们得了解新技术啊，免得他们糊弄您，学会了您指导年轻人，也有利于树立您的威信和权威是不是?”……那几个老同志听主持人这样说立马就不好意思了，辩解说他们本意不是反对培训的，而是赞同企业面对环境变化，要多组织培训，通过学习来提升组织的能力。

后来在正式培训中，我们发现了一个非常有意思的现象，这两个老同志学习热情最高，很快就开设了个人“抖音号”，打造个人 IP，为企业做宣传，成为年轻人的表率。企业第二年培训需求调研时，他们主动给我们提出很多好建议，成为培训的铁杆粉丝和支持者。

第五，忽略争议，回到主题。如果发现培训异议者情绪非常激动，无法在短时间内被说服，可以把这个问题放一放，回到访谈的主题，例如可以说：“这个问题其实是培训界争论比较大的问题，要讨论清楚需要比较多的时间，今天时间有限，咱们先探讨主题，会后感兴趣咱们私下再单独交流。”一般这种情况下，对方就不好意思再纠缠了。当然，在会后可以采用一对一交流的形式来和培训异议者真诚沟通，争取达成理解或共识。

根据培训的 721 理论，培训在人的成长过程中扮演的实际上是辅助角色，只占 10% 的时间；70% 来自在岗训练；20% 来自向他人学习。优秀的培训体系是灯塔，次一级是扶梯，再次一级是拐杖，连“拐杖”的作用都起不到，就是成长的累赘。大多数对培训持反对意见或者“妖魔化”培训的人，要么自我成长就足以应对当前的挑战，要么被不必要的培训拖累过。这两种人都觉得参加培训是浪费时间。想要解开前者的疑问，需要增加他的挑战和学习的难度，让他开始觉得需要指导和帮助；而后者，是真正需要找到他在成长上的核心需求，把他放到合适的课堂上去刷新体验，所以培训管理者要具备锲而不舍的精神，用好的产品体验去向客户鉴证和证明培训的价值。

最后一点，也是至关重要的一点：会抱怨的顾客是好顾客，有异议的被访谈者也是好的被访谈者。被访谈者或学员有异议，说明他对培训很关注，进行了深度思考，有自己的观点，值得点赞。作为培训人，要学会拥抱变化，拥抱挑战，用开放的心态去认真倾听，理性换位思考，理解、了解他人，这样才能将培训的反对者变成培训的意见反馈者、培训的支持者，更好地促进培训的高质量发展。

赋能业务，助推绩效

——浅析注重实效的培训设计

曾向英

培训的最终目标是服务于组织的人才培养。培训工作的价值，是直接打造组织的人才供应链，通过为组织提供足够数量的人才以及符合组织要求的高质量人才，进而间接支撑组织业务战略与指标的落地。培训要贴近业务，必须关注战略实施对组织能力的真实要求，服务于战略与业务。

某连锁企业训战结合的案例：

祥龙公司党校企业培训部（原北京祥龙大学）自2014年成立以来，就一直以“上接战略、下接绩效”为培训目标，以“问题导向，目标导向”为出发点，为北京祥龙资产经营有限责任公司（以下简称“祥龙公司”）所属各企业量身定制培训项目。以为某知名连锁公司组织的店长管理特训营为例，2019年，针对前期企业实地调研诊断到的培训需求：连锁企业亟须提升店长在客户数据分析处理、店铺陈列引流技巧及客户投诉处理三方面的能力，我们为这个企业定制了连续三天的店长管理特训营。每门课程都是根据培训需求调研收集到的企业痛点、难点问题有针对性地开发课程。以“客户投诉处理”课程为例，培训中引用的案例都是从实体店采集到（经过去隐私处理和加工）的真实案例，也是门店在面对挑战性客户及刁蛮客户碰到的难题，还有几个客户投诉的确给企业带来了损失。老师围绕收集到的15个案例素材，经过分类整理，提炼总结出客户投诉处理的方法论。培训当天，在给学员们普及基本的理念和方法技巧之后，老师用情景模拟的方式和学员分组实战演练，老师扮演刁钻的顾客，每组学员扮演店长和店员，老师用正反两个方法来给学员展示所传授方法技巧的实用性以及效果，让学员真切感受到应用新方法的价值。之后，学员分组实操演练，老师做一对一点评。培训后，我们总结提炼了课堂案例的处理技巧并加工整理出成果手册（包含知识点及案例分析，实操步骤）分发到所有连锁店，供店长做店内培训及新员工辅导使用。闭营仪式上企业领导给店长们布置了行动学习作业：所有店长训后两周内必须转训店员（转训实际上是知识应用的过程）并带教员工。通过在岗训练及一对一的辅导，以及老师后续的跟踪辅导，基本上所有的骨干员工都掌握了客户投诉处理的方法技巧。很多员工还成功地将投诉客户转化为忠诚客户，最成功的案例是有一个投诉客户惠顾之后买了四副眼镜。通过这个培训，切实提升了企业应对挑战性客户的投诉处理能力，有效提升了门店的品牌形象及销售业绩。

从这个案例可以看出，赋能于业务的培训，一定要扎实调研，精准查找企业实践中问题、痛点和难点及对应的学习需求，针对这个需求提供有针对性的学习解决方案。教学过程要遵循成人认知心理及企业培训规律，选择最实用的知识点，用“讲授＋体验”循序渐进地提升学员的认知，通过实战演练、在岗训练、后续辅导，让学员将“新知”形成习惯，变为潜意识，内化于心，外化于行，提升作战能力，助推绩效的达成。

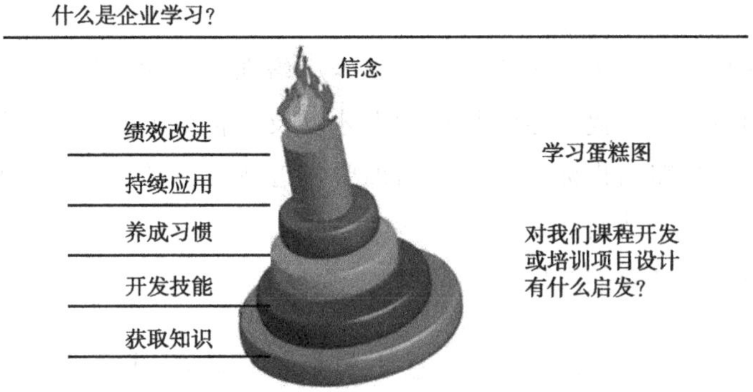

企业学习遵循自身的规律，不可能一蹴而就，始于知识获取，终于绩效改进，其间要经历一个认知迭代的过程。常规企业培训首先要通过正式或非正式的学习帮助学员获取知识。但学员获取到知识并不一定等同于其掌握和具备相应的能力，所以培训师要通过给学员匹配大量课后练习，布置基于工作场景的任务，以及在岗训练等来培养学员的能力。因为成人的学习都是基于既有经验，并不像学生一样是从零开始，他的固有经验和习惯会阻碍他接受新知。所以培训师需要通过课程设计和知识传递、能力培养去调整成人学员的信念，改变他们既有的习惯，打破他原有的认知，让学员在应用新知的过程中，逐渐发现新的方法工具给他带来的实际利益和效果。如果学员认为应用新知比之前的旧知有效，他才可能继续尝试，慢慢养成习惯，持续地应用，直到这种方法成为他潜意识中的一部分。

具体到课程开发，我们要引导培训师在课程设计时，不仅要关注知识传递，还要设计相应的实践演练或者练习，课后要通过行动学习去完成一些关键的行动任务，通过实践，包括在岗任务的开发等，让学员在实践中逐渐转变，所以说培训的过程，不仅是知识的传递过程，更要通过培训现场及培训后的持续练习，以及之后的行动任务等一整套方式，让学员在一点一滴的成就感中调整他的信念，养成习惯，持续地应用新的方法，最终才能真正达到企业学习的目的，即绩效改进或者绩效提升。

下面，我们就围绕企业学习规律，探讨培训在不同阶段的规划设计策略，以达到赋能业务、助推绩效的作用。

一、调整信念阶段

个人或组织都有抗拒变化的惯性和惰性，每个人对新鲜事物接受的态度、成长的信念（自身成长/改变与组织要求的契合度）都不同，信念是情感、认知和意志的有机统一体，是人们在自身认知基础上确立的对某种思想或事物坚信不疑并身体力行的心理态度和精神状态。信念的选择基于个体的目的与动机，源自个体的内驱力与意愿，坚定的信念就像一团火，可以驱动人们不断前行。有效的培训，对学员信念的调整无处不在，贯穿培训始终，如春风化雨，润物细无声。只有调整学员的学习信念，让学员在有限的时间内“清空”自己，克服惯性和惰性，改变才可能发生。

首先，要转变学习的责任主体。

转变学习的责任主体

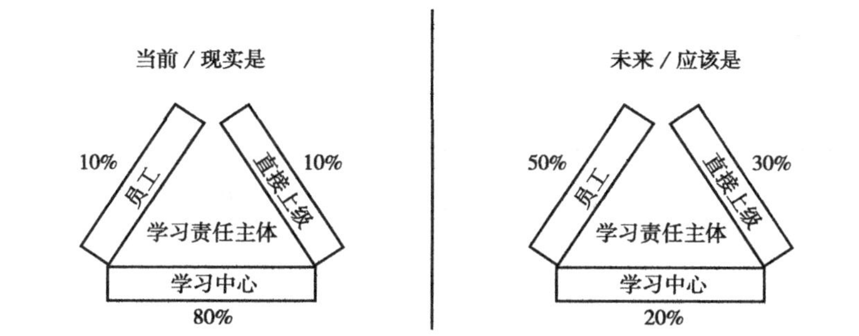

传统情况下，企业大学或学习中心承担了较大的学习主体责任，学习中心承担了80%，员工和学员的直属上级只承担较小的部分，即10%。如果这样，企业大学会将精力集中在教学过程本身的设计，很难满足学员的需求，在学习设计上就存在偏差。

教学设计中，如何重新划分学习的主体责任？让员工感受到学习对自身成长的意义与价值，并且调动其积极性至关重要。理想的学习应该是以学员（员工）作为学习的主体。在学习设计前期培训需求调研阶段，要直接了解学员直属上级的需求，并且让学员的直属上级参与到需求调研和学习设计中来，将学习的主体责任转换为员工占50%，直属上级占30%，而企业大学学习中心只占20%，这样才能真正做到以学员为中心，设计出符合员工需要的培训内容。

培训实践中，一般是让员工和直线上级参与培训需求调研，针对员工的问题设计有针对性的学习解决方案，请学员直线上级直接过问员工的学习并提出学习期望，最理想是学员直线上级和员工能共同学习；在培训结束之后，员工的直线上级可以对员工的学习事项进行跟踪，督促员工应用新的知识技能或方法工具努力改善，并且创造良好的容错环境允许员工改善，这样员工改善的动力才会更强，学习的效果才会更好。高级别的培养项目，就必须让更高级别的领导参与进来，在需求调研、方案设计、培训交付、效果呈现等角度都要与其建立有效链接，因为“管理者承诺”的影响力与作用很大，会直接影响培训项目的成败。

其次，要帮助学员清空自己。

学习的第一步是清空自己！“空杯心态”用到学习上就是指：学习新知识的前提要

先具备好的心态，先把自己清空，而不是带着自大和挑剔的态度去学习。“清空”不是否定过去，而是怀着从零开始或者放空过去的一种态度来学习。对成人学员来说，已有的旧知很难摒弃，“清空”是很不容易的。所以作为课程设计师要考虑，要学习新内容，首先要让学员忘却什么？需要摒弃哪些知识和习惯？怎样引导学员摒弃旧知，从而更好地接受新知。在领导力培训项目中，“清空”原则非常重要，很多领导虽然没有经过系统学习，但都是无师自通的实践高手，如果他们不能清空自己，带着挑剔和审视的心态来学习，那就很难接受新知，达到理想的效果，所以培训师需要根据学员的情况，设计清空的环节，颠覆学员的认知，引导学员用新知迭代旧知。

二、获取知识阶段

获取知识通常是学员参加企业培训的第一步，培训管理者要秉承成人学习的规律，精准诊断培训需求，量身定制业务条线所需知识点，并且设计易于学员接受的形式。

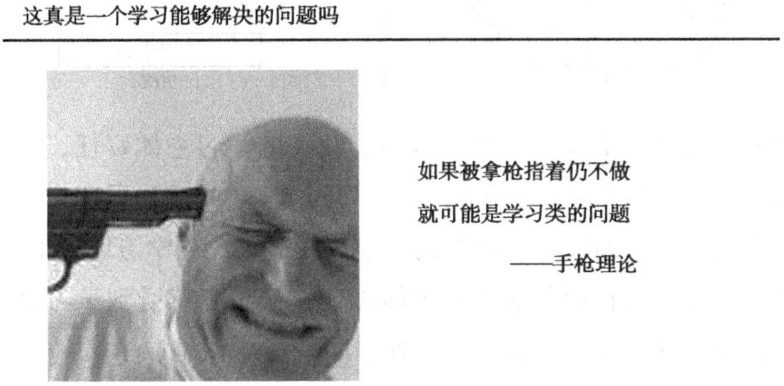

第一，要识别真正的学习需求。按照组织学习“手枪”理论：如果学员被拿枪威逼都不会做，那极可能就是学习类问题；如果学员被拿枪威逼，马上就会做，那就不是培训能解决的问题。作为组织学习者，我们经常希望从学习的角度为公司提供支持，但首先要甄别哪些是学习能真正或者部分解决的问题？哪些是学习解决不了的问题？

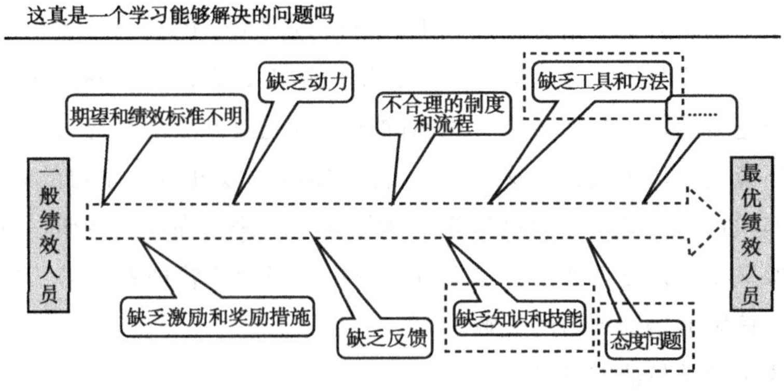

培训不能解决所有的问题，培训只能解决由胜任力不足引起的问题，如缺乏知识

和技能、缺乏工具和方法；还有培训部分能解决的问题，如转变员工的态度。员工胜任力问题不一定都是培训能解决的问题，有些员工实际上具备岗位胜任力，他之所以表现出不胜任，其实并不是真的不会，有可能是惰性或者其他原因导致，只要给他足够的压力（如拿枪逼着他做），他就会做，那这就不是学习的真问题，有可能是态度类问题。培训管理者要探询员工不努力工作背后的原因，是员工本身的惰性还是制度机制导致，如果是员工的惰性导致，可以通过培训去提升员工的认知，但如果是制度机制（不合理的制度和流程），或者是管理环境导致（如主管没有及时反馈），那就是培训无法解决的问题，需要组织去改善制度和环境或者完善激励措施来系统解决。所以在培训需求调研阶段，只有精准诊断到真正的学习需求，才能为培训赋能业务打下良好基础。

第二，制订以结果为导向、和企业业务关联的培训目标。

培训效果受到多个相互联系、相互制约的因素影响。培训课程直接作用于学员，但最终服务于学员所在的业务单元。因此，培训成果转化有效性需要以业务单元的实际需要为源头。我们先需要分析业务单元在业务发展上想要实现的目标以及需要什么相应的改变；然后评估业务单元的改变对员工个体提出的要求，并洞悉员工个体的自我认知及改变意愿？需要做出那些改变？是否有能力改变？最后在课程目标中明确在该课程内帮助员工实现那些改变。从业务单元想要的改变，到员工个体认同的改变，再到课程预期实现的改变，是一个渐进明细、逐步聚焦的过程。实际上，可能需要很多门课程才能实现员工个体需要的改变，而众多员工在各个方面的改变才能实现业务单元想要的改变。

有了明确的目标，才能确定合理的内容。同时，培训内容的萃取、设计与开发，也需要坚持“以终为始”。首先了解业务单元对改变达成的标准并达成共识，然后将组织标准落实到员工个体需要改变的程度，并根据改变程度的大小进行分级描述和阶段划分，然后设计学习与成长路径，最终以此为基准设计并开发课程内容、匹配教学形式，方能确保课程内容符合组织与员工的需要。

第三，设计匹配需求、快速、有趣的课程内容。

培训师在课程设计时要遵循 3F 原则：FIT，让课程匹配需求。培训内容要与学员工作岗位要求密切相关，满足针对性和实用性要求。在需求调研阶段，可以搜集整理基于企业工作场景的真实案例素材，以此为基础量身定制基于工作任务“问题导向”的培训内容，场景化的教学方式能贴近员工的工作实际，并且易于知识迁移和应用转化。还要考虑匹配不同的学员学习风格，设计适合学员的学习方式和培训形式，并且符合组织的需求。

FAST，快速。指快速开发，快速实施，快速学会。当今组织面临的环境瞬息万变，员工的工作内容和工作要求也应随之改变，培训管理者只有快速开发培训内容，快速实施培训内容，并且帮助学员快速掌握，才能匹配组织应对外部环境变化的要求。

FUN：有趣。培训内容重要，培训形式也同样重要。学员的学习效果会受到预期目标、学习态度、以往经验、个人天分以及情绪状态等多种因素影响。好的培训体验能充分调动学员的情感因素，通过仪式感的设计来增加学员学习的动力。如开营、闭营仪式、团队 PK 或积分竞赛、汇报展示等，通过跌宕起伏的情感线及仪式感的设计，增强学员在整个学习过程中积极正向的情感体验，提升学习项目的价值和效果。通过对学员情感的调动及设计配合情感线的知识传授，可以增加学习过程的愉悦感和成就感，让学员印象深刻，记忆持久。

第四，帮助学员在记忆中留存——让学习效果更持久。

如何使学习效果更持久？

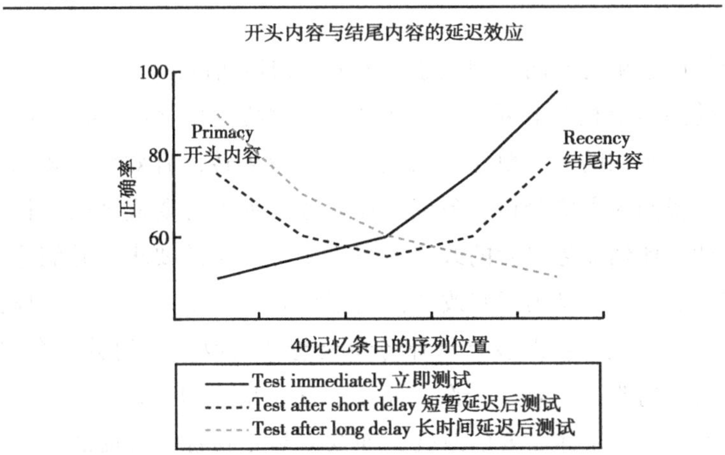

如何使学习效果更持久？这就涉及 A－Z 理论，也叫开头结尾理论：研究和试验表明，人们通常对一个清单上开头和结尾的条目记忆效果更好。因此，人们通常对一个培训课程（活动、培训）中开头和结尾的内容记忆效果最佳。

A－Z 理论和我们熟知的首因效应和近因效应也比较对应。具体到我们的学习内容设计，设计师首先就要考虑如何根据开头结尾理论来对知识做结构化的设计和排序，从而帮助学员增加记忆量，更好地掌握知识。这也是为什么要把课程结构化的理论基础。

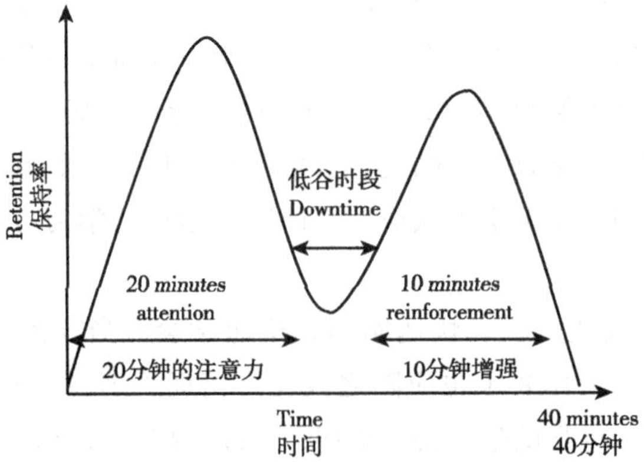

例如，一上午3小时的课程，如果我们持续讲3小时，那么学员就只对一个开头和结尾印象深刻；但如果我们把上午3小时的时间拆分为几个课程单元，就可以增加记忆的量。假如每个部分用不同的方法，又设计有不同的活动，就相当于把一个课程单元又拆分为多个单元，增加了更多的开头和结尾，这样学员记忆的量就明显增加。但这并不意味着，课堂时间可以无限制拆分。研究表明，学员的注意力在20分钟内会比较集中，以20分钟划分一个内容主题比较合适，如果持续讲授40分钟，人的注意力会丧失一部分。有时候学员为了早点回家，就建议老师不休息及早结束，这样也是不科学的，因为休息本身对学习和知识留存是有帮助的。因此，不要在一堂课中穿插太多的知识点，过多学员也记不住。每天的关键学习要点最好不要超过10个，5个最佳；上午和下午各留二到三次休息时间；下午培训开始时可以做个游戏或活动，尽量不要直接讲课；上午、下午上课之前安排10～15分钟，对之前的内容进行回顾；每20分钟左右变化一次培训形式等，采用多种方式来增加学员记忆的量。

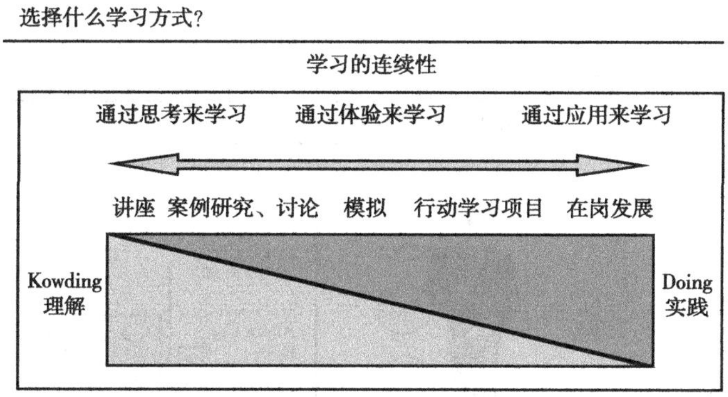

另外，开头和结尾内容的学习有不同的学习机制。以开头来说，人的大脑的记忆系统有足够的资源把清单最靠前的条目转化为长期记忆。而人的大脑会把排在清单最后面的条目处于短期记忆。设计师根据这个原理，可以把适合长期记忆的内容放在开头，适合短期记忆的内容放在结尾。

三、开发技能阶段

这个阶段，需要通过实战演练让学员掌握专业的方法论，并且促成学员课内转化，强化学员的学习信心及提升其课后应用动力。

第一，引入和业务匹配的专业的方法论。

有效的培训需要成熟的方法论的支撑，帮助学员理解众多方法背后的底层逻辑。方法论的重视程度和认知水平不足也会降低培训效果。方法论一定要与企业实际业务情况相匹配，并以工具落地，反复演练，以道驭术，直到真正掌握为止，这样学员才能触类旁通，更好理解应用新知。

第二，量身定制课堂演练环节和脚本，促成课内转化。

成人学习具有自身特点，有效的学习需要少“听”多“做”，这就意味着要减少学习内容，增加实践演练时间，及时有效反馈，而且实践环境要尽量还原真实的工作环境。只有学员在课堂上亲自实践体验，回到工作岗位才可能应用。为达到良好培训效果，最好为企业量身定制培训及演练内容，并且设计“隐性角色”——客户。脚本的制作要基于企业真实工作场景，保证充足的演练时间，争取每人多次实践机会，这样易于学员较快将培训所学迁移到实际的工作场景中去应用。

第三，设计多期、渐进强化，训战结合的模式实现“知行合一”。

根据艾宾浩斯的遗忘曲线规律，我们可以设计系列的培训课程不断强化学员的记忆，消除遗忘影响，最终达到“知行合一”。如果学员缺乏实践机会及反馈，设计多期、渐进强化的实战演练就更为重要，这也是帮助学员将知识技能形成肌肉记忆必不可少的过程。一旦学员将所学变为潜意识，他就会主动在工作中应用。

第四，要管理学员的学习欲望与困难。

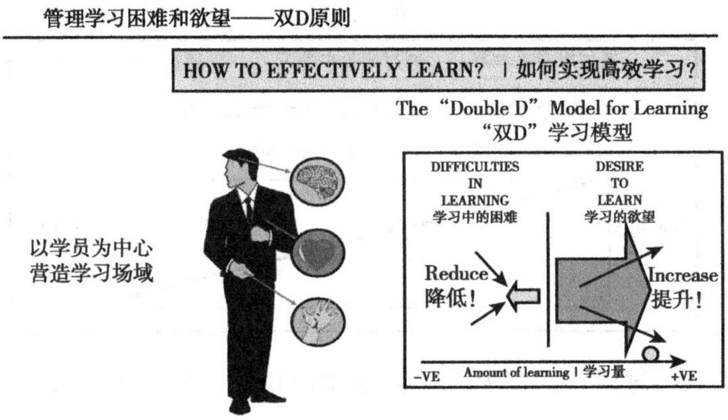

组织学习理论告诉我们：个体在学习过程中存在双 D 原则，第一个 D 是 Difficulties，学习中的困难；第二个 D 是 Desire，学习的欲望。当个体的学习欲望大于个体感知到的学习困难时，个体就表现出积极的学习状态；反之，当个体的学习欲望小于个体感知到的学习困难时，个体就表现出对学习的畏难和抵触情绪。

对于培训管理者，要认真考虑如何去管理和控制学习中这两个“D”的比重。一方面，可以通过专业的设计方法和技术去管理学员的学习欲望和他所感知到的困难，减少学习中的困难；另一方面，可以通过设计好玩、有趣、有料的学习内容增加学员学习的欲望，提升学习的效果。当然，最重要的是要找到学员学习欲望和学习困难背后的原因，这样才可以有针对性地通过学习设计去解决。假如我们能够提升学习的欲望，降低学习的难度，学员吸收到的学习量（知识或者技能）就比较多。例如，我们可以通过真实情境案例、故事和与课程主题相关的视频等帮助学员理解复杂枯燥的知识；或者用科学的方法对枯燥的课程重新设计，将较难的课程拆分为几个知识点分别讲解；也可以通过企业参访、标杆学习、党建学习基地参观来增强感受体验（如某些党建课程，可以采用在党建基地边参观边授课的形式来增强学员的感受和体验），这些方法都能降低课程的难度，增加培训内容的吸引力。另外，还可以通过小组研讨、游戏化的团队积分竞赛设计、仪式感的设计，来增强学员的学习体验，提升学员的学习动力。

四、养成习惯阶段

这一阶段是培养学员将新的方法技能形成肌肉记忆，变为潜意识的过程。

第一，要制订线下的实践跟踪和培训后计划。

《培训审批》一文表明："培训效果中26%来自训前的学习，50%来自训后的强化措施，而企业85%的资金都投入在剩余24%培训效果的训中。"这说明忽略培训前和培训后阶段设计的培训从一开始就很难保证效果。很多人都把学习等同于一次性活动，认为培训就是"上课+考试"，上完课之后培训就结束了，甚至很多培训会在最后一天发结业证和进行表彰，导致学员忽略"学以致用"。有效的培训意味着要重设学员的预期，把成功应用作为企业学习项目的全新"终点线"，在培训课程结束并不能终止，要制订完善的训后计划，有持续的跟进和跟踪，帮助学员持续转化，直到学员熟练应用新知并成为其潜意识的一部分。

第二，通过行动学习、在岗训练，持续精进。

根据培训的721学习理论。对成人而言，70%的能力是从工作中发展的，来源于现实生活与工作的经验、任务与问题解决；20%的能力是与他人交流中提升的，来源于人际间正式或非正式反馈、辅导或者教练，仅10%的能力是通过正式培训与教育提高的。

行动学习和在岗训练的设计，可以让员工带着工作中的问题去学习反思，通过刻意练习，将知识和技能融会贯通，逐渐养成习惯，变成潜意识行为。另外，还可以在训后设计问题解决工作坊，通过社会交流，复盘反思、培养员工向他人学习，向上司学，向同事学习的良好习惯，分享经验，总结教训，博采众长，迅速成长。

五、持续应用阶段

这个阶段，需要争取组织高层的重视和支持，培训管理者要帮助组织形成学习氛围，打造学习型组织，让学习转变易于发生。

第一，要争取高层的重视与支持。

企业培训不单纯是培训管理者的事情，需要企业高层管理者和业务经理的全力支持和配合。高层管理者努力创建的组织氛围及奖励机制能够促进培训的转化。其包括确定培训目标，设计具体明确的学习制度，设定和学习关联的日常考核和奖惩机制；制订基于人才成长的多维激励机制；形成良好的企业学习文化。如果企业高层管理者重视程度不够，只简单投资，不能在培训前或后给予支持，那培训效果就会大打折扣。

第二，要营造转化环境，建立学习激励制度。

环境对于成果转化（尤其是员工行为改变）的影响不可忽视，在课程的教学中需要创造让学员体验改变的环境，而不仅仅是教学员如何改变；在员工实际工作中要创造鼓励改变的环境氛围，避免员工觉得自己与周围格格不入后放弃改变；业务单元或团队也需要在日常规范以及考核中匹配改变的需要，推动员工更加积极地实现改变。只有在这三个方面都充分地考虑与设计，才能确保改变实实在在会发生。

综上所述，培训的改变要遵循“长期主义”，需要多方努力才能达成。对于培训工作者来说，要降低自己和客户的预期，不要期望培训后立竿见影就有成效，也不要去给客户吹牛培训能“包治百病”。只有找到真正学习能够解决的问题，设计出实用有效的内容；转变学习的主体，增强学员的学习主动性与学习意愿；采用有效的课程设计方法，才能让学员在记忆中形成知识和技能的留存，通过实践去调整信念，改变行为，形成习惯，培训才能真正达到组织的预期，实现最终的绩效改进，赋能业务，成为业务的战略伙伴。

如何为企业量身定制课程，甄选高性价比师资

曾向英

作为企业大学的培训管理者，日常最重要的工作就是甄选师资和规划培训项目，其中难度最大的两个问题：一是如何甄选适合企业的高性价比师资？二是如何让老师心甘情愿地为企业量身定制培训内容？

一、如何为企业甄选到合适的高性价比师资？

给大多数企业培训，一般要先通过调研企业的需求去确定师资甄选时应该考虑的关键要素。例如，企业有什么要求？学员需要解决什么问题？学员期望值是什么？他们喜欢什么风格的老师？学员喜欢的授课形式？我们要根据企业的要求，目标学员的需求去确定老师的授课主题，选择适合学员的授课方式和培训师。

但如果给国有企业选择培训师，还要重点考察老师的政治素质，这个是一票否决项。国有企业的人才标准是：德才兼备，以德为先。老师的政治素质是第一位的，只有老师的政治素质过硬，才能培养出符合国企要求的员工干部队伍。因此，国企师资甄选标准：不仅要业务能力精湛，实战水平高超，而且还要政治素质过硬，即老师的价值观是否与社会主义核心价值观一致，是否符合所在组织的企业文化和价值观，是否能够传播正能量。实践中不乏实战经验丰富、专业能力精湛的老师，但如果老师的

价值观和党中央或企业价值观不一致，就有可能出现意识形态问题，混淆学员的试听，造成潜在的政治风险。例如网上就曝光过这样的新闻，某党校聘请的老师在讲台上公开发表违反党的政策理论和路线方针的错误观点、违反政治纪律，导致恶劣的影响，培训负责人和企业领导也难辞其咎。所以国企要把考察老师政治素质放在首位，作为一票否决项，只有政治素质通过了，才可以进行其他的师资筛选流程。

第二，我们要根据所调研的企业需求，去考察备选老师背景，包括学历、以往授课的内容及授课经历、以往授课的行业背景，如果老师有目标学员所在行业的工作经历或从事相关行业的授课经历，就可能更了解学员的实际情况，有更多相关行业案例分享，满足学员的需求。

很多从基层成长起来的国企领导虽然没有参加过系统培训，但都是无师自通的管理高手，如果我们请的外部讲师没有理论高度和实践深度，那就很难引起学员们的共鸣，当然也无法启发大家的思考。这个高度的形成，即在于这个老师的理论研究深度，他能看到大家看不到的地方，也在于他的实战经历，不能照搬书本，纸上谈兵拼凑一堆理论，因为成人学员是有鉴别力的。如果老师曾做过企业高管，有带团队的成功经验，能总结出自己的方法论，课程吸引人的可能性就比较大，而且也会更实用落地。另外，考察老师的工作经历时，还要看他实践过的企业在行业的知名度或者品牌影响力，以及与所讲授企业的匹配度。我们曾经聘用过曾在民企小规模公司做高管的老师，但这些老师的经验对大国企和大公司的学员可资借鉴的地方就微乎其微，没有太多参考价值；外资企业的管理经验对国企有一定的借鉴性，但囿于外企的制度化和法制化的环境，在国企很难落地，也不太适用。其理想情况是：老师有和所讲授企业相似或相关行业企业的实践经历，而且这个企业最好优于但不能低于所讲授企业在行业内的品牌知名度和影响力，这样老师的实战经验才具有最佳参考价值。

第三，请备选老师提供授课大纲，通过授课大纲我们可以了解到老师讲课的基本思路、课程的逻辑结构、课程预解决的问题。

因为课程大纲一般是标准版的，所以只能初步了解老师的课程内容，也就是相当于陌生人见面时的“第一印象”，初步印象好才能继续深度交流，但课程大纲好并不一定代表课程就好，有些培训师会请专业人士包装课程大纲，或者复制一个好的课程大纲，但上课内容和大纲背道而驰。所以后期还需要根据企业的需求，对老师通过面谈或试讲来进一步了解，老师是否具备“内容定制”的能力。

第四，索取讲师 PPT，不一定是本次课程 PPT，可以是老师之前在其他企业上过的课程 PPT。因为在没有最终确定聘用前，老师很少会提前制作本次课程的 PPT。通过老师的 PPT 就可以进一步了解他的课程架构、逻辑思路、课程内容及课程设计。在查看老师 PPT 时，不要被 PPT 的形式所迷惑，重点要看：课程逻辑是否清晰？教学内容是否有深度？有没有创新点？有没有独到的方法和思路？所选案例是否贴合企业实际？老师的上课形式是否符合目标学员的要求？

第五，老师的授课风格，好的老师未必是适合的老师，不同学员要求的授课风格是不一样的，年轻学员喜欢团建、游戏、互动体验等丰富多彩的授课形式；但高层管理者或资深员工可能就不喜欢上课的形式过于丰富，有人会觉得做团建游戏是“小儿科”，他们中大多数人更喜欢老师讲有深度的干货。

第六，要权衡比较老师课酬的“性价比”，高水平的老师课酬的市场价自然也高。但老师的课酬报价高并不一定意味着老师讲得一定好。目前培训讲师市场鱼龙混杂，培训师虚报价格的现象也比较普遍，所以需要培训管理人员具有较强的鉴别能力。另外，可以通过听课、参加论坛等方式多渠道拓展师资资源，这样选择余地会更大。还可以考虑和多个优质师资机构建立长期合作，在综合评判老师素质的基础上慧眼识珠，找到真正适合企业、高“性价比”的老师。

二、如何让老师量身定制培训内容?

以上我们提到培训师课酬的“性价比”，随着培训市场的火爆，越来越多的人进入培训师行业，培训师的价格也逐年攀升。一般情况下，每个培训师都会拥有一到两门他所擅长的课程，但不一定是完全满足企业需求的内容。很多培训师的课程都是“泛课程”，似乎用之四海而皆准，每个企业都能用，但很难适合企业的个性化需求。国企的培训成本有限，如何在不提高培训师课酬的前提下让培训师调整课程内容，为企业量身定制培训内容，这是培训工作难度最大的地方。

从我所在企业大学实践来看，采用以下策略，可以达到良好效果。

第一，免费帮助培训师做课前调研。

大多数培训师和企业是一次性合作关系，如果让培训师自己调研，不仅货币成本高，还要增加时间成本。况且，这对每天像“空中飞人”上课的培训师来说可能性极低。即使老师同意课前调研，一般也就是在上课前提前一两天电话调研，不可能对企业进行深度了解。为了达到更好的调研效果，比较好的做法是，由培训管理者帮助老师完成课前调研，充分了解学员需求并及时反馈给老师，这样不仅可以节省企业成本也可以节省老师时间。企业大学可以就一个培训主题对企业不同层级的人员广泛多次调研，条件具备的还可以驻场调研，让调研更具深度。况且企业大学每年都要给企业组织培训，经常与企业打交道，可以随时去了解企业需求。培训多了，员工对培训组织者更信任，可以毫无顾虑地反馈企业的真实情况，所以企业大学调研的成本比较低，可信度高、调研的效率和效果也比较好。

第二，帮助培训师个性化规划培训内容，提供教学素材，提升培训效果。

作为企业大学的培训管理者，最终目标是为学员提供最佳的培训体验，让目标学员满意。从这点上来说，培训管理者和培训师的目标是一致的。要学会换位思考，真诚地从培训师的角度出发去为他着想，帮助讲师设计满足学员需求的课程内容，用学员易于接受的形式去呈现，助力培训讲师成功，从而实现培训目标。这正是培训管理者的价值之所在。

例如，我们每年都会做某公司金牌店长的培训，在调研和培训中，很容易搜集到很多一线门店的经验和鲜活案例。每次培训前，我们会根据不同的培训主题，不仅给老师提供企业的痛点和难点，亟待解决的问题，而且也会提供企业目前的最佳实践案例和最佳解决方案。甚至我们还会去搜集企业竞争对手对同一问题的解决方案，提供给老师参考，方便老师有针对性地授课。所以很多学员在培训后反馈，“这个老师讲的案例好像就是我们企业发生的”，实际上，我们培训中很多课堂案例都是培训师根据企业调研中搜集到的真实案例改编的。这样就很容易收到非常好的培训效果。

第三，及时反馈课堂效果，定期追踪培训效果。

在每次培训课程结束之后，我们都会将学员 UMU 电子平台的反馈结果提供给老师，与老师共同分析课程得失，帮助老师迭代更新未来上课培训内容，提升老师综合授课能力，这一做法受到大多数老师的欢迎。当然，每一次的复盘和磨课，也是和老师建立信任的过程，虽然企业大学和老师之间是聘用关系，但如果我们真心为老师着想，真诚地为他们提供服务，我们和老师之间的关系就不仅限于交易关系，而会向战略同盟关系去转化，当我们有困难需要帮忙时，老师也会鼎力相助，尽力支持。

培训合作首先要有“利他”的理念，通过“利他”才能“利我”，彼此成就、成就彼此，合作共赢！培训方帮老师完成了最费事、耗力，性价比最低的需求调研、诊断、培训案例素材搜集及培训后反馈工作，用专业和敬业帮助每一个培训师迭代和成长，所以很多老师都愿意在不增加课酬成本的情况下为企业量身定制课程，与培训方通力合作，提升企业培训效果。

三、师资筛选中如何防范风险？

外部师资筛选风险很大，由于信息不对称，即使事先周密准备，也很难确保万无一失。

有一次，我请一个外地女老师做一个为期三天的培训，学员基本都是“85 后”“90 后”，我原本想找一个四五十岁的老师。培训前筛选师资时，初步选定的培训师给我发来照片视频，看起来最多也就 40 岁（现在照片的美颜技术太高了）。与老师电话沟通，听起来声音也很年轻，我就大意了。但等老师实际到场，我才发现她年龄很大，浓妆都遮掩不住满脸的皱纹，后来给老师做课酬需要身份证信息，才知道这个老师已经快 70 岁了。当然年龄不是关键因素，有的培训老教师更适合，但那次培训，学员普遍比较年轻，思维活跃，我选择的那个老师毕竟年龄大明显体力不支、反应也常常跟不上学员的节奏，直接影响到培训效果。

这个教训说明师资筛选最好尽量与老师面谈，要反复确认年龄等相关细节，互联网时代沟通方式多元化，但传统面对面交流的真实性是线上交流很难取代的。

还有一次，我聘请了一个之前通过参加培训论坛结识的老师，气质形象和语言表达都非常好，论坛上的演讲也很有创意，课程大纲非常符合我们企业的需求，再加上这个老师声称他做过七年世界500强的人力资源总监，培训过无数的大公司和大品牌企业，话里话外讽刺我考察他多此一举，我就没好意思坚持请他来试讲。结果这个老师的课程讲得没有任何深度，都是东拼西凑的理论，蜻蜓点水，所选案例也是大家耳熟能详的，课程效果不言自明。

这次教训令我心有余悸，无论是什么样的大牌老师，都要严格按照师资甄选的流程去深度考核，不能轻信老师一家之言，因为每个企业需求都是不一样的，老师自夸可能也是事实，每个人的认知和标准不一样，或许老师之前培训过的企业学员资历浅、要求低，但我们的学员都是资深管理者，就不合适，因此造成了风险和损失。

有了这两次教训，现在如果要请老师讲课，我都会在上课前和老师反复沟通，尽量亲自去听他的现场课，如果实在无法听课，无条件和老师见面沟通，我也会通过微信、电话深度交流，少则两三个小时，多则几十个小时（多次谈话累计时间），用面试流程和企业真实问题去全方位、多渠道调研及考察来降低风险。

总之，在国有企业大学做培训，甄选师资是个高风险、高难度的工作，唯有加强我们自身的专业水平和鉴别力，严格按照以上所列式的甄选流程，不畏权威，不惧挑战，不断刻意练习，积累经验，才有可能为学员选择到合适的老师，规划出满足企业需求的培训内容，帮助学员成长。

企业学习项目团建活动设计的背后逻辑

曾向英

企业学习项目设计中，是否设计团建活动是培训管理者经常面临的尴尬处境，因为很多企业负责人（培训投资者）对团建持抵制态度，他们认为设计团建游戏是浪费时间，不如让学员听干货性价比高；即便是接受团建设计的企业负责人，大多也是基于团建可以活跃学习气氛，缓解学员的听课疲惫来考虑，他们内心也并不真正认可团建对提升培训效果的价值。

那么团建到底对提升培训效果有什么作用呢？企业学习项目中团建活动的设计究竟有没有必要？今天我们就来剖析一下团建活动设计的背后逻辑。

我们不得不承认，学习是一个艰苦的过程。假想一下，我们可能一冲动就去玩，但很少有普通人一冲动就去学习的（科学家除外）。大多数人都不是天生热爱学习的，即使在以学习为主要任务的义务教育阶段，学习对大多数学生来说还是痛苦的事情，因此教育部设计了高考这个“指挥棒”来引导，学校也组织各种考试来加强学生对学习的重视；家长也用十八般武艺来激励孩子认真学习；但即便这样，依旧不能保证所有的学生都百分百喜欢学习，并顺利完成学业。

相比义务教育阶段的学生，成人学员面临着繁重的工作和生活的压力，可用于学习的时间就更少，学习欲望就更弱了。除非必备的岗位技能、晋级压力、公司严格要求，否则单纯为了喜欢而参加培训学习的人少而又少。同理，对企业培训投资者来说，之所以要给员工投资培训，主要是想产出业务结果，也就是期望培训本身能提升员工绩效，给组织投资回报。但对于学员（企业员工）来说，他们可不希望参加的培训是学习枯燥的知识和技能，何况很多企业要求员工培训的同时还不能影响工作。这就意味着学习对员工来说是额外增加的任务和负担。由于学习是艰苦的，因而学员期望轻松、愉快的学习体验。随着新生代员工（1985 之后出生的人）成为职场生力军，这批伴随游戏长大的互联网原住民，更期待好玩有意思的培训，这就要求培训回归社交属性，寓教于乐，不仅有料、有干货，还得好玩、有趣，最好具备像游戏一样的吸引力。

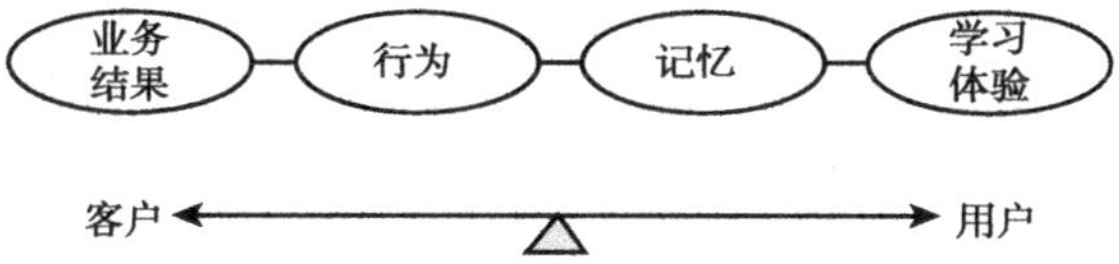

按照企业学习价值链，以及《学习发展项目的 6Ds 法则》这本书中所述，客户（培训投资者）期望的是业务结果，而用户（培训参与者）期望的是良好的学习体验，这两者的需求并不一致，就像跷跷板的两端。培训管理者（跷跷板的支点）就是在这两者之间寻求一种平衡，力争让客户和用户都满意。这就是教学团建设计背后的逻辑。只有设计了良好的学员体验，学员才能将知识转化为业务结果，培训才能最终让投资者满意，跷跷板的两端才是平衡的。

因此，学习项目需要通过培训运营去设计培训体验，这也是团建活动设计的价值所在，没有学习体验设计的培训很难达到投资者期望的学习效果。但这并不是意味着只要是团建游戏就是有助于提升学习效果的，只有满足学习者需求的团建设计才能给学员带来良好的学习体验。而且这种学习体验的设计必须是基于学习价值链的逻辑推演，在进行学习项目设计时，培训管理者必须要理清以下问题：

培训投资者想要的业务结果是什么？

要达到这样的业务结果学习者需要什么样的行为改变？

这样的行为改变需要学习什么样的知识和技能？

培训管理者需要设计什么样的团建活动去提升学习者的体验？

也就是说，培训管理者要根据客户需求的业务结果去倒推学习者需要的学习体验设计，达到让学员满意的目标，而不是单纯为了活跃气氛而设计团建活动。例如，企业大学在集团汽车贸易板块面向市场及销售总监的培训中，基于企业前期调研中提出的亟待提升市场和销售总监的客户意识，班主任在课前设计了“吸管造车”的室内团建，要求每个小组在15分钟内，分工合作，用简单的吸管和扑克牌造出小汽车模型，在高时间压力的活动中还设计了“隐性客户”，通过巧妙设局，检测学员的客户意识。通过这样的活动，不仅培养了学员的团队合作意识，而且也让学员对“客户意识”印象深刻，植入潜意识，形成良好的行为习惯，提升组织绩效。

因此，唯有基于企业价值链的成果去倒推设计，学习项目的设计才能兼具实用性，既满足客户（培训投资者）的需求，又兼具仪式感，满足用户（学习者）的体验需求，学习成果才能有效转化，最终达到提升培训效果的目标，这样团建活动就能彰显价值！受到客户和用户欢迎，培训投资者才会持续买单！

如何让团建成为长周期课程的主线？

曾向英

国企的培训通常安排在工作日，如果需要三天以上的长周期培训，就容易与业务工作发生冲突，尤其是面向中层干部的培训，学员连续脱岗学习就有可能影响实际业务运转。因此，为了避免学员因长时间参训而影响工作，企业经常会要求将长周期培训设计成一周一天或一周两天，这样做的好处是：一方面解决了工学矛盾问题，另一方面也便于学员对知识的消化吸收；但不利之处是：完整的培训项目被人为切分为独立单元，课程与课程之间的逻辑淡化；每次刚刚建立起来的学习氛围和学习积极性又得从零开始，很难形成深度的学习场域。那如何通过团建设计来解决这个问题，达到理想的培训效果呢？

很多企业大学的做法是以“团队积分竞赛 + 每日温故知新”团建活动作为培训主线，承上启下，将多次独立的培训内容串联，形成一个相对完整培训体系，这样，学员体验到的就不再是单个的课程，而是一个完整的培训项目。那具体应该怎么做呢？

团队积分竞赛，调动学员积极性。团队积分竞赛管理可以贯穿培训全流程，对学员的参训情况、课堂表现，练习完成情况进行追踪，形成良性竞争氛围，引导大家积极参与培训及培养活动，并认真完成课后作业或行动学习，推动学习转化，从而达到支持学员行为转变的目的。对于新员工，可以采用个人积分和小组积分相结合的形式；对于领导干部，一般以小组为单位累计积分，这样既可以提升学员们的团队合作意识，培养团队协作精神，也可以用团队压力倒逼学员好好学习。这个设计充分利用了成人学员的心理。学员可能不在乎自己的得分，但一般也不愿影响团队得分。例如，可以对学员的积极行为特征予以肯定加分；对于学员的负面行为，可以不减分，但对其他小组整体加分。例如，对于学员上课接打电话问题，实行积分竞赛前，班主任屡次强调都不太奏效。实行团队积分竞赛之后，按照规定：如果哪个学员的电话响了，本组不扣分，但要对其他各组加分，这样就相当于本组被扣分。这个规则通过集体荣誉感引导学员遵守规则，手机响的学员就会被本组其他成员鄙视，自己也会内疚，有这么一次教训后，上课前大家都会主动互相提醒将手机静音。

积分规则的设计主要是为了提高学员的学习积极性，可以对那些上课积极分享、踊跃回答问题的学员积分；也可以对团建过程中抢答获胜组积分；如果有拓展活动（也会设计小组积分项目），可以对拓展中表现优秀组积分；培训最后一天一般会设计闭营学习成果展示，展示优秀组也可以累计积分；另外，还可以鼓励助人为乐，对为班级服务等行为加分，所有小组成员学习过程中获得的累计积分就是小组积分，培训最后一天累计积分胜出组，不仅团队会受到表彰，每个团队成员还会得到嘉奖。

“温故知新”，复习旧知、导入新知。在每天上课前，用形式多样的“温故知新”活动将独立的课程单元串联起来。课程结束后，班主任会萃取当天课程的重点难点、关键知识点或者方法论，加入一些结合工作场景的微案例，设计成下一次培训测试题库。第二天晨会，班主任会精心设计图文并茂的 PPT，加入跌宕起伏的音效逐题播放，吸引学员抢答，增加了活动的刺激性和趣味性。“温故知新”形式多样，可以是知识技能测试，也可以是情境模拟，还可以是案例分析，还可以是小组代表分享，非常生动有趣，深受学员欢迎，经常有学员在“温故知新”结束之后意犹未尽，强烈要求追加题目。甚至有很多学员反馈因为每次培训前有抢答测试，让他们对下一次课充满了期待，连很多爱迟到的人都按时上课了。

下面附某企业大学的团队积分竞赛规则，供大家参考。

团队积分竞赛以小组为单位累计积分，具体积分规则如下：

1. 鼓励学员上课积极踊跃回答问题（包括分享心得体会），具体分数由培训师决定，一般每次加 10 分，回答精彩每次加 20 分至 30 分；

2. 鼓励学员在晨会“温故知新”抢答环节积极抢答，依据每道测试题目难度，每次加 10 分至 50 分不等。

3. 鼓励每天培训结束整理小组桌面及内务，桌椅排列整齐，桌面整洁有序加 10 分至 30 分；

4. 鼓励相互友爱，互相帮助，热心为大家服务，做好事每次加 10 分；

5. 认真填写学员日志，认真做作业每次每人加 5 分至 10 分；

6. 闭营小组汇报展示前三个胜出组依名次分别加 100 分、60 分、30 分；

7. 拓展活动胜出前三组加分，具体加分规则由教练决定，一般按照名次顺序加 50 分至 100 分。

8. 如出现影响课堂秩序或者影响他人听课等负面行为，如手机铃声响、在课堂上接打电话等，本小组不扣分，其他小组整体加 10 分至 20 分。

……

另外，对于新员工培训，可以设计个人积分竞赛和小组积分竞赛挂钩的规则。个人出勤、课堂表现不仅可以给小组积分，也可以给个人积分，小组的最终排名也会影响到个人积分，每个环节排名前三名的小组，其成员也会分别获得30分、20分、10分的附加分。个人积分竞赛也是一种比较好的形式，比较适合年龄相当的新员工培训。但个人积分竞赛计算稍显复杂，对于学员年龄差距比较大的班级，会影响得分低的员工培训体验，所以我们首推团队积分竞赛。

每个企业大学都可以根据自己培训组织的特点和工作任务设计积分，积分设计的过程也是组织学习文化引导和创建的过程，总的原则是我们希望学员怎样做，就可以设计引导加分项；不希望学员出现什么行为，就可以设立减分项（当然为了避免引发负面情绪，我们可以把减分项替换为其他小组整体加分项），这样既能提高学员学习的积极性，也能引导学员建立良好的班级学习文化，营造良好学习氛围，助力培训效果的提升。

以“团队积分竞赛+温故知新”做培训主线，将碎片化的培训内容串联起来，长周期培训一样好玩、有趣、又有料，学员不仅会体验到系统的培训设计，还会收获知识、收获友谊、收获快乐！

如何吸引更多的企业“技能型专家”走上内训舞台？

曾向英

每个公司在技术技能领域都有一定专长的技能型专家，他们往往具有超乎寻常人的技术和长期积累的经验与诀窍。在理想情况下，组织如果能够将这些专业领域的技能专家的隐性经验萃取出来，变为组织的显性经验加以传播，就能为组织培养更多的专业人才，建立专家梯队。但一般情况下，组织良好的愿望很难实现，通过调研和分析发现，主要存在着以下原因：

第一，企业担心人才流失。很多企业不愿意将技能型专家培养为内训师，主要因为企业担心技能型专家成为内训师之后知名度提高，精力分散，不能专注于原岗位工作。另外，技能型专家讲师活跃于行业市场，更容易被同行业竞争对手关注，被竞争对手挖角，跳槽的概率会提高。另外，也有些企业领导有顾虑，担心随着专家型讲师知名度提高，给自己增加管理和驾驭难度，所以不愿意给技能专家人才提供表现机会和培养平台。

第二，技能型专家没有时间精力。在企业里，从新手成长为技能型专家通常需要经历一个漫长的成长过程，从行业实践来看，一般至少要10年左右，大多数企业的技能型专家都步入中年，他们上有老下有小，再加上都是单位的业务骨干，本身的工作非常繁忙，如果做内训师势必会给他们原已紧张的工作和生活平添额外的压力，出于本能，如果看不到做内训师给自己带来的利益，他们对做企业内训师就不会有太大兴趣。

第三，技能型专家不愿意分享。企业技能型专家是靠自己的专业积累和优势在企业中居于独特的地位，受到大家尊重。他们的经验累积是通过多年辛辛苦苦的实践总结出来的，相当于他们自己的知识产权，一旦向他人分享，其他人就有可能通过捷径掌握这些 Know-how 超过他们，使他们失去技术优势。所谓“教会徒弟饿死师傅”，所以有些技术专家出于私心不愿意无私分享。

第四，技能型专家缺乏课程开发和讲授技术。世界上有两件事很难，一件是把别人的钱变成自己的钱，更难的是把自己头脑中的知识放到别人的头脑中。这句话就是指自己会很容易，但让别人学会就很难。通常技术专家会做的多，会讲授的少，能说会做的更少。技术专家如果没有经过专业训练，往往不知道分享什么？怎么分享？怎么讲让受众爱听听懂？所以大多数技术专家对上讲台上课比较畏惧，也有的会担心万一讲不好丢面子，影响自己声誉。

第五，单个个体经验很难复制和推广。个体经验一般与分享者个人禀赋和当时环境因素密切关联，很难放之四海而皆准，如果听众简单“拿来主义”，就会出现“橘生淮南则为橘，橘生淮北则为枳”的效果。另外，在企业经验交流时，讲授者出于本能，潜意识中会通过讲台炫耀自己的知识和技能，淡化成长过程中碰到的艰难困苦，这样会影响听众心理感受，引发听众抵制心理，影响分享效果。

那么如何通过适当引导，帮助企业的技术专家学会分享个体经验呢？根据大多数国有企业的成功实践经验，主要有以下几种做法：

第一，企业要重视技能型人才，创设分享机会与平台。企业领导要重视技能型人才的培养，为技能型人才规划职业生涯发展路径，创设良好学习分享氛围，提供分享平台和舞台。通过物质和精神激励鼓励专家型技术人才分享自己的个体经验，让分享者体会到在企业做内训师，不仅能够锻炼自己的语言表达和沟通技巧，而且还能增加在企业中的曝光率，增加展现机会，提升被领导赏识和晋升的概率，得到更多人的认可。北京祥龙资产经营有限公司所属很多企业都为技能专家开创了以其名字命名的“大师工作室”，如北京大明眼镜有限公司的“秦英瑞工作室”、北京祥龙博瑞汽车服务（集团）有限公司的“魏工养车”等，这些工作室中的带头人都是行业领军的技能精英，通过技能专家“师带徒”的形式打造出一批专家团队，赋予专家独特的地位和荣誉，企业还通过多渠道为技能专家提供在行业内外和社会上的展示机会，使“××大师工作室”成为企业的品牌和骄傲。很多技能型专家通过大师工作室迅速成长为北京市劳动模范，有的还当选为光荣的人民代表大会代表。成功的专家型技能人才的发展也在企业内外起到了一种良好的宣传示范和激励作用，让更多的技能人才体会到无私分享的意义，激发更多的基层员工为了实现个人梦想，参与到企业内训师队伍中来。

第二，通过培训提升技能专家的授课能力。企业大学或培训中心可以为技能型人才量身定制内训师 TTT 培训课程，让他们学会课程开发和经验萃取技术，帮助他们提炼课程主题，优化课件，提取案例，提升内训师的授课水平，让他们轻松应对课堂。如企业大学就为祥龙公司多个企业精挑细选出来的技能专家们规划了为期 3 天的高级 TTT 培训课程，通过“课堂讲授＋课下辅导咨询”的“双师型”培训模式帮助专家型讲师萃取组织经验，开发专有课程，提升他们的授课技能和技巧，传播组织经验，为企业更好地输血造血，打造专业人才队伍。

第三，隐性经验显性化，个体经验组织化。通过课堂讲授、互动教学、分组研讨、焦点小组及经验萃取技术，让课堂产生“化学反应”，将个体的隐性经验变为组织的显性经验，并通过提炼共性，寻找差异，深挖实质，建立模型，形成套路，将相同相似岗位员工的个体隐性经验变为在组织内可复制、可推广的组织显性经验，并形成标准化的课件，让大家经过培训后都能够去传播和推广。

第四，集体共创，智慧共享。针对企业技能专家工作繁忙，没有过多时间开发课程的现状，通过课堂上大家头脑风暴，智慧共享，小组共同开发课程的方式，搜集经典案例，丰富技能专家课程内容，提升他们课程开发的效率，助力他们迅速转型为内训师，在课后阶段帮助内训师不断迭代完善课程内容，以适应企业和员工不断变化的需求。另外，通过集体共创的形式，技能型专家不仅能丰富自己的教学内容，还能学习到其他专家的宝贵经验，激发出新的灵感和创意，在团队合作中实现共赢！

很多企业不愿意培养员工，为企业的培训投资，他们担心员工成才成名后如果离职，会给企业造成损失，让企业成为其他企业的人才培养基地。结果是企业既留不住人才，还剩下一些平庸之辈，企业的发展进入恶性循环。实际上，经验分享本身也是一种激励手段，不仅有助于留住人才，提升人才梯队质量，还有助于打造企业的核心竞争力，促进企业的健康发展。

优秀的企业经验分享和传承会成为一种文化，让内训师的讲台变为员工个人成长的舞台，将企业发展和员工个人成长相结合，为员工合理规划职业生涯发展路径，让员工在实现个人目标的同时也实现了组织目标，当员工成长为技能大师，当员工的名字成为企业的一种品牌，员工就和企业形成了一种生生相惜的关系，员工忠诚于企业，企业成就员工，“彼此成就，成就彼此”。当高技能人才通过企业平台找到个人发展舞台，企业的创新和高质量发展就指日可待、未来可期！

跨越障碍，朝向未来

——教练式思维在培训复盘中的应用

曾向英

在培训组织管理过程中，训后复盘研讨是提升培训质量的重要手段，训后复盘研讨中必不可少的环节是对前一次培训进行分析，指出哪些地方做得好？哪些地方做得不好，以便把成功转化为能力，把失败转化为财富。传统做法下，如果某次培训出了问题，每每到分析原因环节，培训中出现问题的当事人就会比较紧张，极力找理由解释自己做得不好的原因，来推卸责任。那么怎样能跨越沟通的障碍，让大家在轻松的状态下复盘反思，分析培训中的不足，从失败中学习教训，达到复盘研讨的最初目标呢？下面我们就对比一下应用传统做法和应用教练式思维两种复盘效果的区别。

一、传统思维式复盘

传统思维下我们做培训复盘时，会议主持人经常会说：“大家总结一下，上次培训哪些地方做得好，哪些地方做得不好，咱们找找原因吧？”一般这时候会议的气氛就比较紧张，尤其是出了问题的当事人都会本能地找各种理由来推脱责任。即使面对大家的批评质疑当事人表面上承认错误，内心可能也是抗拒的，并不一定心服口服，承认是自己导致了培训的失误。而其他人也会陷入过去的事件中，批评、指责、沉默、心有余悸、幸灾乐祸……呈现出各种心态。而且，即使复盘中大家告诉有失误的当事人如何去改进，他之后也不一定会按要求去做。所以这种培训复盘对培训负责人的挑战是非常大的，如果不做复盘，大家不知道怎么改进，下次还有可能在同一个地方栽跟头；如果做复盘，可能会伤害员工的“玻璃心”。复盘研讨把握不好还有可能开成了“批斗会”，给当事人很大的压力，打击其积极性，导致不欢而散，违背会议的初衷。

二、教练式思维复盘

教练式思维是成果导向的思维方式，采用这种方式做培训复盘研讨，用提出好问题代替告知（批评、命令、谴责），激发人们更好地去思考、去创造。参会者不会陷入过去的事件里，分析原因，相互指责，而是从过去汲取资源，基于未来去寻求更好的解决方案，达到我们做复盘研讨的预期。

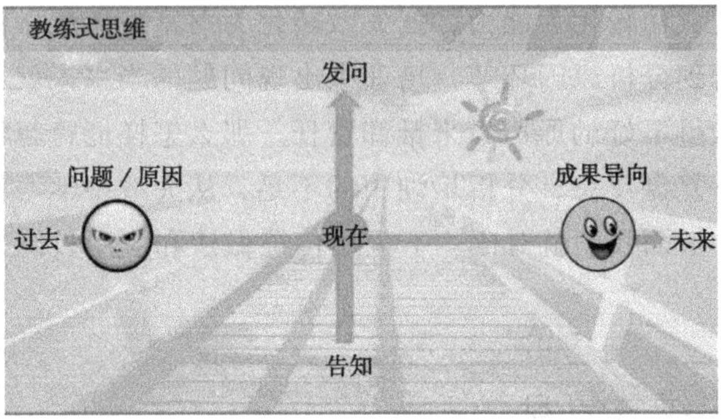

应用教练式思维来做培训复盘研讨，我们不再纠结于过去的谁是谁非，而是基于成果导向的未来视角，从过去事件中获得学习，去探讨，“假如下次还要做同样的培训，我们怎么样能做得更好?”这样大家的关注点就从过去导向转为未来导向，整个心态和能量会发生变化，好的开放性问题会打开人们的视觉脑，激发人的潜意识，创造性就会自然流动出来。

三、神奇的大脑——教练式思维背后的科学

那么教练思维为什么会有这么神奇的作用呢？是因为教练思维是基于人的大脑科学的原理。

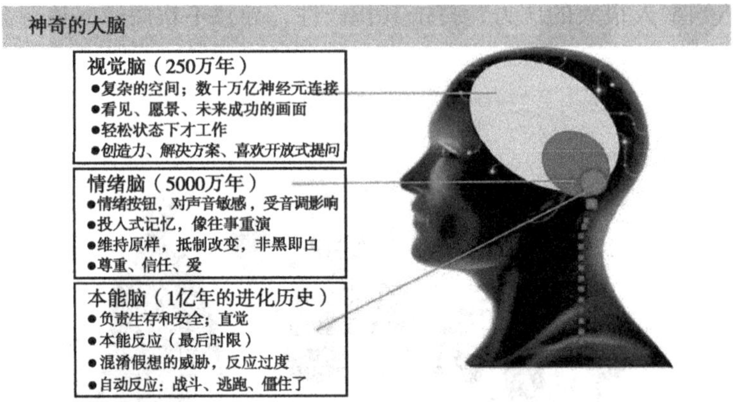

人的本能脑负责生存和安全，当人面临恐惧、威胁或假想的威胁时，本能脑就会被激活，进入防御机制，产生自动反应：战斗、逃跑、僵住了。人的情绪脑会把爱、愤怒、害怕等情绪带入行动中，它具有投入式记忆，维持原样，抵制改变的功能，所以人总是会掉入既有的情绪中。情绪脑对语音语调非常敏感，上扬的语调会激发视觉脑，下沉的语调会激发本能脑。视觉脑负责想象和创造，能看见愿景和未来成功画面，当我们提出开放式问题时，视觉脑就会被打开，人的创造力和想象力就会被激发出来。

当我们用传统思维发问：“这次培训为什么出问题?”大家就会互相批评、指责、回放事件中不好的感受和体验，找错误，找责任人，人的本能脑就会打开，员工自然

就进入“打、跑、僵”的状态，不是对抗，推脱责任，就是回避，脑子一片空白，陷入过去里。当我们用教练思维，提出好问题：“假如下次我们要做同样的培训，咱们想想怎么样能做得更好？”从培训组织方来说，应该做什么？从培训服务方，应该怎样改善？从班主任角度，还应该做什么？这样就引导大家基于未来去寻找解决方案，当大家分别从自己的角度提出了好建议的时候，就相当于在公众场合自己做出承诺，下次就更倾向于按照自己的承诺去践行。

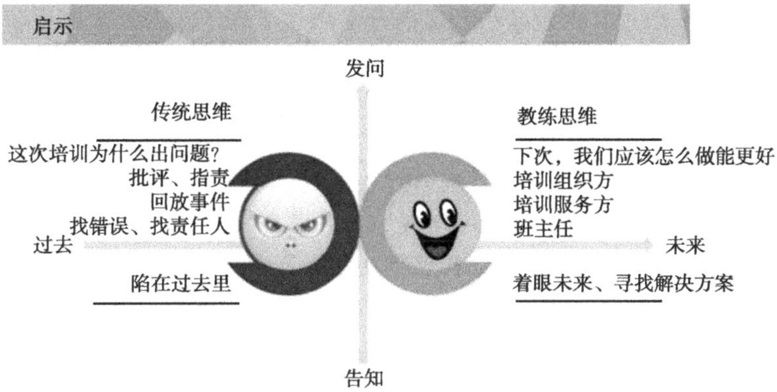

四、教练式思维的对话方法

教练式思维不仅在培训复盘研讨中有非常好的应用效果，而且在管理者对员工做绩效辅导，家长和孩子分析问题（如分析考试失败原因）时，以及各种对过去事件分析原因需要做负面反馈的情景中，都会有非常好的应用效果。

试想，当员工的绩效考核非常糟糕，管理者质问他：“你怎么回事？年终绩效这么差？”他会有什么样的表现呢？……假如你换一种方式，用教练思维提出开放性问题：“假如你明年想达到期望的目标，你应该怎样做呢？”员工的表现会如何呢？

在应用教练思维做培训复盘时，我们还可以采用教练式提问方法：

假如下次要做同样的培训，我们可以在哪些方面做得更好呢？

还有呢？

还有呢？

……

你刚才提到在 1 的方面需要改善，那具体有哪些做法呢？

还有呢？

……

你刚才提到在 2 的方面需要改善，具体做法有哪些呢？

还有呢？

……

通过这种“先横推，再深挖”的方式，我们就可以引导下属创造出更好的解决方案，也发展出了他们对组织的承诺。

五、教练式思维的应用实例

以下是我们一次培训后真实复盘记录，供大家参考：

（之前省略）

主持人：“假如下次我们还做同样的培训，在哪些地方可以做得更好呢？”

班主任 A：“我老是记不住领导的名字，这次某领导见面叫我，我想不起来他叫啥，特尴尬，要是能记住领导名字就更好了。”

班主任 B：“是啊，我也记不住，因为咱们都是给领导培训，每批学员培训完好久才再来培训，每次人那么多，怎么记得住啊……”

主持人：“那大家想一想怎么样才能记住领导的名字呢？”

班主任 A：要是能记住领导长什么样就好了。

主持人：还有呢？

班主任 B：如果见得次数多就能记住。

主持人：还有呢？

班主任 C：见面的时候多关注领导的特征。

主持人：那大家想一想咱们怎样能记住领导长什么样呢？

班主任 C：咱们可以多看领导照片，背背名字和脸。

主持人：那怎么样才能找到领导照片呢？

班主任：各期培训都有开营和闭营仪式，当时都照了像，可以找出来？

主持人：那谁负责去找呢？

班主任 A：每个班主任找出自己班的，做好备注，最后再整合一下就行了。

班主任 C：我可以负责整合。

主持人：那好，就按照大家说的，每期班班主任负责找到自己班的领导照片，班主任 C 负责分类整合。

主持人：整合好之后，大家怎么做才能真正记住领导的脸呢？

班主任们：每天看看，互相提问……

主持人：OK，就按照大家说的去实行吧。

（会议成效：会后两天，各班主任就整理完毕，班主任 C 把各公司加了名字备注的领导照片全部按公司分类，整理成电子文件夹了，大家“背脸”一周，我抽查了一下，班主任们基本记住了将近 80 多个领导的长相）

培训口碑

——如何获得企业的信任与支持

曾向英

国有企业大学是不单纯以盈利为目的，公益性和社会性是国有企业大学首先考虑的因素。国企大学的初心，是帮助企业培养人才，成就企业转型升级，创新发展。所以很多人可能会有疑问，国企大学还需要营销吗？

培训本身是有成本的，培训师资课酬、差旅、餐饮都是一笔很大的支出，何况很多国企的培训都是在工作日，培训不仅要花钱还要占用学员工作时间，会影响企业绩效，所以企业领导在投资之前都会有顾虑，培训到底有多大的产出，培训值得吗？那么，作为企业大学的培训管理者，如何争取企业领导的支持，获得培训所需的资源？如何了解企业战略？如何让企业领导和业务端认可培训的价值？如何与企业业务经理通力合作助力学员成长？都需要我们加强和企业之间的信息和情感交流，通过培训营销去宣传，与企业建立深度信任，达成目标共识，这样才有助于取得最佳培训效果，达到“上接战略，下接绩效”的培训目标。

一、培训口碑营销的意义与价值

俗话说“酒好不怕巷子深”，一个好的培训项目理论上是不需要营销的，只要项目好，自然会吸引到客户。但这个结论的前提是，培训管理者和企业客户双方信息充分对称。现实中，由于企业大学和企业客户分别聚焦不同行业领域，因而彼此之间信息存在盲区与误区，业务客户对培训的认知有限。因此需要培训管理者抓紧一切机会去向他们宣传培训理念，推广企业大学，推广培训项目，酒好也要会吆喝！具体来说，培训口碑营销的意义与价值主要体现在以下方面。

（一）推广培训理念，赢得领导信任

培训技术的发展日新月异，培训内容也在不断迭代，企业管理者和学员囿于繁忙的日常业务，没有时间了解培训领域。一提起培训，很多人头脑中还是上学时课堂讲授、填鸭式教学的画面。对于陌生的培训领域，如果管理者和学员之前没有体验过印象深刻、有价值的培训，一般都会对培训的作用产生质疑。因此，在企业管理者和员工没有亲身体验或见证过“上接绩效、下接业务”的培训之前，需要培训管理者去向企业普及培训知识，宣传最新培训理念，用培训实战案例以及企业培训的真实效果去营销，赢得企业的信任和支持。

（二）取得领导支持，促进学习转化

培训的最终目标是要让学员将培训中学到的知识技能尽快应用到企业实践中去，但学员刚开始接触一个新知识和新技能，难免磕磕绊绊，很难一次应用到位，有时候还不如用老方法有效。知道未必等于做到，“知”与“行”之间还有一条深深的鸿沟，也就是培训“最后一公里”，需要学员有勇气去跨越，学员只有通过刻意练习融会贯通之后，才会做到真正的知行合一。在培训“最后一公里”上，学员直线上级的支持和鼓励就非常重要。如果培训管理者能够赢得学员直线经理的信任和支持，帮助企业创建良好的容错氛围，允许学员试错，引导和激励学员将所学知识应用到企业的实践中去，就较容易获得更好的学习成果转化效果。

（三）管理培训期望，达成目标共识

培训不是一蹴而就的，不能解决所有的问题。随着近年来培训师资成本的逐渐增高，很多企业投资者在培训前对培训的预期也越来越高，希望培训立竿见影，能迅速解决问题。培训管理者需要通过培训需求调研，挖掘到企业的痛点和难点，识别出企业的真需求、真问题，通过需求诊断，为企业把脉问诊。在培训前，要告诉企业哪些是培训能解决的问题，哪些是属于环境、机制等培训不能解决的问题，管理好企业投资者（领导）的预期，与企业达成目标共识，聚焦培训能解决的问题来规划设计培训内容，这样才能让企业满意。

（四）澄清误解矛盾，获得理解支持

在培训过程中，经常会出现信息偏差导致的企业方误解，例如，我们企业大学在培训初期，很多领导不愿意配合培训需求调研，觉得浪费时间也没有必要，让我们按照领导的要求去做就行了，他们把领导要求等同为培训需求。另外，学员也经常会对体验式教学方式有误解，不合作。如有些学员出于惰性，怵演练，就想听，不想做，更不想尝试转化……这些都需要培训管理者通过耐心专业的解释和宣传引导，才能消除企业和学员的误解，获得理解支持。

二、建立培训口碑营销的时机

（一）培训需求访谈

培训需求访谈是一个非常好的接触企业客户的机会，通常情况下，企业大学在访谈时，会分层次拜访企业客户高管、中层管理者、有代表性的典型学员，或者到企业实地走访，培训管理者在了解培训需求时就可以同时展开有针对性的营销，让对方了解企业大学，了解企业大学的产品。

（二）培训项目运营全程

按照培训的721理论，培训项目运营过程中除了课堂的培养（课堂学习占10%）外，大部分的领导力实践都是在实际工作中（实践学习占70%）完成，为确保项目的顺利实施，培训管理者可以积极地融入学员上级的支持（上级辅导占20%），来推动学员的领导力实践。为此，在培训项目开始前，秉持教练式领导的理念，结合企业对领导干部素质能力要求，培训管理者可以组织学员上级参加培训项目启动会，培训需求调研，介绍项目的目标，内容设置及时间安排，对需要上级支持的工作提前澄清，并就在学员领导力实践过程中需要上级辅导所需的辅导技巧进行培训。在项目实施过程中，分阶段向学员上级反馈项目开展进度，收集改善建议。这样一方面提升了企业领导的参与度，增强了培训效果；另一方面，也为企业大学创造了很多和领导交流的机会。

此外，培训管理者可以抓住培训的很多关键节点创造和学员深度交流的机会，如课前签到、课间休息、课后交流等时间，加强与学员的交流和沟通，收集学员对课程的评价和反馈，有没新的培训需求，澄清问题和误解，建立良好关系。

（三）领导出席开营、闭营仪式时

国企大学在组织一天以上的培训时，经常会规划组织设计开营、闭营仪式，邀请企业领导参加，一方面可以通过领导讲话提要求，明确培训的意义，让学员对培训更重视；另一方面，在开营、闭营仪式领导提前到场的间隙，也给企业大学的培训管理者创造了一个非常好的与领导交流和宣传的机会。

（四）培训宣传文案传播

将培训项目的特色和内容撰写成有吸引力和影响力的报道，通过公众号、企业大学或企业官网，或朋友圈传播，可以达到非常好的传播效果。另外，班主任可以在培训中精心设计张贴学员的作业、思维导图、商业画布、团建视觉引导笔记，并将其设置成“网红打卡点”，吸引学员主动拍照、发朋友圈传播；每期培训结束后，班主任还可以将学员照片编辑成易于在朋友圈转发的形式，通过学员微信群、朋友圈吸引学员主动自发传播，为企业大学做良好宣传。

（五）培训精彩视频推广

2天以上的培训，可以将学员精彩瞬间做成短视频；1天的培训也可以做微视频（30～60秒），一方面可以在闭营仪式前让学员回顾培训精彩瞬间，加深学员的印象，提升学员培训体验；另一方面，做得好的培训微视频，学员会主动发朋友圈或者抖音传播，达到超出预期的宣传效果。

三、如何做好培训口碑

企业大学必须坚持问题导向，目标导向，以终为始，用每一个成功的精品培训项目做宣传，因此在培训项目设计初期就要把培训营销等一系列因素考虑进去。

（一）首先要做培训的利益相关者分析

利益相关者分析详见本章：如何让培训满足利益相关方需求。

企业大学的培训管理者要对培训项目中涉及各利益相关方深入分析，并沟通培训计划，针对不同的对象以最佳沟通方式开展项目宣传，引发其对培训项目的兴趣。秉持“由内而外，从上到下”的沟通原则，项目宣传从 HR 内部顾客出发，再到各大业务部门管理层，同时，将高管有效融入培训项目的各大关键环节，包括从前期的项目需求诊断和高管访谈，到项目设计方案的汇报。在条件允许的情况下，在各大关键环节与高管充分沟通，获得高管的理解和批准后再执行，这不仅能确保培训项目与公司的发展需求高度一致，也能获得管理层的大力支持。

（二）深谙企业大学及培训项目的特色和独有差异

培训管理者要站在企业大学校长的视角去宣传企业大学，深谙每一个培训项目的亮点和特色，包括老师的风格、培训内容的独特之处：每个培训是如何设计的，培训幕后培训管理团队都做了什么？如何调研？如何筛选师资，尽量用量化的数据和信息，用生动简洁的语言告诉领导。培训管理者还可以将在培训过程中搜集到的学员的独到反馈，以及发生的学员转变的故事告诉领导，这样领导就能了解企业大学，理解培训背后企业大学同仁们的辛苦付出。

（三）修炼培训管理者的专业能力

培训管理者和企业的接触时间有限，如果利用短暂的时间有效宣传企业大学和培训产品，就需要培训管理者高超的沟通水平和专业能力。

1. 培训需求调研和诊断的能力。培训需求调研和诊断是展现培训管理者专业度的良好时机，也是与企业建立信任的最佳机会。如面对企业的需求，培训管理者能有效提问，挖掘企业需求；迅速匹配相应的内容，规划相应课程，并且能对课程内容根据领导时间做详略说明。另外，培训管理者通过调研访谈还需要具备帮助培训师搜集整理案例，针对企业的需求，重新设计课程，量身定制培训内容的能力。

2. 方案撰写和项目推广的能力。培训管理者应能通过有效手段精准获取业务需求，并设计成培训方案，并具备围绕企业业务问题/需求进行方案撰写（包括 PPT 制作）的能力。此外，培训管理者还要对每个培训项目及培训内容有自己的深刻理解，能够做到对每个培训的优点、特点烂熟于心，能针对不同企业不同层次的人去做个性化项目推广。

3. 案例萃取和案例建设的能力。随着企业大学培训的不断深入，外部培训师缺乏对企业的深入理解，很难满足企业需求，企业大学就需要帮助企业打造企业内训师，将企业内部专家的个人隐性经验转变为组织的显性经验。培训管理者一方面要帮助内训师不断优化培训内容，还需要具备帮助内训师萃取行业真实案例、制作、传播、管理案例及落地推动的能力。

4. 课程设计和课程开发的能力。一个好的培训管理者应该能主导一门以上通用课程的开发，以及完成企业内训课程的优化工作。如果培训管理者本身就能上讲台讲课，能熟练运用教学方法/工具进行课程的讲授和工作坊引导，就更容易树立自身专业权威和威信，获取企业的认可和支持。通过授课及案例、素材搜集的过程，培训管理者有更多机会和学员沟通交流，可以潜移默化地向学员宣传培训理念，宣传企业大学。

（四）抓住每一个企业领导参与的机会

企业领导是培训的投资者，是企业大学的客户，培训管理者要创造和抓住每一个与企业领导密切接触的机会，在培训关键节点，邀请领导参与观摩指导。对新的培训项目更要强化高管的了解度与理解度，例如，在培训需求访谈阶段了解公司战略；在培训开营仪式中恳请领导对学员提出要求，提升学员对培训的重视：在培训闭营仪式成果展示阶段，让领导看到可视化的培训的效果，认可培训的价值。

研究表明，在企业中培养领导者的有效方式之一就是由领导者培养，在条件具备的企业，可以在培训班中专设高管讲堂，由高管授课，并与学员对话互动，倾听来自一线的声音。高管授课首先可以让学员更好管理自我、在深刻理解企业战略的同时，找到自己在战略推进过程中的方向和角色，以敏锐的眼光和积极的态度去应对快速转型带来的挑战；其次，可以提升学员业务能力，邀请企业业务高管分享管理智慧和组织运营经验，指导学员提升业务能力；最后，通过高管以身示范，学员可以更好管理团队，成为优秀的团队领导，打造卓越的高效团队。

实践中，高管的参与既可以增强高管的同理心，增进高管和学员的情感交流，也可以极大地调动学员们的热情与学习积极性，也能让企业高管更了解培训内容，更认可培训的价值。

综上所述，有了好的培训产品，还需要通过培训营销“锦上添花”。作为一个培训管理者，不仅要踏踏实实做好培训产品，还得提升自身的专业能力，学会营销，市场竞争太激烈，此所谓：好酒太多，巷子太多，酒好必须会吆喝！

企业培训成果转化的有效因素及推进路径探索

曾向英

培训界有一句流行的口头禅："上课激动，下课感动，回去一动不动!"这意味着不管人们是否经过培训，学到了多少内容，不管培训管理者培训规划制定得多么精彩，学员的学习体验多么丰富，都不足以达到预期培训效果。如何解决培训后行为转化难？让培训达到学以致用的效果，实现培训"最后一公里"，是困扰业界的一个难题。

一、企业培训成果转化的现状及问题分析

现实中，培训对于组织绩效的改善一直不尽如人意。麦肯锡公司的一项调查表明，只有25%的企业经理认为培训和发展项目显著改善了业务绩效。虽然这个数字只是估测，但培训成果转化难已经成为业界不争的事实。为什么有的培训项目能够改善绩效，有的却只能产出学习废品？原因是多方面的。

第一，培训目标不清晰。如果缺乏明确的业务依据和预期结果，就没有培训预期目标和评价标准，培训效果也就无法评估。很多业务领导并不清楚员工存在什么问题，他期待员工得到什么改善，所以培训评估就无从做起。只有清晰界定学员经过培训后的预期行为改善，才能准确评估培训是否达到了预期效果。

第二，培训内容选择不当。培训不能解决企业所有的问题。如果需要解决的问题不在培训的解决范围之内，那再好的培训项目也无法达到预期。只有当员工缺少培训技巧或知识是导致实际绩效和预期绩效差距的根源时，培训才是正确合理并且可能有效的解决方案。如果不合理的工作制度和流程才是真正的问题所在，那么尝试提升员工能力就是在浪费时间和金钱，带来的只能是培训的失败。

第三，培训对象和培训内容不匹配。不是所有的人都适合培训，如果选择了错误的培训对象或者错误的时机，那也无法产生有效的培训结果。例如，让没有任何团队管理经验的新员工去参加为管理者设计的领导力的培训；让新手去参加需要具备一定基础知识的专业技术技能的培训，都会因为内容不适配而达不到预期培训效果。

第四，培训形式单一枯燥，缺乏学员体验。短时间内填鸭式教学，培训管理者或老师科学地运用多元培训方法的能力不足，缺乏对学员的情感的调动，理论性太强而缺乏实践的教学都难以取得好的效果。成人学习有自身的特点，有效的学习需要少"听"多"做"。现场演练环节的设计和时间不足是导致培训无法产生效果的关键因素。如果学员在课堂上无法应用转化，那他在训后持续转化的概率就很低。所以好的培训都会设计充足的现场演练时间，让学员将新知强化应用并形成肌肉记忆，这样学

员回到岗位后，持续应用的概率才会比较高。

第五，缺乏有效的培训效果跟踪和组织环境支持。缺乏有效培训效果跟踪，无法评估培训成果及采取相应的激励措施，都会导致培训走向失败。成人学习具有惰性，如果没有培训后的跟踪和反馈，很多人就会倒退回熟悉的原有模式。即使有学员能自觉应用新知识新技能，但课堂所学毕竟与企业真实环境有差距，在企业真实场景中，学员在应用新知时会遇到各种各样的问题，如果没有相应的指导和反馈，学员就会对新知应用产生困惑而停滞不前，导致学习转化失败。

组织环境支持包括学员直线经理的影响、同事群体的认可、管理层的表现以及奖励系统。有效的评估和相应的激励措施能够鼓励学员持续应用新知。如果管理者能够提供反馈和教练的次数，学员能感知到管理者对学习转化的支持和推动程度或者管理者对不学习转化会有负面评价，学员都会更有意愿去学习转化。

第六，缺乏长期持续的培训投入及系统化培训设计。高效的培训是需要长期持续投入和系统设计的，很多企业由于培训经费不足或其他方面的原因，只是做了短期培训，学员刚学完效果很好，但由于人的记忆曲线和遗忘规律，如果没有持续培训设计或跟踪辅导，学员很快就会将所学淡忘，培训也将失去成效。还有一种情况是企业缺乏系统长远的培训规划和设计，培训之间缺乏关联，都是临时性碎片化的，这样的培训即使总体投入了很多的时间和费用，但也难以达到良好的效果。

从以上分析可以看出，只有科学严谨、规划合理的培训项目，才能保证组织的学习和发展投资始终创造价值。如果选择了培训无法解决的组织环境问题；如果选择了错误的培训对象或者选择了不恰当的培训时机；如果培训后没有有效的应用演练和监督反馈，培训都无法产生效果。这说明，培训成果转化失败的原因不在于培训学习本身，而在于错误的学习设计及学习转化的缺失。

二、企业培训成果转化的实施条件

如前所述，如果选择了错误的培训对象和培训时机，培训就无法产生效果。这说明，不是所有的学员都能够完成学习成果转化。只有本身有学习意愿，学习自驱力强的学员才有可能学习转化。所以企业在培训前要甄选那些有学习意愿，自己本身想要改变而没有能力改变的学员。

个人或组织都有抗拒变化的惯性，改变是痛苦的，只有克服惯性和惰性，改变才可能发生。培训成果转化是个系统工程，需要四力合一，组织牵引力、约束力（或强制力）、学员自驱力加上培训推动力。培训成果转化的实施条件是：当组织牵引力、培训推动力及学员自驱力大于个人或者组织惯性时，培训才可能产生效果；反之，当组织牵引力 + 学员自驱力 + 培训推动力小于个人或组织惯性时，培训成果就很难转化。

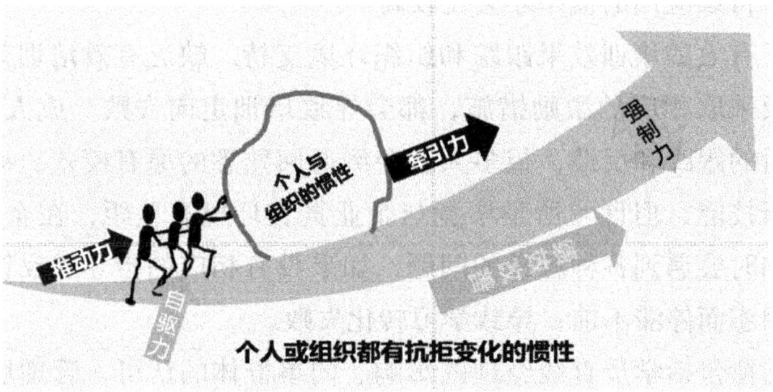

图1　企业培训成果转化实施条件

首先，在培训前，需要组织制订学习目标形成牵引力。牵引力解决企业为什么要做培训的问题。其包括制订组织目标，设计管理考核办法；制订基于人才成长、精神激励和物质激励的多维激励机制；领导以身示范引领，形成良好企业学习文化。

其次，培训中，组织要对学员的学习有约束力；学习约束力从制度层面规定了必须学习的问题，对学员有具体明确的学习制度规定，要有日常考核、设定奖惩机制。对自驱力强的员工，就不需要或需要较少的约束力，有些员工追求自我发展，学习动机非常强，会积极主动学习并且应用转化，学习效果就非常好；但对于学习自驱力弱的员工，就需要组织从制度层面加强约束，明确和学习关联的奖罚机制，用组织的约束力赋予员工压力和学习的动力。

培训，是通过培训内容本身的推动力解决怎么做的问题。也就是培训成果如何转化，通过什么方式去转化的问题。通过分析学员现有能力和岗位胜任力之间的差距，培训管理者可以选择合适的内容给学员查漏补缺，提升学员的短板和能力，让学员有能力去改变。

三、培训成果转化有效因素模型

如果用培训课程、目标学员、业务单元做横轴，培训目标、培训内容、组织环境做纵轴来画一个矩阵。培训成果转化效果至少要受到9个相互联系，相互制约的因素影响。培训课程直接作用于学员，但最终服务于学员所在的业务单元。因此，培训成果转化有效性需要以业务单元的实际需要为源头。首先，我们需要分析业务单元在业务发展上想要实现的目标以及需要什么相应的改变；然后，评估业务单元的改变对员工个体提出的要求，并洞悉员工个体的自我认知：我想不想改变？（改变意愿）我需要做出那些改变？我能不能改变？（改变能力）。最后，在课程目标中明确在该课程内帮助员工实现那些改变。从业务单元想要的改变，到员工个体认同的改变，再到课程预期实现的改变，是一个渐进明细、逐步聚焦的过程。实际上，可能需要多门课程才能实现员工个体需要的改变（一门课程改变一部分），而众多员工在各个方面的改变才能实现业务单元想要的改变。

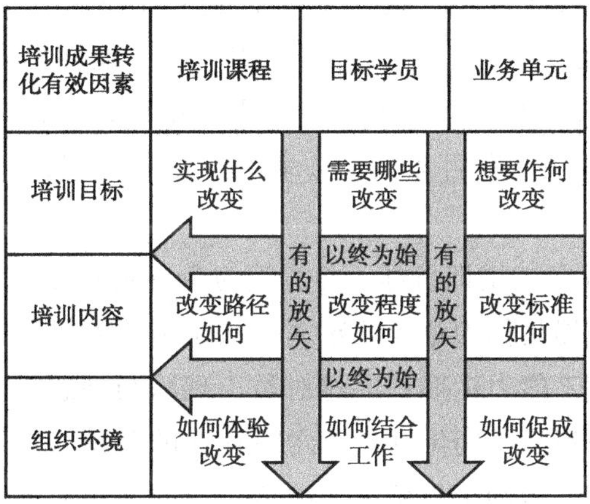

图 2　培训成果转化有效因素模型

有了明确的目标，才能确定合理的内容。同时，培训内容的萃取、设计与开发，也需要坚持“以终为始”。首先了解业务单元对改变达成的标准定义，然后将组织标准落实到员工个体需要改变到什么程度，并根据改变程度的大小进行分级描述和阶段划分，然后设计学习与成长路径，最终以此为基准设计并开发课程内容、匹配教学形式，方能确保课程内容符合组织与员工的需要。

环境对于成果转化（尤其是员工行为改变）的影响不可忽视，在课程的教学中需要创造让学员体验改变的环境，而不仅仅只是教学员如何改变；在员工实际工作中要创造鼓励改变的环境氛围，避免员工觉得自己与周围格格不入后放弃改变；业务单元或团队也需要在日常规范以及考核中匹配改变的需要，推动员工更加积极的实现改变。只有在这三个方面都有充分的考虑与设计，才能确保改变实实在在发生。正如那句老话：环境改变人。

值得一提的是，如果以“培训目标—培训内容—组织环境”为纵轴，培训课程、目标员工与业务单元在厘清并确保改变发生的过程中，也是一个从立意到落地的逐层深入的过程，需要根据上一层级的因素，“有的放矢”地来做具体设计。

四、推动企业培训“最后一公里”的方法和策略

企业培训成果转化落地的方法

1. 高层的重视与支持。

企业培训不单纯是培训管理者的事情，而需要企业的业务经理和高层管理者的全力支持和配合。培训中真正起关键作用的是高层管理者，他们努力创建的组织氛

围及奖励机制能够促进培训的转化。无论培训经理做什么，只有当培训方案与高层管理者的期望保持一致时，培训经理所组织的培训才会有意义。业务部门对培训的成功或失败负有共同的责任，因为他们需要创造一个支持性的学习转化环境。如果企业高层领导者重视程度不够，只是简单投资，但不能在培训前或后给予支持，那培训效果就会大打折扣。很多企业领导非常重视培训，会在培训前参与调研，训前开营给学员提出学习要求，训后考察学员学以致用的情况，这样的企业培训效果肯定是好于预期。

2. 明确以结果为导向的培训目标，并直接与企业业务目标达成关联。

学习成果转化的前提是作为企业领导（一般是指业务领导）非常清楚他的理想员工画像，以及期望的员工能力标准。通过对员工现状与理想员工的胜任力进行对比分析，找到现有员工和理想员工岗位胜任力之间存在的差距，再通过培训需求诊断，选择输入相应的培训内容，帮助学员循序渐进转化。管理实践中，很多管理者本身不称职，并不清楚理想员工的标准，所以需要培训管理者用专业的访谈、分析、评估帮助这些管理者理清思路，基于员工现有能力和期望的胜任力之间的差距去设计相应的培训内容。培训管理者还可以通过细致和全面的规划设计，增加培训与企业短期目标和长期目标的密切关联性。

3. 引入和企业实际情况相匹配的专业的方法论。

方法论的重视程度和认知水平不足也会降低培训效果。很多培训没有做系统的设计，老师讲了太多的方法，术的层面太多，学员记不过来；或者道的层面太多，学员不知道如何操作落地。这样都会导致学员无法完全理解新知，不能完全掌握方法。有效的培训需要成熟的方法论的支撑，并以工具落地，需要教会学员一套体系化的方法论，以道驭术，也就是帮助学员理解众多方法背后的底层逻辑，这样学员才能触类旁通，更好理解应用新知。理想的培训最好有一至两个方法论支撑，并反复演练，直到学员真正掌握为止。如IBM的MOT（关键时刻）课程，从头到尾所有案例都是一个方法论支撑。因而可以充分借鉴世界五百强体系和方法论，充分利用成熟工具提升培训效率。

4. 为企业量身定制演练环节和脚本，争取每人多次实践机会。

随着学习发展领域研究的深入，人们逐渐认识到“做”才是最好的学习方法，放在企业背景下，这就意味着要减少学习内容，增加实践演练时间，为学员提供有用反馈，而且实践环境要尽量还原真实的工作环境。如在技能培训中，应该多给学员安排一些亲身实践的机会。即使是管理领域的培训，如果不能激发学员思考，学员的心智模式也很难改变。所以有效的管理培训都会设计一些真实案例或者和学员工作场景接近的实战案例分析，引导学员将新方法和新技能得以体验。只有学员在课堂上亲自实践、亲自体验，回到工作岗位才更可能应用这些知识。培训学员“做”比老师“说”更重要，为了达到良好的培训效果，最好为企业量身定制培训内容及演练环节，脚本的制作要基于企业真实工作场景，演练环节要占到培训时间的至少一半以上。特别要注意的是，培训里要设计“隐性角色”——客户。“隐性角色”的设计，是让培训场景更接近真实工作场景，能让学员在近乎真实的工作场景中去演练新知，这样能易于学员较快将培训所学迁移到实际的工作场景中去应用。

5. 要制订线下的实践跟踪和培训后计划。

《培训审批》文中研究表明：“培训效果中26%来自训前的学习，50%来自训后的强化措施，而企业85%的资金都投入在剩余24%培训效果的训中。”这说明忽略训前和训后阶段设计的培训从一开始就很难保证效果。很多人都把学习等同于一次性活动，学员也是如此，培训就是“上课＋考试”，上完课培训就结束了，甚至很多培训会在最后一天发结业证和进行表彰，所以学员就很少想学以致用的问题，也就不会主动去应用转化。有效的培训意味着要重新定义培训的“终点线”，重设学员的预期、即把成功应用作为企业学习项目的全新“终点线”，在培训课程结束并不能终止，在训后学以致用最关键的第三阶段，必须制订完善的训后计划，持续跟进和跟踪，帮助学员持续转化，直到学员熟练应用新知并成为潜意识的一部分。

6. 引入团队之间的“强合作”和“强竞争”来提升学员学习体验。

培训内容很重要，培训形式也同样重要。不是所有的人都天生热爱学习的，投资者（客户）追求的是业务结果，但学员（用户）追求的是培训体验。好的培训体验能充分调动学员的情感因素，增加学员学习的动力，让投资者收回预期。人的学习效果会受到多种因素的影响，包括预期目标、学习态度、以往经验、个人天分以及情绪状态。而学员的情绪状态对学习效果的影响非常关键。如果学员曾经有过非常难忘的学习体验，他们就会怀着积极的心态去参加这次学习。相反，负面的学习体验会带来更深远长久的影响，学员会对之后参与的学习非常抗拒，所以培训管理者要精心设计每一次学习项目，不忽略每个细微的环节。好的学习项目都会通过仪式感的设计来增加学员的学习体验，如开营仪式、小组竞赛，汇报展示、闭营仪式等，通过跌宕起伏的情感线设计，提升学员在整个学习过程中的情感体验，强化学员积极正向的学习体验，提升学习项目的价值和效果。

团队PK或者团队积分竞赛设计是通过社会学习提升学员的学习体验。对学员的感性的调动（痛、爱、兴奋度、成就感）可以提升学员学习的积极主动性，增加学员培训过程中的愉悦感和成就感。通过对学员情感的调动及设计配合情感线的知识传授，可以让学员印象深刻，记忆持久。

7. 设计多期、渐进强化，理论结合训练的模式实现“知行合一”。

德国心理学家艾宾浩斯（H. Ebbinghaus）对人的遗忘曲线的研究发现，人类大脑对新事物遗忘存在一定的规律。人们可以从遗忘曲线中掌握遗忘规律并加以利用，从而提升自我记忆能力。我们可以依据遗忘曲线的规律设计系列的培训课程不断强化学员的记忆，消除遗忘影响，最终达到“知行合一”。如果学员缺乏实践机会及反馈，设计多期、渐进强化的实战演练就更为重要，这也是帮助学员将知识形成肌肉记忆必不可少的过程。一旦学员将所学变为潜意识，他就会主动在工作中应用。

综上所述，培训成果转化是个系统工程，需要企业（培训投资者）、培训组织者系统规划设计并得到企业高层领导的支持，只有组织牵引力、强制力、学员自驱力、培训推动力四力合一，克服学员和组织的惰性和惯性，才能真正实现培训“最后一公里”，完成学员学习成果的落地和转化。

理想培训的四个关键要素

曾向英

作为培训工作者，每日苦思冥想的就是如何让培训产出好的效果，如何让培训创造价值？那怎样才能做一个有价值的培训呢？

一、好老师

首先毋庸置疑，要达到预期的培训目标，一定要有好老师。好老师是指能够满足学员需求，既有理论水平，又有科学方法论和实战经验的老师。一个好的老师，既能够深入浅出，将复杂的理论诠释得通俗易懂，又能给出简单实用的方法和工具，还可以设计形式多样的课堂体验，便于学员消化和吸收转化。

但是，有好老师就足够吗？很多培训，老师的能力水平远超课程的要求，但却不一定能取得预期效果。导致这种状况的原因很多，主要有两种情况：一是训前未做学员筛选，学员没有学习意愿。很多企业培训，学员并不是自己主动报名参加学习，而是被组织绑架到课堂上。所以对学习非常抵触，无法与老师配合，就很难达到预期效果。如果学员自以为是，没有空杯心态，没有学习意愿，老师纵有十八般武艺，也无法施展。二是学员混杂，没有针对性。有培训机构的朋友告诉我，某企业委托他们机构做领导力的培训，为了省钱，竟然将高层、中层、基层管理者和普通员工放到一个班来上大课，培训之后，管理者的水平是否提高还没有检测，但企业却反馈，员工和管理者抬杠及辩论的水平倒是大涨。有些听了课程的基层员工，培训后一旦与管理者发生冲突，就用培训师的课程内容来评判和对抗管理者，推卸责任，导致管理者哭笑不得，非常尴尬。

二、好学员

因此，除了好老师外，还需要好学员，所谓好学员是指学习意愿与学习能力双优的学员，而且，最好一个班学员的水平比较均衡。也就是说，学员的同质性越强，老师内容的针对性设计就更容易，培训的效果就越好。学员的同质性指年龄、工作年限、学习能力、岗位胜任力、组织中的层级等。以领导力培训项目来说，学员最好是企业同一职级的员工，如果在管理岗的任职年限相当就更好，即使做不到这样，也尽量要选择学习的入门级胜任力相似的学员，否则会影响老师的课程内容设计。

三、好组织

有好老师和好学上进的学员，培训就能做好吗？

我曾经参与过一个外部培训，老师水平很高，讲授精彩，但培训组织水平却不可恭维，无论是餐饮、住宿还是课程安排都非常混乱。那次培训地点安排在一个非常大的酒店，培训通知上并没有注明教室房间号，酒店门口没有签到指引，联系人电话也打不通。因为培训当天有很多不同机构在那儿租场地，酒店前台一问三不知，我误打误撞花了将近一个小时才找到正确的培训现场，很多学员也因为找不到上课地点而迟到导致上课时间延后，糟糕的体验挫败了很多学员的学习热情。最让人瞠目结舌的是，培训组织者无视三天课程之间的科学逻辑，将本来应该在第一天上的基本概念和基础知识培训放到了最后一天，却把较难的专业课程放到了最前面，这样导致学员们前面听不懂，后面已然了无兴趣。这样的培训结果可想而知。

从以上可以看出，有了好老师、好学员，还必须有高水平的培训组织，有高水平的管理者去规划设计，根据企业的需求、精心设计培训内容及培训形式，通过科学合理、专业的规划设计，良好的培训体验来赢得学员的好评。

四、好环境

学员在学习一个新的知识和技能时需要一个磨合的时间，刚开始可能磕磕绊绊，不一定马上就能应用自如。很多人拥有驾照多年仍不会开车，大概率是刚拿到驾照尝试上马路时，因为一点小的“剐蹭”被家人或朋友指责和嘲笑，于是遭到打击就放弃开车了。学习也是这样，刚学完新的知识和技能，就像我们刚取得驾照上路开车，难免有小剐蹭。这个时候，需要企业有非常好的容错环境和包容文化，例如，学员上级领导的支持，同事的鼓励，包括在出现错误时能够包容，允许小范围试错，这些对学员度过新手期非常重要。

环境对于成果转化（尤其是员工行为改变）的影响不可忽视，在课程的教学中需要创造让学员体验改变的环境氛围，而不仅仅只是教学员如何改变；在员工实际工作中要创造鼓励改变的容错文化，避免员工觉得自己与周围格格不入后放弃改变；业务单元或团队也需要在日常规范以及考核中匹配改变的需要，推动员工更加积极的实现改变。只有在这三个方面都有充分的考虑与设计，才能确保改变实实在在发生，让培训学以致用。

企业培训的最终目的是解决学员工作中的问题，帮助学员学习转化。所以一个效果好的培训，必须有好老师、好学员、好组织、好环境“四好”同时俱备，而且缺一不可，培训才有可能达到预期效果。

国企大学如何做到战略落地和文化传承

曾向英

成功的企业大学不仅是推动企业变革的手段，也是推动组织文化变革的良好平台。近年来，随着国有企业改革不断深入，很多国有企业面临转型升级，创新发展的挑战，企业购并与重组事件接踵而至，但问题也随之而来，组织结构的剧烈变动、文化的不协调，会对重组整合后的企业产生极大的压力，甚至导致并购与重组的失败。企业大学在此时刚好可以发挥文化整合的关键作用。成功的企业大学中，有 80% 以上都是源于企业整体经营策略上的需求而设立，并承担了组织文化变革的任务。很多国有企业建立企业大学的主要目的就是推动企业的战略落地和文化传承，发挥企业大学真正的价值。

一、了解组织战略和文化

企业大学要推动战略落地和文化传承，首先就要了解组织的战略和文化。

1. 企业高管做企业大学校长。

理想条件下，最好由企业高管（一把手）兼任企业大学校长，而不是由培训部或者人力资源部负责人来担任。其实，无论企业一把手承认不承认，他都是企业的品牌代言人。很多国有企业大学高管（一把手）非常低调，不愿意出头露面，假如企业高管暂时不能接受当企业大学校长，我们也可以动员他做企业大学荣誉校长，只有让他接受这个职位，承担起相应的职责，才便于企业大学今后工作的顺利开展。

2. 成立企业战略委员会。

如果企业一把手暂时不愿意担任企业大学校长或荣誉校长，那可以先成立一个战略委员会，将企业一把手纳入为重要成员，企业大学每年都可以组织一至两次战略研讨会或者战略解码工作坊，由企业大学校长做引导师或催化师，与企业领导探讨战略目标如何实现，通过战略解码，将战略分解到每个部门，由此制订企业大学一至三年的工作目标。工作目标制定下来之后，企业大学在课程规划、组织运营、师资甄选上都有了方向。也可以游说企业一把手让他身边最了解他的思想和战略的人做企业大学校长的参谋或顾问。但企业大学校长必须要有清晰的认知，将把企业一把手加入企业大学作为长期目标，通过长期不断的努力来实现。例如，可以利用战略委员会或者任何与企业一把手接触的机会，向他宣传企业大学，介绍企业大学的理念和重要性，用培训成功案例鉴证企业大学创造的价值，千方百计游说企业一把手加入企业大学队伍中来。只有企业一把手亲自参与企业大学，企业大学才会成为真正的企业大学。

3. 企业大学人员要了解战略。

企业大学要想实现自身的价值，就得让企业高层领导了解企业大学及最新理念，另外，企业大学的人员也必须了解公司战略，用战略思维运作企业大学。在美国，很多企业大学都是企业董事长或者CEO担任，叫CLO（首席学习官），CLO和CEO是平级的，但国内企业大学校长一把手担任的比较少，尤其是国有企业大学，最多也就让企业副总担任，但大多数都是由人力资源部部长或者培训负责人担任，企业大学也就是企业中的一个职能部门，或者是隶属于企业人力资源部，这样的组织架构导致企业大学难以真正了解战略，发挥战略落地的作用。

另外，企业大学的高层管理者必须具备战略思维，有聚焦公司战略的能力，具有前瞻思考，能助推战略转型的能力。如果企业大学高管只是具备专业能力或者执行力是远远不够的，必须得有与老板一样的战略高度，才能看到战略的精髓，才能将战略分解、落地。

首先，参与公司战略规划制定、战略发展研讨。为了更好地了解公司的战略目标，企业大学应尽量全程参与公司战略规划，如果从战略规划早期就开始参与，就可以全面了解战略制定的背景及思路，如可以参与公司的“十四五”规划的调研、“十四五”规划的制定，从多方面了解、掌握尽可能多的战略相关信息。

其次，利用自己的人脉资源。企业大学人员平时可以与业务部门的人多交朋友，积累人脉，充分利用自己在企业的人脉资源及影响力，通过大量正式和非正式的交流，全方位了解公司战略和实施现状。

最后，通过课堂研讨搜集。企业大学是交流的平台，是开放而自由的；企业内部是等级森严的金字塔结构，而在企业大学，所有学员一律平等，大家可以畅所欲言，营造出一个平等交流的氛围。学员上课研讨能折射出有关公司战略、企业文化、热点话题、经理和员工实际工作挑战等十分生动具体的信息。据此，企业大学可以了解战略实施现状及存在问题，据此制订后续培训方案。

二、战略宣贯、达成共识

企业大学和培训中心最本质的区别是企业大学是以战略和绩效为导向的，需要推动战略的落地和执行，而培训中心只关注具体培训项目的实施。在外部环境越来越不确定的今天，企业的战略也得随着外部环境进行不断调整，战略的制定不能完全依赖外部专家或者咨询机构来做，而是需要基于企业的情境、现状，结合企业现有的资源，制订适合企业的战略。战略不应是少数企业领导制定的，而应由最熟悉公司业务现状，"听得见炮火的"的员工共创出来的。战略制定既需要从上到下，也需要从下到上达成共识，少数人制定的战略即使科学、合理，符合企业的现状和发展趋势，但如果缺乏执行层面的共识度，实施效果也会大打折扣，因此，越来越多的企业采取共创的方式制定战略，只有员工的意见建议被充分表达，与企业达成共识，才可能推动企业的战略落地、文化传承。

1. 高管宣贯。高层主管的积极参与，是企业大学绝对的关键成功因素。除了担任企业大学校长之外，高管最好参加企业大学的实质运作，而不只是提供财务支持或者做精神领袖。最佳的做法是担任课程讲师，甚至亲自负责甄选及考核学员的执行工作，来带动组织整体的学习文化。高管的参与除了有示范作用之外，更重要的是能够打破组织的藩篱，在培训中考察人才，通过企业大学挖掘培养优秀的人才。

2. 高管开班动员。高管做开班动员可以增强学员对培训的重视，也可以传达公司的价值观、企业文化和组织战略。另外，针对关键的高层领导，要与他们充分沟通领导力项目的内容、培训及评估方式并获得其认可支持。有时候，在项目开始阶段会有一些学员不理解培训的意义，对培训存在一定的抵触甚至是排斥心理。所以有高层领导做开班动员并全力支持，可以排除异议，推动培训项目按计划顺利实施。

3. 高管参与授课。研究表明，在企业中培养领导者的有效方式之一就是由领导者培养，在党建理论及政治素质教学中，可以在培训中专设高管讲座，由公司高管层及主要部门负责人亲自授课，并与学员对话互动，倾听来自一线的声音。

4. 高管担任评委。在培训结业式（闭营仪式），一般会设计学员汇报展示环节，可以邀请高管做评委，高管可以就企业现状的结合度，学员解决方案后期行动的可操作性、结构的完整性和逻辑的清晰度等项目打分，这部分分数权重可以占到总分的80%，这样的比例设计，一方面是希望学员能够"学以致用"，另一方面培养团队的逻辑及系统思考能力，也能让高管更关注学员的成长，提升自身的亲和力。

5. 高管任导师或教练。从人才培养的角度，企业大学可以搭建高管和员工互动的平台，创造高管和员工在非正式场合沟通交流的机会。高管高屋建瓴，了解战略，高管担任学员导师或者教练，能结合实际指点员工，从而成功推动培训后追踪的实施。在高管和员工的互动过程中，也可以传递自己的理念和企业价值观，引导员工接受企业文化，激励员工爱岗敬业，为企业做贡献。

6. 策划战略宣讲活动。企业大学可以策划组织企业战略规划解读活动，邀请公司高管或熟悉公司战略的人来做战略规划的讲解，在这个过程中可以与学员互动交流，便于达成战略共识。企业大学也可以组织战略解码工作坊等来帮助企业中高层管理者理解公司战略，达成共识，并落实分解，通过战略解码工作坊，大家可以更深入理解公司战略，落实分解部门目标，层层落实绩效要求，与员工达成绩效承诺。

三、培养组织战略能力

通过培训需求调研，了解公司的战略、发展目标、核心理念，制定出符合战略方向的培训计划，通过培训实际实施，了解学员需求。根据战略培训需求，制定出企业全年的培训方向和重点，调整课程体系，再根据员工的自下而上的需求制定出具体的培训计划，设计紧跟战略方向的课程体系。

1. 寻找战略能力差距。针对实现组织战略需要的战略性能力，来梳理组织期望的关键岗位能力，据此制定或调整关键岗位胜任力模型，依据现有的岗位胜任力和期望的胜任力之间的差距，规划设计符合战略方向的培训内容，补缺战略能力短板。

2. 培养核心战略能力。组织战略能力一般体现在关键岗位员工的能力上，培养核心战略能力就是首先要根据组织战略进行核心关键岗位画像，然后查找关键岗位人员核心战略能力差距，确定岗位学习地图，据此有针对性地规划培训内容，弥补差距，培养关键岗位员工的核心胜任力。

3. 提供战略咨询辅导。企业大学可以通过整合内外部资源，聘请内外部专家来给企业各个业务部门提供战略咨询与辅导服务。帮助业务部门深入理解公司战略目标。企业大学也可以组织战略解码工作坊，通过路径化、可视化、可衡量、指标化的方式，将企业战略转化为全体员工可理解、可执行、可检查的日常行为，来帮助各个业务部门理解战略，落实绩效目标。

四、推动组织变革创新

企业组织变革是适应外部环境变化而进行的，以改善和提高组织效能为根本目的的管理活动。在组织面临的环境的不确定性越来越大，变革已逐渐成为组织常态的背景下，对于如何推动组织变革的进行，对每一个组织来说都是很大的挑战。推动组织变革的行动一般表现为组织的高管团队成员从组织的战略、文化、产品和服务以及组织结构四个方面系统推动变革的过程，推动组织变革是个系统的过程，从组织系统的视角来看，组织变革动力包括战略、文化、产品与服务和组织结构四个方面的系统要素，外在企业的战略上表现为愿景驱动和理想激励，内在企业的文化上表现为文化塑造和文化认同，在企业的产品和服务上表现为创新突破和效能激发，在企业的组织结构表现为架构创新。企业大学可以在愿景驱动、文化塑造方面帮助员工理解变革的意义，弱化变革给大家带来的心理波动和消除负面影响，来对企业组织和企业员工发挥系统的变革推动作用，以促进企业组织变革的成功实施。

五、萃取组织经验、助推文化传承

企业大学作为企业的培训中心，干部员工的培训培养平台，通过提供企业特色的培训内容和企业文化，形成组织学习能力和氛围。企业大学的培训产品可以来自组织外部培训机构，也可以来自组织内部的经验萃取。或者内外结合，打造企业特色的产品。外部引进重在“经典”培训产品，内部专注于特定行业及岗位的经验与文化传承。

国有企业内部有很多高技能人才，而且由于国企的特殊地位及资源优势，很多国企给予高技能人才很高的荣誉，如评选劳模或帮助组建大师工作室等，通过增加高技能人才荣誉感和使命感，来培养更多高水平的员工队伍。但很多高技能人才是业务起步，经验萃取和组织传播能力比较弱，企业大学可以萃取企业的高技能人才个人的隐性经验，将其变成组织的显性经验，并通过培训提升其讲授技巧，传播组织经验和传承组织文化，将组织的优良基因代代相传。

党建引领业务　打通国企培训“最后一公里”

曾向英

在基层党建实践中，祥龙企业培训部（原北京祥龙大学）将其与业务培训实践相融，量身定制课程与活动，并开发出“培训项目思政”产品等一系列创新打法。

党的十九大报告明确提出，要把基层党组织建设成为宣传党的主张、贯彻党的决定、领导基层治理、团结动员群众、推动改革发展的坚强战斗堡垒。

作为首都国企的企业大学，原北京祥龙企业大学（现祥龙企业培训部，以下简称“祥龙培训部”）以研究型培训为特色，主要针对北京祥龙资产经营有限责任公司（以下简称“祥龙公司”）二级及以下公司的需求，展开三个方面培养。

- 对标新时代新要求，重构干部素质能力，为基层企业领导干部提供量身定制的专业管理能力提升，以及个性化党建培训；
- 突出问题导向、目标导向、实践导向，精准开展培训，帮助干部弥补知识空白、经验盲区、能力弱项；
- 助推习近平新时代中国特色社会主义思想及中央精神落实到基层，着眼于培养对党忠诚、勇于创新、治企有方、兴企有为、清正廉洁的国有企业家队伍。

国企用人标准是：德才兼备，以德为先。因此，祥龙培训部一直坚持将思想价值引领作为培训的首要环节，贯穿培训过程始终；五年来，始终坚持向社会传递正确价值导向，弘扬主旋律，彰显国企大学的社会责任与担当。同时，祥龙培训部在基层党建实践中，与业务培训实践融合，探索了一系列创新实践与打法。

把脉痛点 定制课程与活动

在长期的基层调研中，祥龙培训部专题调研组发现党建在领导干部管理能力赋能提升中起到了非常重要的作用。党把方向，保障了企业经营战略的正确定位；党管大局，推动了企业的和谐稳定发展：党管人才，有利于领导干部关注人才成长和人才发展，增强企业的核心竞争力；党建从政治、思想和文化的角度融入企业管理，是企业价值观塑造和企业文化宣导的重要渠道。通过党建引领，不仅能让领导干部更好提升管理水平和培养领导力，还能让领导干部凝聚共识，汇集力量，提升组织力，赢得人心，创建和谐组织，彰显新时代基层党建的力量和价值。

因而，祥龙培训部紧紧围绕企业痛点、难点，党建工作以“围绕中心、服务大局，与业务工作相辅相成”为切入点，有针对性地规划系列课程，来提升基层领导干部的专业能力、业务技能，改进工作方式方法，让思想政治工作转化为企业发展的牵引力、推动力和创新力。在此过程中，祥龙培训部精心筛选师资，运用祥龙教育的丰厚资源，与老师共同研发课程，为企业量身定制了一系列针对性强的党建培训及活动。在精准满足基层单位党组织培训需求的同时，祥龙培训部也坚持学思践悟，走访党建标杆，进行考察交流，注重提升基层党支部的战斗力。

多方定制，实战落地

五年来，祥龙培训部始终依据企业当下最突出的矛盾与需求，对党建课程进行定制规划。

2017~2019 年，为引导商贸板块中青年领导干部廉洁自律、率先垂范，定制了“增强党性修养，争做合格党员”“党员的作用”“党纪严于国法”“在应对挑战中做好新时代意识形态工作”等系列课程。

2018 年，针对“交通客运板块新老交替过程中新晋领导干部亟待提升履职能力”的需求，定制了“支部建设及群团工作专题培训”，采用场景化教学方式，让年轻干部轻松掌握工作内容和技巧。

2018~2019 年，针对物业板块从传统物业转型到商业化物业中面临的问题和挑战，为其领导干部设计了“提升干事创业的素质，增强提质增效的能力”“增强责任意识、促进党政融合、掌握领导艺术”等课程。

2019 年，针对变幻莫测的国际环境和意识形态领域日益加剧的斗争，为外经贸板块的后备干部规划了“发扬斗争精神，增强斗争本领”的课程，为年轻干部们在错综复杂的意识形态斗争中厘清思路，助他们找到方向……

另外，为满足基层党支部的要求，祥龙培训部还为企业策划设计了一系列有意义的党建活动，例如，“青春心向党，建功新时代”主题教育实践活动、“不忘初心、牢记使命”交流演讲活动、“七一党建知识竞赛抢答”“体验红色文化、传承革命精神”团队建设拓展。此外，祥龙培训部还为基层党支部提供党建活动策划服务，如七一党建文艺汇演策划、与企业所在地周边单位共建活动策划等。

这些培训和活动策划都是根据基层党组织的需求而策划设计，针对性强，实战落地，深受企业和基层党支部的欢迎。

学思践悟，标杆考察

2018 年 5 月，祥龙培训部组织了为期一天的全国优秀党支部标杆考察学习，带领某企业基层党支部书记赴北京燕山石化公司考察学习。

根据前期需求调研，祥龙培训部对这次标杆考察做了精心策划，首先，邀请实战经验丰富的基层党建研究专家以理论和案例并重的方式做了“党支部书记能力素质提升”专题讲座；之后，带领学员们走出课堂，奔赴北京燕山石化公司开展“学思践悟，标杆党支部学习之旅”，在燕山石化全国优秀党支部示范点实地参观学习、聆听最佳党建实践案例经验分享，学习党建活动设计及创新做法；随后，参观全国优秀党建工作室，观摩学习党建成果汇报、党支部书记手册及台账资料展示；同时，还实地走访厂区党建示范点，和优秀党支部书记及党员骨干切磋交流。

本次培训形式创新，既包括实战派老师课堂讲授，党建实际案例分析，又有对全国优秀基层党支部建设示范点和党员活动室进行参观，以及最佳党建工作实践分享，优秀党支部书记答疑解惑。标杆考察通过“课堂讲授 + 经验交流 + 实地参观 + 观摩学习”多形式多维度地展示支部建设要素，体验党建氛围打造，切实引导学员提升企业基层党建工作及活动策划能力。

培训后，参训企业很多基层党支部都借鉴了此次学习优秀实践，创新党建活动，增强党组织吸引力，站在新起点上以新方法新形式推进基层党支部工作。此外，祥龙培训部还组织了集团内部优秀党支部参观考察，通过对标学习，提升基层党支部战斗力。

研究型培训　推进党建与业务深度融合

“研究型培训”是祥龙培训部的一大特色。祥龙培训部全方位创新了党建教育培训内容和形式，持续开发“培训项目思政”产品，切实提高基层党务工作者的党建能力和履职能力，实现党建和业务的融合，并逐渐付诸实践。

党建结合业务，推进学习转化

祥龙培训部的研究型培训是指课题研究与培训并行，从企业的实践中提取课题研究素材，在研究中推进培训项目的实施，用课题研究提升培训效果。通过培训前深度调研、培训中精心规划、培训后辅导跟踪来系统设计培训课程，研究型培训重点在于培训前调研诊断和培训后跟踪辅导，并且会采用多种手段提升训中效果，能够加强培训的针对性和实效性，有效帮助学员学习转化。

培训成果转化难是培训界的一大难题。根据培训的6DS法则，工作环境是影响到培训成果的转化主要因素之一，由组织和管理者主导，包括管理者和同事对学员学以致用的态度，能否给予积极的反馈支持和鼓励，企业是否有与学习相关的激励制度等。而党建在工作氛围打造上可以发挥重要作用。

从祥龙培训部和汽车销售板块下属某品牌4S店长达四年的培训实践调研发现，企业制约学员学习成果转化的关键因素是组织环境，即学员学习成果难以转化的主要原因是组织缺乏容错氛围。要解决这个问题，需在持续辅导跟踪环节，打造组织学习转化的环境和氛围。带着这个研究课题，祥龙培训部和4S店总经理、支部书记多次沟通，最终达成共识，为关键岗位总监量身定制“教练技术”“教练式沟通与辅导”等系列培训，帮助他们掌握基本辅导技巧，学会管理员工情绪，提升领导力。

训后，在企业大力支持下，祥龙培训部还为每位关键岗位总监匹配了“一对一教练”，做后期咨询辅导；同时，持续赋能党支部书记和党小组成员，重点提升他们的素质和能力，提升4S店党支部在工作中应用新方法、新工具及打造组织氛围的能力，通过“抓住关键少数，践行示范引领”，发动党员干部带动引领其他学员持续转化，且提供辅导、鼓励和支持。后期，组织出台了强有力的学习激励制度，企业逐渐创建了学习转化的宽松环境。党支部书记和骨干党员站在新起点，以新方法新工具推进基层党支部工作，帮助学员们陆续掌握了新知识和技能，取得了非常好的培训成效。

党建引领，助力训后跟踪，帮助企业打造转化氛围，为学员的学习转化创造良好安全的场域，也是保证培训成果转化落地的关键。通过培训后实地跟踪，可以深度调研学员的学习困惑与工作中的问题，了解到学员吸收及学以致用情况，为下一次培训提供决策依据。因而，在党员干部掌握了新的知识技能后，祥龙培训部又给大家设计了“有趣、有用、有料”的例会工具课程，提升支部书记及支委例会组织力。党支部书记和支委迅速将新工具方法活学活用于党支部例会中，让“三会一课”焕然一新。例如，应用平衡轮来进行“批评与自我批评”，创造安全场域，让大家敞开心扉，深度剖析工作中存在问题，群策群力提供解决方案。

平衡轮

平衡轮是教练技术中的常用工具，应用场景广泛。针对某一个场景或者主题，列举相关元素，分别标注在平衡轮上；每个元素如同车轮辐条，平衡了之后才能使轮子正常滚动。借助这一直观的视觉工具，有助于梳理思路，达成目标。

后期，祥龙培训部对问题持续跟踪，通过提供专家咨询、教练辅导、绩效支持、打造转化氛围，提供转化落地工具，进一步帮助学员转化学习成果。借此，祥龙培训部不仅打造了良好的组织氛围，实现党建和业务深度融合，也解决了培训学习成果转化“最后一公里”的难题。

开发培训产品，缓解工学矛盾

习近平总书记强调要挖掘其他课程和教学反思中蕴含的思想政治教育资源，实现全员全方位育人，并指出“培养什么人，是教育的首要问题”。基于此，祥龙培训部开发了“培训项目思政”产品。这是企业培训中“课程思政”的转化落地，是祥龙培训部构建全面培养的全民终身教育体系和高水平人才培养体系的有效切入，也是完善学员“价值塑造、能力培养、知识传授”的重要抓手。

2019 年，祥龙培训部根据基层党建需求，多方考察调研，甄选师资，创新党建培训新形式，持续开发一系列基于工作场景的国企“培训项目思政”产品，包括“党支部书记谈心谈话”“教练式沟通与辅导”“解决问题工作坊”等，在实践中均取得了显著效果。

与传统把思政课作为育人主渠道的观念不同，“培训项目思政”将所有培训作为育人主渠道，旨在将思想政治教育有机融入训前调研、训中专业课程、专业课堂和教学形式以及训后的辅导追踪，实现知识传授与价值引领的有效结合。通过创新思想政治工作的方式方法，完成学员价值塑造、能力培养、知识传授的过程，将党建融入业务，将思想政治工作优势转化为企业发展的胜势，彰显党建的引领与价值，实现立德育人的润物无声，进而为企业培养德才兼备的高水平人才。例如，祥龙培训部在课堂教学和培训管理中融入爱国情怀、法治意识、社会责任、人文精神等要素；在专业能力提升培训中融入思想政治资源，通过培训实现育人的理念和实践，讲好中国故事，传承中国精神；帮助学员在风云变幻的国际形势、扑朔迷离的互联网环境中明辨是非，找到方向；针对学员工作生活中问题，答疑解惑，将显性教育与隐性教育相结合，把思想价值引领贯穿教学培训全过程和各环节。

祥龙培训部基于实际案例和体验化教学方式开发的“培训项目思政”产品，不仅可以让领导干部轻松掌握管理方法工具、强管理，切实赢得新生代员工的心、带好队伍，也能够缓解领导干部工学矛盾，腾出更多时间用于疫情之后企业的复工复产、促发展，保质保量完成党中央既定的经济增长目标。同时，该系列产品更便于领导干部活学活用，迅速将培训内容迁移转化到工作中，完成学习转化，提升工作成效。

“纸上得来终觉浅，绝知此事要躬行”，希望通过本文抛砖引玉，给国企大学的培训管理者带来些许启发和实践中的工作思路。而在服务基层党组织这一领域，祥龙企业培训还将持续探索。

培训创造价值的四步秘笈

曾向英

“看战略、探需求、通业务、切实效”，为祥龙公司党校企业培训部赢得了来自业务部门的认可。

自2020年初，持续的疫情给培训行业及企业带来了严峻的挑战。在经济下行及疫情的双重压力下，大部分企业经营利润有所下滑，培训经费及时间被迫缩减。虽然疫情催生了线上培训市场，促进了线上线下培训融合，但由于线上培训缺乏互动体验，学员注意力很难持续集中，无法取得预期效果，因此部分企业还是倾向于坚持线下培训。

疫情的不确定性导致线下培训可用的时间极为珍稀，而企业对培训质量的要求却越来越高，尤其注重培训对业务的贡献。培训部门应如何抓住有限的培训时间，为企业提供有价值的服务呢？祥龙公司党校企业培训部（原北京祥龙培训部）身体力行了“看战略、探需求、通业务、切实效”四步秘笈，确保培训紧紧围绕公司战略及业务转型发展需要，真正为企业创造价值。

看战略　借助高管推动共识

若要培训有效赋能业务，首先要从战略制定者的视角建构战略性培训体系。培训人可以通过参与公司的战略规划会议，或者参与战略制定过程来解析组织战略，确认战略需要的关键岗位人才，分析现有人员的能力差距，量身定制培训目标与规划。

企业培训不单纯是培训管理者的事情，更需要企业高层管理者和业务经理的全力支持和配合。在培训中，我们会邀请高管为学员做战略宣贯及解读，让双方充分沟通，双向达成共识。只有员工的意见建议被充分表达，才可能推动企业的战略落地、文化传承，有效促进业务提升。集团高管对培训的支持主要体现在四个方面。

开班动员。在培训开营时，高管做开班动员可以增强学员对培训的重视，也可以传达公司的价值观、企业文化和组织战略。针对关键的高层领导，我们会与他们商定培训主题，充分沟通领导力项目的培训内容及评估方式并获得其认可支持。随后，由高管在培训中言传身教，把企业的发展战略、经营理念、文化氛围、价值导向、行为模式传达给每位学员，增强学员对企业文化价值观的认同。

宣贯及授课。公司的高层领导非常重视培训及人才梯队培养，每年都会组织大量分层分类的培训，且亲自参与培训的规划与设计，并在一些培训中亲自授课，与学员对话互动，倾听来自一线的声音。除培训项目以外，培训人可单独策划组织企业战略规划解读活动，邀请高管等熟悉公司战略的人来讲解战略规划，达成战略共识。同时，亦可组织战略解码工作坊来帮助企业中高层管理者理解公司战略，让大家分解部门目标，层层落实绩效要求，与员工达成绩效承诺。

担任评委。在培训结业式（闭营仪式），一般会设计学员汇报展示环节。我们会邀请高管担任评委，就学员解决方案与企业现状的结合度，后期行动的可操作性、结构的完整性和逻辑的清晰度等维度打分。这一环节既能督促学员“学以致用”，又能培养团队的逻辑及系统思考能力。

任导师或教练。从人才培养的角度，培训可以搭建高管和员工互动的平台，创造高管和员工在非正式场合沟通交流的机会。高管们高屋建瓴，了解战略，他们担任学员导师或者教练，能结合实际指点员工，成功推动培训后的跟踪评估。高管和员工的互动过程中，也可以传递自己的理念和企业价值观，激励员工爱岗敬业，为企业做贡献。

探需求　躬身入局形成同盟

培训工作人员要躬身入局，下沉到业务场景中去熟悉业务，发展人脉。当培训人和业务经理形成彼此信任支持的战略同盟关系后，更有助于站在业务端的角度去考察需求。我们日常搜集培训需求信息的来源主要包括三个层面。

企业层面：战略需求

战略不是抽象的概念，培训管理者要敏锐洞察组织战略变化在具体业务单元引发的需求。例如，新的市场环境，组织业务发展的新领域，战略转型的新主张，内部人才发展梯队的多元化等，都会催生组织战略的新需求。

2020 年新冠肺炎疫情之后，公司商业板块某连锁企业为了应对环境变化，预将传统老字号门店转型互联网线上营销，实现线上线下融合。培训部预测到企业必然要培养及招聘一些熟悉互联网运营的员工来应对线上运营的挑战，这就是公司战略转型引发的培训需求。为了尽快弥补销售人员在新媒体运营方面的能力短板，培训部应企业要求，根据连锁企业战略协助制作了五个特色门店的抖音宣传推广视频提振信心，并为店长们设计了“新零售时代下传统企业营销模式转型升级”“互联网短视频营销”“私域流量品牌直播销售与互动技巧”等新媒体运营的主题培训，结合企业实践提升店长及门店新媒体运营能力，以迎接线上运营的挑战，有效助力了老字号的转型升级和创新发展。

部门层面：业务需求

培训要为公司的业务拓展或转型提前储备员工知识和技能。业务发展新举措、运作新问题，业务人员面临的新挑战等，都会催生新的业务需求。

以“业务发展新举措”而产生的培训需求为例。公司汽车贸易板块过往都是通过垂直媒体（汽车之家、易车网等网站）和店面宣传促销。2020年之后，受疫情影响，客户到店难度增加，4S店在多个环节都需要通过新媒体向外界发布信息，以便增加招揽及获客渠道。4S店员工就产生了学习新媒体营销及直播技巧，提升宣传力度的需求。

员工层面：成长需求

学员自身有个体成长的需求、职业发展的需求及短期培训需求。他们希望培训有用，可以解决工作问题；同时有趣，能让他们享受学习过程；更要有料，方法好用并易于迁移转化。除了员工的例行需求外，还会产生新岗位催生的，以及新任及高潜管理者的培训需求等。这些需求通常与员工在业务流程中的岗位胜任力相契合。

培训需求搜集应做到功在平时，其最高境界是深入业务。有经验的培训管理者都是通过专业特长或者共同的兴趣与公司业务伙伴建立良好关系，在日常的交往中通过良好的交情发现需求和挖掘需求，潜移默化地搜集学员工作场景案例和教学素材。

集团培训的很多需求都来自学员反馈，培训专员则按照公司行业板块分工。每个培训专员应在所负责的行业板块培养一两个谙熟业务的“通讯员”，平时加强和他们的互动交流，“通讯员”就会将工作中碰到的困难、困惑、痛点、难点、典型案例及时反馈给培训专员。

通业务 “招安”业务核心人员

培训人员的专业水平不仅体现在人才培养能力，还包括和业务线的沟通协调能力。我们无法苛求培训人员比业务人员更精通业务，除非培训人员来自相关业务领域；即便如此，也会因长期脱离业务而生疏。所以我认为最好的做法是借助资源，把业务的核心人员（如主管领导）游说到人才培养团队中来，由培训和业务两个部门共同承担人才发展职责。培训部门提供人才培养方面的技术支持，与业务部门共同设计培训内容。实际上，在培训效果跟踪环节，只有争取到业务负责人的支持，培训效果跟踪才可能落到实处。

我们的培训实践中，会让员工与直线上级参与培训需求调研，针对员工的问题设计有针对性的学习解决方案，并且请学员直线上级直接过问员工的学习状况、提出学习期望。更为理想的状态是学员直线上级和员工能共同学习。培训结束之后，员工的直线上级可以长期跟踪员工的学习成效，督促员工应用新的知识技能或方法工具，并且创造良好的容错环境允许员工改善，增强员工改善动力，促进学习效果的提升。

“管理者承诺”的影响力与作用会直接影响培训项目的成败。因而，若是高级别的培养项目，就必须让更高级别的领导参与进来，在需求调研、方案设计、培训交付、效果呈现等角度都要与其建立有效链接。

企业培训部在多年的培训中，积累了很多业务资源，基本上，公司内的每个行业板块都有一个深谙业务的经理或者负责人，可以参与培训项目的设计及实施指导。这既确保了培训项目的内容是企业所需，又能保障该培训项目的设计适合学员，以及培训后续追踪反馈有业务人员跟进。

抓实效　设计阶段赢得认可

企业培训部的培训一般采用3～5天的短期模式，结束后要获得业务部门除培训满意度之外的认可非常困难。因此，我们会争取提前让培训项目设计的逻辑获得业务部门的认可，将“价值论证”前置到培训之前，先就培训方案与业务部门达成共识，确认本次培训会带来的价值——这个培训是应该且必须做的，培训形式和课程效果都是“锦上添花”。因而，一般在培训前，业务负责人就已经基本认可培训的内容及价值；训后主要了解学员的学习感受及课堂效果，以便更好改进。无论培训满意度如何，都不再影响对培训价值的评判。

另外，众所周知，柯氏四级评估中第三级（行为）和第四级（成果）评估在实际操作中十分困难，所以关于培训内容对业务工作结果的促进关系，最好也要提前获得业务部门的认同。

综上所述，培训管理者应基于培训价值的产出和成果来设计培训实践，为业务负责人提供“培训内容促进业务发展”的逻辑关系论证，以增强其对培训有用度的信心。

围绕用户思维

以促进业务为结果导向，培训项目设计如同产品设计一般，需要基于用户思维，使培训实践做到有用、有趣、有料。

有用，聚焦实践问题。培训内容要与学员工作岗位要求密切相关，满足针对性和实用性要求。在需求调研阶段，可以搜集整理基于企业工作场景的真实案例素材，以此为基础量身定制基于工作任务“问题导向”的培训内容。场景化的教学方式能贴近员工的工作实际，并且有助于知识迁移和应用转化。

有趣，提升极致体验。为了打造有趣的学习体验，我们注重“三感”。成就感，解锁新技能将带来不断升级的正向情绪体验；归属感，与一群志同道合的伙伴快乐学习，对某个身份标签会感到认同和自豪；沉浸感，内容或教学设计本身有吸引力，让学员愿意沉浸其中。优秀的培训体验及仪式感的设计能充分调动学员的情感因素，增加学员学习的动力。

有料，实用且易于迁移转化。有效的培训需要成熟的方法论的支撑，帮助学员理解众多方法背后的底层逻辑。若不够重视方法论，认知水平不足，也会降低培训效果。方法论一定要与企业实际业务情况相匹配，并以工具落地，反复演练，以道驭术，直到学员真正掌握。这样学员才能触类旁通，更好地理解并应用新知。

持续转化应用

赋能业务的培训中有一个不可缺少的重点环节，即培养学员将新的方法技能形成肌肉记忆，变为潜意识。通过实战演练，可以帮助学员掌握专业的方法论，强化学员的学习信心，提升其课后应用动力。

量身定制课堂演练环节，促成课内转化。有效的成人学习需要少“听”多“做”，这就意味着要减少理论学习内容，增加实践演练时间。实践环境要尽量还原真实的工作环境，并提供及时有效的反馈。为达到良好培训效果，可以量身定制培训及演练内容，并且设计“隐性角色”——客户。脚本的制作要基于企业真实工作场景，保证充足的演练时间，争取每人多次实践机会。如果学员缺乏实践机会及反馈，设计多期、渐进强化的实战演练就更为重要，这也是帮助学员将知识技能转化为肌肉记忆和潜意识必不可少的过程。

制订行动学习方案，持续跟踪在岗实践。公司的企业培训把成功应用作为企业学习项目的全新“终点线”，即便培训课程结束后学习项目也并未终止，要制订完善的训后计划，持续跟踪和转化，直到学员将新知转化为自身潜意识并能熟练应用。在行动学习和在岗训练环节，员工带着工作中的问题去学习反思，通过刻意练习，将知识和技能融会贯通，逐渐养成习惯，变成潜意识行为。

行动学习计划由学员和主管上级共同商讨，确定双方同意执行该方案的时间与方式，并由学员做出承诺，主管上级和培训专员负责追踪检查。跟踪辅导由培训管理者牵头，制订训后跟踪辅导表，及时跟进各学员行动改进计划的执行情况。跟踪辅导的负责人为培训管理者及企业教练，以及学员的直属上级。另外，还可以在训后设计问题解决工作坊，通过社会交流，复盘反思，激发员工迭代精进，不断成长。

营造转化环境

若要培训能够赋能业务，企业需要营造怎样的环境？最理想的情况，即同时考核人力资源经理和业务经理的人才发展能力和水平。人才培养应当成为业务直线经理的关键考核指标，与业绩同等重要。

在企业培训过程中，高层管理者须营造相应的组织氛围，创建奖励机制，促进培训的转化。例如，优秀的企业会对培训成果转化较好的学员萃取成功案例，进行表彰和宣传，抓典型树标杆，培养学习文化；对于培训成果转化不理想的学员，经企业批准，由培训管理者安排其重新回炉转训。

在课程的教学和实际工作场景中，都应该创造让学员体验改变、鼓励改变的环境氛围，避免员工担忧自己与周围格格不入后放弃改变；业务团队也需要在日常规范以及考核中匹配改变的需求，推动员工更加积极地实现改变，如此才能确保学习转化的发生。

通过四步秘笈，让学员在记忆中形成知识和技能的留存，改变行为，形成习惯，培训才能真正达到组织的预期，赋能业务，成为业务的战略伙伴。在过去数年的人才培养中，企业培训部收获了一批优秀的学员，他们走上管理岗位，成为培训对接人。对我们而言，一个又一个来自业务部门主动要求培训的订单，既代表着认可，也代表着培训对业务的价值。

参考文献

［1］王昆．团队学习法：解密中化、中粮、华润管理之道［M］．北京：机械工业出版社，2020. 01.

［2］金一南．为什么是中国［M］．北京：北京联合出版公司，2020 年 6 月．

［3］杨国安．组织能力的杨三角，企业持续成功的秘诀［M］．北京：机械工业出版社，2010. 11.

［4］李林，王红新，周怿．企业大学密码［M］．上海：上海交通大学出版社，2015. 05.

［5］孙培青，杜宪成．中国教育史［M］．上海：华东师范大学出版社，2019. 08.

［6］田俊国．上接战略、下接绩效、培训就该这样搞［M］．北京：北京联合出版公司，2013. 01.

［7］杨涛杰．高效带徒弟［M］．北京：电子工业出版社，2022.

［8］田俊国．精品课程是怎么炼成的［M］．北京：电子工业出版社，2014.

［9］大亚湾核电运营管理有限责任公司．大亚湾核电运营人才培训［M］．北京：原子能出版社，2010.

［10］皮连生．教学设计［M］．北京：高等教育出版社，2000.

［11］盛群力．21 世纪教育目标新分类［M］．杭州：浙江教育出版社，2007.

［12］石鑫．行动学习实践指南［M］．北京：清华大学出版社，2020.

［13］何欣．重新定义培训［M］．北京：中国法制出版社，2018.

［14］蒋跃瑛．企业大学从 0 到 1［M］．北京：电子工业出版社，2017.

［15］李发海，章利勇．组织学习发动机［M］．北京：中国工信出版集团，电子工业出版社，2015.

［16］毕结礼，宋晔．变革中的中国企业大学理论与实践［M］．北京：中国人民大学出版社，2016. 04.

［17］陶永进．员工培训管理实训实战实务［M］北京：中国中信出版集团，人民邮电出版社，2015.

［18］张大均．教育心理学［M］．北京，北京教育出版社，2015.

［19］张厚粲．行为主义心理学［M］．杭州，浙江教育出版社，2003.

［20］曾向英．中层管理者领导力修炼［M］．北京：中国财政经济出版社，2021.

［21］曾向英，肖琳．锦上添花 市内趣味团建助力培训升级［M］．北京：中国财政经济出版社，2021.

［22］帕特里夏·加拉甘，莫吉安·赫特，考特尼·维塔．ATD 能力模型［M］．北京：电子工业出版社，2021.

［23］罗伊·波洛克，安德鲁．杰斐逊，卡尔霍恩．威克．将培训转换为商业结果［M］．北京：中国工信出版社，电子工业出版社，2017.01.

［24］玛格丽特·米德．代沟［M］．曾胡，译．北京：光明日报出版社，1988.

［25］安德烈·焦尔当．学习的本质［M］．杭零，译．上海：华东师范大学出版社，2015.

［26］洛林·W. 安德森．布卢姆教学目标分类学［M］．蒋小平，译．北京：外语教学与研究出版社，2015.

［27］R. M. 加涅，W. W. 韦杰，K. C. 格勒斯，J. M. 凯勒．教学设计原理［M］．邓峰，译．上海：华东师范大学出版社，2007.

［28］伊查克·艾迪思．企业生命周期［M］．王玥，译．北京：中国人民大学出版社，2017.

［29］理查德·赛茨，安杰尔·格伦．SAM 课程设计与开发操作手册［M］．仁脉学习技术研发中心，译．北京：电子工业出版社，2015.

［30］哈罗德·斯托洛维奇，艾丽卡·吉普斯．从培训专家到绩效顾问［M］．杨震，颜磊，谷明樾，译．南京：江苏人民出版社，2014.

［31］野中郁次郎，竹内弘高．创造知识的企业［M］．李萌，高飞，译．北京：知识产权出版社，2006.

［32］玛丽莲·阿特金森．唤醒沉睡的天才［M］．王岑卉，译．北京，华夏出版社，2018.07.

［33］吉姆·威廉姆斯，史蒂夫·罗森伯姆．学习路径图［M］．朱春雷，译．南京：南京大学出版社．

［34］詹姆斯·唐纳德·柯克帕特里克．如何做好培训评估［M］．奚卫华，译．北京：机械工业出版社，2007.

［35］王隽隽．国际知名企业大学的运营体系研究——以惠普商学院为例［D］．杭州：浙江工业大学，2017.

［36］赵丽．基于行为主义学习理论开展高一化学教学设计实践与研究［D］．长沙：湖南师范大学，2014.

［37］张鹏．高中物理，自我管理学困生学习转变的教育叙事研究［D］．石家庄：河北师范大学，2018.

［38］黎晓倩．初中化学课堂学生学习行为研究——基于行为主义学习理论视域

[D]. 昆明：云南师范大学，2020.

[39] 丁蓉佼. 认知学习理论关照下口译教材编写现状与展望 [D]. 北京：北京外国语大学，2019.

[40] 张强. 华为的第三个10年，除了胜利已经无路可走 [J]. 华夏基石E洞察，2020 (03).

[41] 顾晓洁，孙占勇. 新中国成立70年来我国职工教育政策的历史演进 [J]. 中国职业技术教育，2019 (19).

[42] 吴峰，白银. 企业大学发展及趋势研究 [J]. 高等工程教育研究，2012 (04).

[43] 郭龙飞，陈霞，吕延杰. 企业大学战略定位决策研究——以中国移动大学为例 [J]. 北京邮电大学学报，2013 (02).

[44] 程雪儿，王静怡，许伟，等. 新时代党校多元融合线上线下培训模式研究 [J]. 中国电力教育，2022 (05).

[45] 张珊. 中国企业大学人才培养模式探索 [J]. 现代经济信息，2011 (09).

[46] 何世财. 解决五个问题 助力战略落地 [J]. 中国培训，2019 (12).

[47] 胡晓荣，高媛媛，李敬娜，等. 短期培训项目中学习场域的构建与实践 [J]. 中国培训，2019 (02).

[48] 中共中央. 2018～2022年全国干部教育培训规划 [Z].

后　记

2016～2017 年，在学校的支持下，我和同事参加了清华大学在中铁四局举办的组织学习技术高级研修班系列培训，培训共分 8 个模块，包括两个阶段，第一阶段包括组织学习的基本理念、学习需求分析、学习质量管理与影响衡量、设计和开发学习项目、学习交付与部署；第二阶段包括设计和开发学习系统、绩效咨询、领导学习职能部门和团队。培训共 22 天，历时一年零一个月，那是一段痛并快乐的学习时光，在繁重的工作压力下，每个月要奔赴安徽参加三天两晚的培训，在完成全部八个模块超高难度的课后行动学习作业之后，还要通过严格的毕业答辩考核才能最终拿到证书，整个学习过程堪称魔鬼训练。我记得陆续参与培训的学员有将近 60 人，但很多人中途放弃，坚持到最后并通过第一轮答辩且拿到证书的学员只有 15 人。感谢那段艰苦的学习时光，一年零一个月夜以继日的学习修炼与迭代成长，不仅让我们走上了正确的组织学习之路，也让我结识了一批非常优秀的企业大学从业者。

那是我刚从事企业大学工作所参加的第一个培训，也是迄今为止最重量级的一个培训，在一年多的学习过程中，库玛老师系统全面地讲解了组织学习的理念，组织学习技术的方法论，以及组织学习机构人员能力素质模型及能力培养，让我们全方位了解了最新的组织学习技术以及组织学习机构人员的学习发展路径。库玛老师扎实的专业功底、过硬的教学能力、谦和的教学态度、科学的教学方法、丰富多彩的课程设计，严谨、务实的工作作风给我留下了深刻的印象。虽然当时自己刚进入培训领域，水平有限，还不能完全领会库玛老师教学内容的精髓，但整个培训刷新了我的认知，让我对组织学习技术有了系统全面和深入的了解，受益匪浅，在后来的国有企业培训实践中找到了正确的方向与工作思路。也就在那时，我的心里就埋下了一颗种子，希望将来能有机会将组织学习技术本土化并进行推广。

组织学习技术是基于设计的学习。如果学习没有经过设计，那就得靠碰运气，过程大水漫灌，结果听天由命。而基于设计的学习，学员参加培训后会呈现出“应该”呈现的状况。组织学习技术强调要树立“一次就学对”的理念，科学设计整个培训。库玛老师用较多的篇幅介绍了他萃取提炼出的卓越学习的 3S 模型。他认为，一个有效的培训要给学员传授三部分内容：即精神、招式和工具。精神是指信念、心智模式、思维方式与执行的意愿；招式是指方法论、系统、结构与行为步骤；工具指资源、工作辅助工具、反馈与控制系统。库玛老师强调，3S模型的三个组成部分中，精神是培训设计的时候最容易忽略以及最难培养的部分，但是，精神尤其重要，它决定了其他两个部分的掌握和内化的程度，只有精神、招式和工具这三部分内容同时具备，学员才可能掌握老师所传授的知识和技能，做到真正的知行合一。

多年实践之后，我终于理解了库玛老师当初为什么那么强调精神对组织学习者以及组织学习设计的重要性。学习是艰苦的，学员没有坚定的信念及强烈的意愿很难坚持并学以致用；培训工作每天都会面临无数挑战与考验，培训工作者没有坚定恒心和毅力也很难坚守初心，成人达己。2020年之后新冠肺炎疫情此起彼伏，很多线下培训机构受到重创冲击纷纷倒闭，加之企业大学政策受限，很多企业大学从业者也因此被迫退出培训领域。唯有对培训热爱，坚持并且具有坚定信念的培训工作者才可能继续在这个领域辛勤付出，默默耕耘，用组织学习技术助力企业人才培养与人才发展，用培训创造价值。

2021年，本着“不浪费每一场危机”的理念，利用疫情平稳间隙难得的空闲时间，我召集了几个培训领域的好友（大多是库玛老师的学生），开始着手萃取组织学习技术在国有企业大学的培训实践，希望能将本土化的组织学习技术在国内分享和推广，以造福更多热爱培训，坚持培训的组织学习者。原创方法论的提炼是非常艰难的，尤其是对一些不擅长写作的实践者，在书面用语雕琢和工具梳理上着实花了一番功夫。在写作过程中大家也遇到了各种困难和挑战，但都咬牙坚持，经过一年多的辛勤付出和努力，终于完成了初稿，因为是初次尝试组织学习技术的经验萃取，还有很多不完善之处，恳请读者批评指正并多多包涵。

非常感谢学校领导的支持，让我们得以将这几年在国有企业的培训实践方法论萃取出来，分享给那些需要的同仁，让他们能够少走弯路，迅速成长。感谢北京仕柯维科技有限公司，职场新生代联合创始人，研发总架构师杨平老师对我的无私指导及宝贵建议；非常感谢各位编著者，在百忙之中萃取经验，贡献智慧，无私分享；最后，特别感谢我的团队，精益求精认真对待每一个培训，用专业、敬业、乐业打造出了祥龙企业大学的研究型培训特色。

本书由原北京祥龙大学曾向英和黄凤文担任主编，负责总体构思、结构设计及全书的统稿。具体编写分工如下：第一章（曹永学、曾向英）；第二章（曾向英、曹永学、肖琳）、第三、四、五章（曾向英、栗勇）；第六章（栗勇）；第七章（刘俊英、王向如、曾向英）；第八章（杨涛杰）；第九章（栗勇、曾向英）；第十章（王向如、初忠宝）；第十一章（栗勇）；第十二、十三章（刘涛）；第十四章（曾向英、杨志强）。

本书撰写过程中，原祥龙企业大学的肖琳老师参与了第二章西方学习理论的文献综述及第十章图片的制作，并和张亚楠老师一起参与了书稿的校对审核。非常感谢她们的辛勤付出。

本书的编写出版得到了中国财政经济出版社的大力支持和帮助，在此表示诚挚的感谢。同时，本书写作过程中，参阅了国内外专家学者的大量文献和研究成果，并且参阅了许多媒体及网站的资料，各位编者已经尽可能详细地在参考文献中列出，在此谨向各位专家、学者致以诚挚的感谢，由于各方面原因，如有疏漏，编者表示万分歉意。

由于编者们学识及水平有限，书中不足之处在所难免，敬请各位专家、读者提出宝贵意见。

曾向英

2022 年 7 月 7 日